21世纪经济管理新形态教材·创新创业教育系列

创业基础

（第3版）

主　编 ◎ 李家华

副主编 ◎ 张玉利　雷家骕
　　　　董青春　王艳茹
　　　　葛建新

清华大学出版社
北　京

内 容 简 介

本书根据党的二十大报告对新时代高等教育发展提出的新要求，突出"立德树人"作为创新创业教育的重要组成部分，依循教育部《普通本科学校创业教育教学基本要求（试行）》，基于科学的认知学习理论，围绕大学生创业所需的基础知识、基本理论、基本方法和基本流程，强调知识、理论和能力三位一体的创业系统建构。全书共六章，包括：创新创业与人生发展，创业者与创业团队，创业机会，创业资源，创业计划，以及新企业的开办。在编写体例和学习导向上，本书遵循如下逻辑关系：①是什么？——准确定义概念，阐明基本知识。②为什么？——恰当运用基本理论分析主要原因。③怎么做？——着重掌握基本流程和基本方法，并为此设置了创新创业实例、扩展阅读、案例分析、思考讨论等栏目。

本书以系统、专业、实用和创新为特色，做到内容系统、形式活泼、资料丰富、体例新颖和可操作性强，主要作为高校开设"创业基础"课程的核心教材，也可作为开展各类创业培训的教材和相关人员自主学习的参考书。

图书在版编目（CIP）数据

创业基础/李家华主编. —3 版. —北京：清华大学出版社，2023.7（2025.2 重印）
21 世纪经济管理新形态教材. 创新创业教育系列
ISBN 978-7-302-63996-1

Ⅰ. ①创… Ⅱ. ①李… Ⅲ. ①创业 - 高等学校 - 教材 Ⅳ. ①F241.4

中国国家版本馆 CIP 数据核字(2023)第 117579 号

责任编辑：付潭娇
封面设计：汉风唐韵
责任校对：宋玉莲
责任印制：宋　林

出版发行：清华大学出版社
　　　　网　　　址：https://www.tup.com.cn，https://www.wqxuetang.com
　　　　地　　　址：北京清华大学学研大厦 A 座　　　　邮　　编：100084
　　　　社 总 机：010-83470000　　　　邮　　购：010-62786544
　　　　投稿与读者服务：010-62776969，c-service@tup.tsinghua.edu.cn
　　　　质 量 反 馈：010-62772015，zhiliang@tup.tsinghua.edu.cn
　　　　课 件 下 载：https://www.tup.com.cn，010-83470332
印 装 者：小森印刷霸州有限公司
经　　销：全国新华书店
开　　本：185mm×260mm　　　　印 张：17　　　　字　　数：355 千字
版　　次：2015 年 1 月第 1 版　　2023 年 7 月第 3 版　　印　　次：2025 年 2 月第 5 次印刷
定　　价：49.00 元

产品编号：079042-01

第3版前言

2012 年 8 月 1 日，教育部下发了《普通本科学校创业教育教学基本要求（试行）》的通知（教高厅〔2012〕4 号）文件，标志着我国大学生创业教育课程建设进入了有明确规范可依的发展阶段，很多高校纷纷开始开设"创业基础"必修课或选修课，但普遍缺乏规范教材。为此，高质量的教材编写被提上了议事日程。

为满足许多高校的需求，清华大学出版社及时邀请了教育部《普通本科学校创业教育教学基本要求》专家组的 6 位专家开展《创业基础》教材的编写工作。该社刘志彬先生、杜星先生精心策划，鼎力支持，亲力亲为；各位专家广开思路，贡献智慧，全心投入。大家群策群力，结合高校"创业基础"课程的重点难点，立足真正实现创业基础课程的目标，完善优化高校"创业基础"课程的教学内容与教学方法，构建了编写框架和体例。2015 年 5 月，国务院印发《关于深化高等学校创新创业教育改革的实施意见》，提出了完善人才培养质量标准、创新人才培养机制、健全创新创业教育课程体系、改革教学方法和考核方式、强化创新创业实践的要求。为此，参与本教材编写的各位专家又与清华大学出版社一起对教材进行了修订，特别增加了创新、创新思维、创新精神和创新型人才素养要求的内容，选取了更多鲜活的案例，推出了《创业基础》（第 3 版）。全书采用模块化结构设计，在内容呈现体例上设有：

【本章提要】概括本章主旨，明确知识脉络，引导阅读与学习。

【学习重点和难点】厘清知识技能教与学的重点与难点。

【学习目的与要求】从态度、知识和技能层面清晰明了，细化学习目标。

【学习要点】提纲挈领，概括学生要掌握的基本知识点。

【本章小结】"重要术语"结合章节主题，简要突出本章主旨和内容。"教学参考内容"从课堂讨论主题、任务分解和考核三层面，强化课程实践。"教学过程"结合本章内容提供示范性的教学过程设计教案，强化课程教学。

同时，本书正文中穿插设有以下栏目内容，增加阅读和学习的实效性与趣味性。

【创业实例】根据内容主题，插入相关的创业案例，生动实用。

【拓展阅读】补充相关信息资料，用以开阔视野，增强知识实用性和适用性。

【课堂活动】用以构建互动参与式课堂，增强课堂教学效果。

【小测试】设置互动练习，引导读者进行分析、思考，拓展创业能力。

本书由李家华担任主编，由张玉利、雷家骕、董青春、王艳茹、葛建新担任副主编，经全体编委反复讨论修改，最终由李家华统筹定稿。全书共分为六部分，具体写作分工如下：绪论和第一章由中国青年政治学院李家华教授编写；第二章由北京航空航天大学董青春教授编写；第三章由清华大学雷家骕教授编写；第四章由中央财经大学葛建新教授编写；第五章由中国社会科学院大学王艳茹教授编写；第六章由南开大学张玉利教授编写。

　　本书在编写过程中特别邀请了自己创业并从事创业教育的中青创想教育科技有限公司董事长徐俊祥先生参与编审，同时，借鉴和参考了大量国内外创业指导与创业教育研究方面的文献资料，以及一些专家学者的理论和同行的观点，书中引用的案例与材料部分来自期刊、网络等，在此，一并表示衷心感谢。

　　由于编者水平有限，书中难免有疏漏和不当之处，敬请指正。

编　者

2023 年 5 月

绪论

党的二十大擘画了全国建设社会主义现代化国家，以中国式现代化全面推进中华民族伟大复兴的宏伟蓝图，吹响了奋进新征程的时代号角。首次将"坚持科技是第一生产力、人才是第一资源、创新是第一动力"放在一起表述，体现了对科技、人才、创新的重视，也阐明了三者的关系。高等教育与科技、人才、创新密不可分，担负着培养高层次创新创业人才的重任，理应把"创业基础"作为大学生的一门必修课程。

一、《创业基础》的学习意义

党的二十大报告强调指出，要深入实施科教兴国战略、人才强国战略、创新驱动发展战略，开辟发展新领域新赛道，不断塑造发展新动能新优势。随着创新创业型经济迅速发展，创新创业在促进科技进步、推动经济发展、解决就业等方面的作用日益凸显。创业者们努力创新，不断开办新企业，主动创造新岗位，推动着时代的发展和进步。创新创业，引领了科学技术进步，塑造了当代商业繁荣；为社会提供了琳琅满目的新产品和新服务，设立了数量众多的就业岗位；激发了人们的创造潜能，展现了创业者的商业才华；培育了宝贵的创业精神，增强了人们的社会责任感；成为经济增长的推进器、科技创新的孵化器、就业岗位的增容器。如今，创新创业活动得到了更多的理解和支持，创新创业知识逐步普及，创新创业研究不断深入，创新创业精神更是被演绎得生动无比，创新创业教育也走进了大学课堂，创新创业学习在高等学校已蔚然成风。

创新创业作为人类社会的一种高级活动，有其特定的规律。犹如水蒸气集聚到一定程度就自然会下雨一样，创新创业同样也是一个从"0"到"1"、从无到有、从弱到强的过程，需要一定程度的机会获取、资源整合和团队合作。从创业认知角度分析，人们的创业活动会遵循一定的内在规律，由此形成相应的创业实践模式和创业知识体系，对这些创业实践模式和创业知识体系的理性分析和理论认知，构成了创业教育和创业学习的基础。有人说世界是一个圆，每一个人都是一个圆心，教育是半径，半径越长，人拥有的世界就越广阔①。同理，创业如同一个圆，创业者好比圆心，创业教育和创业学习是有效加长创业半径的重要途径，有助于更深入地理解和更有效地把握创业规律。

大学是培养创新创业人才的重要基地，大学生是创新创业的生力军。随着我国创新创业环境的改善，社会创新创业气氛的活跃和创新创业文化的逐步形成，大学生的创新创业意愿日渐高涨；随着创新创业教育对创业者素质能力的提升，大学生创新创业者不断涌现，大学生新创企业数量越来越多，所涉及的创业领域和行业更加广泛。显然，大学生创业不

---

① 陶西平. 面对挑战的世界教育[J]. 教育国际交流，2013（37）：4.

仅具有统计学意义，即人们可以用有说服力的数据清楚描述由大学生创办企业所创造的商业价值。同时，大学生创业更具有教育学意义，即学校和社会可以把创业知识、创业能力和创业精神等融入大学的学习领域，通过开展创业教育和创业学习，推动高等教育的改革，提高大学的教育质量，更好地帮助大学生成长成才，并实现职业生涯的更大发展。

创业是创业者的自觉行为过程，同理，创业学习也应该是创业学习者主动获取知识和积累经验的过程，创业学习者以自己原有的知识和经验为基础，对新知识新经验进行获取，并借此形成适合自己的创业行为方式，并有可能在这一过程中发现、捕捉和创造出相应的创业机会。因此，真正的创业其实是一个学习过程。据《中国大学生创业教育蓝皮书：大学生创业教育实践研究》的调查结果显示：在中学阶段接受过创业教育对大学生自我创业有明显帮助。"满意的创业教育课程""适合学生的创业教育模式""学校创业教育与专业教育的结合很紧密"对已经开始创业的学生有很大的帮助。创业课程是否适合学生对选择创业时间有一定影响。积极参加创业课程和创业活动对大学生自主创业有显著帮助。了解学校的创业教育课程能显著提升自己对创业前景的自信，一定程度上缓解了迷惘。

创业是一项高风险的商业活动，大学生创业存在诸多不确定性，面临许多障碍和风险，由此导致很高的失败率。《中国大学创新创业教育发展报告》分析认为：总结大学生创业失败的原因可以看出，只有创业的激情、优秀的创意及自己的团队是不够的。由于欠缺必要的管理经验、市场运作策划能力、正确面对失败的心态，以及足够的资本支持，使得创业成功的可能性大大降低[①]。要解决大学生创业的问题，不仅需要从外部解决营造创业氛围和优化创业环境的问题，而且需要从内部解决好大学生自身素质能力提高的教育问题。因此，迫切需要对所有的大学生进行系统的创业教育和创业训练，唤醒创业意识，提升创业素质，培育创业精神，锻炼创业能力，为大学生未来自主创业、灵活就业和职业发展做好准备。

作为一项促进创业教育的战略措施，2012 年 8 月教育部下发了《普通本科学校创业教育教学基本要求》（以下简称《基本要求》）并明确指出：在高等学校开展创业教育，是服务国家加快转变经济发展方式、建设创新型国家和人力资源强国的战略举措，是深化高等教育教学改革、提高人才培养质量、促进大学生全面发展的重要途径，是落实以创业带动就业、促进高校毕业生充分就业的重要措施[②]。按照通知要求，各高等学校要推动高等学校创业教育科学化、制度化、规范化建设，切实加强普通高等学校创业教育工作。该《基本要求》则从教学目标、教学原则、教学内容、教学设计、教学组织五个方面对推进教学工作进行了细化。

一是要求学校通过开展创业教育教学，使学生掌握创业的基础知识和基本理论，熟悉创业的基本流程和基本方法，了解创业的法律法规和相关政策，激发学生的创业意识，提高学生的社会责任感、创新精神和创业能力，促进学生创业就业和全面发展。二是要求学校要把创业教育融入人才培养体系，贯穿人才培养全过程，面向全体学生广泛、系统开展。

---

① 曹胜利，雷家骕. 中国大学创新创业教育发展报告[M]. 沈阳：万卷出版公司，2009.
② 教育部办公厅文件，教高厅〔2012〕4 号，教育部办公厅关于印发《普通本科学校创业教育教学基本要求（试行）》的通知。

三是要着力引导学生正确理解创业与国家经济社会发展的关系，着力引导学生正确理解创业与职业生涯发展的关系，提高学生的社会责任感、创新精神和创业能力。四是要结合学校办学定位、人才培养规模和办学特色，适应学生发展特别是学生创业需求，分类开展创业教育教学。五是要结合专业，建立健全创业教育与专业教育紧密结合的多样化教学体系，在专业教学中更加自觉培养学生勇于创新、善于发现创业机会、敢于进行创业实践的能力。六是要强化实践，加大实践教学比重，丰富实践教学内容，改进实践教学设计，激励学生创业实践，增强创业教育教学的开放性、互动性和实效性。

在创业教育教学内容方面，该《基本要求》强调要以教授创业知识为基础，以锻炼创业能力为关键，以培养创业精神为核心。强调通过创业教育教学，使学生掌握开展创业活动所需要的基本知识，包括创业的基本概念、基本原理、基本方法和相关理论，涉及创业者、创业团队、创业机会、创业资源、创业计划、政策法规、新企业开办与管理，以及社会创业的理论和方法。通过创业教育教学，系统培养学生整合创业资源、设计创业计划以及创办和管理企业的综合素质，重点培养学生识别创业机会、防范创业风险、适时采取行动的创业能力。通过创业教育教学，培养学生善于思考、敏于发现、敢为人先的创新意识，挑战自我、承受挫折、坚持不懈的意志品质，遵纪守法、诚实守信、善于合作的职业操守，以及创造价值、服务国家、服务人民的社会责任感。强调要遵循教育教学规律和人才成长规律，以课堂教学为主渠道，以课外活动、社会实践为重要途径，充分利用现代信息技术，创新教育教学设计，努力提高创业教育教学质量和水平。课堂教学要倡导模块化、项目化和参与式教学，强化案例分析、小组讨论、角色扮演、头脑风暴等环节，实现从以知识传授为主向以能力培养为主的转变、从以教师为主向以学生为主的转变、从以讲授灌输为主向以体验参与为主的转变，调动学生学习的积极性、主动性和创造性。课外活动要充分整合校内教育资源，组织开展灵活多样的创业讲座、创业训练、创业模拟、创业大赛等活动。积极创造条件，支持学生创办并参加创业协会、创业俱乐部等社团活动。社会实践要充分利用校内外资源，依托校企联盟、科技园区、创业园区、创业项目孵化器、大学生校外实践基地和创业基地等，开展学习参观、市场调查、项目设计、成果转化、企业创办等创业实践活动。要把创业教育教学纳入学校改革发展规划，纳入学校人才培养体系，纳入学校教育教学评估指标，建立健全领导体制和工作机制，制订专门教学计划，提供有力教学保障，确保取得实效。学校应创造条件，面向全体学生单独开设"创业基础"必修课。

为了实质性地推进高校创业教育教学工作，提高创业教育教学质量，教育部专门组织专家团队研发和制定了《创业基础教学大纲》，为高等学校开展创业教育教学提供了重要的支持，为高校学生参与创业学习提供了基础的平台，为面向全体学生单独开设"创业基础"必修课程提供了必要的条件。

二、《创业基础》的性质和目标

开展创业教育需要创造性的课程设计，创业课程的性质和目标设定直接关系到创业教育和创业学习的预期效果能否实现，也关系到创业教育到底该如何开展以及相应的教学内容和教学设计等问题。在课程性质上，教育部《创业基础教学大纲》明确规定："创业基础"是面向全体高校学生开展创业教育的核心课程，纳入学校教学计划，不少于 32 学时、不低于 2 学分。在课程目标上，通过"创业基础"课程教学，在教授创业知识、锻炼创业能力和培养创业精神等方面使学生掌握开展创业活动所需要的基本知识。认知创业的基本内涵和创业活动的特殊性，辩证地认识和分析创业者、创业机会、创业资源、创业计划和创业项目。使学生具备必要的创业能力。掌握创业资源整合与创业计划撰写的方法，熟悉新企业的开办流程与管理，提高创办和管理企业的综合素质和能力。使学生树立科学的创业观，主动适应国家经济社会发展和人的全面发展需求，正确理解创业与职业生涯发展的关系，自觉遵循创业规律，积极投身创业实践。

对创业教育的理解，人们经历了不同的认知阶段。许多人最初把创业教育狭义地理解为是培养"开公司的人"，甚至把学生在校期间能否创建新企业作为创业教育绩效的最重要指标。然而，随着创业研究的深入和创业文化的普及，越来越多的人认识到如何创建和经营一家企业固然是创业教育的内容要求，但培养学生具有企业家精神和品质才是创业教育的核心和目标。因此，创业学习首先最需要关注的是如何培养学生优秀的企业家精神、良好的创业品质和正确的人生态度。从大学生未来发展的视角分析，创业教育应当是一个人终身学习的过程，因为创业教育不但要培养新企业的开办者，也要培养各行各业工作岗位上的创新者。对大学生自身而言，创业学习可以帮助形成三个更为具体的职业目标：一是学习成为一个未来工作岗位上的创新者；二是学习成为一个能够自我聘用的创业者；三是学习成为一个关注创业领域的研究者。这三个目标对于不同的学生个体，其含义会有某些不同。学习成为一个工作岗位上的创新者可以作为一个基础性目标，主要是学习基本的创业商务知识，培养创新思维和能力，提升综合素质；学习成为一个创业者是高一级的目标，在接受创新思维、创新技能和创业商务知识的培训的基础上，还需进一步接受风险意识、领导能力、应变能力等有关创业品质的训练；学习成为一个创业领域的研究者，需要更系统地学习创业知识，关注创业的理论维度，深入探究创业规律，把创业作为一个教学和研究的领域。创业教育在培养人的基本素质方面，增添了时代的新要求、新要素，即创业素质。这意味着创业课程要站在促进人的发展起点上，着眼于大学生综合素质的培养。作为一种国际化的教育理念和教育发展趋势，创业教育目标顺应了时代发展的要求，符合国家战略经济结构调整和个人发展的需要。创业教育不是面对大学生的就业压力而作的无奈和被动的选择，而是基于社会发展和学生成长的人才培养战略选择。这种选择不但反映了人们对教育本质及其人才培养规律认识的不断深化，而且也有利于革除传统人才培养模式的诸多弊端，推动和引导我国高校人才培养质量迈上一个新的台阶[①]。

三、《创业基础》的学习方法

"创业基础"是一门融知识性、理论性和实践性为一体的课程，本书基于科学的认知学习理论，强调创业知识、理论、能力的建构，在编写体例和学习导向上，尽量遵循如下逻辑关系：

（1）是什么？——准确定义概念，阐明基本知识。

（2）为什么？——恰当运用基本理论分析主要原因。

---

① 薛明扬. 大学与创业教育[M]. 北京：高等教育出版社，2012.

（3）怎么做？——着重掌握基本流程和基本方法。

本书根据需要设置了创业实例、扩展阅读、案例分析、思考讨论等栏目。创业的实践性特征决定了创业学习必须延伸创业实践平台，《创业基础》的学习需要基于一个良好的"创新创业教学生态系统"，不仅包括课程和课堂，还需要多样化的外延活动与丰富的创业文化。

一是创新思维。创业教学中的老师和学生都需要建立创造性思维，认知情景中的社会和自我，坚持责任理性与可持续性的准则，充分运用创新设计和新媒体技术等多样化方法进行教学。

二是案例教学。创业教学过程中普遍采用案例教学的模式，除了本书中的案例作为参考外，老师和学生还应该共同寻找适合本校学生的案例，包括成功的和失败的案例，让学生学会从别人的成败中学习。

三是模拟创业。作为创业教学的必要环节，可以将学生分成小组。分组基本原则是：模拟成立一个创业型团队，注意学生能力的互补性，一个创业团队应该是由各种不同能力的人员构成，以此发挥互补优势。通过创业模拟，可以营造一个准创业环境，让学生更加直观、更加有效地参与到创业活动中，扮演不同的角色，体验创业挫折的压力、创业的成就感，学会抗压减压，勇于树立信心，激发创业欲望。

四是创业学习需要走出应试教育模式，坚持能力导向，激发学习兴趣，开阔学生视野，提升综合素质。教学开始便激励学生寻找创业机会，挖掘创业项目，学生的创意最终要撰写为创业计划书，同时要鼓励学生参加"大学生创业计划大赛"，并选拔出优秀项目推介到企业，使产、学、研得到良性结合。项目的选拔主要通过学生陈述、小组讨论、大家提问、老师点评、企业决策者评判等方式，促使学生对自己的创业项目加以改进和完善，成为具有价值的项目。

五是活动拓展。除了在校内开展创业活动，实现学生与校园创业环境的相互塑造外，还可以通过参加创业论坛、成功人士座谈会及组织学生到企业调查咨询等活动积累经验，增强能力，铸就品格。还应该在不影响正常学习的情况下，利用课余时间和假期，尝试与社会的对接，设立和参与一些投资少、见效快、风险小的创业项目。在丰富多彩的第二课堂中可以将创业作为一种校园生活方式，培养学生发现和发掘创业机会的方法和能力，引导学生更加注重知识创新和技术创新，着眼于生活中创业项目的发掘和筛选，选择正确的行业，识别有价值的机会。

创业教学的内外延伸，让学生充分体会到现实中的创业要求，不仅需要掌握创业知识，还需要具有开阔的眼界、敏锐的洞察力、广泛的人脉、有胆有识的谋略、与他人分享的愿望、自我反省的能力等，通过对创业者的素质培养，进而树立创业目标。因此，建议在创业基础教学中设计和做好三个重要环节和四个基本步骤。

三个重要环节：第一个环节是课前安排。要求实现对教材的课前阅读，授课教师必须预先提供十分详细的教学安排，具体到每次讲授什么主题，并列出与该主题相关的课前阅读材料和学习用具的明细。第二个环节是课堂参与。在课前准备的基础上，教师鼓励学生把问题或者困惑、个人的思考或者解释等带到课堂，与老师和同学分享，并通过课堂互动汲取营养。课堂参与的第一阶段是鼓励学生提出问题。课堂参与的更高阶段是学生能够提出好问题，提出有水平、有价值的问题，并在此基础上，探讨解决问题的思路。第三个环节是课后实践。应将学生划分成具体的创业项目小组，有计划地进行自己的项目运作。

四个基本步骤：第一步，头脑风暴。尽可能罗列项目，重在提出新点子和新思路。第二步，小组讨论。提出各自观点，对项目评头品足，归纳分歧，尝试建立共识，确认最可行项目。第三步，情景筹划与设计实施。将项目情景化，将内容列表，进行逐项验证。获取更多市场信息，制定实施方案，进行模拟试验和创业实验。第四步，进行创业项目完成情况评价并提供创业学习成绩报告。

"创业基础"课程学习需要学生从"老师的课堂"环境中走出来，成为课堂的贡献者。自觉把知识、理论与实际案例相结合，把思想碰撞与角色体验相结合，积极拓展有效的实践途径，主动参与创业项目设计、创业计划大赛以及创业社团活动，开展创业者访谈，进行创业项目考察，尝试创办企业，学会把课堂知识理论应用于创业实践，在实践中发现问题和解决实际问题。不仅要重视学到了什么，还要重视体验和感悟了什么，要在学习过程中发挥最大的潜能，建立自信心和使命感，并找到自我能力提升和社会价值实现的途径。

如前所述，我们认为创业是一个从"0"到"1"的完成过程，同理，创业教育也是一个从"知"（Know）到"做"（Do）的完成过程。正是创业本身突出的实践性特征决定了真正的创业教学应该是一个知与行的过程。因此，当各位老师和同学走进创业课堂，打开《创业基础》时，就已经共同参与了创业的行动学习过程。

李家华

2023 年 5 月

第一章

创新创业与人生发展

 **本章提要**

通过对本章的学习,了解创新创业的基本概念和关系、认识创新创业的时代价值和意义,理性对待创新创业与人生发展。

 学习重点和难点

重点:创新思维和创新方法、创业要素和创业流程。

难点:创新与创业的关系、创新创业素养培育。

第一节 创 新 概 述

 学习目的与要求

通过对本章的学习,学生应达到如下要求:

1. 了解创新的特征和基本类型。

2. 训练掌握创新思维和创新方法。

3. 思考辨析创新与创业的关系。

 学习要点

1. 创新是历史进步和新时代发展的第一动力。

2. 创新思维和方法是一种开拓人类认识新领域,开创人类认识新成果的活动和工具。

3. 坚持守正创新,创新是创业的基础,创业推动着创新。

创新被认为是人类才能的体现,是世界进步的动力和社会发展的源泉。进入新时代,创新驱动发展成为我国的国家战略,位列创新、协调、绿色、开放、共享的五大发展理念之首,在政府的大力倡导下,"大众创业、万众创新"深入人心,成为全民参与和全民推动的宏伟事业。在这样的时代背景下,大学生理应通过刻苦学习和训练,努力把自己培养成为新时代的创新创业人才,在以中国式现代化全面推进中华民族伟大复兴的事业中贡献青春力量。

一、创新的特征和类型

"创新"一词,最早源自《南史·后妃传上·宋世祖殷淑仪》,据《春秋》:仲子非鲁惠公元嫡，尚得考别宫。今贵妃盖天秩之崇班，理应创新创业。创新，亦作"剙新"，在《现代汉语词典》中解释为"抛弃旧的，创造新的"，是指提出别人未提出的思想，做别人未做过的事情，它是在原来事物的基础上，通过重新排列组合、引申发散、否定重构等设计创造出一种与原来既有一定联系又有明显区别的新事物，在某种意义上说，创新就是对旧有的或错误的东西进行否定。

英文中的创新 Innovation，起源于拉丁语，原意有三层含义：一是指更新之意；二是指创造新的东西；三是表示改变之意。其现代意义最初见于美籍经济学家熊彼特在 1912 年出版的《经济发展概论》一书，书中提出创新是指把一种新的生产要素和生产条件的"新结合"引入生产体系，它包括五种情况：一是引入一种新产品；二是引入一种新的生产方法；三是开辟一个新的市场；四是获得原材料或半成品的一种新的供应来源；五是建立新的组织形式。

创新可以分为广义的创新和狭义的创新。广义的创新指相对于原有的事物是新颖的，即是创新，包括创新成果、创新行为、创新能力等；狭义的创新是指个人作出的新颖独特、具有价值的成果。

许多研究者对创新进行研究，形成了不同的定义。有的认为创新是开发一种新事物的过程；有的认为创新是运用知识或相关信息创造和引进某种有用的新事物的过程；有的认为创新是对一个组织或相关环境新变化的接受；还有的认为创新是指新事物本身，具体来说就是指被相关使用部门认定的任何一种新思想、新实践或新的制造物。

由此可见，创新的概念包含范围很广，各种能提高资源配置效率的新活动都是创新，其中，既有涉及技术性变化的创新，如技术创新、产品创新、过程创新；也有涉及非技术性变化的创新，如制度创新、政策创新、组织创新、管理创新、市场创新、观念创新等。如今，"创新"已经扩展到了我们社会的方方面面，包括理论创新、制度创新、经营创新、技术创新、教育创新、学习方法创新等。

总之，创新是指以现有的思维模式提出有别于常规或常人思路的见解为导向，利用现有的知识和物质，在特定的环境中，本着理想化需要或为满足社会需求而改进或创造新的事物、方法、元素、路径、环境，并能获得一定有益效果的行为。

1. 创新的特征

创新是一个复杂而又具体的系统，有其内在的规律和特征，其基本特征表现在以下几个方面。

（1）目的性。创新是有目的地不断满足人类自身生存发展的需要。具体来讲，创新总是为了解决某一问题，围绕着如何解决一定的问题而进行的，它总是与完成某个任务相联系的。所以，创新是一种有目的地认识世界和改造世界的实践活动。

（2）新颖性。就创新的特性来看，创新是把新的或重新组合和再次发现的知识引入所研究对象系统的过程，是引入新概念、新东西和革新的过程。因而其成果必然是新颖的，与过去相比具有新的因素或成分。唯其"新"，才能具有优势，才能战胜旧事物。原有事物的内容和形式正是由于增加了新的因素而得以更新、发展和突破。"求新"是其灵魂，没有"求新"的变革，称不上创新。

（3）价值性。从创新成果的效果来看，创新具有明显具体的价值，也就是具有一定的社会效益和经济效益。它能够满足人们的某种需要，使企业获得成功，国家经济活力增强，社会取得进步。创新成果的价值可以分为社会价值、经济价值和学术价值，创新若没有价值也就失去了意义。

（4）先进性。先进性是与旧事物相比具有相对优势而言，创新在多大程度上优于已有的和现存的事物，这是人们是否愿意采纳创新成果的关键。比如一个创新产品的先进性主要体现在结构更合理、功能更齐全、效率进一步提高等。一个创新的管理方法相对优势表现在提高了经济利润，降低了成本，调动了人的积极性，提高了管理效率等。如果不具有先进性，新事物就不可能替代旧事物，创新就失去了意义。另外，创新的先进性还体现在代表了事物的发展规律和趋势。

（5）变革性。就创新的实质来看，都是变革旧事物，使其更新，成为新的东西。"穷则变，变则通，通则久"。当遇到难以解决的问题时，就应该采用"变"的方式，如改变思考角度、方式、方法、结构、功能等。变了，问题就解决了，即"通"了。这个由"变"到"通"的过程，就是创新的过程。故步自封，安于现状，不想变革，就没有创新。

（6）发展性。创新是一个不断发展的过程。创新发展是创造新知识、应用新知识并不断发展知识的过程。知识是创新之源，通过知识创新推动科技创新、文化创新、管理创新以及其他各方面的创新。创新使知识生生不息，没有知识的不断更新，创新的源泉就会干涸。对知识的创造、应用、再创造、再应用，这种形式循环往复以致无穷，而每一次循环创造和应用的内容，都进入了高一级的程度。这是人类创新永无止境、无限发展的客观规律。

（7）再创造。就是对原有事物、现有知识和已有创新成果的再次发现和重新组合，既包括使知识达到新的深度和广度，又包括修正错误和更新知识；既包括从研究新情况、新问题中获得新知识和新成果，又包括从研究老情况、老问题中获得新知识和新成果。

（8）层次性。根据人们解决问题的新颖、独特程度不同，可以将创新划分为以下三个层次：第一层次为高级创新，是指经过长期的研究、艰巨的探索所产生的科学发现，它是一项从无到有、填补空白的创新活动，因此，有可能为国家、社会和人类作出巨大贡献，甚至形成某一领域划时代的局面，如爱因斯坦提出的"相对论"。第二层次为中级创新，主要是指经过改革或发明，在原有知识和经验的基础上重组材料，研制出有一定社会价值的产品的技术革新。这一层次创新已成为社会文化、科学和生产力发展的巨大力量，如新能源汽车；第三层次为初级创新，主要是指在别人率先创新的基础上，通过引进技术和购买专利等方式，消化、吸收而进行的一种创新，如汉语收缩引擎。这是以跟踪当前国际先进水平并加以模仿为主的创新思路，也是工业后进国家缩短同发达国家差距的一条捷径，是实现跨越式发展和后发优势，尽快步入自主创新的必由之路。如今，党的二十大报告提出，要加快实施创新驱动发展战略，加快实现高水平科技自立自强，以国家战略需求为导向，积聚力量进行原创性、引领性科技攻关，坚决打赢关键核心技术攻坚战，加快实施一批具有战略性、全局性、前瞻性的国家重大科技项目，增强自身创新能力。

2. 创新的类型

创新按不同的标准可以划分为不同的类型，一般认为，其主要类型可以分为以下几种。

（1）原始创新，是指那些具有重大科学发现、技术发明、原理性主导技术等原始性创新的活动。原始性创新成果通常需要具备以下几个方面。①首创性，即研究开发成果前所未有，其最高层次是文化和标准的首创性。文化的首创性最终沉淀为经典，科技的首创性最终转化为标准和法规，只有具备首创性的原始创新才有可能发展成为核心竞争优势。②突破性，能在原理、技术、方法等某个或多个方面实现重大变革。创新既是在前人成果基础上的继承，又是打破前人成果的发展。对已经过多年实践考验的前人成果，必须学习和继承，而对未成定论的、有争议的、新兴的、边缘的学科或产业领域，应积极通过创新加以变革。③带动性，原始创新在对科技自身发展产生重大牵引作用的同时，也给经济结构和产业形态带来重大变革。例如，互联网和移动通信等原始创新成果的出现，对于解放生产力起了革命性的推动作用，对于提高人们的生活质量提供了必要的基础。

（2）跟随创新，是指在已有成熟技术的基础之上，沿着已经明确的技术道路进行技术创新，如在原有技术之上将技术更加完善，开发出新的功能等。例如，支付宝在 PayPal（eBay 公司的全资子公司）的基础上进行的创新。

（3）集成创新，是利用各种信息技术、管理技术与工具等，对各个创新要素和创新内容进行选择、集成和优化，形成优势互补的有机整体的动态创新过程。例如，一部苹果手机相当于把手机、电脑、相机和 MP3 等进行了集成改变。

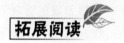

拓展阅读

十种创新类型[①]

一家公司在研究了近 2 000 个最佳创新案例后，发现历史上所有伟大的创新都是十种基本创新类型的组合，这十种创新类型具体包括以下内容。

（1）盈利模式创新，指的是公司寻找全新的方式将产品和其他有价值的资源转变为现金。这种创新常常会挑战一个行业关于生产什么产品、确定怎样的价格、如何实现收入等问题的传统观念。溢价和竞拍是盈利模式创新的典型例子。

（2）网络创新，在当今高度互联的世界里，没有哪家公司能够独自完成所有事情。网络创新让公司可以充分利用其他公司的流程、技术、产品、渠道和品牌。众筹众包等开放式创新方式是网络创新的典型例子。

（3）结构创新，是通过采用独特的方式组织公司的资产（包括硬件、人力或无形资产）来创造价值。它可能涉及从人才管理系统到重型固定设备配置等方方面面。结构创新的例子包括建立激励机制，鼓励员工朝某个特定目标努力，实现资产标准化从而降低运营成本和复杂性，甚至创建企业大学以提供持续的高端培训。

（4）流程创新，流程创新涉及公司主要产品或服务的各项生产活动和运营。这类创新

① 拉里·基利，瑞安·皮克尔，布莱恩·奎恩，等. 创新的十种类型[J]. 商业评论，2014（1）：52-56.

需要彻底改变以往的业务经营方式，使得公司具备独特的能力，高效运转，迅速适应新环境，并获得领先市场的利润率。流程创新常常构成一个企业的核心竞争力。

（5）产品性能创新，指的是公司在产品或服务的价值、特性和质量方面进行的创新。这类创新既涉及全新的产品，也包括能带来巨大增值的产品升级和产品线延伸。产品性能创新常常是竞争对手最容易效仿的一类。

（6）产品系统创新，是将单个产品和服务联系或捆绑起来创造出一个可扩展的强大系统。产品系统创新可以帮助你建立一个能够吸引并取悦顾客的生态环境，并且抵御竞争者的侵袭。

（7）服务创新，是保证并提高产品的功用、性能和价值，使一个产品更容易被试用和享用，为顾客展现可能会忽视的产品特性和功用，解决顾客遇到的问题并弥补产品体验中的不愉快。

（8）渠道创新，包含了将产品与顾客和用户联系在一起的所有手段，特别是在创造身临其境的体验方面，发掘出多种互补方式将产品和服务呈现给顾客。

（9）品牌创新，品牌创新能够体现一种"承诺"，吸引买主并传递一种与众不同的身份感。有助于保证顾客和用户能够识别、记住你的产品，并在面对你和竞争对手的产品或替代品时选择你的产品。

（10）顾客契合创新，是理解顾客和用户的深层愿望，并利用这些了解来发展顾客与公司之间富有意义的联系。顾客契合创新开辟了广阔的探索空间，帮助人们找到合适的方式把自己生活的一部分变得更加难忘、富有成效并充满喜悦。

随着时代的飞速发展和进步，简单创新往往不足以获得持久的成功，尤其是单纯的产品性能创新，很容易被模仿，被超越。因此，只有综合应用上述多种创新类型，才能打造可持续的优势。

 知识点 1：创新的主要特征。

 知识点 2：创新的基本类型。

二、创新思维和创新方法

当今世界，人们都越来越重视创新，但是怎样才能创新呢？要回答这个问题，关键要从两个方面着手，这就是：创新的思维和创新的方法。因为创新思维是实现创新的内在机制和内生动力，只要具有了创新的思维就会产生创新的意识和想法，也就有了创新的原动力；创新方法是创新能力的基础，掌握了创新方法也就拥有了创新的武器。

1. 创新思维的内涵

创新思维是指以新颖独特的方式思考解决问题的过程，也是一种开拓人类认识新领域、开创人类认识新成果的思维活动，它往往表现为发明新技术、形成新观念、提出新方案、创建新理论等。从广义上讲，创新思维不仅表现为完整的新发现和新发明的思维过程，而且还表现在思考的方法和技巧上，能在某些局部的结论和见解上具有新奇独到之处。

创新思维广泛存在于政治、经济、文化艺术及教育科学研究活动中。从主体活动的角度来看，创新思维又是一种需要人们付出较大代价，运用高超能力的艰苦的脑力劳动，离不开推理、想象、联想、直觉等思维活动。创新思维要取得一项成果，往往需要经过长期的探索和刻苦的钻研，甚至多次的挫折。创新思维也只有经过长期的知识积累、智能训练、素质磨砺才能具备。具有创新思维的人往往敢于突破原有的框架，可以想别人所未想、见别人所未见、做别人所未做的事，从而取得创造性和突破性的成就。

1）创新思维的基本特征

创新思维具有以下几个方面的基本特征。

（1）新颖性。创新思维往往具有突破的独到之处。它或者是在思路的选择上，或者是在思考的技巧上，或者是在思维的结论上，有着一定范围的突破性和开拓性。因此，具有创新思维的人，对新事物具有浓厚的兴趣，在实际活动中善于超出常规思维，能对"完善"的事物、平稳有序发展的事物进行重新认识，以求新的发现，这种发现就是一种独创、一种新的见解、新的发明和新的突破。

（2）灵活性。创新思维往往无现成的思路和程序可循，所以它的方式、方法、程序、途径等都没有固定的框架。创新思维活动的人在考虑问题时总是可以从不同维度进行，从一个思路转向另一个思路，从一种意境进入另一种意境，多方位地尝试解决问题的办法，这样，创新思维活动就表现出不同的结果或不同的方法、技巧。创新思维的灵活性还表现为人们在一定原则界限内的自由选择和发挥等，而不是在具体运用上把原则变成僵死的教条。

（3）艺术性。创造性思维活动是一种开放的、灵活多变的思维活动，它的发生伴随有"想象""直觉""灵感"之类的非线性思维活动，往往因人而异、因时而异、因问题和对象而异，难以完全模仿和模拟。创新思维活动的上述特点同艺术活动具有相似之处，艺术活动强调充分发挥个性和才能，包括利用直觉、灵感、想象等。比如凡·高的名画《向日葵》，其艺术的精髓和内涵，体现了凡·高的创造性及创作能力，别人是无法模仿的。

（4）风险性。创新思维活动是一种探索未知的活动，因此，要受多种因素的限制和影响，如事物发展及其本质暴露的程度、实践的条件与水平、认识的水平与能力等，这就决定了创新思维并不一定都能取得成功，反而可能毫无成效或者得出错误的结论。另外，创新思维活动的风险性还表现在它对传统势力、偏见等的冲击会引发传统势力和已有权威为维护自身利益而对创新思维成果抱有抵抗甚至仇视的心理。例如，西欧中世纪宗教在社会生活中占据着绝对统治地位，一切与宗教相悖的观点都被称为"异端邪说"，一切违背此原则的人都会受到"宗教裁判所"的严厉惩罚。然而，创新思维活动是扼杀不了的，伽利略和布鲁诺都置生命于不顾，提倡并论证了"日心说"。

2）创新思维的表现形式

创新思维的表现形式包括：

（1）理论思维。理论一般可理解为原理的体系，是系统化的理性认识。理论思维是指使理性认识系统化的思维形式。这种思维形式在实践中应用很多，如系统工程就是运用系统理论思维来处理一个系统内各种有关问题的一种管理方法。钱学森认为，系统工程是组织管理系统的规划、研究设计、创新试验和使用的科学方法。又如，有人提出"相似论"也是科学理论思维的范畴，即人见到鸟有翅膀能飞翔，就根据鸟的翅膀、鸟体几何结构与空气动力和飞行功能等相似原理发明了飞机，有的也称"仿生学"。还有在企业组织生产中，也有很多地方要用到理论思维。可以说，理论思维是一种基本的思维形式。因此，为了把握创新规律，就要认真研究理论思维活动的规律，特别是创新性理论思维的规律。

（2）多向思维。多向思维也叫发散思维、辐射思维或扩散思维，是指对某一问题或事物的思考过程中，不拘泥于一点或一条线索，而是从仅有的信息中尽可能向多方向扩展，不受已经确定的方式、方法、规则和范围等约束，并且从这种扩散的思考中获得常规的和非常规的多种设想的思维。多向思维的特点：一是"多端"，对一个问题可以多开端，产生许多联想，获得各式各样的结论；二是"灵活"，对一个问题能根据客观情况变化而变化；三是"精细"，能全面细致地考虑问题；四是"新颖"，答案可以有个体差异，各不相同，新颖不俗。人们通过对发散性思维的研究，提出了发散性思维的流畅度（指发散的量）、变通度（指发散的灵活性）和独创度（指发散的新奇成分）三个维度。多向思维能力是可以通过锻炼提高的。一是要学会遇事大胆地敞开思路，而不纠结于是否实际。当你考虑问题的可能性越多，就越容易找到真正的诀窍。二是要坚持思维的独特性，善于从新的角度思考自己或他人从未想到过的东西，努力提高多向思维的质量。

（3）侧向思维。"他山之石，可以攻玉。"当我们在一定的条件下遇到解决不了的问题或虽能解决但只是用习以为常的方案时，可以用侧向思维来产生创新性的突破。具体运用方式有以下三种：一是侧向移入。这是指跳出本专业、本行业的范围，摆脱习惯性思维，侧视其他方向，将注意力引向更广阔的领域或者将其他领域已成熟的、较好的技术方法、原理等直接移植过来加以利用；或者从其他领域事物的特征、属性、机理中得到启发，产生对原来思考问题的创新设想。譬如，鲁班因茅草上的细齿拉破手指得到启发而发明了锯子。大量的事例说明，从其他领域借鉴或受启发是创新发明的一条捷径。二是侧向转换。这是指不按最初设想或常规方式直接解决问题，而是将问题转换成它的侧面的其他问题，或将解决问题的手段转为侧面的其他手段等。这种思维方式在创新发明中常常被使用。如在"网络热潮"中，兴起了一批网络企业，其中大量的网络企业难以盈利，思科等企业作为设备提供商却最终盈利了。三是侧向移出。侧向移出是指将现有的设想、已取得的发明、已有的感兴趣的技术和本厂产品，从现有的使用领域、使用对象中摆脱出来，将其外推到其他意想不到的领域或对象上。这也是一种立足于跳出本领域，克服线性思维的思考方式。如将工程中的定位理论用在营销中。

（4）逆向思维。任何事物都包括两个方面。人们在认识事物的过程中，实际上是同时与其正反两个方面打交道，只不过由于日常生活中人们往往养成了一种习惯性思维方式，即只看其中的一方面，而忽视了另一方面。如果逆转一下正常的思路，从反面想问题，便能得出一些创新性的设想。如管理中的"鲶鱼效应"，就改变了传统的对固定路径依赖的思维。逆向性思维具有以下特点：一是普遍性。逆向性思维在各种领域、各种活动中都有适用性，由于对立统一规律是普遍适用的，而对立统一的形式又是多种多样的，有一种对立统一的形式，相应地就有一种逆向思维的角度，所以，逆向思维也有无限多种形式。例如，性质上对立两极的转换：软与硬、高与低等；结构、位置上的互换、颠倒：上与下、左与右等；过程上的逆转：气态变液态或液态变气态、电转为磁或磁转为电等。不论哪种方式，只要从一个方面想到与之对立的另一方面，就都是逆向思维批判性。逆向是与正常比较而言的，正向是指常规的、常识的、公认的或习惯的想法与做法。逆向思维则恰恰相反，是对传统、惯例、常识的反叛，是对常规的挑战。它能够克服思维定势，破除由经验和习惯造成的僵化的认识模式。二是新颖性。循规蹈矩的思维和按传统方式解决问题虽然简单，但容易使思路僵化、刻板，摆脱不掉习惯的束缚，得到的往往是一些司空见惯的答案。其实，任何事物都具有多方面属性。由于受过去经验的影响，人们容易看到熟悉的一面，而对另一面视而不见。逆向思维能克服这一障碍，往往是出人意料的，给人以耳目一新的感觉。

（5）联想思维。联想思维是指由某一事物联想到另一种事物而产生认识的心理过程，即由所感知或所思的事物、概念或现象的刺激而想到其他的与之有关的事物、概念或现象的思维过程。联想是每一个正常人都具有的思维本能。由于有些事物、概念或现象往往在时空中伴随出现，或在某些方面表现出某种对应关系，这些联想反复出现，就会被人脑以一种特定的记忆模式接受，并以特定的记忆表象结构储存在大脑中，一旦以后再遇到其中的一个时，人的头脑就会自动地搜寻过去已确定的联系，从而马上联想到不在现场的或眼前没有发生的另一些事物、概念或现象。联想的主要素材和触媒是表象或形象。表象是对事物感知后留下的印象，即感知后的事物不在面前而在头脑中再现出来的形象。表象有个别表象、概括表象与想象表象之分，联想主要涉及前两种，想象才涉及最后一种。联想包括：一是相近联想。这是指由一个事物或现象的刺激想到与它在时间相伴或空间相接近的事物或现象的联想。二是相似联想。这是指由一个事物或现象的刺激想到与它在外形、颜色、声音、结构、功能和原理等方面有相似之处的其他事物与现象的联想。世界上纷繁复杂的事物之间是存在联系的，这些联系不仅仅是与时间和空间有关，还有很大一部分是属性的联系。利用相似联想，首先要在头脑中储存大量事物的"相似块"，其次在相似事物之间进行启发、模仿和借鉴。三是相反联想。这是指由一个事物、现象的刺激而想到与它在时间、空间或各种属性相反的事物与现象的联想。如由黑暗想到光明，由放大想到缩小等。相反联想能使人的联想更加丰富。同时，又由于人们往往习惯于看到正面而忽视反面，因此相反的联想又使人的联想更加多彩，更加富于创新性。

（6）形象思维。形象思维是依据生活中的各种现象加以选择、分析、综合，然后加以艺术塑造的思维方式。它也可以被归纳为与传统形式逻辑有别的非逻辑思维。严格地说，联想只完成了从一类表象过渡到另一类表象，它本身并不包含对表象进行加工制作的处理过程，而只有当联想导致创新性的形象活动时，才会产生创新性的成果。联想与形象的界限不好严格划分，我们不妨把形象看成一种更积极、更活跃、更主动的联想。不同类型的形象，其具体物质特征可能不尽相同，但它们作为同一种思维方式，又有一些共同特点。一是形象性。人们通过社会生活与实践将丰富多彩的事物形象储存于记忆中形成表象，成为想象的素材。想象的过程是以表象或意想的分析和选择为基础的综合过程。想象所运用的表象以及产生的形象都是具体的、直观的。即使在研究抽象的科学理论时，人们也可以利用想象把思想具体化为某种视觉的、动觉的或符号的图像，把问题和设想在头脑中构成形象，用活动的形象来思维。如爱因斯坦在研究相对论时，就利用了"火车""电梯"等。直观的形象在思维过程中较概念更灵活、较少有保守性。二是创新性。形象具有很大的创新性，因为它可以加工表象，多样式性的加工本身就是创新。如人们可以按主观需求或幻想分解或打乱表象、抽象、强化表象等。由于形象带有浓烈的主观随意性和感情色彩，所以就表现出丰富多彩的创新性。三是概括性。运用形象的思维活动并不是一种简单的感性认识形式，而是具有形象概括性的理性认知形式，是由感性具体经过一系列的提炼和形象运演来进行的。它更能在不确定的情况中发挥人们创新性探索的积极性，有助于突破直接的现实感性材料的局限。

随着时代的发展和科技的进步，创新思维已经成为人类的主要活动方式和内容。随着世界范围内的新技术革命带来的生产变革，自动化把人从机械劳动和机器中解放出来。人工智能技术的推广和应用，将一些具有一定逻辑规则的工作交给"人工智能"去完成，从而可以使人有更充分的精力把自己的知识和智力用于创造性的思维活动，把人类文明进步推向新的高度。

 知识点3：创新思维及其主要表现形式。

爱迪生巧算灯泡体积

爱迪生年轻的时候，别人认为他缺乏科学知识，都不怎么看得起他。普林斯顿大学数学系毕业生阿普拉曾与爱迪生一起工作，常在卖报出身的爱迪生面前炫耀自己的学问。为了让阿普拉谦虚些，也为了让阿普拉对科学有真正的认识，爱迪生决定出个题目难难他。

有一天，爱迪生把一只玻璃灯泡交给了阿普拉，请他算算灯泡休积是多少。在数学上，只有少数形状规则的物体的体积能很快计算出来，像正方体、长方体、球体、锥体等以及它们的组合体，有些物体的体积虽然能计算，但很复杂，某些形状不规则物体的体积，数学上是计算不出来的。阿普拉拿着那个玻璃灯泡一看，灯泡是梨形的，心想："虽然计算起来不容易，但还是难不住我！"

他拿出尺子上上下下量了又量，并依照灯泡的式样画了草图，然后列出密密麻麻的计算式。他算得非常认真，脸上渗出了细细的汗珠。但是，这个灯泡的体积实在太难计算了。过了一个多小时，他还没算出来。

又过了一个多小时，爱迪生来看看他计算得怎样了，只见阿普拉还低着头列算式，根本没有快要完成的样子。爱迪生不耐烦了，他拿过玻璃灯泡，沉在洗脸池的水中，将灯泡灌满了水，接着将灯泡内的水咕嘟咕嘟地倒在量杯里，一看量杯读数，对阿普拉说，就是这么多毫升，问题解决了。阿普拉这才恍然大悟，爱迪生的办法才是非常简单而准确的。

解决问题首先要选择正确的方法，而方法的选择要根据对问题的具体分析。阿普拉不作分析，一头钻进数学计算中，爱迪生却选择了更简单的实际测量的方法。他用水作为中介，将水灌入灯泡，水便占满灯泡内的整个空间，这部分水的体积与灯泡的体积是一样的，再把这部分水倒入量杯，就量出了水的体积，也同时量出了灯泡的体积。

显然，创新创业具有多个侧面。有的东西之所以被称作创新创业，是因为它提高了工作效率或巩固了企业的竞争地位；有的是因为它改善了人们的生活质量；有的则是因为它对经济具有根本性的影响。但创新创业并不一定是全新的东西，旧的东西以新的形式出现或以新的方式结合也是创新创业。

2. 创新方法和工具

工欲善其事，必先利其器。如今，人类社会进入了一个日益复杂的经济与社会系统，实现创新更需要借助科学有效的方法和工具。关于创新的方法和工具有数千种之多，其中比较典型有"头脑风暴法""综摄法""形态分析法""信息交合法""5W2H 法""奥斯本检核表法""发明问题解决理论——TRLZ""设计思维"等。

创新故事

神 奇 之 法

一座历经百年风化的著名神像翻新后，现场留下了 200 吨废料难以处理。一位男子承包了这一苦差事，他对废料进行分类处理，巧妙地把废铜皮铸成纪念币，把废铅、废铝做成纪念尺，把水泥碎块、配木装在玲珑透明的小盒子里作为有意义的纪念品供人选购。所有这一切都与名扬天下的神像相联系。这神奇之法，一下子就把那些一文不值、难以处理的垃圾开发出了好几种十分俏销、身价百倍的纪念性新产品。这种变废为宝的发散式创新技法，一时被传为美谈。

（1）头脑风暴法，是以小组的形式无限制地自由联想和讨论，产生新观念或激发创新设想。头脑风暴法激发创新思维的原因主要有四个。一是联想反应。联想是产生新观念的基本过程。在集体讨论问题的过程中每提出一个新的观念，都能引发他人联想，相继产生一连串的新观念，产生连锁反应，形成新观念堆，为创造性地解决问题提供了更多的可能性。二是热情感染。在不受任何限制的情况下，集体讨论问题能激发人的热情。人人自由发言、相互影响、相互感染，能形成热潮，突破固有观念的束缚，最大限度地发挥创造性的思维能力。三是竞争意识。在有竞争意识的情况下，人人争先恐后，竞相发言，不断地开动思维机器，力求有独到见解和新奇观念。心理学告诉人们，人类有争强好胜心理，在有竞争意识的情况下，人的心理活动效率可增加 50%或更多。四是个人欲望。在集体讨论解决问题过程中，个人的欲望自由，不受任何干扰和控制，是非常重要的。头脑风暴法有一条原则，即不得批评仓促的发言，甚至不许有任何怀疑的表情、动作、神色。这就能使每个人畅所欲言，提出大量的新观念。

头脑风暴法必须遵守的原则：第一是推迟判断，禁止批评。对别人提出的任何想法都不能批判、不得阻拦。只有这样，与会者才可能在充分放松的心境下，在别人设想的激励下，集中全部精力开拓自己的思路。力求做到大家提设想，越多越好。第二是提倡自由发言、畅所欲言、任意思考、任意想象、尽量发挥，主意越新、越怪越好，因为它能启发人们产生出新的想法。第三是综合改善。鼓励巧妙地利用和改善他人的设想。这是激励的关键所在。每个与会者都要从他人的设想中激励自己，从中得到启示，或补充他人的设想，或将他人的若干设想综合起来提出新的设想等。头脑风暴法通常采用专家小组会议的形式进行，其流程分为两个阶段：会前准备阶段和会议执行阶段。在会前准备阶段，会议召集者要在会前明确会议的主题，创建引导问题目录，并选定与会人员。在会议执行阶段，会议开始时，如果与会人员没有头脑风暴的经验，召集者可以带领大家首先做一些适应性的练习以敞开思路；其次阐明该次会议的目标议题，鼓励大家进行头脑风暴；最后由各与会人员提出自己的设想，并详细阐述设想。如果与会者没有提出相关的设想，召集者需做相应的引导，鼓励大家积极思考，最大限度地发挥个人的创造力。与会人员的设想都发表完毕后，将获得的设想进行分类整理，在整个发表、阐述、整理设想的过程中，要做好相关的记录工作。如果时间还有剩余，还可再次鼓励大家进行头脑风暴，以获得尽可能多的设想。

（2）综摄法，是指以外部事物或已有的发明成果为媒介，并将它们分成若干要素，对其中的要素进行讨论研究，综合利用激发出来的灵感，来发明新事物或解决问题的方法。综摄法的基本原则为：一是异质同化。新的发明大多是现在没有的东西，人们对它是不熟悉的；然而，人们非常熟悉现有的东西。在创造发明不熟悉的新东西时，可以借用现有的知识来进行分析研究，启发出新的设想，这就叫作异质同化。二是同质异化。对现有的各种发明，运用新的知识或从新的角度来加以观察、分析和处理，启迪出新的创造性设想来，这就叫作同质异化。综摄法采用的方法在具体实施上述两项原则时，常采用以下几种类比的方法：一是拟人类比。进行创造活动时，人们常常将创造的对象加以"拟人化"。在机械设计中，采用这种"拟人化"的设计，可以从人体某一部分的动作中得到启发，常常会使人收到意想不到的效果。二是直接类比。从自然界或者已有的成果中找寻与创造对象相类似的东西。如运用仿生学设计飞机、潜艇等。三是象征类比。所谓象征是一种用具体事物来表示某种抽象概念或思想感情的表现手法。在创造性活动中，人们有时也可以赋予创造对象一定的象征性，使他们具有独特的风格与"头脑风暴法"的运用流程相似，也是采用会议的方式进行，只是对参会人员有所要求，需要选取具有不同知识背景的人员组成创新小组，而不是选取同一领域的专家。

（3）形态分析法，是一种系统化构思和程式化解题的创新方法。通过将对象分解为若干相互独立的基本要素，找出实现每个要素功能要求的所有可能的技术方式；然后加以排列组合，从中寻求创新性设想来进行创新的。其特点是把研究对象或问题，分为一些基本组成部分；然后对每一个基本组成部分单独进行处理，分别提供各种解决问题的办法或方案；最后形成解决整个问题的总方案。这时会有若干个总方案，因为不同的组合关系会得到不同的总方案。所有的总方案中每一个是否可行，必须采用形态学方法进行分析。因素和形态是形态分析中的两个基本概念。所谓因素，是指构成某种事物的特性因子。如工业产品，可以用若干反映产品的特定用途或功能作为基本因素。相应地实现各功能的技术手段，则称之为形态。形态分析是对创造对象进行因素分解和形态集合的过程。在这一过程中，发散思维和收敛思维起着重要作用。在创造过程中，应用形态分析法的基本途径，是先将创造课题分解为若干相互独立的基本因素，找出实现每个因素要求的所有可能的技术手段，然后加以系统聚合而得到多种解决问题的方案，经筛选可获得最佳方案。形态分析法的通常步骤是：第一步确定研究课题。明确用此技法所要解决的问题（发明、设计）。第二步进行要素提取。将要解决的问题，按重要功能分解成基本组成部分，列出有关的独立因素。第三步做形态分析。按照发明对象对各独立要素所要求的功能，详细列出各要素全部可能的形态。第四步编制形态表。将上述的分析结果编入形态表内。要素用 i 表示，要素的形态用 j 表示，每个要素的具体形态只用符号表示。第五步进行形态组合。按照对发明对象的总体功能要求，分别将各要素的不同形态方式进行组合而获得尽可能多的合理设想。第六步进行优选。即从组合方案中选优，并具体化。

（4）信息交合法，亦称为"魔球法"，是由我国学者许国泰于1983年提出的。该方法认为主体对大脑中储存的信息和新接受的信息进行巧妙的系统综合，必然产生新信息。信息交合法实质上就是利用物体的信息来构造其信息场，通过信息场寻求创新性的设想。信息交合法运用的程序与形态分析法类似，也是用组合的方式来进行创新。运用信息交合法的第一步是要确定待解决的问题。第二步是针对目标问题，构造信息场。在构造信息场时，一方面将该物体的功能进行分解，并将该物体所能实现的每一种功能分别投射到 X 轴上，每一个功能与 X 轴上的一个点相对应；另一方面选择物体某一属性（例如，颜色），对其信息进行分解（将颜色分为红、黄、橙、绿、青、蓝、紫等），并将分解出的属性值投射到 Y 轴上，每一个属性值与 Y 轴上的一个点相对应。X 轴和 Y 轴垂直相交便构成了该物体的信息场。第三步是通过将坐标轴中各个坐标点进行相互组合，从而获得大量的创新性设想方案。第四步是在所获得的设想中，筛选出适宜的方案。第五步是执行方案。

（5）"5W2H"法是以提出疑问的方式来激发创新，通常提出以下问题：Why（为什么？）：为什么要这么做？理由何在？原因是什么？What（做什么？）：目的是什么？做什么工作？Where（哪里？）：在哪里做？从哪里入手？Who（谁？）：由谁来承担？谁来完成？谁负责？When（何时？）：何时开始？何时完成？How（怎样做？）：如何提高效率？如何实施？方法怎样？How Much（多少？）：做到什么程度？数理如何？质量水平如何？费用产出如何？创新者用 5 个以"W"开头的英语单词和 2 个以"H"开头的英语单词进行设问，发现解决问题的线索，寻找发明思路，进行设计构思，实现新的发明创造。

（6）发明问题解决理论（TRIZ），是由苏联发明家根里奇·阿齐舒勒等学者在研究了世界各国 200 万件高水平专利的基础上提出的创新理论和方法。该理论主要内容包括：产品进化理论，将产品进化过程分为四个阶段：婴儿期、成长期、成熟期和退出期。处于前两个阶段的产品，企业应加大投入，尽快使其进入成熟期，以便企业获得最大效益；处于成熟期的产品，企业应对其替代技术进行研究，使产品取得新的替代技术，以应对未来的市场竞争；处于退出期的产品，企业利润急剧下降，应尽快淘汰。这些可以为企业产品规划提供具体科学的支持。冲突解决理论，由冲突矩阵将描述技术冲突的 39 个工程参数与 40 条发明原理建立对应关系，解决设计过程中选择发明原理的难题。提出采用分离原理解决物理冲突的方法，包括空间分离和时间分离、基于条件的分离、整体与部分的分离。物一场模型分析方法，此方法现有了 76 种标准解，这些标准解是最初解决问题方案的精华。利用这种方法，可以在汲取基本知识的基础上产生不同想法。发明问题解决算法，TRLZ 中，发明问题求解的过程是对问题不断地描述、不断地程式化的过程。经过这一过程，初始问题最根本的冲突被清楚地暴露出来，能否求解已很清楚，如果已有的知识能用于该问题的解决则有解，如果已有的知识不能解决该问题则无解，需等待自然科学或技术的进一步发展。该过程是靠 TRLZ 算法实现的。TRLZ 运用流程如图 1-1 所示。

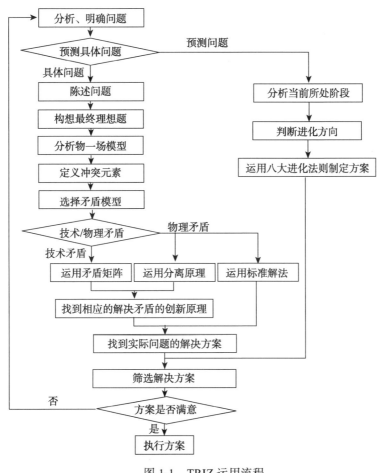

图 1-1　TRIZ 运用流程

（7）设计思维，是一种新的思维工具，它能够帮助人们应对这个日益复杂的世界，用不寻常的方式解决难题，最终的目的是挖掘人的效率潜能。

设计思维的原则：

第一，以人为主，创新设计思维强调从用户角度出发去理解问题，但同时也帮助用户重新"定义"问题。尤其在创新具有超前想法的产品时，大多数情况下用户的需求比较模糊，所以这就是创新设计思维中所强调的帮助用户去定义产品需求。比如说用户想要到另一个城市去，需求是一匹马。我们就可以分析用户的深层次需求其实是快捷移动，然而快捷移动不一定要一匹马，可以是一辆车或者一架飞机，但是我们最终可能建议乘坐火车，因为最终建议应综合考虑财力的可能性、城市技术原因、用户的深层次需求及问题解决的本质。在考量用户需求时，要综合考虑客户的身份、文化、性格、购买能力、心智模式、使用情感、价值取向，利用同理心来理解他人的痛点，作出最适合的模式。

第二，解决问题，在创新设计思维中，会考虑用不同的方式去沟通和理解用户，用表现力强的材料，甚至可能是颜色鲜艳的玩具来表现原型产品。从表现形式而言，似乎整个过程中有玩乐的性质，但是从本质而言，创新需要在有创新氛围的空间内产生，小组式的交流有助于更好地理解对话背后的内涵，用户角色扮演有助于帮助创新者将心比心地去理解使用环节中的各个细节，而色彩能够有效地激发创意。在这些看似形式纷繁的背后，遵循着人们认知习惯、设计逻辑、交流原则等规律，即为了高效产出创新解决方案而尽可能多地使用不同的工具。

第三，协同创新，协同的第一层内涵是指组成人员的跨背景。很多公司和高校项目团队实践创新设计思维的想法时，都需要将不同知识和技能的人混合在一个项目中。越是多样性的组成成分，在合作时最有可能产生创新的想法。因为每个人的知识体系重合度低，思维方式的差异会使彼此间容易激发起新的思路。协同的第二层内涵指团队协作创新。团队成员保持在同一层级上沟通和交流想法，角色不同但彼此尊重，鼓励每个成员提出建设性意见，从而实现协同创新。

第四，迭代试错，每次都只作出最小可能性产品去测试想法，具体的思路在于每次只测试一到两个可能性，层级化地去修改产品，直到产品最终匹配预期和需求。在这个过程中会借助目标用户参与，从这些真正有需求和可能产生未来购买行为的用户那里，可能会得到非常多的借鉴意见。这种与早期采纳者的交流，能够让创新团队根据用户的痛点和热情引发更深层次对于产品的定位。

第五，视觉呈现，在创新设计思维的各个环节中注重能够让人快速理解的表达方式。在创新工具中频繁使用到的便签就主张将每个想法精简到一张纸上，以便快速让人了解。在很多情况下，绘画也是一种所见即所闻的快速信息传播方式，甚至在语言不通的情况下，借助图像也能建立起跨语言的交流。

第六，不批判，在对新想法的探索过程中不可避免地会产生矛盾，一个好的团队氛围不是为了人际关系或者平和气氛去规避和拒绝矛盾，而是在想法产生分歧时能保持尊重的态度去思考想法本身的优劣。每个团队成员的知识背景不同，立场角度各异，要以内容为导向作出合适的决策。

第七，快速制作模型，迅速地验证一个想法。模型的基本目的是将脑海中的一个想法传递到二维的平面世界、三维的立体世界，甚至带有时间维度的四维空间，其背后所要达成的目标就是具象化想法，将抽象的"丝"和"茧"具象为可感、可摸、可闻、能产生情感和使用评价的物体。

设计思维的模式是：

第一，感性思维——同理心，是指用将心比心的方法去理解用户的心理。同理心环节的目的是理解问题和用户的需求，因此在这个环节极其需要感性思维的应用，以换位理解用户遭受的痛点和不便利的因素。从基础层次而言，要了解问题症结所在，明白用户需求和使用习惯等事实性的因素，从而对整个事件有整体的把握。从中间层次而言，就是注意用户的情绪、处境、身份认同、性格、心智模式等因素，理解用户行为模式、情感需求、容忍限制和倾向习惯。从更高层次而言，就是要去破译和定义问题，通过综合分析问题，定义解决问题的切入口。

第二，线性思维——下定义，是指将事物归纳到直观的层次，目的在于给问题找寻一个可以解决的立足点，从而可以直观地了解问题的大小和本质。解决问题的立足点不同，解决方案也会截然不同。比如某小区要建新的超市，如果问题是货品少，解决方案可能是大型贩卖式超市；如果购物装运不便利，解决方案可能是网上订购送货到家的超市；如果购物时间不灵活，解决方案可能是 24 小时营业超市。因为针对要解决的问题方案可能会有很多，线性思维能够帮助作出直观的取舍，利于清晰地反映解决问题最重要的基点。

第三，发散性思维——头脑风暴，是指用放射的方式对一个问题形成多个想法。头脑风暴这个环节需要尽可能多地寻找思路，因此发散性思维能帮助形成想法。对于已经明确的问题立足点，团队成员爆发性地寻找解决方案，尽可能探索各个方面的可能性，来形成可能的解决方案。

第四，产品思维——做模型，在制作模型的时候，需要用最快捷、低成本的方式去表现想法，所以要时时刻刻谨记做产品的思路，如何用视觉化的形式来表达一个产品，让用户产生好奇心和购买欲望。甚至在选择材料、规格、风格时都要考虑到技术制造、生产成本和商业价值的因素。因此，制作模型要把想法当作一种解决思路，多方面思考产品的表现形式。

第五，逻辑思维——测试，测试环节需要去验证想法的可行性，要应用逻辑思维去反复测试，从而得到有效反馈并加以改进。想法本身的逻辑严谨性、用户的接受程度、技术的操作性和商业变现能力也会在这个环节被考量到。因此，严谨的逻辑思维能够对于问题有充分的认识，从大局看事物，从细节看环节的衔接。测试是在解决方案与用户的需求之间的反复考量，测试的范围应该尽量开放和广泛，让用户体验原型，并且观察使用时的行为，采访用户使用时的感受，最好回访当时所采访的用户，看看他的需求是否已满足。

用问题引发灵感

IDEO 是全球顶尖的设计咨询公司，以产品发展及创新见长。他们曾为斯迪凯斯（一家办公设备生产商）设计办公室。他们设计的主题是"路径"，斯迪凯斯 IDEO 提供了一些建议和想法，也对办公的要求比较明确，但 IDEO 负责此项目的人员并没有在交谈中找到好的创意。因此，在开始设计之前，他从基础着手，派了一批人到各个办公室去拍照、观察和提问题。虽然在和办公职员的交流中也没有产生创意点，但是通过观察上班的员工，IDEO 发现，人们习惯把文件堆放在地板上、椅子上、活页本上，当然，还有桌子上或其他地方。看到这种情景，你马上会想到"成卷成堆"这样的词。你不禁要问一个问题："如果你把桌子上都搞乱了，你在哪儿工作呢？"这个由观察而提出的问题带来了创意的灵感。

既然人们总是在桌子上堆放东西，那么为什么不在大桌子上再安置一个小桌子呢？人们仍然可以在上面堆放东西，不过堆放空间和工作空间就不会被搞混了，桌面自身可以根据员工的需要而被移动，最终产生的"资料架"帮助节省了办公室的空间。斯迪凯斯公司为该创意申请了专利，以此为基础，为办公室的各个角落或未被利用的空间都补充了这种架子，从而给工作场所带来了一种更深的三维几何空间。最重要的是，资料架顺应了人类行为。我们没有试图改变堆放文件的原初需求，而是把这种需求导入了一种更有效的模式。

资料来源：蒂娜·齐莉格. 创意力：11 堂斯坦福创意课[M]. 秦许可，译. 长春：吉林出版集团.

 知识点 4：主要创新方法。

练习　下面有五个图形（图 1-2），挑出一个与众不同的。

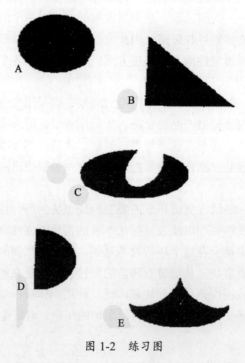

图 1-2　练习图

你的选择如何？

答案：

如果你选择 B，恭喜你，你答对了，因为图形 B 是唯一全部由直线构成的图形。有些读者可能选择图形C，你也答对了！因为图形C是唯一不对称的，因此C是正确答案。图形A每一点都是连续的，因此A也是正确答案。至于图形D呢？它是唯一由直线和圆弧组成的，所以D也是正确的。图形E呢？它是唯一的非几何图形，因此也是正确答案。换句话说，由于观点不同，它们都是正确的答案。

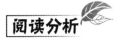

开放的小米

小米手机的操作系统MIUI是首个实现每周升级的手机操作系统。它一改传统手机系统"闭门造车"的模式，完全以用户需求为导向，MIUI团队的一大工作就是泡论坛，广泛收集论坛上粉丝的反馈，根据这些反馈来解决bug，推动升级。同样，米聊团队也会充分收集来自微博、论坛等各个平台的用户反馈，快速迭代。

除了聆听论坛上40万名粉丝以及来自11个国家粉丝站的声音之外，MIUI还拥有更深度参与的"荣誉开发组"。这个小组由120多名自愿申请的"发烧友"组成，在MIUI每周升级的节奏中，周五发布新版本，周六到周一MIUI团队收集反馈，修正bug，周三又将更新的版本交给荣誉开发组的成员测试，不断修改，周五下午五点再向外界发布。在这个过程中，要不要做某个功能，这个功能开发出来后实际效果如何，该如何改进，都由这数十万用户驱动。

数以千万计的小米用户成了小米研发的外援团，每天大量对手机的需求、意见、建议，都会通过微博、微信、论坛的渠道传递给小米，根据不同需求，小米手机的系统每周都会进行更新，每次更新都会发布几个甚至十几个功能，这其中就有三分之一是由用户提供的。

资料来源：尚文捷.小米：用互联网思维颠覆传统产业. 中国品牌，2013年第12期.

第二节　创 业 认 知

 学习目的与要求

通过对本章的学习，学生应达到如下要求：

1. 了解创业的概念、要素和类型。
2. 认识创业过程的特征。
3. 掌握创业与创业精神之间的辩证关系。
4. 强化对创业精神需要培育并可培育的理性认识。

学习要点

1. 创业是不拘泥于当前资源约束，寻求机会进行价值创造的行为过程。
2. 创业的关键要素包括机会、团队和资源。
3. 创业过程包括创业者从产生创业想法到创建新企业或开创新事业并获取回报，涉及识别机会、组建团队、寻求融资等活动。可大致划分为机会识别、资源整合、创办新企业、新企业生存和成长四个主要阶段。

4. 创业精神是创业者在创业过程中的重要行为特征的高度凝练，主要表现为勇于创新创业、甘当风险、团结合作、坚持不懈等。创业精神将在新时期发挥更大的作用，有利于加快转变经济发展方式，促进经济社会又好又快地发展。

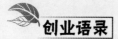 **创业语录**

创业需要你去做一件你喜欢、擅长而且能够坚忍不拔长期去做的事情。

——李彦宏

一、创业的概念和内涵

在我国，创业一词最早出现于《孟子·惠王下》："君子创业垂统，为可继也。"故《辞海》将创业解释为"开创基业"。在国外，理查德·康替龙（Richard Cantillon）是18世纪著名的经济学家和作家，被许多人认为是术语"企业家"（Entrepreneur）的创造者。他用这个词来指在寻求机遇的过程中扮演积极承担风险角色的人。这个人——企业家——是拥有资本或资金但不愿亲自去寻找创业机遇的人们之间的桥梁。这些企业家个人（或一个团体）不支付寻求创业机遇的资金，而只是作为中间人——积极的风险承担者。

现今一般把创业定义为不拘泥于当前的资源约束、寻求机会、进行价值创造的行为过程。作为一个行为过程，创业的概念可以从以下三方面进行分析和理解：

首先，创业需要面对资源难题，设法突破资源束缚。无数创业案例表明大多数创业者在创业初期甚至全过程都会经历资源约束和白手起家的过程。这是因为，创业活动通常是创业者在资源高度约束情况下所进行的从无到有、"从零到一"的财富创造过程。创业者往往需要通过技术创新创业和商业模式创新创业等方式对资源进行更为有效的整合，进而实现创业目标。换言之，创业者只有努力创新创业资源整合手段和资源获取渠道，才能真正摆脱资源约束的困境。因此，积极探求创造性整合资源的新方法、新模式和新机制，就成为创业的基本特性。

其次，创业需要寻求有效机会。机会是具有时间性的有利情况，有效机会就是在时间之流中最好的一刹那。创业通常离不开创业者识别机会、把握机会和实现机会的有效活动。创业者从创业起始就需要努力识别商业机会，只有发现了商业机会，才有可能更好地整合资源和创造价值。因此，一般认为寻求有效机会是产生创业活动的前提。

最后，创业必须进行价值创造。创业属于人类的劳动形式之一，劳动需要产生劳动成果，创业也需要创造劳动价值。创业的本质在于创新创业，因此，与一般劳动相比，创业更强调创造出创新创业性价值。当今较为典型的创业大多诉求创新创业带来的新价值，这些新价值通过技术、产品和服务等方式的变革更好地为消费者服务，促进社会的发展和进步。需要特别注意的是，创业通常需要比一般劳动付出更多的时间和努力，需要承担更多的风险，也更需要坚持不懈的努力。当然，创业的渐进和成功也会带来分享不尽的成就感。

白手起家，引领消费级无人机市场

汪滔，从小喜欢航模，在读了一本讲述直升机探险故事的漫画书之后，他开始对天空充满了想象，并将大部分时间都花在与航模有关的读物上面。

2005 年，汪滔在大学准备毕业课题方向时，决定研究遥控直升机的飞行控制系统，还找了两位同学说服老师同意他们的研究方向。汪滔要解决的核心问题，正是他儿时对直升机最期待的想象——"可以停在空中不动，想让它停哪里就停哪里"的自动悬停。经过大半年的努力，他们的演示却失败了。

不服气的汪滔继续没日没夜地研究，终于在 2006 年 1 月作出第一台样品。

2006 年大疆刚创立时，在深圳莲花村的一间民房内办公，公司根本招不到优秀的人才，人来了，门一开，见是小作坊，基本上掉头就走。可以说，创业可谓举步艰难，团队四人中，唯有汪滔是有无人机技术背景，汪滔也因此担任了导师的角色，时常需要手把手地教他们。汪滔会时常就突然打电话过来和员工谈论想法，而不管时间是几点了。为此有的人会在下班后将手机放在铁盒子里，这样别人打电话就不是没人接听，而是无法接通；而有的人直接选择关机。

汪滔称这段历史为"黎明前的黑暗"。部分员工投靠到曾经洽谈的合作商，还有人开始偷偷将公司财物挂在网上出售，更有甚者离职后与内部员工里应外合卖大疆盗版飞控，就在第一代产品都还没推出时这批员工都纷纷选择了离开。

后来，随着汪滔的导师李泽湘的加入，不仅带来了资金，还给大疆引荐了很多他的学生。之后不久，大疆第一款较为成熟的直升机飞行控制系统面市，迎来了发展的曙光。

此后，汪滔把在直升机飞行控制系统上积累的技术运用到多旋翼飞行器上，从 2011 年开始不断推出多旋翼控制系统及地面站系统、多旋翼控制器、多旋翼飞行器、高精工业云台、轻型多轴飞行器以及众多飞行控制模块。

到 2012 年，大疆已经拥有了一款完整无人机所需要的一切元素：软件、螺旋桨、支架、平衡环以及遥控器。最终，该公司在 2013 年 1 月发布"大疆精灵"，得益于简洁和易用的特性，"大疆精灵"撬动了非专业无人机市场。迅速占领了 70%的市场份额，大疆飞机真的起飞了。

资料来源：https://www.sohu.com/a/526455560_121124370.

 知识点 5：创业的定义。

二、创业的要素和类型

迄今为止，人们对创业要素的认知和分析中，最为典型和公认的创业要素模型为蒂蒙斯模型。该模型提炼出了创业的三大关键要素，即创业机会、创业者及其创业团队、创业资源。一般认为，这三个核心要素是创业活动中不可或缺的。如果没有机会，创业活动就成了盲动，难以创造真正的价值。应该说机会是普遍存在的，关键要看创业者及其创业团队能否有效识别和开发机会，如果没有创业者及其创业团队的主观努力，创业活动是不可能发生的；创业者及其创业团队把握住合适的机会后，还需要有相应的资金和设备等资源。如果没有必要的资源，机会也就难以被开发和实现。

蒂蒙斯模型具有动态性的特征，认为创业过程实际上是三个因素之间相互作用，由不平衡向平衡方向发展的过程。随着创业过程的展开，其重点也相应地发生变化，创业要能将机会、创业者及其创业团队、资源三者作出动态的调整。因此，该模型还要求三要素之间的匹配和平衡。因此，创业现象也被认为是创业者、机会和资源三者之间的有效连接。其中，创业者是创业的核心，是使机会识别利用与资源获取组合得以实现的驱动者。

创业活动涉及各行各业，创业者的创业动机千差万别，创业项目和领域多种多样，创业的类型也因此呈现多样化，可以从不同角度作出分类：

一是基于创业动机不同的分类。依据创业者的创业动机可以将创业分成生存型创业与机会性创业。2001年，全球创业观察（GEM）报告最先提出了生存型创业和机会型创业的概念，并逐年丰富了机会型创业和生存型创业的概念。所谓生存型创业，是指创业者为了生计而相对被动进行的创业。其主要特征为：创业者受生活所迫，物质资源贫乏，在现有市场中捕捉机会，从事低成本、低门槛、低风险、低利润的创业。例如，我国改革开放初期的创业者以及下岗职工的创业行为大多属于这种类型。所谓机会型创业，是指创业者为了追求商业机会，谋求更多发展而从事的创业活动。例如，李彦宏创办百度就是典型的机会型创业。他舍弃在美国的高薪岗位，毅然回国创业，其主要原因是因为他发现和把握了互联网搜索引擎存在的巨大商机，同时，自己期望实现人生的更大发展。机会型创业与生存型创业的主要区别如下：①创业者的个人特征。创业者个人特征是影响创业动机的主要因素，对机会型创业与生存型创业的区分起显著影响。相对而言，年轻和学历高的创业者更有可能进行机会型创业。②创业投资回报预期。创业投资回报与创业风险相关，因此生存型创业者期望低一些的投资回报，也承担小一些的创业风险。机会型创业者往往期望较高的投资回报，也会承担更大的创业风险。③创业壁垒。生存型创业者更多地受到创业资金、技术和人才等限制，更多地会回避技术壁垒较高的行业。机会型创业者拥有一定资金、技术和人才优势，会更关注新的市场机会，选择有一定壁垒的行业。④创业资金来源。生存型创业者的资金主要来源个人和家庭自筹。机会型创业者能比生存型创业者获得更多的贷款机会和政府政策及创业资金支持。⑤拉动就业。相比生存型创业，机会型创业不仅能解决自己的就业问题，还能解决更多人的就业问题。⑥机会型创业由于更多着眼于新的市场机会，拥有更高的技术含量，有可能创造更大的经济效益，从而改善经济结构。无论是从缓解就业压力还是从改善经济结构的目的出发，政府和社会都应该更加关注机会型创业，大力倡导机会型创业。

二是基于创业起点不同的分类：可分为创建新企业和企业内创业。创建新企业是指创业者或团体从无到有地创建全新的企业组织。这个过程充满机遇，但风险和难度也很大。企业内创业是指在已有公司或企业内进行创新创业创建的过程。比如企业流程再造，正是通过二次、三次乃至连续不断地创新创业，企业的生命周期才能不断地在循环中延伸。

三是基于创业者数量不同的分类：可分为独立创业和合伙创业。独立创业是指创业者独立创办自己的企业。其特点在于产权归创业者个人所有，企业由创业者自由掌控，决策迅速，但创业者要独自承担风险，创业资源整合比较困难，并且受个人才能限制。合伙创业是指与他人共同创办企业，其优势劣势正好与独立创业相反。

四是基于创业项目性质不同的分类：可分为传统技能型创业、高新技术型创业和知识服务型创业。传统技能型创业是指使用传统技术、工艺的创业项目。比如生产饮料、中药、工艺美术品、服装与食品加工等。这些独特的传统技能项目在市场上表现出经久不衰的竞争力。高新技术型创业是指知识密集度高，带有前沿性、研究开发性质的新技术、新产品创业项目。知识服务型创业是指为人们提供知识、信息的创业项目。当今社会，各类知识性咨询服务机构不断细化和增加，这类项目中有不少投资少、见效快、市场前景广阔。

五是基于创业方向或风险不同的分类：可分为依附型创业、尾随型创业、独创型创业和对抗型创业。依附型创业可以是依附于大企业或产业链而生存，在产业链中确定自己的角色，为大企业提供配套服务，也可以是特许经营权的使用。如利用某些品牌效应和成熟的经营管理模式进行创业。尾随型创业指模仿他人所开办的企业和经营项目。一般是行业内已经有许多同类企业，创业者尾随他人，学着别人做。独创型创业是指提供的产品和服务能够填补市场空白，大到商品完全独创，小到商品的某个技术独创。对抗型创业是指进入其他企业已形成垄断地位的某个市场，与之对抗较量。如针对 20 世纪 90 年代初外商在中国市场上大量销售合成饲料的局面，希望集团建立了西南最大的饲料研究所，定位于与外国饲料争市场，最终取得了成功。

六是基于创新创业内容不同的分类：可分为基于产品创新的创业、基于营销模式创新的创业和基于组织管理体系创新的创业。基于产品创新的创业是指基于技术创新创业或工艺创新创业的成果，产生了新的消费者群体，从而导致创业行为的发生。基于营销模式创新的创业是指采取了一种有别于其他厂商的市场营销模式，因而可能给消费者带来更高的满足感。基于组织管理体系创新的创业是指采取一种有别于其他厂商的企业组织管理体系，因而能更有效地实现产品的商业化和产业化。

 拓展阅读

大学生创业需要 "RISKING"

有关专家总结的创业七大必备条件包括：

1. 充分的资源（Resources）：包括人力和财力。创业者要具备充分的经验、学历、流动资金、时间、精神和毅力；

2. 可行的概念（Ideas）：生意概念不怕旧，最重要的可行、有长久性、可以继续开发、扩展；

3. 适当的基本技能（Skills）：不是行业中的一般技能，而是通常性的企业管理技能；

4. 有关行业的知识（Knowledge）：不能只陶醉于自己的理想；

5. 才智（Intelligence）：创业者不一定要有高智商，但要能够善于把握时机去作出正确的决定；

6. 网络和关系（Network）：创业者如果有人帮助和支持，不断扩大朋友网络和搞好人际关系会带来不少方便；

7. 确定的目标（Goal）：可使创业者少走弯路，有奋斗方向。

将七个条件的首个英语字母串在一起，恰好是"RISKING"（冒险）一词，也说明创业是伴随风险的。

摘编自：http://wenku.baidu.com/view/f42a35eb19e8b8f67c1cb9a8.html.

 知识点 6：创业的基本要素和创业的基本类型。

三、创业的过程与阶段

1. 创业的过程

创业的过程是由包括创业者从产生创业想法到创建新企业或开创新事业并获取回报，涉及识别机会、组建团队、寻求融资等一系列活动组成的流程。通常分为以下六个主要环节。

1）产生创业动机

创业动机是创业机会识别的前提，是创业的原动力，它推动创业者去发现和识别市场机会。创业活动的主体是创业者，创业活动首先取决于个人是否希望决定成为创业者。当然，不少人是因为看到了创业机会，由于潜在收益的诱惑，才产生了创业动机，进而成为一名创业者或创业团队人员。一个人能否成为创业者，会受三方面因素的影响：一是个人特质。每个人都可能具有创业精神，但其创业精神的强度不同，强度的大小有遗传的成分，更受环境的影响。比如温州人的创业意愿相对强烈，其中环境起到了很大的作用。二是创业机会。创业机会的增多会形成巨大的利益驱动，促使更多的人尝试创业。社会经济转型、技术进步等多方面的因素在使创业机会增多的同时，也会降低创业门槛，进而促成更大的创业热潮。三是创业的机会成本。人们能从其他工作中获得高收入和满足需求，创业意愿就低。比如，科学家独立创业的少，是因为科学家已经谋得了一份收入相对丰厚而且稳定的工作，就较少愿意去冒创业的风险。

2）识别创业机会

识别创业机会是创业过程的核心环节。识别创业机会包括发现机会来源和评价机会价值。一般应澄清四个基本问题：第一，机会何来？就是说创业者应该找到创业机会的来源在哪里。第二，受何影响？就是说创业者应该找到影响创业机会的相关因素。第三，有何价值？就是说创业者应该找到创业机会所具有的并能被评价的价值。第四，如何实现？就是说创业者应该明了能通过什么形式或途径使机会变成实际价值。围绕这些问题，创业者在识别创业机会阶段需要采取行动多交流、多观察、多获取、多思考、多分析，最终抓住创业机会。

3）整合有效资源

整合资源是创业者开发机会的重要手段。一般情况下，创业者可以直接控制的可用资源往往很少，创业几乎都会经历白手起家、从无到有的过程。对创业者来说，整合资源往往往意味着需要借船出海，要善于尝试依靠盘活别人掌握的资源来帮助和实现自己的创业起步。人、财、物都是开展创业活动所必需的基本生产要素。创业者所需要整合的资源，首先是要能组建团队，凝聚志同道合的人；其次是要能进行有效的创业融资。再次是要有创业的基础设施，包括创业活动的场地和平台。创业是在创业者面对资源约束情况下开展的具有创造性的工作，一定会面临很大的不确定性，所以，创业者在创业初期乃至新企业成长的很长一段时间里，都要把主要精力放在资源的获取上，以解决公司和企业的生存问题。最后，创业者还需要围绕创业机会设计出清晰的有吸引力的商业模式，有时还需要制订详细的创业计划，以此向潜在的资源提供者陈述和展示，以获取更多的资源支持。

4）创建创业企业

新企业的创建是创业者的创业行为最为直接的标志。创建新企业包括公司制度设计，企业注册，经营地址的选择，确定进入市场的途径，包括是选择完全新建企业还是采取加入或收购现有企业等。值得注意的是，许多创业者在创业初期迫于生存的压力，以及对未来缺乏准确预期，往往容易忽视这部分工作，结果给以后的发展埋下了隐患。

5）提供市场价值

创业者识别机会，整合资源，创建新企业等目的是为了实现自己的创业目标。但真正能促成创业目标的最终实现是看创业者能否提供市场价值。这是创业过程中的重要环节，关系新企业的生存与成长。因此，创业者必须面对挑战，采取有效措施，使创业的市场价值得到充分涌流和实现，不断地让客户收益，从而获得企业的长期利润，逐步把企业做活、做好、做大、做强。

6）收获创业回报

收获回报是创业活动的主要目的，对回报的获取有助于促进创业者的事业发展。回报可能是多种多样的，对回报的满意程度在很大程度上取决于创业者的创业动机。调查发现，创业者的创业动机不同，对收获创业回报的态度和想法也有所不同。对多数年轻创业者来说，获取回报最为理想的途径之一，是把自己创建的企业尽快发展成为一家快速成长企业，并成功上市。

2. 创业的阶段

根据以上创业的过程分析和大量创业实践案例研究，可以归纳出一个全过程的创业大致划分为四个主要阶段，即机会识别、资源整合、创办新企业、新企业生存和成长。上面介绍的创业过程所包含的环节中，产生创业动机、识别创业机会主要属于机会识别阶段；整合有效融资、创建创业企业等环节属于资源整合阶段；而提供市场价值、收获创业回报属于创业的生存和成长阶段。

创业的阶段也可以从公司发展的性质进行更大的阶段划分，其四个基本阶段为：

第一阶段，即生存阶段。以产品、技术和服务来占领市场，重点是要有想法会销售。

第二阶段，即公司化阶段。以规范管理来增加企业效益，这需要创业者提高思维层次，从基本想法提升到企业战略思考的高度。

第三阶段，即集团化阶段。以产业化的核心竞争力为硬实力，依靠一个个团队的合作，构建子公司和整个集团的系统平台，通过系统平台来完成管理，把销售变成营销，把区域性渠道转变成地区性网络。

第四阶段，即总部阶段。以一种无国界的经营方式构建集团总部，依靠一种可跨越行业边界的无边界核心竞争力，让企业发展达到最高层级。

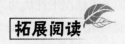

拓展阅读

打造现实版"开心农场"

和很多学生一样，王宇琛接触社会的实践最早也是从做家教、市场推广等兼职开始的。可这些尝试让他感到"干得太杂，和专业结合得不强，方向不明确"。抱着"学以致用"的想法，王宇琛开始聚焦自己的专业和师生资源。通过课堂内外一个个项目，他与工业设计、城乡规划、环境艺术等专业的同学组建了一个9人的创业团队，以专业化的定位，尝试从"杂家"向"专家"转型，团队还吸引了两位来自北京林业大学的研究生加入。

注册公司后，为了推广团队的设计、积累资金，他和团队成员、室友于洋等人遍访学校附近建材市场的商户，设计单页、T恤衫……他们什么都愿意干。然而，两百多家商户跑下来，"最后联系我们的也就五六家。"这让他们进一步意识到，设计市场门槛不高，要做得有特色却很难，"还是要结合专业知识，发挥团队的核心竞争力，创业才有意义。"王宇琛深有体会。

2016年的春天，一位老师介绍的一份乡镇业务为王宇琛的创业团队打开了乡村的大门。他得知，丰台区怪村正准备打造"都市农业体验园"吸引观光，村民们却不懂如何设计方案。王宇琛了解情况后，在怪村周边5~8公里地区展开人流量、消费水平、交通、土质等情况调研，完善了"无公害、有机绿色蔬菜代耕代种"的经营理念：周边居民可通过自主或托管两种方式租地耕作，收获有机农产品。这样既满足了当地人的休闲需求，又现了村中有机农作物的有效推广。正如他们预测的，这个被大家称为"开心农场"的田园在第二年迎来了人流的明显增长。这成了王宇琛团队完成乡村业务的"第一单"。

之后，一个更具挑战性的项目摆在了面前：他们需要打造一处既能吸引客流观光休闲，又能促进亲子互动的观光场所，而当时留给他们的只有一处占地80亩、一到下雨就积水生虫的洼地，村书记刘建军清晰地记得，"当时那园子里只有一条路，5分钟就走到出口，没什么趣味。""一切从零开始。"正如王宇琛说的一样，这一次，设计方案的可靠性、资金的有效利用、设计的独特性等成了需要解决的难题。王宇琛等人挤出时间对怪村的相关情况进行调研、分析，形成规划方案，经过讨论确认后，他们陆续绘制草图、确定水土分区、规划古亭、长廊、雕塑等配套设施，分头与施工方对接……不知不觉，已过了半年多的时间。

设计方案时，他们并没有走捷径。"设计行业有各自的资料模板库，设计公司可以从中寻求适合的模板，加以简单修改，也能作出一套方案"，但王宇琛觉得，这更像是一种"套路性的设计"。而他们希望"做切实可行、又具有乡村特色的定制化设计"。比如原本的引水沟被设计成能集雨、排水、养鱼的景观河，他们觉得赋予实用设施以观赏价值，更能凸显设计的品质。为了充分利用怪村的地形与独特的文化资源，设计这个开放性郊野公园时，王宇琛的团队将当地的非物质文化遗产"京徽太平鼓"文化融入，形成了一幅山水相间的3D公园效果图。他们还在小山、水塘、树林等不同片区引入兔子、矮马等性情温和的小动物，这一设计方案在半年后变成了现实。如今，步行于怪村的"伊梦园"，刘建军说，"园中曲径通幽，转一圈起码要40分钟，感觉走不完"。这一次，王宇琛的团队也由单纯的乡村田园设计，转向提供乡村农业成套服务方案。

为了拓宽思路，课余时间，王宇琛常常到北京周边的村落做调研。他发现，京郊北部包括密云等地区的乡村在发展上存在相似的瓶颈：农村发展模式同质化，农业规划跟风思想普遍，村民观念较为落后，农业产品生产推广体系不健全，设施落后……而大兴区长子营镇的蔬菜基地以另一种方式吸引了王宇琛的注意。这里白色的蔬菜大棚和智能化农业生产模式相配套，拥有7个农业标准化基地，可以实现对农产品的远程监测与生产管理，已经成为北京重要的生态农业发展区。这种对比让王宇琛觉得，设计智能农业产品并在乡村推广，将会有很大的市场。于是，他和团队尝试以工业化的形式生产智能农业产品，比如设计主打"绿色、节约"的智能驾驶农机具，使用者可以远程监控大棚内的果蔬生长情况并控制机器耕作，省下来回跑的精力。目前这样的智能农具已经在通州西集镇一家果园投入使用，并与廊坊大城县的多家农业生产企业达成了销售合作。

为了有效利用京郊村落的区位资源，他们还设想搭建一个连通京郊农村和乡村设计资源的公益性平台，集中各方力量推动乡村产业发展。他始终相信，用自己的设计理念填补农村产业发展的空当，可以为农村带来发展效益。如今的王宇琛还是校创新创业联盟的副主席。在他看来，自己接触到的许多资源都源于学校为他们提供的创业环境。

在校期间，每当有课程格子、车库咖啡等创业大咖的讲座，王宇琛总是带着问题前去，最后一个离开；除了食堂和宿舍，他最常去学校团委楼内那些专门为学生创客而设的工作室；据了解，为了营造"师生协同创新创业"的氛围，从2016年1月起学校成立了专门的创新创业学院，全校成型的创业团队已达60多个。

"眼光独到""敢闯敢干"，在北京工业大学就业创业教育办公室主任李春佳看来，商业模式单一、职业规划模糊、心态浮躁是近年在校生创业常见的问题，这个才读大二的学生却能有种"把一群人团结在一起，高效率地完成一件事"的能力，比同龄人成熟，善于利用资源有的放矢，最重要的是"他很清楚自己想要的是什么"。

资料来源：https://baijiahao.baidu.com/s?id=1567514514425484&wfr=spider&for=pc.

 知识点7：创业的一般过程与主要阶段。

第三节　创新创业人生

 学习目的与要求

通过对本章的学习，学生应达到如下要求：

1. 了解创业与职业生涯发展的关系。

2. 认识创业能力提升对个人职业生涯发展的积极作用。

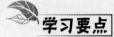

学习要点

1. 创业并不只是开办一家企业。
2. 创业能力具有普遍性与时代适应性。
3. 创业能力对个人职业生涯发展起着积极作用。

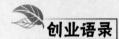

创业语录

路在人走，业在人创，事在人为。

——佚名

一、创新创业人才素养

所谓创新创业人才，就是具有创新创业精神和创新创业能力的人才，通常表现出灵活、开放、好奇的个性，具有精力充沛、坚持不懈、注意力集中、想象力丰富以及富于冒险精神等特征。党的二十大报告提出，要全面提高人才自主培养质量、着力造就拔尖创新人才，聚天下英才而用之。新时代对创新创业人才有以下素养要求：

1. 可贵的创新创业品质

创新创业人才必须是有理想、有抱负的人，具备良好的献身精神和进取意识、强烈的事业心和历史责任感等可贵的创新创业品质。具备了这样一种品质，才能够有为求真知、求新知而敢闯、敢试、敢冒风险的大无畏勇气，才能构成创新创业型人才的强大精神动力。

2. 坚韧的创新创业意志

创新创业是一个探索未知领域和对已知领域进行破旧立新的过程，充满各种阻力和风险，可能遇到重重的困难、挫折甚至失败。因此，创新创业型人才每前进一步都是需要非凡的胆识和坚忍不拔的毅力，为了既定的目标必须坚持不懈地进行奋斗，锲而不舍，遭到阻挠和诽谤不气馁，遇到挫折和挫败不退却。只有具备了这样的创新创业意志，才能不断战胜创新创业活动中的种种困难，最终实现理想的创新创业效果。

3. 有敏锐的创新创业观察能力

历史上的科学发现和技术突破，无一不是创新创业的结果。从这个意义上讲，创新创业就是发现，而且是突破性的发现。要实现突破性的发现，就要求创新创业人才必须具有敏锐的观察能力、深刻的洞察能力、见微知著的直觉能力和一触即发的灵感和顿悟，不断地将观察到的事物与已掌握的知识联系起来，发现事物之间的必然联系，及时地发现别人没有发现的东西。

4. 有丰富的创新创业知识

创新创业是对已有知识的发展，在人类知识越来越丰富和深奥的今天，要求创新创业人才的知识结构既有广度，又有深度。因此，创新创业人才需具有广博而精深的文化内涵，既要有深厚而扎实的基础知识，了解相邻学科及必要的横向学科知识，又要精通自己专业并能掌握所从事学科专业的最新科学成就和发展趋势，这是从事创新创业研究的必要条件。只有通过知识的不断积累才能用更为宽广的眼界进行创新创业实践。

5. 科学的创新创业实践

创新创业的过程是遵循科学，依据事物的客观规律进行探索的过程，任何一种创新创业都不能有半点马虎和空想，因此，创新创业人才必须具有严谨而求实的工作作风，严格遵循事物的客观规律，从实际出发，以科学的态度进行创新创业实践。

 小测试

看看你属于哪一类创业者

1. 哪一种投资对你较有吸引力？

（a）定期存款中有 10% 的固定利润

（b）在一段时间内，不低于 5% 或高于 10% 的利润。因经济环境，如利率及股市变化而异

2. 哪一种工作对你较具吸引力？

（a）每周工作低于 40 小时，每年固定加薪 6%

（b）每周工作超过 50 小时，第 1 年年底就加薪 10%～15%

3. 你较喜欢哪一种商业形态？

（a）独资经营

（b）合伙组织

（c）合作组织

4. 有三个待遇、福利等都不错的工作供您选择时，你会接受：

（a）大企业，但是你的权限与职责都稍低

（b）中型公司，稍有名气，能拥有部分程度的权限与责任

（c）小公司，但能赋予相当大的权限与责任

5. 当您拥有一家公司时，对于公司的各种营运，包括内部行政管理、广告销售、薪资给付等，您希望参与到何种程度才会满意？

（a）将大部分的权力释放出去

（b）将一部分的权力释放出去

（c）对各部门的营运事项大权均掌握于手中

6. 进行工作计划时碰上了小的阻碍。你会：

（a）立即请求别人给予帮忙

（b）先经过一阵思考之后，选定几种可能的解决方法，然后请求上司

（c）自己努力寻求解决的办法，直到克服为止

7. 多年来你的公司一直沿用一套销售制度，使公司每年维持十个百分比的成长率。这

套制度还算成功。你在其他地方用了另一套制度，你发现每年会有10%～15%的成长率，且此套制度对你和公司双方都有利，但你的方法需要投资若干时间和资金。你会：

（a）为避免风险，仍沿用老方法

（b）私下采用新方法，然后等着看结果

（c）建议采用新方法，同时展示已有的好结果

8. 当你建议上司采用你的新方法，他却说："不要自作主张"，你会：

（a）放弃你的方法

（b）过一阵子再向上司游说

（c）直接跟公司总经理或董事长建议

（d）直接用自己的方法做了

9. 你是否参加新公司的开发计划？

（a）未曾

（b）偶尔

（c）经常

10. 您打算为员工进行训练时，您如何着手？

（a）委托顾问人员，由专家设计课程内容，并亲自训练指导

（b）根据自己的经验和意思，安排课程内容，并亲自训练指导

11. 以下三种，哪一种对你而言最有成就感？

（a）是公司的最高薪者

（b）在你的专业领域得到较高的荣誉

（c）成为公司的总裁

12. 以下哪几个部门的工作，最能吸引你（选两个）

（a）行销部门

（b）行政部门

（c）财务部门

（d）训练部门

（e）管理部门

（f）顾客服务部

（g）征信及收款部

13. 担任业务工作，有三种薪资与佣金的选择机会时，你希望的薪资计算方式是：

（a）完全薪水制

（b）底薪加佣金制

（c）完全佣金制

14. 当你正准备要出门度假时，遇到一位非常有希望成交的大客户，但是必须牺牲假期，你会做何抉择：

（a）请求这位客户再宽延一段时间

（b）取消或延后度假

15. 小时候，你是否玩过较具危险性的游戏？

（a）否

（b）是

16. 你喜欢什么样的工作步调？

（a）一次做一件，直到完成为止

（b）一次同时做几件工作

17. 你希望你每周的工作时数是：

（a）35 小时

（b）40 小时

（c）45 小时

（d）50 小时

（e）60 小时以上

18. 你现在每周的工作时数是：

（a）35 小时

（b）40 小时

（c）45 小时

（d）50 小时

（e）60 小时以上

19. 你正准备去打一个推销电话，你现在的心境是：

（a）运气好的话，你可能会成功

（b）你有可能完成这项交易

（c）觉得非常有希望完成这笔交易。

20. 当你遭遇到工作上的危机时，你会如何形容你目前的精神状态？

（a）以平常心看待，一切在掌握之中

（b）虽已掌握局面，但仍有些焦躁

（c）确实受到相当程度的影响。

完成了以上20道题后，现在开始计算你的分数：

1. a=2分，b=6分

2. a=3分，b=10分

3. a=7分，b=5分

4. a=1分，b=2分，c=3分

5. a=1分，b=3分，c=5分

6. a=1分，b=5分，c=7分

7. a=1分，b=4分，c=5分

8. a=1分，b=5分，c=8分，d=10分

9. a=1分，b=5分，c=10分

10. a=1分，b=3分

11. a=2分，b=5分，c=8分

12. a=10分，b=1分，c=3分，d=3分，e=2分，f=5分，g=8分

13. a=1分，b=5分，c=10分

14. a=1分，b=5分，c=4分

15. a=1分，b=8分，c=4分

16. a=3分，b=6分

17. a=1分，b=3分，c=5分，d=8分，e=10分

18. a=1分，b=3分，c=5分，d=8分，e=10分

19. a=1分，b=3分，c=7分

20. a=5分，b=2分，c=7分

评价结果：上班就业者33~36分，加盟跟随者61~142分，自主创业者143~169分

 知识点8：创新创业的基本素养。

二、创新创业能力提升

创新创业能力的提升首先涉及一个经常出现的问题：一个人是如何决定开始创办一个企业的？换句话说，是什么力量和因素激励一个人去冒险创业的。研究表明有三个核心因素，即改变现状、可信的榜样和具备创新创业能力。那么应该如何提高创新创业能力呢？

提升创新创业能力，需要培养创新创业意识，主要包括以下几个方面。

（1）主体意识。创新创业是艰难的事业。过去在中国，普通的平民百姓没有创业的条件和可能，更无法想象能成为创业的主体。随着改革开放的深入发展、下岗再就业大潮的推动和党的富民政策，人力资源的潜能最大限度地发挥出来，使普通人也成为创业的主体。这种创业的主体意识、主体地位、主体观念，会成为创业者在风险浪尖上拼搏的巨大力量。这种力量会鼓舞他们抓住机遇，迎战风险，拼命地去实现自身价值，同时也会使他们承受更多的压力和困难。因此，这种创业主体意识的树立，就成了创业者在创业中必须具有的十分宝贵的内在要素。我们只有理解了这一点，抓住这一点，培育这一点，提升这一点，才能深切地认识到创业是人生路上的一个转折点，是知识增量、能力提升的极好机会。只要你抓住了重新崛起的支点，灿烂的明天，美好的未来，就会向你走来。

（2）风险意识。风险经营意识是中国企业在与国际接轨中应着重增强的一种现代经营意识，也是创业企业和创业者急需培养和增强的一种重要的创业意识。创业是充满风险的。创业者对可能出现和遇到的风险准备和认识不足，是我国当前群体创业活动中的一种普遍现象。这种创业风险意识的缺位，突出表现在以下四个方面：①在心理准备上表现为对创业可能出现和可能遇到的困难准备不足。②在决策上表现为不敢决策，盲目决策，随意决策。③在管理上表现为不抓管理，无序管理，不敢管理。④在经营上表现为盲目进入市场，随意接触客户，轻率签订商务合同。这种没有风险经营意识的做法，恰恰是创业者无正确风险经营意识的典型表现。正确的做法是，要从害怕风险、不敢迈步之中解放出来，敢于去市场经济的大潮中劈风斩浪，同时也要在经受商海的历练和锻打中善于规避风险，化解

风险。使自己在迎战风险的过程中站立起来，成熟起来，成为商海的精英和栋梁。

（3）学习意识。创业者创业后面对的第一个也是最普遍的问题就是发生了"知识恐慌"。原有的知识底蕴和劳动技能已经不足以支持他们应对创业过程中出现的大量的新情况和新问题。因此，创业者应该随时注意进行知识更新，才能适应和满足繁重的创业需求。比如，在天津市妇女创业服务中心的入驻企业中，不仅要进行常规的科学文化知识和营销管理理念的学习，还要进军电子商务，走信息化创业之路，以满足创业者对现代创业理念的需要。这种做法在社会上引起了很大的震动和反响。

（4）资源意识。整合理念是现代营销学中的崭新理念，是在全球经济一体化的新形势下，跨国集团寻求企业最大利润空间的一种战略能力、一种进击能力。任何一个创业者都不可能把创业中所涉及的问题都解决好，也不可能把一切创业资源都备足。这里关键的一点在于要学会进行资源整合。因此资源整合的原则不仅是创业设计中的一个重要原则，也是在创业中借势发展、巧用资源、优势互补、实现双赢的重要方法。创业者刚刚开始创业，资金不足，资源缺乏，没有经验，不会经营。在银行开了账户、有了支票都不知道公章盖在哪里，可以说每一步都举步维艰。在这种情况下，与其给他们一座金山，不如给他们一种能力。使他们看到现代企业的发展趋势，把握崭新的创业理念，并以此为武器，进行各种最佳创业要素的整合，才能开拓出自己的未来之路。这种现代创业意识，必将成为创业者快速崛起的一种特效武器。

（5）信息意识。信息是资源，是财富。但是，很多创业者不懂得信息的价值和信息资源的重要性，不会寻找和利用信息资源，更不懂得去开发信息资源中的价值。正如一个创业者所讲的："刚开始创业时，我不懂得查信息，找商机。每天只知道傻愣愣地站着，傻愣愣地喊。结果，一天下来，腰酸腿疼，还不挣钱。"后来，知识产权局的同志来给创业者做报告，还带来了20多万条过期专利，提供给创业者进行筛选。在对这些信息的筛选中，这个创业者获知了国际上需求超薄型针织服装的信息，她立刻加紧运作，从香港购买了用细羊绒和蚕丝制成的冬暖夏凉又十分轻便的超薄型针织面料，还添置了先进设备，培训员工，充实技术人员，很快就让自己生产的春、夏、秋、冬四季超薄型针织服装上市，真正尝到了开发信息资源的甜头。自此，她懂得了信息的重要性。不仅订阅了大量信息刊物，还参加了社会上开办的"下岗女工零起步电子商务培训班"，听专家讲解、介绍网络营销的技能和技巧，学会利用网络去搜索信息，捕捉商机。

（6）经验积累。创业者必须清楚地了解自己是否具有创办和经营企业所需的能力和经验。你的工作经验、技术能力、企业实践经验、爱好、社会交往能力和家庭背景对于企业的成功都是很重要的因素。如果发现自己缺乏创办企业必备的素质和能力，可以通过如下方法加以改进：与企业人士交谈。向成功的企业人士学习，但要清楚你的成功很大程度上取决于自己的努力。做一名成功人士的助手或学徒。参加一个培训班或学习班，接受培训。阅读一些可以帮助你提升经营技巧的书籍。与家人讨论经营企业的困难并说服他们支持你。练习讨论某种情况或某个想法的利弊。制订未来企业计划，增强你的创业动机。提高思考问题、评价问题以及应对风险的能力。学习和思考如何更好地应对危机。多接受别人的意见和新的想法。遇到问题时，要分析问题的前因后果，并提高自己从错误中吸取教训的能力。加大对工作的投入并且认识到只有努力工作，才能获得成功。寻找能与你取长补短的合伙人，而不是完全依靠自己去创办企业。

 **小测验**

测测你的创业能力　每小题共有2个选项，在符合你实际情况的选项前打钩。

（一）创办企业的动机

（1）A. 我有一份工作。B. 我没有工作。（2）A. 在决定创办自己的企业之前，我有一份好工作。B. 在决定创办自己的企业之前，我没有一份工作。（3）A. 我从自己干过的每一份工作中都学到了一些东西，我发现工作很有意思。B. 我工作只为挣钱。工作没有什么乐趣，我对工作兴趣不大。（4）A. 我想让我的企业成为我终生的事业。B. 我想创业，是因为没有其他选择。（5）A. 我想拥有一家企业，这样我能够为我的家庭提供更好的生活。B. 我想创办企业是因为想取得成功，富人都有自己的企业。（6）A. 我坚信，我的成功与否更多地取决于自己的努力。B. 我坚信，一个人不论做什么，要想成功，都需要其他人的帮助。

（二）风险承受能力

（7）A. 我坚信，要在生活中前进必须冒风险。B. 我不喜欢冒风险。（8）A. 我认为风险同时也蕴含着机会。B. 如果可以选择，我更愿意以最稳妥的方式做事。（9）A. 我只有在权衡了利弊之后才会冒风险。B. 如果我喜欢一个想法，我会不计利弊地去冒风险。（10）A. 即使投资于自己企业的资金亏掉了，我也愿意接受这样的现实。B. 投资于自己企业的资金可能会亏掉，我难以接受这样的现实。（11）A. 无论做任何事，就算对这件事有足够的控制权，我也不会总是期待完全控制局面。B. 我喜欢完全控制自己所做的事情。

（三）坚忍不拔和处理危机的能力

（12）A. 即使面对极大的困难，我也不会轻易放弃。B. 如果存在很多困难，真的不值得为某些事去奋斗。（13）A. 我不会为挫折和失败沮丧太久。B. 挫折和失败对我的影响很大。（14）A. 我相信自己有能力扭转局势。B. 一个人能自己做的事情是有限的，命运和运气起很大的作用。（15）A.如果有人对我说不，我会泰然处之，并会尽最大努力改变他们的看法。B. 如果有人对我说不，我会感觉很糟并会放弃这件事。（16）A. 在危急情况下，我能保持冷静并找出最佳的应对办法。B. 当危机升级时，我会感到慌乱和紧张。

（四）家庭支持

（17）A. 我会让家人参与对他们有影响的企业决定。B. 我不会让家人参与对他们有影响的企业决定。（18）A. 因为对企业的全力投入，使我不能花很多时间和家人在一起，他们会理解我。B. 因为对企业的全心投入使我不能多花时间和家人在一起，他们会感到不快。（19）A. 如果我的企业最初不是很成功，并且给家人带来经济上的困难，他们愿意忍受。B. 如果我的企业最初不是很成功，并且给家人带来经济上的困难，他们会十分生气。（20）A.家人愿意帮助我克服企业遇到的困难。B. 家人可能不愿意或者没有能力帮助我克服企业遇到的困难。（21）A. 家人认为，我创办企业是个好主意。B. 家人对我创办企业感到担心。

（五）主动性

（22）A. 我不惧怕问题，因为问题是生活的组成部分，我会想办法解决每一个问题。B. 我发现解决问题很难，我害怕这些问题，或者干脆不去想它们。（23）A. 当我遇到困难时，我会尽力去克服困难，困难是对我的挑战，我喜欢挑战。B. 如果我遇到了困难，我会试图忘掉它们，或等待其自行消失。（24）A. 我不会等待事情发生，而是努力促使事情发生。B. 我喜欢随波逐流并等待好事降临。（25）A. 我总是尝试做一些与众不同的事情。B. 我只喜欢做我擅长的事情。（26）A. 我认为所有的想法可能都会有用，因此，我会寻求尽可能多的想法，并看其是否可行。B. 人会有很多想法，但是一个人不可能做所有的事情，我愿意坚持自己的想法。

（六）协调家庭、社会和企业的能力

（27）A. 在企业能够承受的范围之内，我从企业拿出钱来供我和家人使用。B. 我的家人需要多少钱，我就从企业拿出多少钱。（28）A. 如果我的朋友或家人有经济困难，我只会用预留给我个人的钱来帮助他们，我不会从我的企业拿钱。B. 如果我的朋友或家人有经济困难，我将帮助他们，即使那样可能会损害我的企业。（29）A. 我不会把大量的工作时间花在家人和社会关系上而忽略我的企业。B. 我会优先考虑家人和社会关系，他们高于企业。（30）A. 家人和朋友必须像其他顾客一样，为使用我的产品或服务付钱。B. 家人和朋友将从我的企业得到特殊的好处和服务。（31）A. 我不会因为顾客是我的朋友或家人就可以赊账。B. 我常常让我的朋友和家人赊账。

（七）决策能力

（32）A. 我能够轻松地做决定，我喜欢作出决定。B. 我发现做决定很难。（33）A. 我能独立作出艰难的决定。B. 在我作出艰难的决定之前，我会征求很多意见。（34）A. 一旦需要作出决定，我常能尽快决定做什么。B. 我会尽可能长地推迟做决定的时间。（35）A. 在做决定之前，我会认真思考并考虑所有可能的选择。B. 我凭感觉和直觉作出决定，我只知道眼下该做什么。（36）A. 我不怕犯错误，因为我可以从错误当中吸取教训。B. 我经常担心会犯错误。

（八）适应企业需要的能力

（37）A. 我只提供顾客需要的产品或服务。B. 我只提供自己喜欢的产品或服务。（38）A. 如果我的顾客想要更便宜的产品或服务，我将想办法满足他们的需求。B. 如果我的顾客想要更便宜的产品或服务，他们只能找其他的企业。（39）A. 如果我的顾客想赊购，我会想办法用最低的风险为他们提供赊购服务。B. 我不会向任何人赊销我的产品或服务。（40）A. 如果将企业迁到其他地点生意会更好，我准备这样做。B. 我不准备重新选择企业地点，无论我的企业在哪里，顾客和供货商就必须到那里。（41）A. 我将研究市场趋势，并力图改变工作态度和方法，以跟上时代的发展。B. 最好按照我已知道的方法去工作，跟上时代发展太难了。

（九）对企业的承诺

（42）A. 我善于在压力下工作，我喜欢挑战。B. 我不善于在压力下工作，我喜欢平静和轻松。（43）A. 我喜欢每天工作很长时间，我不介意占用业余时间。B. 我认为工作以外的时间很重要，人不能长时间地工作。（44）A. 我愿意为自己的企业而减少与家人及朋友在一起的时间。B. 我不愿意为自己的企业而减少与家人和朋友在一起的时间。（45）A. 如果有必要，我可能会把社交活动、休闲娱乐和业余爱好放在一边。B. 我认为在社交活动、休闲娱乐和业余爱好上多花时间是很重要的。（46）A. 我愿意非常努力地工作。B. 我愿意工作并且能做必须做的事情。

（十）谈判技巧

（47）A. 我喜欢谈判，并且经常能在不冒犯任何人的情况下达到目的。B. 我不喜欢谈判，按照别人的建议去做更容易。（48）A. 我与别人沟通得很好。B. 我与别人沟通有困难。（49）A. 我喜欢倾听别人的观点和选择。B. 我对别人的观点和选择一般不感兴趣。（50）A. 谈判时，我会考虑什么对自己有利，什么对别人有利。B. 如果参加谈判，我更愿意作为一个听众并旁观事态的发展。（51）A. 我认为，在谈判中达到目的的最好方法是努力寻找一个使双方都受益的方案。B. 因为企业是我的，所以我的意见最重要，谈判中总有一方会失败。

结果分析：以上共10个方面51道题，每一个方面中如果有3道题的选项为A，则说明你基本具备这一方面的能力，如果有4道题的选项为A，说明你这一方面的能力较强。全部统计结果如果有30道题的选项为A，说明你基本具备了创业能力；如果能达到40个A以上，说明你的创业能力较强。

当然，这些都只是从理论上界定，仅供参考，真正的创业能力还需要在实践中锻炼。

 知识点9：创新创业的核心能力。

三、创新创业与生涯发展

人生只有走出来的美丽

1993年出生的武汉科技大学本科生刘恒在大一新生见面会时介绍自己：毕业时，我希望能创办3家公司。如今，他已是5家企业的创始人。他说："创业永远都没有尽头，只要坚持下来，总会有自己的风景！"

他从大一下学期（2014年4月）开始创业，创办的武汉市恒创时代文化有限公司迅速成为高校传媒企业的佼佼者；2015年3月，他创办了武汉市银杏时代科技有限公司，并开发出银杏科技大当家生活管家1.0微信公众平台，这家公司获得了50万元天使融资；10月份时，他创办武汉狄斯泥环保科技有限公司，年盈利达200多万元。2016年，刘恒联合创办的智慧世界科技有限公司更是成为地方政府首推的教育平台。刘恒先后获得洪山区"创业先锋"、"大学生创业英雄十强"等荣誉称号。

刘恒在初中时，就在宿舍开了一个"零食驿站"，赚了一些零花钱；后来陆续做过促销员、群众演员、快递分拣员等工作，这些经历都为他的以后创业打下基础。一个偶然的机会，他做起了王老吉凉茶的促销活动，获得创业路上的第一桶金。随着扩招，高校学生群体规模不断扩大，一个巨大的高素质新型消费市场逐渐形成。刘恒抓住了这个机会，他和朋友开始做市场策划推广，主要从事与高校有关的品牌推广和宣传工作，然后发展成高校传媒平台。

后来，刘恒发现学校周边有很多想创业和想考研的人群都有极强的租房意向，他就租下一些毛坯房并进行简单的装修，然后进行二次出租。凭借不错的人脉，在开始一段时间，他的房子都成功租了出去。为了给考研者提供更多的资源，他专门租了几间大房子作为考研自习室，并提供考研信息、考研书籍等服务。为全国各地的逐梦之子提供优秀的平台，让考研者能够拥有良好的学习环境，让考研不再孤单。

刘恒创业之路实际并没有那么顺利，开始父母不支持，不理解，有时候活动结束晚了，他和同伴们只能睡在马路上，创业的资金也不是想来就来，需要不断地向别人介绍自己，去赢得别人的信任。资金的周转问题也不是一时半会就能解决的，此外还有利益的把控，策划的实施等。面对这么多的困难，刘恒从未选择放弃。他说：创业永远都没有尽头，只要坚持下来，总会有自己的风景！

刘恒的成功给予当代大学生很多的启示，也许正在创业的他们没有什么豪言壮语，也没有傲人的业绩，更没有创业大佬的种种传奇，然而他们都在实现自身价值、追逐自身梦想的路上坚定前行。他们在创业大军中都可能是只是沧海一粟，但请相信，如果每一名创业大学生都能在自己的创业路上勇往直前，那么大学生创业必将成为新时代最美的旋律。让青春的烈火永恒燃烧，让创业的梦想没有终点。

在寻访 2016 年大学生创业英雄活动中，刘恒获得"大学生创业英雄十强"称号。

资料来源：KAB 全国推广办公室 http://mp.weixin.qq.com/s/Vxp_Bu1V7mVNBxdR73v8Lw.

职业生涯（Career）是指个人通过从事工作所创造出的一个有目的、延续一定时间的生活模式。这个定义由美国职业发展协会（National Career Development Association）提出，是职业生涯领域中被最广泛使用的一个定义。职业生涯的这个定义中包含了一些重要的概念，它们对所有进行职业生涯规划的人都有着重要的意义。下面按照定义中的顺序分别进行介绍。

"个人所从事的"强调了职业生涯对个人而言是独特的。现实中，基于个人特定的成长经历，不同的兴趣爱好，没有两个人从事完全相同的职业生涯。即使人们可能有相似的兴趣或技能，从事相同的职业，为相同的机构工作，他们的职业生涯仍然可能不同。

"工作"，对于职业生涯专家而言，是一种可以为自己或他人创造价值的活动。但在日常生活中，我们每个人对它的含义都有一定的、不同的认识。所以"工作"这个概念可能是职业生涯领域最易被误解的词语之一。

"创造出"在这里是指职业生涯是一个人的愿望和可能性之间、理想和现实之间妥协和权衡的产物。职业生涯发展是一系列选择连续进行的结果。人们作出选择时，需要权衡这些选择的收益以及代价和风险。对一个人来说，没有十全十美的职业生涯道路，但也许会有最适宜的职业生涯道路。

"有目的"表明职业生涯对个人来说是有意义和有价值的。职业生涯凝结了个人的价值观和信念，反映了个人的动机、抱负和目标，不是偶然发生或应运出现的，而是需要规划、思考、制定和执行的。

"延续一定时间"说明职业生涯不是作为一个事件或选择的结果而发生的事情，不是局限于或束缚于某一特定的工作或职责的时间段。它本质上是持续一生的过程，会受到个人内存和外在力量的影响。该领域的一些专家甚至使用"生命/生涯"（Life/Career）这个词作为连接生命过程和生涯观念的桥梁。

"生活模式"在这里意味着职业生涯不仅是一个人的职业或工作。职业生涯与成人所有的生活角色交互作用：家长、配偶、持家者、学生，以及人们整合与安排这些角色的方式。

职业生涯有其基本的含义。

第一，职业生涯是个体的行为经历，而非群体或组织的行为经历。职业生涯实质是指一个人一生之中的工作任职经历或历程。第二，职业生涯是个时间概念，意指职业生涯期。职业生涯期始于工作之前的专门的职业学习和训练，终止于完全结束或退出职业工作。不同个人之间的职业生涯期有长有短，是不完全一样的。第三，职业生涯是个包含着具体职业内容的发展的、动态的概念。职业生涯纵向表示职业工作时间的长短，横向内含着职业发展、变更的经历和过程，包括从事何种职业工作，职业发展的阶段，由一种职业向另一种职业的转换等具体内容，是纵横交错的。

职业生涯也可以从另一个角度将其分为外职业生涯和内职业生涯。

外职业生涯是指从事职业时的工作单位、工作地点、工作内容、工作职务、工作环境、工资待遇等因素的组合及其变化过程。如职务目标：总经理、教授；经济目标：年薪 30 万元。外职业生涯的构成因素通常是由别人给予的，也容易被别人收回。外职业生涯因素的取得往往与自己的付出不符，尤其是职业生涯初期。有的人一生疲于追求外职业生涯的成功，但内心极为痛苦，因为他们往往不了解外职业生涯发展是以内职业生涯发展为基础的。

内职业生涯是指从事一项职业时所具备的知识、观念、心理素质、能力、内心感受等因素的组合及其变化过程。比如，工作成果目标：销售经理的工作业绩；心理素质目标：经受得住挫折，能做到临危不惧、宠辱不惊。内职业生涯各项因素的取得，可以通过别人的帮助而实现，但主要还是由自己努力追求得以实现。与外职业生涯构成因素不同，内职业生涯的各构成因素内容一旦取得，别人便不能收回或剥夺。

职业生涯规划，是指组织或者个人把个人发展与组织发展相结合，对决定个人职业生涯的个人因素、组织因素和社会因素等进行分析，制定有关对个人一生中在事业发展上的战略设想与计划安排。

具体来说，职业生涯规划就是指个体客观认知自己的兴趣、能力、性格和价值观，发展适合自己的完整的职业自我观念，将个人发展与组织发展相结合，在对个人和外部环境因素进行分析的基础上，深入了解各种职业的需求趋势以及能够取得这个职业的关键因素，确定自己的事业发展目标，并具体地选择实现这一事业目标的职业或岗位，编制相应的工作、教育和培训行动计划，制定出基本措施，高效行动，灵活调整，有效提升职业发展所需的执行、决策和应变技能，使自己的事业得到顺利发展，并获取最大程度的事业成功。

简而言之，职业生涯规划是指一个人对其一生中所承担职务相继历程的预期和计划。对大学生而言，职业生涯规划就是指根据自己的特点，结合社会要求，为自己设计最适合的职业和职业发展道路。

根据定义，职业生涯规划首先要对个人特点进行分析，其次再对所在组织环境和社会环境进行分析，最后根据分析结果制定一个人的事业奋斗目标，选择实现这一事业目标的职业，编制相应的工作、教育和培训的行动计划，并对每一步骤的时间、顺序和方向作出合理的安排。

职业生涯规划与管理需要一系列精心设计的流程才能迈上可控之路，可参考职业生涯规划与管理的"四部曲"（图 1-3）。

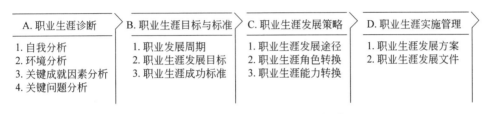

图 1-3　职业生涯规划与管理的"四部曲"

在现代社会，尽早做好职业生涯规划对于一个人的发展至关重要。只有这样，才能认清自我，不断探索开发自身潜能的有效途径或方式，才能准确地把握人生方向，塑造成功的人生。职业生涯规划的重要性，在个人层面上主要表现为：有助于使个人认清自己发展的进程和事业目标，作为选择职业与承担任务的依据，把相关的工作经验积累起来，准确地充分利用有关的机会与资源，指引自我不断进步与完善。实践证明，在职业生涯中能够有所成就的人，往往是那些有着清晰职业生涯规划的人。

对于一个立志创新创业的人来说，职业生涯规划与其创新创业规划在一定程度上是同一个东西。要制定一份好的规划，从原则上说，应该把握三个主要内容：自己能够做什么，社会需要什么，自己拥有什么资源。因此，就有必要进行自我分析、环境分析和关键成就因素分析。

首先，自己能够做什么。作为一个创业者来说，只是知道自己想干什么还是不够的，更重要的是应该知道自己能够做什么、做得到什么。当然，这也是相对而言的，因为一个人的潜能发挥是一个逐渐展现的过程。但是，一个人对自己的兴趣、潜能有一个基本的认识，仍然是一项具有前景性的工作。

其次，社会需求什么。一个人在明确自己想做什么、能做什么的同时，还应考虑社会的需求是什么这一重要因素。如果一个人所选择的创业领域既符合自己的兴趣又与自己的能力相一致，但不符合社会的需求，那么，这种创业的前景无疑会变得暗淡。由于分析社会需求及其发展态势并非一件易事，因此，在选择创业目标时，应该进行多方面的探索，以求得出客观而正确的判断。

最后，自己拥有什么资源。要创业，就必然依赖各种各样的资源。创业者应该清楚地审视自己所拥有或能够使用的一切资源的情况，是否足以支持创业的启动和创业成功之后可持续地进行。这里所说的资源，不仅指经济上的资金，还包括社会关系，即通过自己既有人际关系以及既有人际关系的进一步扩展所可能带来的各种具有支持性的东西。

总之，一份创业规划必须将个人理想与社会实际有机地结合，创业规划同样能够帮助一个人真正了解自己，并且进一步评估内外环境的优势、限制，从而设计出既合理又可行的职业事业发展方向。只有使自身因素和社会条件达到最大程度的契合，才能在现实中发挥优势、避开劣势，使创业规划更具有可操作性。

一份创业规划能够在多大程度上取得实际成功，取决于它在多大程度上对以上三个原则进行了准确的把握，并进行了最完美的结合。

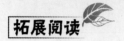

职业生涯规划 5 个 "What" 的思考模式

职业生涯规划的制定，可参考采用 5 个 "What" 的思考模式，它构成了制定职业生涯规划的前提性步骤：

第一，What are you? 要求一个人对自己做一个深刻反思与认识，对自身的优势与弱点都要加以深入细致的剖析。

第二，What do you want? 要求一个人对自己未来职业发展的目标和前景作出一种愿望定位、心理预期和取向审视。

第三，What can you do? 要求一个人对自己的素质，尤其是自身的潜能和实力进行全面的测试和把握。

第四，What can you support you? 要求一个人对自己所处的环境状况和所拥有的各种资源状况有一个客观、准确的认识和把握。

第五，What can you be in the end? 要求一个人对自己所提出的职业目标以及实现方案作出一个具体明确的说明。

一般而言，清晰、全面地回答了以上这样五个问题，能够就为系统地制定出一份个人的职业生涯规划准备了一个重要前提。

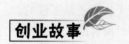

"玻璃大王" 传奇

曹德旺的名字，如果你不太熟悉，那么我告诉你，目前福耀玻璃占全球汽车玻璃份额的 25%，每四辆汽车中就有一辆用的是福耀玻璃。在中国，每生产两辆汽车，至少有一辆用的是福耀玻璃。在汽车玻璃上的 "FY" 两个英文字母，就是福耀的首字母。

曹德旺用三十三年的时间打造了福耀汽车玻璃王国。三十三年来，他只专注玻璃，而且只专注汽车玻璃。

一个偶然的机会使曹德旺发现了汽车玻璃的市场前景。

那次，曹德旺和母亲乘坐一辆汽车，上车时司机提醒他小心点，别碰着玻璃了，一块玻璃要好几千块钱呢。曹德旺一听，什么玻璃那么贵？经过调查，才发现原来中国没有自己的汽车玻璃，市场被日本垄断，所以才会这么贵。

"没有人做，我来做，我要为中国做一片自己的汽车玻璃。让所有的中国人都能用上，用得开心，用得安心。"于是，曹德旺一头扎进了陌生的玻璃领域。

1983年，40岁的曹德旺承包了濒临倒闭的高山镇异型玻璃厂。他带队到玻璃制造设备最先进的芬兰"偷技术"，购进了一套当时国内没有的先进机器。回国后，调试机器、培训人才，生产了属于自己的第一块汽车玻璃，打破了日本对中国汽车玻璃行业的垄断。1987年，建立福建耀华汽车玻璃公司，1993年正式上市，取名福耀玻璃。

创业这件事，保持有舍得的心态已经很难了，还要怀揣信念和坚持，更是不容易。在公司发展做大做强的过程中，不少人建议曹德旺去拓展其他领域。可曹德旺克制自己，抵御了很多诱惑，既不炒股，也不买矿，既不投资房地产，也不涉足互联网、二级市场、PE等。

如今的福耀玻璃，拥有着智能化的生产线，气派得像酒店一样的工业研究院，在世界上九个国家拥有自己的玻璃制造厂。

对于福耀玻璃，曹德旺有着一个百年老店的梦想。他的理想很质朴，希望用户在过去用自己的产品很开心，以后用也很开心；员工在企业工作干得舒心，以后也要舒心。也许正是这份"死心塌地做制造业"的执着转化成的专注，才让企业走了这么远。

有人说，中国有两个创业家，一个叫任正非，另一个叫曹德旺。这个时代，在风口浪尖弄潮的人很多，可一旦潮水退去，真正屹立不倒的，还是那些专注执着的创业家而非投机商。

从创业选择与职业生涯发展的视角分析，我们不难理解创业首先是一种理念、一种精神，一种不满足于现状、敢于创新创业并承担风险的精神，是一种在考虑资源约束的情况下把握机会创造价值的认识。从广义的角度去看创业，可以理解为是一个人根据自己的性格、兴趣、所学专业、能力等选择适合自己的事业（可以是创办企业，也可以是创办非盈利的事业，还可以是就业），并把握机会，为这个事业的成功整合资源、付诸努力，最终实现自己人生目标的过程。因此创业能力中所包括的捕捉机会、整合资源的意识，以及领导、沟通等能力，具有普遍性与时代适应性。无论你从事什么样的行业或职业，创业能力都将在个人职业生涯中发挥巨大的作用。

不做职业生涯规划就选择创业会遇到更多的不确定性。没有个人的职业生涯发展的目标，就会让创业者迷失在公司的烦琐事务中，没有时间注意考虑长远规划和培养创业成功所必备的素质。这就会造成企业成长没有后劲。所以，创业者要做职业生涯规划，其中接受创业教育，培养创业者素质是必须的。

创业需要树立正确的创业观。创业者不仅要努力实现个人价值，还要考虑社会价值的实现。要处理好创业与职业生涯发展的关系，把专业知识和职业技能创造性地运用到经济社会发展中去。创业教育要注重培养学生的社会责任感，比如创造价值、服务国家、服务人民等；培养学生自尊、自爱、自强、自信的精神，培养迎难而上、坚持不懈、勇于创新创业的意志品质，以及遵纪守法、诚实守信、善于合作的职业操守，树立创业的正确方向。

创业需要培养创新创业的强烈意识。创业者要学会运用已知的信息，不断突破常规，发现或产生某种新颖、独特的有社会价值或个人价值。创业者要保持对未知事物和新事物的好奇心，对新知执着的探究兴趣、追求新发现和新发明的激情。创业教育不仅要使学生熟练掌握专业知识技能，而且更重要的是培养学生的创新创业意识、问题意识、合作意识、社会意识，这必将有助于学生综合素质和能力的培养，提高适应复杂多变的生活环境和工作环境的能力，较快进入创业角色，从而促进学生创业能力的发展。

创业需要拥有博大的人文情怀。脱离人与人的关系、人与自然的关系、人与物的关系来谈创业是不可能的。人文因素在学生创业的动力、方法和形式上将发挥事半功倍的效用。创业教育要致力于学生团队合作精神的培养，鼓励学生追求人文教育与科学教育的整合，以有助于未来创业者改善生产、生活中的各种关系，改进生产方式，有效利用新的生产资源和劳动手段，提高效率、效益和服务水平。

创业，要有开阔的视野和综合思维能力。创业者要具有多角度分析问题的能力和方法。在学科专业化趋势日益凸显的同时，经济社会发展对边缘性、交叉性、综合性创业人才的需求也更加紧迫。成功的创业教育，要求学校特别是高校的教育教学打破学科之间、专业领域之间、文理之间的传统界限，在开拓学生知识面的基础上，提高学生从不同角度分析问题和解决问题的能力。教学要立足于开阔学生视野，增加跨专业、跨学科、跨行业的内容，使学生形成与产业结构经济发展方式变化相适应的综合思维方式，培养对未来创业者发展起关键性作用的综合能力，为他们在边缘性、交叉性、综合性领域发现新的创业平台打下素质基础。

案例精选

搏 出 精 彩

丁建勋在校期间，成立上海乐程影像技术有限公司。其创业项目获上海大学生科技创业基金会 30 万元的资助，并最早入驻孵化基地。后又获得科技部国家创新创业基金 30 万元无偿资助，拥有多项影像产品专利，业务涉及影像产品销售，技术开发，运营服务等领域。目前公司拥有 250 多名员工，从他的身上，集中体现了当代大学生立志创新创业，勇于开拓；不畏困难，乐观向上；无私奉献，服务社会的精神，实现了科技创新创业与创业，以创业带动就业的结合。

立志创新，勇于开拓

丁建勋身上一直充满着创业的热情，这种热情背后的动机不是自己想当老板，赚很多的钱，而是希望通过创新创业去实现自己的人生价值。在他的办公室里悬挂着"公司的利益和客户的利益在前，其次是员工的利益，最后才是创业者自我的利益"。

"快速影像自助服务"创业项目最早是由丁建勋提出的，该项目新颖独特，虽然源于传统行业，但是经营理念和运用的技术完全是创新创业，具有"小生意，大市场"的特征，特别适合创业。而且他本人无论从心理上，还是从创业项目本身都准备的比较充分。更主要的是丁建勋身上具备创业者特质，他非常清楚："自己是谁，想干什么，能干什么。"创业目标非常明确，心态平稳，思路清晰，市场经验比较丰富。

丁建勋的创新创业精神还集中体现在他的商业模式创新。创业者除了具有创业激情和敢为天下先的冒险精神外，还应具备敏感的商业嗅觉和理性决策的能力。原本作为一家科技型的创业企业，一般思路都是先搞技术研发，产品设计制造，然后市场推广销售获得利润这一"技、工、贸"常规套路。丁建勋及其创业团队经过市场研究，冷静分析：如果采用这一传统经营模式，从产品开发定型到推广销售形成一定市场规模，至少需要2～3年时间，资金需要至少数百万元，很有可能项目因为许多不确定的因素而死在"创业成功前的黎明"。为此，他们对所处的环境做了细致的分析，特别对2010年上海世博会的商机进行了详细的分析和判断，他们作出决策改变传统的经营思路和商业模式：利用现有技术先一步进军影像服务业，直接进行运营服务。这样可以不必等产品定型就可以进入市场运营服务，可以大大缩减产品开发时间和成本，较快实现了正现金流，这样可以稳定和锻炼团队，及早发现产品的问题，而且符合国家"发展新兴服务业"相关产业政策，也容易得到政府支持。把创新融入传统服务行业，创造出新的需求，从而尽快形成效益；反过来将运营服务中获得的利润再投入到产品开发中去，更好更快地开发出符合市场需求的新产品，形成良性循环，创业企业也会得到迅速发展。从公司目前的形势发展来看，丁建勋及其经营团队这一决策是果断和正确的，符合当前市场环境和他们初创企业的实际情况，取得了成功。

不畏困难，乐观向上

创业者之路应该是所有职业发展道路中是最为艰辛的一种，创业之路充满了环境的不确定性和伴随多种风险，但同时又是充满挑战和魅力的道路。创业者必须时刻承受着各种压力、风险、苦恼、误解。因而创业者必须有一颗坚强的心和坚韧不轻言放弃的性格，良好、乐观的心态和行动将有助于化解对不确定性风险的恐惧，勇敢地面对困境。丁建勋常说：我对未来不设定终点和时限，而是一直"在路上"坚定地前行，并享受其过程，更不关注个人所谓"成功和失败"。因为我们是给大家带来快乐的事业，因此我们的员工必须先快乐起来。显然，创业作为一项事业已经融入了丁建勋的血液和精神，成为他的一种生活方式和人生态度。

积极的态度和团队的力量是克服困难的最好法宝。例如：他们在做外滩服务项目的时候，虽然雄心万丈，但毕竟是年轻的公司，资金，人员，经验都不足，很难想象一个只有100万元注册资金、30多人的初创小公司如何敢于吃下长达2公里多的上海外滩影像经营权，一旦签约就意味着公司会即刻膨胀到200多人，一年内各项费用和投资将超过千万元，而且经营管理中的不确定风险也比较多。丁建勋及其团队面对诸多困难没有退缩，积极寻求合作伙伴的支持和理解，在资金上，积极和外滩管理所沟通采用合作模式不用一次性支付巨额租金。此外，他们还自行研制了大容量锂电池解决供电的难题和开发图片下载网站和ERP管理系统等。

在政府的关心和支持下，通过规范化经营、统一化管理，运用创新创业的经营模式和先进的技术，基本解决了一直困扰外滩的摄影管理问题，消除了曾经一度蔓延的"拉客""宰客"等不文明行为。在世博会期间，上海乐程影像技术有限公司先后为数百万名游客提供了优质服务，得到了政府和国内外广大游客的赞扬，为此上海乐程影像技术有限公司被评为"世博"先进集体。

无私奉献，服务社会

丁建勋自创业以来，一直将无私奉献、服务社会作为公司的发展准则，力求实现公司的商业利益和社会利益的充分结合。目前公司成长迅速，实现了科技创新与创业的结合，创业带动就业，每年公司仅应届大学生就招收近 20 名。在 2011 年"中国大学生自主创业工作经验交流会暨 2011 全球创业周峰会"上，丁建勋作为优秀创业大学生代表之一向来自全世界的创业教育指导专家们展示了当代大学生勇于创新创业、敢于挑战的时代风采，成为新时期大学生以创业促进就业的典型。

　　点评： 1. 为什么说丁建勋非常清楚"自己是谁，想干什么，能干什么"？

　　2. 丁建勋说："我对未来不设定终点和时限，而是一直'在路上'坚定地前行。"你对此做何评价？

　　知识点 10：创新创业与职业生涯选择。

成功并不像你想象的那么难

　　一位学生到大学主修心理学专业。在喝下午茶的时候，他常到学校的咖啡厅或茶座听一些成功人士聊天。这些成功人士包括诺贝尔奖获得者，某些领域的学术权威和一些创造了经济神话的人，这些人幽默风趣，举重若轻，把自己的成功都看得非常自然和顺理成章。时间长了，他发现，在国内时，他被一些成功人士欺骗了。那些人为了让正在创业的人知难而退，普遍把自己的创业艰辛夸大了，也就是说，他们在用自己的成功经历吓唬那些还没有取得成功的人。

　　作为心理系的学生，他认为很有必要对成功人士的心态加以研究。1970 年，他把《成功并不像你想象的那么难》作为毕业论文，提交给现代经济心理学的创始人威尔·布雷登教授。布雷登教授读后大为惊喜，认为这是个新发现，这种现象虽然在东方甚至在世界各地普遍存在，但此前还没有一个人大胆地提出来并加以研究。惊喜之余，布雷登教授写信给他的校友——当时正坐在政坛第一把交椅上的人。他在信中说，"我不敢说这部著作对你有多大的帮助，但我敢肯定它比你的任何一个政令都能产生震动。"

　　后来这本书果然鼓舞了许多人，因为它从一个新的角度告诉人们，只要你对某一事业感兴趣，长久地坚持下去就会成功。

　　点评： 人世中的许多事，只要想做，就都能做到；该克服的困难，也都能克服，用不着什么钢铁般的意志，更用不着什么技巧或谋略。只要一个人还在朴实而饶有兴趣地生活着，他终究会发现，大多是水到渠成的。

什么才是更好的创业的方法？

　　很多人对创业可能有一个误解：要创业，首先要有一大笔钱，要组建一个团队，要有合适的合作伙伴，完善的供应链，埋头开发一个产品，卖出并且能够投入再生产等。

实际上，绝大多数成功了的创业，都不是这样的。

大多数创业模式是一个人先发现了某个需求，想办法去满足它。挣到"第一桶金"之后，再在这个基础上去扩充团队，引进资源。随着客户增加而应对不过来，于是招聘客服，找人对接；产品大受欢迎，需要规模化，于是拉技术、找研发；团队做大了，需要避免法律问题，于是组建法务团队；……

慢慢地，从一个人到两三个人，十几个人，几十上百个人。缺什么，补什么。原有的模式不够用了，再去扩充它、优化它，一步步把它做大。

简而言之，一家公司很多时候并不是从零开始凭空出现的，而是先有一个极其简单的系统，跑顺了，再在它的基础上不断去完善、改进。它不是设计出来的，而是通过迭代优化出来的。

在系统论中，有一条很经典的原则叫作加尔定律，讲的是同样的道理：一个运转正常的复杂系统，总是从一个运转正常的简单系统演化而来。反之也是一样的。一个从零开始设计的复杂系统永远不会起作用，也不可能让它起作用。

创业，你不妨从一个简单的系统开始。

课堂活动：你认为创新创业人才应具备哪些素养和能力？

 本章小结

重要术语

创业　创业精神　创业要素　创业类型　创业过程　创业阶段　知识经济　创新创业型人才　创业能力　职业生涯发展

思考讨论

（1）运用头脑风暴法分析创业的要素、创业的功能价值与创新创业型人才要求。

（2）创业精神对职业生涯发展有怎样的促进作用？

 即测即练

自学自测　　扫描此码

第二章

创业者与创业团队

本章提要

通过本章的学习，使学生形成对创业者的理性认识，了解创业者应该具备什么样的能力，哪些能力具有先天属性，哪些能力又可以通过后天习得。同时，通过案例和讲授使学生认识到创业团队对创业的重要性，了解组建创业团队的行为思路及其对创业活动的影响，掌握管理创业团队的技巧和策略，认识创业领导者的角色和作用。

学习重点和难点

重点：认识创业者应具备的能力、创业团队的5P要素。

难点：组建一支优秀的创业团队的策略分析。

第一节 创 业 者

学习目的与要求

通过本节学习，学生应达到如下要求：

1. 了解创业者的基本含义。

2. 学习如何成为一名创业者。

3. 明确创业动机如何产生。

4. 学会寻找创业的驱动力。

学习要点

1. 创业者应该是创新者，具有发现和引入更好的产品、服务和过程的能力。

2. 创业的开始往往是基于一个好的想法或者创意，这样的创业被称为机会拉动型创业。

3. 创业者要考虑创业的整个过程，从过程的纵向路径中找到创新点；也可以进行横向分析，从产品、市场、客户需求、公司管理及运营等角度来考虑创新。

创业语录

创业者需要动机、激情和鼓励来开发一个商机。为了将创意变成可行的商业机遇，创业者将面临很多困难和阻碍。

——杰克·M.卡普兰

一、创业者的概念

"创业者"（entrepreneur）一词来源于 17 世纪的法语词汇，表示某个新企业的风险承担者，早期的创业者也是风险承担的"承包商"（contractor）。在欧美的经济学研究中，将创业者定义为一个组织、管理生意或企业并愿意承担风险的人。

创业者的概念经历了一个演变过程，1755 年法国经济学家坎蒂隆首次将"创业者"的概念引入经济学的领域。1880 年，法国经济学家萨伊将创业者描述为将经济资源从生产率较低的区域转移到生产率较高区域的人，并认为创业者是经济活动过程中的代理人，首次给"创业者"作出定义。美籍奥地利经济学家熊彼特认为创业者应该是创新者，具有发现和引入更好的能赚钱的产品、服务和过程的能力。

创业无国界，但创业者有祖国。创业者必须对国家、对民族怀有崇高的使命感和强烈的责任感。创业者首先是一个有梦想的追求者，他追求的是未来的回报，而非现在的回报。如果未来的回报低于预期，或者低于现在的回报，一个人就不可能有创业的动力。因此，创业者进行创业活动是为了获得更大的价值，这种价值的实现，有物质上的诉求，但更多的是人生价值的实现。创业者的未来收益是一种投资性活动的收益，这些投资既可能是实际的资本投入，也有本人和团队的时间和精力的投入，而收益也就不只是金钱上的收益，还应包括价值的收益、理想的实现等。创业者要在爱国、创新、诚信、社会责任和国际视野等方面不断提升自己，努力成为新时代构建新发展格局、建设现代化经济体系、推动高质量发展的主力军。

创业者一般被界定为具有以下几点的人：创业者是一种主导劳动方式的领导人；创业者是具有使命、荣誉、责任能力的人；创业者是组织、运用服务、技术、器物作业的人；创业者是具有思考、推理、判断能力的人；创业者是能使人追随并在追随的过程中获得利益的人；创业者是具有完全权利能力和行为能力的人。

视频：《创业者说》第一集创业春天

在实际生活中，与一般人的观念不同，创业者所谓高度的商业才能，不仅仅是创办一个企业，而且是在企业的整个发展过程中，都能够作出正确的决策，及时解决面临的问题，修正企业的发展方向，使企业长期保持活力，不断发展壮大，成为具有影响力的企业的才能。同时，界定一个创业者，还应该从社会发展的角度，那些建立了新的商业模式并获得了好的发展，并且为其他企业的发展提供样板，为社会提供就业，不断带来财富的企业的创立者，通常也被称为创业者。

 知识点 1：创业的概念。

二、创业者的类型

创业的开始往往是基于一个好的想法或者创意，这样的创业被称为机会拉动型创业。一个好的创业者可以敏锐地发现创意后面暗含的商机，将创意转变成创业机会并建立起盈利模式。一些创业者在企业发展之初就能够为企业制定未来的发展战略。但是也有些创业者是在企业发展过程中与企业一起成熟的，他们随着企业的发展不断地修正发展方向，并为企业带来持续的利润。

另外一些人的创业首先是从有创业的想法开始的，这些人怀揣着强烈的创业梦想，被创业热情驱动，梦想着自己可以成为自己的老板。尽管目前这些人还无法摆脱当前的职业束缚，但是他们总会寻找机会建立起属于自己的企业，并且取得相当高的成功率。这些人被称为热情驱动型创业者（Aspiring Entrepreneur）。

不管基于何种驱动力，创业者的共同特征是都会将创业作为自己的人生愿景。愿景是指希望永远为之奋斗并达到的前景；它是一种意愿的表达，表明未来的目标、使命及核心价值，是人生最核心的内容，是最终希望实现的图景。我们分析创业者的共同特质，就会发现创业者的愿景一般可以概括为以下几点。

（1）赚取更多的利润。

（2）获得更多的人生发展空间。

（3）体会成功的快乐。

（4）从事自己喜欢的事业。

（5）满足自我价值的提升。

（6）实现社会责任。

创业愿景与实际情况之间有时会存在较大差距，不是每一个创业者都能获得成功或者有较大的收益，金钱的失去只是创业者要面对的最普通的问题之一。创业者在创业过程中还需要面对更多的困难，解决没完没了的难题，例如资源的短缺、市场的开拓不利、合作伙伴的突然撤资等。如果创业失败，创业者可能面临一无所有甚至负债的局面。这也造成很多人在是否创业的问题上犹豫不定。但是创业的过程本身充满不确定性，又是一个创造的机会，这会给创业者带来许多创造的乐趣和丰富的人生体验，使创业者获得享受。因此，一个成功的创业者必定是一个乐于接受挑战，喜欢自己创造未来的人；即使失败，他们仍然能从中学习，并且很快调整自己的创意，重新找到创业机会，我们称这些人为主动创业者。选择创业就意味着一生的选择，因此坚定目标、充满勇气应该是创业者的人生第一课。

 知识点2：创业者的类型。

课堂活动1：头脑风暴

1. 运用头脑风暴的方法和学生一起讨论、分析什么样的人适合创业。

2. 对头脑风暴中形成的观点进行梳理，并分组进行总结。

三、创业者应具备的能力

创业者所做的第一步是为新的业务产生一项创意。创意的来源多种多样。人工智能、大数据等技术的发展，产生了很多创业机会，并且产生了许多富有创新精神的企业。另外，在传统行业中，也会有许多新的创意产生。创业者需要做的是对其中可以产生的创业机会进行评估，并付诸实践，使之产生价值。一般情况下，创业活动对创业者的专业技能要求并不是很严格。虽然拥有专业技能可以使创业者更容易掌握核心技术，保持企业的先进性，但是过分关注技术也会造成对其他资源的忽视，企业在管理和市场方面会出现问题。实际上，并不是每一位创业者都具有本领域的专业技能。

在创业过程中，创业者应具备的能力如下。

（1）发现新创意的能力。创新能力是创业者应该具备的能力。早在 1912 年，经济学家熊彼特就在其经济学著作《经济学发展理论》一书中提出"创新理论"。书中认为，作为企业家，其职能就是实现创新。需要指出的是，创新能力并不仅仅包含在技术或者产品的创新之中，创业者的创新还包括方方面面。

拓展阅读

两名"90 后"女生发明翻译臂环：把手语翻译成语音

王娜娜和黄爽，是北京航空航天大学和清华大学的研究生，一个 23 岁，一个 22 岁。几年前，读大三的王娜娜结识了聋人朋友张权。因为不懂手语，即使当面交流，她却不得不用微信打字。当时，计算机专业的王娜娜想，手语也是有一定规则的手势，是不是可以转化成语音，打破无声到有声的隔阂？

王娜娜找到她的好朋友黄爽，应用肌肉电信号识别技术为失语者研究一款直接将手语转化成语音的翻译臂环——"手音"。如今，"手音"涵盖了 200 个手语动作，为了保证精确度，每一个动作录制了 1000 人次。在有了自己的手势数据库之后，团队还搭建了一个 7层 BP 神经网络（一种按误差逆传播算法训练的多层前馈网络，是目前应用最广泛的神经网络模型之一）对数据速度进行训练，识别准确度已经达到 95%。

2017 年，手音团队参加了由联合国开发计划署与百度共同主办的"极·致未来"责任创新挑战赛，从两千多份参赛方案中脱颖而出，同时获得了决赛第一名和"最受观众喜爱"奖。

资料来源：http://news.sina.com.cn/s/wh/2017-05-25/doc-ifyfqqyh8345863.shtml.

（2）积极寻找创新来源的能力。创新能力是事业获得发展的动力源泉，创业者要有追求完美的意识，寻找新鲜的、未尝试过的解决方案。创业者要考虑创业的整个过程，从过程的纵向路径中找到创新点，也可以进行横向分析，从产品、市场、客户需求、公司管理及运营等角度来考虑创新。

创业者在进行创意构思时，需要一个复杂的分析过程。在这个过程中，可以选择到互联网上搜索或者进行头脑风暴，想出很多好的创意执行方案，然后对不同的资料进行整理，找到一个可行的解决方案。创业者应该具有高度的敏感，能够从众多概念中找出商机，选择可行的创业模式。

（3）创意评估的能力。应该清楚，并不是每一个创意都能转变为商机。对创意的评估，是指分析、评价创意是否能转变为商机，是否能为创业者带来利润，如果没有利润再好的创意也不能被实施。创业者需要考虑以下问题：这个创意过分、夸张吗？实践起来容易吗，有没有实践成果？是否有其他人早已考虑过了？如果这些问题都得到了圆满的回答，那么说明创意是基本可行的。当然，创业者的个人因素会在很大程度上影响这一过程的时间。这一过程中，创业者面临的巨大挑战是鉴别、评估哪种创意真正具有商业潜力。大学生创业者可以按照下面的路线图实行：考虑创意变成商机之后能为公司带来多大利润，创意是否需要改进以提高收益，罗列所有的技术与管理项目，明确增加或删减的方向。

（4）将创意转变为商机并获得成功的能力。将创意真正变成商机，是指创业者在通过市场分析后，经过确立产品与服务的方式、市场研究、制订合理的商业计划、确定启动资金，构建公司管理模式等一系列工作，启动并开始公司运营的过程。这一过程复杂而艰巨，有很多环节涉及商业知识和经验。国家工商总局的调查数据表明，1999 年我国实有个体工商户 3 160 万户，到了 2004 年，这一数字下降为 2 350 万户，6 年间净"缩水"810 万户，平均每年减少 135 万户。个体私营经济减少的原因是，一些公司缺少所需的资金；另外一些则是由于产品定位、管理技术和运作经验缺乏造成的。

大学生创业者尤其要坚定信心，因为这一阶段不仅要面对大量细致、琐碎的工作，而且也会面对未曾经历过的困难。要将商机转变成财富，仅仅依靠知识技能是不够的，因此我们建议在此期间，可以寻求专业人士的帮助。

俞敏洪：如果创业者缺乏这 8 种能力，失败的可能性很大

（5）制订资金计划，明确所需资源的能力。启动资金是指企业在创建的前期需要的资金投入。创业者需要对前期的成本投入有明确的认识，虽然创业者可以找专业人士来帮助自己，但是自己也应做到心中有数。公司的生存与发展，产品和技术是至关重要的，解决了产品的技术性与服务性问题，就需要关注销售，只有销售之后，才会有利润产生。公司的前期运行需要有足够的资金支持，因此创业者在执行计划的过程中必须谨慎考虑财务因素。公司开办之初常常会出现亏损，这需要有足够的资金支持。创业者既要有可行的资金计划，也要有良好的心理素质。

 知识点 3：创业者应具备的各项能力。

课堂活动2：头脑风暴

列出创业者所需要具备的知识、技能和特质。

四、创业者的产生与培养

在当今知识经济高速发展的今天，传统雇佣制的经济与创业的界限也变得模糊起来，并且产生了大量的介于雇佣制与创业者之间的自由职业者。而在当今社会中，由于信息的高速发展，社会的价值被大量分享，学习的成本降低，因此造就了社会的快速转型。当今社会最有价值的东西包括：可以随意学习的知识和技能、有兴趣的工作、不断学习的机会、

有效沟通的网络(包括虚拟世界的有效沟通)。正是这种社会变化为人们带来了创业的便利，改变了当今的创业环境。

当人们的创业活动不再与金钱单纯挂钩时，这种创业活动就会变得多姿多彩，创业动机也丰富起来。

（1）热情驱动创业。这类创业者创业的动机是梦想着有自己的企业，喜欢在自己的公司中扮演决策者的角色，虽然此时还没有机会，但是一旦这些人获得机会，就会毫不犹豫地改变自己。热情驱动创业的创业者有一个通病，他们在考虑创业时，并不太会考虑将来干什么。

（2）梦想改变生活现状。有些人的创业动机非常简单，他们希望能够以创业养家糊口，改变自己贫穷的现状。他们可以尝试创建一个适合个人境况、生活方式的小企业，以"小生意"或者"小微企业"来保证自己衣食无忧，但是当机会来到时，他们当中也会有人毫不犹豫地扩大企业的发展。在通常情况下，此类创业者并没有较为宏大的创业计划，他们或许只想开办一家生活服务型企业，在经营中获得乐趣，并利用销售收入维持企业的发展。

 知识点4：创业动机如何产生。

五、如何获得创业的驱动力

在当今社会，创业活动对经济的推动作用有目共睹，从房地产的大鳄到电子商务的巨头，再到开蛋糕店的普通创业者，这些创业者不仅通过创业为自己积累了大量的财富，同时也在创新与实践之间积极搭起了一座桥梁，改变了人们的生活。那么如何把梦想转变成内在的驱动力？这就需要我们在日常的生活中逐渐培养。

大疆的创新技术驱动思维

（1）关注世界的发展与变化。从第二次世界大战结束到21世纪是世界发展变化最快的阶段，从计算机的应用到互联网时代的到来，从干细胞的研究到克隆技术的发展，世界进入了一个信息化、科技化的时代。这种发展带来了知识全球共享以及产品的全球化特点，这种巨大的改变，使得商业更加活跃，创业的种类更加繁多。目前保持竞争力已经不再单单依靠有限的技术，一个好的创意往往不受地域的限制，技术、资源甚至是专家团体也变得越来越容易得到，这对于创业者来说是一个有利的环境。例如德国大众汽车公司可以将自己的生产线安排在中国，还可以将自己的销售公司建立在墨西哥，而它的总部在本国的沃尔斯。这个全球的公司，对于其管理是一项巨大的挑战，但是互联网的出现，可以使一切有效的资源得到利用，因此管理难题也可以成功地被攻克。对于一个创业者来说，这意味着在生产和商机的获取上能获有更多的创意、激励和专家意见。

（2）了解技术的创新与淘汰。我们所处的世界中，充满了触手可及的全球性的知识、经验、劳动与资本，技术在迅速更新，这对于创业者来说既充满机遇也是一种挑战，如今的技术突破已不再仅限于几所高校、科研单位，技术的更新也将全球同步，因此可以说，产品的生产周期的缩短与技术的更新使专利技术失去了它的保护效力。而且，公司的竞争也不能再像早期一样依靠贸易保护、货币限制、某地优越的地理便利与廉价的劳动力条件了。这些都促使创业者必须不断创新以保持竞争优势。创新不仅体现在产品上，而且也体现在商业活动及运营模式上，技术的创新已经成为创业的驱动力之一。

（3）解决顾客的迫切需求。创业的驱动力还来自针对顾客迫切需求的解决方案。当顾客在市场中发现某种不便或者某种需求未被满足时，就为创业者提供了一个创业的契机，这种顾客需求的满足方案可以催生一个好的创业项目。例如，罗红是好利来公司的创办者，如今好利来公司不仅有遍布全国的门店，而且还建立了两家大型的食品加工企业，成为蛋糕制造业的领军企业。而在1991年，好利来公司总裁罗红还只是一个仅仅拥有梦想与激情的年轻人。在母亲退休后的第一个生日，为了表达孝心与祝福，他希望能为母亲选购一个式样新颖、口味馨香的生日蛋糕，然而几乎跑遍了全城，也没有寻找到可心的蛋糕。1991年，罗红在四川雅安开办了第一家蛋糕店，开创了艺术蛋糕的事业。

（4）认知创意的获取与互联网的发展。电脑上网与百度搜索引擎的自动搜索技术，带来了全球知识的共享，而比互联网通信更为重要的是不受限制地获得最好的创意、技术、研究资源和专家团队。举个例子，网络世界可以支撑一个总部在深圳，基础设施建在上海、北京、广州，生产基地在东南亚，并在北美有销售总部的生产企业。这个公司的员工组成也是全球化的，因此对其管理必将是一个挑战。对一个创业者来说，任何一项创业活动离不开互联网技术，更不用说单纯的互联网的应用。这种工具兼商机的方式，可以帮助创业者走得更远。但是需要记住的是，其他创业者也会有同样的想法。

（5）尝试相似案例的不同解决方案。当其他人的创意获得成功的时候，你还能不能再创业呢？可以明确的是，创业者不会对某一行业的新技术或者新创意已经被运用而产生退缩，相反，如果一个创意获得成功，将会对整个行业甚至是整个经济领域带来不同程度的变化。举例来说，零库存的销售模式，不仅带给戴尔公司巨大的财富，而且改变了整个销售行业的现状，为整个商业环境注入了新的风气。这使得创业者有更多的机会利用已经成熟的创新技术帮助自己创业。创业者需要学会思考，一旦有好的创新，创新观念的原则还能有其他哪些方面的应用？在此阶段，创业者不需要关注太多细节，而需要注意的是对于那些失败的创新也要进行分析，以便使新的创新不会因为同样的原因而失败。

◎ 知识点5：创业的驱动力。

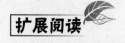

关于创业者的神话[①]

某些创业神话总是一再得到人们的关注和青睐。但这里有一个问题：普遍规律虽然对某些特定类型的创业者和情况适用，创始人的多样性却向普遍规律提出了挑战。

---

① [美]杰弗里·蒂蒙斯. 战略与商业机会[M]. 北京：华夏出版社，2002.

神话 1——创业者无法塑造，而是天生的。

现实情况——即使创业者天生就具备了特定的才智、创造力和充沛的精力，这些品质本身也只不过是未被塑形的泥巴和未经涂抹的画布。创业者是通过多年积累相关的技术、技能、经历和关系网后才被塑造成功的，这当中包含着许多自我发展历程。创业者至少具有 10 年或 10 年以上的商业经验，才能识别出各种商业行为，并获得创造性的预见能力和捕捉商机的能力。

神话 2——任何人都能创建企业。

现实情况——创业者如果识别得出思路和商机之间的区别，思路开阔，他们创办企业成功的概率就比较大。即使运气在成功中很重要，充分的准备仍是必要条件。创办还只是最简单的一部分，更困难的是要生存下来，持久经营，并把企业发展成最终可以喜获丰收的企业。能够存活 10 年以上的新企业中，10~20 家中大约只有 1 家最后可以给创办人带来资本收益。

神话 3——创业者是赌博者。

现实情况——成功的创业者会预期风险，小心翼翼。在有选择的情况下，他们通过让别人一起分担风险、避免或最小化风险来左右成功优势的倾斜方向。他们常常把风险分割成可接受、可消化的小块；这样，他们才肯付出时间和资源，看哪部分的收益划算。他们不会故意承担更多的风险，不会承担不必要的风险，当风险不可避免时，也不会胆怯退缩。

神话 4——创业者喜欢单枪匹马。

现实情况——想要完全拥有整个公司的所有权和控制权，只会限制企业的成长。单个创业者通常只能达到维持生计的状态。单枪匹马地发展一家高潜力的企业是极其困难的。高潜力的创业者会组建起自己的团队，然后组建起自己的公司。

神话 5——创业者是他们自己的老板，他们完全独立。

现实情况——创业者离完全独立相差很远，他们需要为社会服务，其中包括合伙人、投资者、顾客、供应商、债权人、员工、家庭以及其他社会和社区义务的相关方。但是，创业者可以自由选择是否、何时以及做些什么以对他们作出响应。而且，要单枪匹马地获得超过 1000 元的销售额是极其困难的，可以说，几乎是不可能的。

神话 6——创业者比大公司里的经理工作时间更长，工作更努力。

没有证据证明，所有创业者都比公司里与他们地位相当的人工作得更多。有一些可能是工作得多一些，而有些不是。

神话 7——创业者承受更多的压力，付出更多。

现实情况——做一个创业者是有压力的、是辛苦的，这一点毫无疑问。但是没有证据证明，创业者比其他无数高要求的专业职位承受更大的压力，而且创业者对他们的工作往往非常满意。他们有很高的成就感，他们更健康，而且不太容易像那些为别人工作的人那样轻易退休。

神话 8——创立公司是冒风险的事情，而且到头来通常是以失败告终。

现实情况——有才能、有经验的创业者，因为他们追逐的是有吸引力的商机，而且能够吸引到使企业顺利运作的合适人才、必要资金及其他资源，所以他们带领的往往是成功的企业。而且，即使企业失败了，并不能说创业者也失败了。失败常常是对创业者的学习经验技能淬火的过程。

神话 9——钱是创立企业最重要的组成要素。

现实情况——如果其他资源和才能已经存在，钱自然随之而来；如果创业者有了足够的钱，成功却不一定会随之而来。钱是新企业成功因素中最不重要的一项。钱对于创业者而言就像是颜料和画笔对于画家那样，它是没有生命的工具，只有被适当的手所掌握，才能创造奇迹。钱同样只是保持得分的一种方式，其本身并不是最终归宿。创业者因为乐于体验追求创业带来的兴奋而获得自身的成长和成功；事情总是这样，当一个创业者赚了几百万元甚至更多时，他还是会无止境地工作，憧憬着创建另一家公司。

神话 10——创业者必须年轻并且精力充沛。

现实情况——这些特征虽然会对成功有帮助，但年龄绝不是障碍。创立高潜力企业的创业者平均年龄是 35 岁左右，六十几岁才开始创办企业的创业者也为数甚多。关键是要掌握相关的技术、经验、关系网，它们非常有助于识别和捕捉商机。

神话 11——万能的金钱是创业者唯一的驱动因素。

现实情况——追求高潜力企业的创业者更多是被创建企业、实现长期的资本收益所驱动，而不是为高额薪水、奖金这样立即可以获得的报酬。个人的成就感、对自己命运的把握、实现他们的期望和梦想也是强有力的动机。金钱只是保持得分的工具和方式。

神话 12——创业者追求权力，喜欢控制别人。

现实情况——成功创业者的驱动力量来自对责任、成就和结果的追求，而不是为了权力本身。他们因获得的成就和超越竞争对手而显得生机勃勃，而不是为了满足主宰和控制他人的个人权力欲。由于他们的成就可能会使他们变得有权力、有影响力，但这些只是创业过程的副产品，而不是隐藏其后的驱动力。

神话 13——如果创业者是有能力的，只需 1~2 年，他们就会成功。

现实情况——风险投资家有一句格言：柠檬只要两年半就成熟了，但珍珠需要 7~8 年才能孕育成功。几乎没有一家新企业可以在少于 3~4 年的时间里打牢基础。

 **小测试**

你是否具有创造性思维能力?

图 2-1 是 9 点谜题测试，用来培养创造性思维。实际上，不止一个创业者认为，获得"灵光一现"创意过程就像解决谜题。请你来挑战一下这个谜题吧。

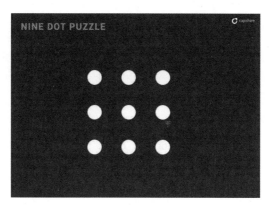

图 2-1　9 点谜题

①用 4 条或以下的连续直线把 9 个点连接起来。

②用 4 条直线一笔穿过 9 个点。

第二节　创 业 团 队

 学习目的与要求

通过本节的学习，学生应达到如下要求：

1. 了解创业团队的含义及团队对创业成功的帮助。

2. 学习如何创建创业团队。

3. 思考创业团队的管理策略。

 学习要点

1. 团队就是由两个或者两个以上的相互作用、相互依赖的个体，为了特定目标而按照一定规则结合在一起的组织。

2. 创业者要十分注重选择能够与创业者自身优势与劣势互补并符合企业需求的合伙人、关键的事业伙伴与管理者。

3. 创业团队的组建，没有统一的程式化规程。实际上，有多少支创业团队就有多少团队建立方式，没有一支创业团队的建设是可以复制的。

4. 在团队中，扮演好自己的角色至关重要，这涉及团队的运作、效率以及核心凝聚力。

 创业语录

当今的世界充斥着丰富的技术、大量的创业者和充裕的风险资本，而真正缺乏的是出色的团队。如何创建一个优秀的团队将会是你面临的最大挑战。

——约翰·多尔

一、创业团队的含义

一般说来，创业者将创意转变成真正意义上的产品，并且使其进入市场并获得盈利，要从人、财、物等角度考虑公司的建设。人才的支持对于创业者来说不仅仅是创业资源，而且是创业成功的助推器。创业者在创业之初，就需要建设一支有凝聚力、有工作效率的团队来为自己的新企业服务。据一项关于"128号公路[①]100强"的调查得出下列统计结果：[②]这些企业中成立5年的平均销售额达到1 600万美元，6~10年的平均销售额达到4 900万美元，而那些更为成熟的企业可达到几亿美元，数量十分可观。这1 000家企业中70%的企业有数位创始人。[③]由此可见，在创业过程中，团队创业的成功率会更高一些。

关于创业团队的含义，我们这里采用斯蒂芬·P. 罗宾斯（Stephen P.Robbins）在《组织行为学》一书中定义的概念来解释，"团队就是由两个或者两个以上的相互作用、相互依赖的个体，为了特定目标而按照一定规则结合在一起的组织。"我们对创业团队的界定包括以下几个方面的条件：①在企业创立较早阶段就加入的企业；②拥有企业的股份；③在企业内部承担相应的管理工作或者其他任务。

 知识点1：创业团队的含义。

 知识点2：创业团队的重要性。

二、创业团队的5P要素

创业团队构成的5P要素包括：

1. 目标（Purpose）

目标是指团队应该有一个共同的既定目标，为团队成员导航，知道要向何处去，没有目标，这个团队就没有存在的价值。作为创业团队，应将目标分为长期与短期，长期目标即公司的愿景，短期目标则是长期目标的分解。目标的完成过程，应当是所有团队成员共同努力的过程，而不能成为创业者自己奋斗的辛酸史。

2. 人（People）

人是构成团队最核心的力量，2个（包含2个）以上的人就可以构成团队。目标是通过人员具体实现的，所以人员的选择是团队中非常重要的一部分。一般来说，创业者都愿意选择那些技能最优、经验丰富的人员作为创业团队成员。当这些人员进入团队时，如何留住他们就成为摆在创业者面前的一个难题，如果处理不得当，就会造成人才的流失，这是创业过程中的普遍现象之一。

---

① 128号公路高技术产业区是波士顿市的一条高速公路，地处美国东海岸线马萨诸塞州的一个角上，长90公里，距市区16公里，环绕波士顿呈半圆形，沿公路两侧聚集了数以千计的研究机构和技术型企业，呈线状分布，并与麻省理工学院等大学相连接，简称128号公路。

② 姜彦福，张帏. 创业管理学[M]. 北京：清华大学出版社，2005.

③ 姜彦福，张帏. 创业管理学[M]. 北京：清华大学出版社，2005.

3. 定位（Place）

定位通常包含两个层次：团队在企业中的定位，是指团队在企业中所扮演的角色以及团队内部的决策力和执行力；成员在团队中的定位，是指团队成员在团队中扮演的角色及团队内部决策的制定和执行。

4. 权限（Power）

权限是指新企业中职、责、权的划分与管理。一般来说，团队的权限与企业的大小、正规程度相关。在新企业的团队中，核心领导者的权力很大，随着团队的成熟，核心领导者的权限会降低，这是一个团队成熟的表现。

5. 计划（Plan）

计划有两层含义：一方面是为保证目标的实现而制定的具体实施方案；另一方面是计划在实施中又会分解出细节性的计划，需要团队共同努力完成。

以上是团队构成的要素，但是创业之初，创业者往往会面临很多困难，团队的建设并不像想象中的那样简单，这需要创业者有心理准备。有时创业过程会与团队组建一起完成，由于创业活动的特殊性，创业团队不必具备每一个因素。随着企业逐步成熟，团队建设也应该逐步完善，创业者应当时刻记得一句俗语"三个臭皮匠，顶个诸葛亮"，这正说明创业团队在创业过程中的重要性。

创业团队通常是在创业初期通过不断地寻找得到的，团队成员共同参与从新企业的创建到发展的整个过程并作出贡献。作为创业团队成员，共同参与创业过程，他们的思路会影响创业者的战略决策，在经济上占有一定的股权，因此也承担一定的风险。虽然每个创业者的创业过程各不相同且具有不可复制性，但是我们在研究了中外众多的创业活动后仍然可以得出以下结论：一个人单打独斗的创业要比团队创业的成功概率低得多。

 知识点 3：创业团队的 5P 要素。

三、创业团队的优势与作用

创业者在寻找创业伙伴时，应该首先考虑的是共同的理想，对创业活动同样有高度的热情和坚定的信心；与之相比较，对专业技术的要求并不是创业者首要考虑的因素，但是如果在技术上与创业者互补，可以减少前期的研发成本并且得到更多的创新想法；性格上具有互补性的合伙人在研究解决方案方面有更大的空间，在这一点上，团队创业比亲友合伙创业更加具有优势。一方面，亲友之间的利益关系总显得很尴尬，在绩效目标、利益分配上如果产生矛盾会波及整个家庭；另一方面，从心理学的角度分析，在面对团队成员时，人们更容易保持平等宽容的态度，能将自己的观点表达出来，因此更利于问题的解决。

团队可帮助创业者创业成功，但团队也存在一定的劣势，需要创业者认真对待，制订完善的计划扬长避短。在创业团队中，团队成员会投入部分资金作为企业的启动资金，资金的共同投入可以缓解创业初期资金的缺乏，也将团队的共同利益捆绑在一起，从而增加团队的凝聚力；但是如果在资金投入时没有制定一份合理的利润分配方案，在公司盈利之后就有可能因为利益分配不均产生矛盾。创业者应学会未雨绸缪，在入股之前就应该制订出合理的股权分配方案。

另外，创业团队有时需要共同作出决策，如果对解决方案有不同意见但是又不能相互妥协，也会造成时机的延误，导致收入损失。解决这一问题，除了需要团队成员之间的宽容态度外，还需要有明确的职、责、权界定。作为创业领导者，应该有一定的判断力与决策力，能在多种方案中找到最合适的。在公司新创建的时候，资金匮乏，人员数量少，团队成员往往因为共同的创业理想而忽视一些个人利益，但是等到公司步入正轨、盈利显现时，个人的利益就会凸显。如何处理此时的利益关系，对创业者来说，也是不小的考验。

创业者要十分注重选择能够与创业者自身优势与劣势互补并符合企业需求的合伙人、关键的事业伙伴与管理者，这一点意义深远。

 **创业实例**

不同背景的人完成共同的目标

初创团队的搭建与组合就是一门学问。91金融成立之初，经过反复的试错，在创始人许泽玮的团队里，具备银行、基金背景的人员占到一半，他们都拥有很丰富的传统金融资源和经验。另一半具有互联网背景，追求创新事物。初创团队建立好了，又遇到一个新的难题，怎么才能让不同背景的人一起完成共同目标呢？

2013年，许泽玮就向团队推荐了《致加西亚的信》这本书。作为核心团队的必读书目之一，这本书讲述了"罗文"如何帮助美国总统将一封具有战略意义的书信交给加西亚，历经艰难并最终完成任务的故事。从这本书里，每一个核心成员都应该把"忠诚"放到第一位，其次才是敬业、服从和勤奋。

读书当然能够提升员工能力，开阔眼界，但更重要的是"统一思想，统一目标。"对于核心成员来讲，具体的事情可能分步骤、讲方法、谈策略上有所不同，但这些事儿都是小问题，最怕核心成员之间出现裂缝，思想不统一，目标不明确。

核心团队组建好了，公司每一年都上一个台阶。

资料来源：董青春，曾晓敏. 创业行动手册[M]. 北京：清华大学出版社，2018.

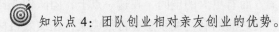 知识点4：团队创业相对亲友创业的优势。

四、组建一支优秀的创业团队的策略分析

创业团队的组建，没有统一的程式化规程。实际上，有多少支创业团队就有多少团队建立方式，没有一支创业团队的建设是可以复制的。创业者走到一起来，多是机缘巧合，兴趣相同、技术相同、同事朋友甚至是有相同想法的人都可以合伙创业。关于创业团队的成员，马云曾经说过"创业要找最合适的人，不要找最好的人"，一支豪华的创业团队，所创企业并不一定就是最好的企业。下面我们就研究一下，作为创业者如何找到一支适合自

己的创业团队。

创业者一般在创建企业的同时，也在建立自己的创业团队。创建团队，就是一个寻找人才的过程。而新企业由于自身的竞争实力难以与成功的大企业相比，并且所需的人才又要求较高，这就造成了创业团队的组建困境。创业者如何解决这个问题，是考验其领导才能的关键，一般来说，创业者不必非要得到最优秀的人员，"合适"才是最重要的，而且创业者在招聘的时候，并不是提供高薪就能吸引人才，新创企业的企业愿景、蓬勃的活力及优秀的企业文化才是吸引人才加入的因素。对于想加入创业的人员来说，创业者的个人魅力、公司的发展潜力、长远回报、个人价值等因素对他们的吸引远比单纯的钱要大得多。在创建创业团队过程中，创业者应遵循以下原则。

（1）具有共同的理想，利益兼顾。大学生创业时，一般首先会想到邀请与自己志同道合的同学、室友、工作中的同事加入，形成创业之初的合伙人团队，这是最初创业团队的形成方式之一。这种情况在其他创业过程中也很常见，例如"万通六君子"都是冯仑最早创业时的伙伴，当冯仑二次创业，创办万通集团时，这些人又先后加入。这样的团队中，成员有共同的理想、技能、兴趣爱好，合伙人之间相互了解，共同奋斗，往往是团队第一，个人第二。与西方不同的是，中国的传统文化中，合伙人的定义更多的时候是从"义"即道德约束的角度认同的。在创业过程中，尤其是创业初期，当公司的利润并不显现的时候，创业者与合伙人更多考虑的是公司的利益，当企业发展步入正轨，运营平稳、利润增加的时候，合伙人的一方可能会因为付出与得到的不相同或者认为不相同而产生情绪，导致离开团队，影响公司的继续发展。因此，在创建团队时，即使是最好的朋友，也应该建立一个合理的利益分配制度并得到合伙人的支持；在公司创建的时候就应该考虑建立一种制度，健全公司组织形式与绩效制度，这样公司就不会因为某个人的离去而无法正常运作，从而为公司今后的发展打下良好的基础。

（2）打造互补性团队。建立一支互补性的团队有利于公司的发展。高科技创业的企业在建立之初，由于技术支持的重要性远高于其他方面，因此，大学生特别是理工科大学生在创立高科技技术公司时，更愿意找到一个技术方面的合伙人，以帮助自己提升产品与服务的优势，这种只关心产品与服务的做法实际上是错误的。在组建创业团队时，应该强调补缺性。这种补缺性是指在性格、能力、观念甚至是技术上的互补，因为创业者在公司的管理上不可能面面俱到。技术性的创业者需要一个管理人才帮助自

从"桃园结义"到反目成仇，这个散伙团队犯了一个致命错误

己建立公司的组织结构并进行日常的绩效监督，财务的管理也需要专业的人员，当创业者自己不能做这些工作时，可以由团队成员共同提出解决方案。这种平衡和补充的作用可以保证新创的企业健康地发展。

（3）打造稳定的初创团队。一开始就拥有一支成功的、稳定的创业团队是每一个创业者的梦想。但现实是创业合伙人分手的概率是很大的，即使企业成功地存活下来并得到发展，创业团队仍然有分手的可能，团队成员的离去有可能带走股份或者需要收购股权，造成公司的资金紧张。如果团队成员急于离开，创业者就应该考虑是不是公司的管理出了问

题并及时与团队成员沟通，解决问题。公司发展的初期团队成员的离开有时会造成"灾难性后果"，这一点创业者应当在招募时就想到并与团队成员作出约定。

（4）学会及时沟通。创业者在组建创业团队时，首先应制订一份计划，至少应该在心里有一个明确的想法，你想要哪方面的人员，你希望他从事什么样的工作，你能够给予对方哪些有利条件等，都应该考虑清楚。招聘只是招募团队成员的一种方式，创业者可以多参加一些所要招聘人员的活动，以便接触到这些人员，找到合适的人选。如何说服对方加入创业活动也是创业者需要考虑的问题，例如向其描述企业的发展前景，坦率地讲出目前遇到的困境以激起他实现价值的渴望，是十分有用的方法。沟通需要技巧，创业者应当成为一个沟通高手，通过沟通，可以使双方都了解彼此的需要，这样招聘时可以针对性地找到合适的人选。

创业开始时期的团队成员不要求数量很多，因为业务量还没有提升，有些财务、法律等方面的问题可以通过外包解决。在企业初创时期，公司的各项事务烦琐、零乱，团队成员必须有共同的理想，才能克服这些问题。而且在企业初创时期，公司的各项业务开展也会遇到障碍，这需要团队成员有充分的准备，这时候团队成员的离开，可能会导致新公司倒闭。在这种情况下创业团队的沟通就显得格外重要，一方面，通过沟通可以使团队成员相互了解，增加信任；另一方面，创业者也可以通过沟通理解团队成员的技能优势、思想状态，提前决策。沟通的话题可以不拘于工作、家庭、业余生活，这对于创业团队的彼此了解是非常有用的。每一位创业者都有自己的创建团队的途径，这里介绍两种大学生创业过程中最常利用的途径。

第一，寻找相同或相似背景的伙伴。创业团队的获得虽然有很多种途径供创业者选择，但大学生创业者在招募创业团队时，更喜欢从自己的校友、室友、同学中寻找，这是最常见的大学生创业团队的招募方式。以这种方式组建的团队，成员之间因为有共同的理想、相同的教育背景以及多年的了解而有很多的默契，而且在个人与集体利益发生冲突时，成员之间也会很好地沟通，有利于问题的解决。但是以这种方式创建的团队，人员的搭配上会有些单调，例如，技术类的创业者往往首先找到的是相同的技术类人才，这是由自己的生活圈子决定的，因此一个有创业想法的人，应当有一个完整的团队建设方案，并注重人员的配合，有意识地跳出自己生活的圈子，寻找一些与自己完全不同的人才，这样创业团队的人员才会配备得更完整。

第二，招聘是一条快捷的、方便的寻找团队成员的途径，每个企业都会有招聘任务需要完成，但是创业团队与成熟企业不同，因此招聘团队成员与企业的日常招聘也不相同。新企业无法与成熟的企业在待遇上相比，但是新企业会有很多机会与挑战，对于有着相同的创业理想的人员和希望实现自己价值的人来说，这些远比薪资待遇更加有吸引力，但是完全不提薪资也是不应该的，只靠理想、愿景来集合团队成员也是不现实的，关于这一点，我们已经在书中反复论证。

 知识点 5：如何组建一支优秀的创业团队。

红龙机器人的创业团队组建①

2011 年，7 个年轻人因为共同的创业梦想走到了一起。他们中间有两名博士后、两位博士以及三名硕士。他们都毕业于北京航空航天大学机械工程及自动化学院，大多有海外留学或者工作经历。2011 年 3 月，北京德创红龙机器人科技有限公司成立了。这群充满着激情的年轻人带着"基于离线编程仿真技术的工业机器人集成应用"的创业项目获得了多个创业计划大赛的大奖，也叩响了他们青春梦想的大门。

拥有多项发明专利的罗红宇目前担任公司的总经理，负责公司日常管理、研发、产品定位、市场推广等大小事务。创业让 34 岁的他比同龄人更多了几分坚毅和睿智，"我们平均每天要工作 14~16 小时"，他眉宇间透露出些微疲惫，但只要谈到关于"创业和梦想"的话题，他就立马精神焕发，神采奕奕。

目前，由罗红宇带领的红龙机器人团队已成功开发加工机器人仿真和后置处理的软件RobotCAX、三维数控弯管机仿真系统、数控双轮强力旋压机数控系统、国防某型零部件柔性工装数控系统、面向航空航天制造的自动化钻铆设备等众多项目，得到了多个品牌客户的认同与信任，并建立了长期的合作关系。他们的快速起步得益于优秀的研发团队，现在红龙机器人科技有限公司的研发团队核心成员均拥有博士学历，并且具有海内外知名大学机械自动化等相关专业背景，这成为他们创业之路上强有力的支柱。

如何整合这些人力资源来组建一支优秀的创业团队呢？如何能形成"1＋1＞2"的合力呢？罗红宇说："首先一定要拥有共同的价值观，要有共同创业的激情。"在他们 7 人的创业团队中，除了他之外，都是"80 后"，在没有创业之前，大家的生活也存在一些交集，虽然有各自的领域专长和兴趣爱好，但是共同的梦想把他们凝聚在了一起，"创业确实是件痛苦的事儿，但是大家都是北航人，都想做点事情，彼此也非常信任，所以也不觉得累，相反这种彼此的心理支持让我们觉得非常有动力。"

对高学历创业团队来说，具有相同的价值观非常重要。现实中很多高学历的创业团队选择的都是自己的大学同学或彼此熟悉的人来一起创业。如俞敏洪在决定将新东方公司做大做强之前，就不远万里奔赴美国，将王强、徐小平请回来。因此，选择相对熟悉、拥有共同价值观的创业伙伴，比那些相互陌生的创业团队能更有效地进行沟通和互动。在能力和经验方面，他们的专业技能领域非常相似，在做决策的时候更容易达成一致。

其次一定要有核心领军人物。罗红宇作为红龙机器人团队中最年长的人，在专业领域也拥有非常丰富的经历。他长期从事机械工程及自动化领域研究工作，对非标设备研制、产品开发和系统集成具有丰富的经验，和美国通用集团公司、国内各大飞机设计研究所及飞机制造厂、国内各大钢厂以及数家民营企业开展了广泛而深入的研究，主持研制开发了数十套测试设备、生产设备和软件系统。另外他本人性格沉着冷静，魄力十足，且组织协调能力突出，因此由他来带领整个创业团队最合适不过。

---

① 董青春. 高学历人才如何组建创业团队[J]. 科技导报，2013(35).

　　一般来说，高学历人才在组建创业团队时，往往以出资最多或最早识别创业机会的人作为团队领军人物。这种方式过于简单，通常忽略了核心人物的个人素质和综合能力。事实上，核心领军人物应该是一个拥有个人魅力的角色，不仅需要有丰富的社会经历，而且具备凝聚力；不仅要有影响力，还要有亲和力。他要懂得发挥集体和团队的力量，要了解如何调动团队成员的积极性。

　　另外需要注意的一点是，高学历人才组建创业团队时要注意挑选优势互补的成员。团队成员的"差异化"将会形成一股合力，具有成熟的社会和职业关系网的成员会为创业注入一剂良药；具备核心专业技术专长的人才会推动新创企业不断向前发展；具备创业经验的成员也会让创业团队少走很多弯路，为日后的蓬勃壮大奠定基础。在红龙机器人创业团队中，不仅有长期从事于加工工艺过程仿真技术，对材料特性、加工工艺、有限元技术和工艺仿真技术有着深入研究的博士、硕士们，还有精通销售、市场推广、财务管理、法律咨询等方面的专业人才。从人力资源管理的角度来看，这样一个优势互补、专业能力完美搭配的"异质性"创业团队是保持团队稳定发展的关键。

五、团队管理的策略

　　新创企业的管理，实际包含公司组织、生产服务、市场营销等几个方面，新企业的管理重点一般会落在生产管理、市场、服务等环节上，会忽视团队的建设与管理。这种做法是不科学的。如何管理创业团队呢？主要有以下几点。

　　（1）注重团队凝聚力。团队的凝聚力是指群体成员之间为实现共同目标而实施团结协作的程度，凝聚力表现在人们的个体动机行为对群体目标任务所具有的信赖性、依从性乃至服从性上。在创业过程中，团队所有成员都认同整个团队是一股密切联系而又缺一不可的力量。团队的利益高于团队每一位成员的利益，如果团队成员能够为团队的利益而舍弃自己的小利时，团队的凝聚力极强。

　　（2）合作第一。虽然创业团队中，每一位成员都可以独当一面，但是合作仍然是团队成员首先要学会的东西，成功的创业公司中，团队的成功远远高于个人的成功，创业者与团队核心成员相互配合，共同激励。

　　（3）致力于价值创造。团队的每一位成员都致力于价值的创造，大家想尽办法解决问题，一旦决策方案提出，大家都会执行，每一位成员在公司的成长期发展到成熟期的过程中，都尽力做好，在这一过程中，各成员不但获得了丰厚的物质回报，同时个人的技能也得到提升。

　　（4）分享成果。在新创企业中，一般的做法是将公司的股份预留出 10%～20% 作为吸引新的团队成员的股份，团队中不仅要有资金的分享，还要有理念、观点、解决方案的分享。

　　（5）重视绩效考核。绩效是指给评估者和被评估者提供所需要的评价标准，以便客观地讨论、监督、衡量绩效。绩效管理可以使团队成员明确自己的职、责、权，明确与团队的目标和计划，明确自己的角色与承担的工作，同时也可以根据自己的价值对自己的薪资产生期待。

关于团队中的角色扮演，一般是指在团队中承担的不同责任，根据职、责、权来划分不同的角色。在团队中，扮演好自己的角色至关重要，这涉及团队的运作效率以及核心凝聚力。

（6）充分发挥决策者的作用。决策者的角色一般由企业的拥有者承担，他们不但对问题进行决策，而且承担决策产生的后果，所以与成熟公司作出重要的决策时，决策者通常都会在决策前召集团队成员讨论解决方案的不同。初创团队中的决策者有时不会征求意见，而是直接快速决策。决策的主要内容是公司发展的长期目标与一定阶段的计划，还有一些是与公司发展相关的重大决策。

（7）明确执行者的任务。执行者是根据公司制订的业务计划和目标，从职能领域安排自己的工作和计划，细化量化自己的工作，具体执行决策者的决策。

在新创企业中有时会遇到团队成员职、责、权混淆的情况，这时就需要制定出规范化的企业制度保证团队成员的工作；而且企业的拥有者也应该时刻记得自己的角色分配，需要明确的是决策者的角色并不是一成不变的，决策者应首先从一个执行者要求自己，只有当自己完成方案时，才能将方案交给其他执行者去执行。

 知识点 6：团队管理的策略。

 **小测试**

1. 创业团队的含义是什么？
2. 创业团队的 5P 要素包括哪些？
3. 团队创业相对个人创业的优势体现在哪些方面？
4. 如何组建一支优秀的创业团队？
5. 创业团队管理的策略有哪些？
6. 从"淄博烧烤美名扬"分析创业团队的 5P 要素

 **本章小结**

重要术语

创业者　创业团队　拉动型创业　创业驱动力　5P 要素　互补性　凝聚力　价值绩效考核　角色扮演　决策者　执行者

 **即测即练**

自学自测

扫描此码

第三章 创业机会

本章提要

通过本章的学习，使学生了解创业机会的概念、特点及识别方法；掌握创业的机会风险的特点与分析方法、创业机会风险的类别及其应对策略；认识商业模式的概念和特点，了解商业模式的内在结构，掌握商业模式的设计方法和策略。

学习重点和难点

重点：创业机会和机会风险的特点及识别方法。

难点：两类机会风险的应对策略；商业模式的设计方法。

第一节 创业机会概述

学习目的与要求

通过本节的学习，学生应达到如下要求：

1. 了解创业机会的基本内涵、特征与构成要素。

2. 了解商机诱发型创业与创意推动型创业的内涵。

3. 了解商机和市场回应在创业中的重要性。

4. 了解创业机会的来源，为发现创业机会准备先验的知识基础。

学习要点

1. 创业机会是指有利于创业的一组条件的形成。其至少包含四类要素：某个细分市场存在或新形成了某种持续性需求；拟创业者获得了有助于满足持续性市场需求的创意，且有能力及资源实施所需要的创意；创业者有可能将自己的创意转变为具有某种功能的具体的产品或服务，且此时创业不需要大规模的资金（轻资产）和大的团队（小团队）。当这四类要素都得到满足时，才可认为客观上存在或形成了某种创业机会。

2. 商机和市场回应对于创业十分重要。创业本质上是创新，创业也是创新的实现方式之一。创业可分为商机诱发型创业和创意推动型创业。商机是两类创业不可或缺的要素，市场回应则是两类创业共有十分重要的环节。

3. 创业机会本质上来源于变化和创新，其中，变化主要是市场的变化或技术的发展，其中一些变化是需要创业者"创造"的。

创业语录

多数人的毛病是，当机会冲奔而来时，兀自闭着眼睛而很少去追寻机会，甚至被机会绊倒，也不去审视它。

——卡耐基

机会，即与时间有关的一组有利条件的形成，即常说的天时、地利、人和。

社会预测学家托·富勒说，一个明智的人总是抓住机会，把它变成美好的未来。著名剧作家莎士比亚说，好花盛开，就该尽先摘，慎莫待美景难再，否则一瞬间，它就要凋零萎谢，落在尘埃。哲学家歌德说，善于捕捉机会者方为俊杰。创业者，也需要发现并抓住机会！否则，就谈不上创业。那么，什么是创业机会呢？

一、创业机会的内涵与构成要素

创业机会是指有利于特定创业活动得以发生并实现的一组"天时、地利、人和"的条件的形成。这组条件至少包含如下要素。

第一，某个细分市场中存在或新形成了某种持续性需求。

第二，拟创业者开发了或持有有助于满足前述市场需求的创意。

第三，创业者有能力、有资源，可实施所持有的创意。

第四，创业者将自己的创意转变为具有某种功能的具体产品或服务，不需要大规模的资金（所谓轻资产）和大的团队（所谓小团队）。

当这四个要素都得到满足之时，才可认为客观上存在或形成了某种创业机会。

不能简单地认为商机就是创业机会。如果这种商机是不可持续的，而是昙花一现的，则创业者还没有起步行动，这样的商机就可能已经消失了。针对特定的商机，创业者如果不能开发出可与之匹配的创意，这样的商机也不能被视为创业机会，因为既无创意，何谈创业。

如果创业者能够开发出与特定市场需求相匹配的创意，但实施相应的创意需要较大规模的资金（所谓重资产）和团队（所谓大团队），则这样的商机也不能被视为创业机会。因为创业者起步之初，多数缺的是资金和众多的追随者。对于那些需要重资产、大团队的商机，仅仅是规模达到一定阈值的企业的商机，创业者如跟进这样的商机，多数会溃败而归。

由此，我们不难看到，创业机会本质上是商机、创意、轻资产、小团队四种要素的有机组合。

 知识点1：创业机会的内涵。

 知识点2：创业机会的构成要素。

课堂活动1：创业机会分析

就任课教师熟知的某个创业团队，和学生一起分析他们创业起步时对机会的把握是否

具备前述四个条件的组合。任课教师可引导学生进一步分析：该团队利用该机会创业，是否有助于"满足人民日益增长的美好生活需要"。

二、商机和市场回应的重要性

创业的本质是创新，创业也是创新的实现方式之一。创新分为需求拉动型创新和技术推动型创新。相应地，创业也可分为商机诱发型创业和创意推动型创业。在这两类创业中，商机都是不可或缺的极为重要的要素。

所谓商机诱发型创业，即细分市场中出现了某种可持续需求的需求，由此诱发了创业者推动创业的后续相关环节，诸如构思创意、获取资源与起步实施、等待并应对市场回应。在这类创业中，发现市场商机是创业的逻辑起点。

创意是具有一定创造性的想法或概念，特定的创意既可能具有商业价值，也可能不具备商业价值。创业需要的是有较大、持久商业价值的创意。所谓创意推动型创业，即创业者开发了某种自认为可为用户创造并传递价值的创意，基于此推动创业的后续环节，诸如甄别可以开发的细分市场、可以获取资源与起步实施、等待并应对市场回应等。在这类创业中，细分市场是否存在显或潜在的商机，是创意是否有商业价值的"试金石"。

由前述不难看到，创业绕不开商机。没有商机，创业者就没有必要继续前行。

市场回应也是商机诱发型创业和创意推动型创业共有的环节。所谓市场回应程度，即市场接受创业者推向市场的产品或服务的程度。只有当市场加大程度地接受创业者推向市场的产品或服务的情况下，创业者的努力才可能实现它的货币价值。市场回应一定程度上可以检验、甄别创业者对于细分市场商机判断的准确程度。市场不给予回应，或回应程度很低的创业，创业者需要自省和调整。

 知识点3：商机诱发型创业与创意推动型创业的异同。

 知识点4：市场回应在两类创业中的重要性。

课堂活动2：市场回应程度的重要性分析

就任课教师熟知的创业团队，和学生一起分析讨论他们起步创业时，市场对其销售的新产品、新服务的实际回应程度及其对创业后续推进的实际影响。

三、创业机会的来源

狄更斯曾经说过，机会不会上门来找人；只有人去找机会。创业机会既可能是自然生成的，也可能是需要创业者自己去创造的，且多数是后一种情况。创业者要想赢得创业机会，那就需要搞清并关注创业机会的来源。

第一，创业机会本质上来源于变化和创新。如前所述，创业机会是指有利于创业者创业的一组条件的形成。在这组条件中，市场的变化（商机）、创业者的创意，是创业机会不可或缺的要素。因此，创业机会本质上来源于变化和创新。

第二，变化主要是市场的变化或技术的发展。没有变化，就不会有机会。创业机会本质上源自变化和发展，发展本身也蕴含了变化。这里所指的变化，主要是市场的变化，诸如新需求的产生、市场供求关系的转变、市场竞争态势的变化等。若无这些变化，就无所谓商机。基于此，创业者要想发现并抓住某个创业机会，首先应高度关注市场的相关变化。这里所指的变化，也包括技术的发展。市场需求或其竞争关系变了，往往意味着新的需求就产生了。欲适应市场需求变化、创造盈利空间，商家（既有企业或创业者）即需要借助于技术或商业模式方面的创新来获取收入和盈利。这时，技术的发展即变化就发生了。由此可见，某个创业机会的形成，往往伴随着市场需求和技术的变化。

 知识点 5：创业机会本质上来源于变化和创新。

 知识点 6：变化主要是市场的变化或技术的发展。

课堂活动3：市场变化与创意匹配对创业机会形成的作用分析

就任课教师熟知的创业团队，分析他们起步创业时，市场变化与创业者创意是怎样匹配的，市场变化又是怎样影响创业机会形成的。

创业机会的特征

创业学的先驱 Timmons 认为，创业机会的特征是具有吸引力、持久性和适时性，并且伴随着可以为购买者或者使用者创造或增加使用价值的产品和服务的出现。

1. 吸引力

创业者所选择的行业，以及创业者所要提供的产品和服务，对于消费者来说应该是具有吸引力的，消费者才会乐于购买并使用该产品和服务。

2. 持久性

创业机会应当具有持久性，能够得到进一步的拓展。具体来说，市场能够提供足够的时间使创业者对创业机会进行开发。创业者进行创业机会分析时，应把握创业机会的这一特征，以免造成对资源和精力的浪费。

3. 适时性

适时性与持久性相对。创业机会存在于某个时间段，创业者在这个时间段进入该产业是最佳时机，这样一个时间段被称作"机会窗口"。换句话说，创业机会还具有易逝性或时效性，它存在于一定的空间和时间范围内，随着市场及其他环境的变化，创业机会很可能消失。

4. 创造顾客价值

创业机会来源于创意，创意是创业机会的最初状态。创意是一种新思维或者新方法，是一种模糊的机会。如果这种模糊的机会能为企业和顾客带来价值，那么它就有可能转化为创业机会。

资料来源：雷家骕，等. 创新创业管理学导论[M]. 北京：清华大学出版社，2014.

小测试

1. 创业机会的基本内涵是什么？
2. 创业机会有哪些构成要素？
3. 为什么"市场回应"在商机诱发型创业和创意推动型创业都是十分重要的？
4. 创业者为什么要关注市场的变化或技术的发展？

第二节　创业机会的识别

 学习目的与要求

通过本节的学习，学生应达到如下要求：
1. 了解创业机会识别的一般过程及每个环节的工作内容。
2. 了解相关因素对于创业机会识别都有哪些影响。
3. 了解怎样通过寻找细分市场商机来识别创业机会。

 **学习要点**

1. 创业机会的识别，就是要发现真正的创业机会，发现对于特定创业团队最具价值的创业机会。

2. 创业机会的识别具有一定程度的特殊性。创业机会不同于一般性商机；创业机会的识别是一个反复探索的过程；创业机会识别是将"创业的冲动"变为"理性的创业"的关键环节。

3. 创业机会识别的主要环节包括：商机的价值性分析；商机的时效性分析；机会要素的匹配性分析；机会的风险收益性分析。

4. 创业者对于创业机会基本特征的认识，创业者的先前经验、领域知识、悟性及灵感，都会对创业机会的识别产生影响。

5. 创业机会识别基本的技巧，是从寻找细分市场商机做起，特别是进行全面的四要素匹配分析和风险收益分析。

 创业语录

人生成功的秘诀是好机会来临之时，立刻抓住它，但抓住机会的前提是识别机会。

——狄斯累利（英国著名国务活动家）

最坏的创业是没有选择的机会，最有希望的创业是有较多机会可供选择的创业，但若不能识别和选择机会，创业者又必会陷入最坏的境地。

——马克·扎克伯格（脸书创始人）

识别创业机会，本质上是要在诸多商机中发现适合以创业的方式为市场提供有价值的产品或业务的商机，而且这个商机是适合团队A的，不是适合团队B的。

——左凌烨（中国经纬创投合伙人）

　　所谓创业机会的识别，一是要从大量"貌似创业机会"的商业机会中，发现真正的创业机会；二是要从数个创业机会中，发现对于特定创业团队最具价值的创业机会。

一、创业机会识别的一般过程

1. 创业机会识别是为了应对并化解机会的不确定性

　　创业机会是四类要素的有机组合，每个要素自身都有不确定性，这就使得创业机会也会有一定程度的不确定性。

　　第一，特定商机具有不确定性。商品市场的不确定性是司空见惯的现象。典型的是原本市场上需要某种商品，但"半路杀出个程咬金"，某种替代品的出现，即可能导致原本有市场需求的商品某个时段就没有需求了。于是，前面出现的商机即消失了。可见，商机不确定性是常见的现象。

　　第二，特定创意与商机的匹配关系具有不确定性。创意与商机的匹配，客观上是一个试错的过程。创业者主观上期望自己的创意与客观上存在的商机相匹配，但创意是创业者有创造性的智力成果，创意的客观效果与创业者主观期望往往存在差异，这就可能使特定创意与商机的匹配关系处于不确定的状态。

　　第三，创业者是否有能力实施相应的创业，也具有一定不确定性。创业者利用特定商机与创意的匹配而实施自己的创业，多数会认为自己有能力将相应的创业推向前行。但即便是经验丰富的创业者，也只有真正步入创业过程之后，才能验证自己的能力是否真与创业的客观需要是一致的。

　　第四，创业者能否获得创业所需要的资源，更具有不确定性。创业者不可能在起步之初就拥有创业所需要的所有资源，而是需要从核心团队之外的个人或机构（含企业）获取相应的资源（人、财、物）。但是，资源是需要通过市场交易才可能获得的。创业者需要的某些资源，可能在创业者可触及的范围内，根本就不存在相应的供给者。也可能存在创业者需要的各种资源的潜在供给者，但如果潜在供给者认为将相关资源提供给创业者有可能伤害自己的利益，他们就不会将相关资源提供给创业者。

　　既然前述四种要素都具有不确定性，则创业机会必然也具有不确定性。创业机会识别的动因之一，就是为了应对并化解机会的不确定性。"凡事预则立"，为规避或减少创业机会的不确定性，创业者需要进行创业机会的辨识，且理性识别机会有助于规避或化解创业的风险。

2. 创业机会识别的特殊性

　　创业机会的识别具有一定程度的特殊性。这主要表现在：

　　首先，创业机会不同于一般性商机。最为基本的是创业机会有四个要素，即适当的商机、有价值的创意、可得的资源、团队的能力。创业机会与一般性商机有三个差别：一是创业机会要求特定商机是可持续的，蕴含着可持续的增长的需求。而一般性的商机，可以是昙花一现的，企业抓住这朵"昙花"即可能盈利。二是创业机会要求创业者有创意，进而通过实施相应的创意为客户创造价值。而一般性商机多数要求商家有现成的产品，用既有产品去满足客户的需求。三是创业机会要求商家（新创企业）拥有小团队（对应能力）、轻资产（对应资源），即可从事相应的商业活动。而一般性商机的利用，往往要求商家是大团队、重资产。创业机会与一般性商机的这三个差别，使得创业机会的识别需要有别于一般性商机识别的一套知识体系。

其次，创业机会的识别是一个反复探索试错的过程。由于创业机会不同于一般性商机，创业机会的内在结构复杂于一般性商机，这就使得创业机会的识别难于一般性商业机会的识别。特别是，一般性商业机会多数是显在的，而创业机会多数是潜在的。这更加使得创业机会的识别远难于一般性商业机会的识别，进而使得创业机会的识别成为一个需要反复探索试错的过程。创业者一是需要深入调研、甄别细分市场商机，并精细构思、设计自己的创意；二是要反复考察、论证创意与商机的匹配程度；三是需要反复调查、分析能否在恰当的时间获得实施相应创意所需的资源和能力。

最后，创业机会识别是将"创业的冲动"变为"理性的创业"的关键环节。理性的创业者如果没有发现适当的创业机会，多数绝不会茫然创业。而那些简单地将一般性商机理解为就是创业机会的人，多数会陷入盲目的创业冲动之中。因为还没有发现适当的创业机会，即从一般性商机出发而创业，很可能遇到强大的竞争者特别是既有企业的竞争。特别是，如果创业者发现的一般性商机是昙花一现的，则创业还没有实质性起步，可能商机就已经消失了，新创企业要么需要重新去发现创业机会，要么只能被淘汰出局。由此不难看到，创业机会识别是将"创业的冲动"变为"理性的创业"的关键环节。

 知识点 7：创业机会识别的动因。

 知识点 8：创业机会识别的特殊性。

3. 创业机会识别的主要环节

无论是商机诱发型创业，还是创意推动型创业，创业机会的识别都需要经历如下识别环节。

环节一：商机的价值性分析——商业价值

所谓分析商机的商业价值，就是分析特定商机所对应的市场需求规模、结构与趋势，特别是该商机刚刚形成时的需求规模与结构（简称起始规模与结构）、可能的客户群、客户群的人文特征，以及哪些客户有可能成为新创企业的"目标客户"、哪些客户有可能成为目标客户中的"领先客户"。领先客户是新创企业未来应该首先开发的客户，并需要借助领先客户的"示范效应"进一步去开发其他目标客户。商机总是针对细分市场而言的，不同细分市场上的商机的商业价值是不同的。但凡成长性行业中的商机，未来会有较大的商业价值。而萎缩性行业中的商机，不管该行业是"相对萎缩"还是"绝对萎缩"，对创业者而言，这样的行业中的商机多数不是可取的商机。因为既然行业在萎缩，具体商机对应的市场需求也不会有多大的价值。

环节二：商机的时效性分析——机会持续时间与市场成长性

适合创业的商机，一定要有可持续性和成长性。商机的时效性分析，也就是分析特定商机的可持续时间与市场需求的成长性。所谓商机的可持续时间，即特定商机所对应的市场需求有可能持续多长时间。无疑，相应的市场需求持续越久，新创企业越是值得去追逐这样的商机。所谓商机的成长性，实际上是指特定商机所对应的市场需求的成长性。仅当创业者所面对的市场需求从长期趋势上看会持续成长的情况下，市场上才可能容纳较多的企业，从而新创企业也才会有较大的成长空间。一般而论，新创企业在市场需求成长最快的时间段（简称机会窗口）向市场推出自己的产品或服务，才有可能尽快在市场中立足，进而为未来的成长奠定基础。

环节三：机会要素的匹配性分析——商机、创意、资源、能力的匹配程度

前述多处指出，创业机会是适当的商机、有价值的创意、可得的资源、团队的能力四者的有机组合。当且仅当这四种要素处于匹配的状态时，对特定的创业团队而言，相应的商机才能够被称为"创业机会"。基于此，创业机会的识别，还需要进行四类要素的匹配性分析。在这里，商机与创意之间的匹配是最基本的，如果这二者不匹配，此时的商机自然不能被视为创业机会，且其他要素之间的匹配性就不用分析了。如果商机与创意之间是匹配的，接下来就需要分析创业者的能力是否与自己的创意相匹配，即创业者是否有能力实施相应的创意，以及创业者是否能掌握实施该创意所需的资源。如果自己的能力、掌控的资源不足以实施相应的创意，则这时的商机也不构成创业机会。

环节四：机会的风险收益性分析

多数机会都伴随着风险。因为有风险，所以也会有收益。故如通过前述三个环节的考察分析，创业者都得出了"是"（即"这是一个适合本团队的创业机会"）的判断，这时就需要进行机会的风险收益分析，以判断"固然是适合自己的创业机会，但该机会是否好到值得自己冒险而为"的问题。当且仅当机会的风险收益大到某种程度，诸如创业者"满意"的程度，创业者才值得放心地冒险起步、启动创业。否则，就得回到第一个环节，以期寻找、发现更具价值、更为恰当的创业机会。

 知识点9：创业机会识别的主要环节。

 知识点10：创业机会识别各环节的内容。

课堂活动4：认识创业机会与一般商机的构成差异

就任课教师熟知的创业案例与企业业务开发案例，分析创业机会与一般商机在构成要素（或称条件）上的差异。任课教师要注意引导学生：不论是利用创业机会去做事，还是利用一般商机去做事，都要进一步思考"利用特定机会去做事，所做的事情是否符合社会主义核心价值观"。

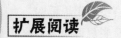

扩展阅读

海尔集团开发小小神童洗衣机的市场商机

　　一般来讲，每年的6～8月是洗衣机销售的淡季。每到这段时间，很多厂家就把促销员从商场里撤回去了。张瑞敏纳闷儿：难道天气越热，出汗越多，老百姓越不洗衣裳？调查发现，不是老百姓不洗衣裳，而是夏天里5公斤的洗衣机不实用，既浪费水又浪费电。于是，海尔的科研人员很快设计出一种洗衣量只有1.5公斤的洗衣机——小小神童。小小神童投产后先在上海试销，因为张瑞敏认为上海人消费水平高又爱挑别。结果，上海人马上认可了这种世界上最小的洗衣机。该产品在上海热销之后，很快又风靡全国。在不到两年的时间里，海尔的小小神童在全国卖了100多万台，并出口到日本和韩国。张瑞敏告诫员工说："只有淡季的思想，没有淡季的市场。"

二、相关因素对于创业机会识别的影响

　　商机是客观存在的，创业者能否恰当地发现和把握商机，进而创造其他条件，构建多种创业机会，继而从中识别出恰当的创业机会，更多地依赖于创业者自己的努力。相应地，创业者能否恰当地把握创业机会，主要受到以下四类因素的影响。

　　1. 创业者对创业机会基本特征认识的影响

　　至少到目前，仍有不少创业者简单地将细分市场中的某个商机误以为就是创业机会，而没有认识到创业机会是适当的商机、有价值的创意、可得的资源、团队的能力四者的有机组合。实际上，当且仅当这四种要素处于匹配的状态时，对特定的创业团队而言，相应的商机才能够被称为"创业机会"。可见，首先会影响创业机会识别的是创业者对于创业机会基本特征的理解是否到位，特别是对于具体商机的价值性、时效性、四要素的匹配性，以及四者匹配的风险收益性的认识是否恰如其分。

　　2. 先前经验对于创业机会识别的影响

　　先前经验，即创业者以往的创业实践和其他商业实践，即便是打工，也会给创业者沉淀一些商业经验，这对创业者识别创业机会形成一些影响。一般而论，创业者的商业实践越是丰富，则越是会从四要素的匹配上理解、考察和认识创业机会；反之，创业者的商业实践越是肤浅，越是会片面地理解、考察和认识创业机会。特别是，此前创业者在商业实践中的职位高低，也会影响创业者对于创业机会认识的全面程度和深刻程度。相对而言，此前位置较高的创业者，可能有更好的认识能力。

　　另外，创业者此前的"成功经验"和"受挫教训"，也会影响创业者的机会识别。如果创业者先前的商业实践中有诸多的"成功经验"，这通常有助于他恰当地分析和认识新的商机，则面对新的创业机会，创业者多会抱有积极的心态，在理性分析的基础上，选择适合自己的创业机会。如果创业者先前的商业实践中有诸多的"受挫教训"，这通常会使他看不到新的商机，甚至面对很恰当的创业机会，创业者也会呈现难以作为的心态，进而很可能放弃原本适合自己的创业机会。相应地，有诸多"受挫教训"的创业者，可能更适合加入

他人的创业团队。

3. 领域知识对于创业机会识别的影响

现代经济已进入"后工业社会"和"知识经济时代"，领域知识对于创业活动的推动和组织越来越重要，相应地也影响到创业者的创业机会识别能力。例如，一个精通软件技术的创业者，对于软件行业的创业机会的识别能力，多数情况下会强于不懂软件技术的创业者。其中的道理很简单，精通软件技术的创业者，通常对软件行业的某个细分市场领域会有较多了解，从而他对这个细分领域的供求态势、竞争态势等多会有较为清晰的认识，在把握该细分市场的创业机会方面，他就会有独到的优势。相反，在该领域缺少专业、行业、市场知识的创业者，则很难拥有与前者相类似的创业机会识别能力。基于此，创业者应该在自己更有专业领域知识的细分领域来发现创业机会。

4. 悟性及灵感对于创业机会识别的影响

悟性即人们理解、分析、感悟事物的能力，包括触类旁通的思维方式。悟性的基本功能，即直接认识因果关系，由效果过渡到原因，由原因过渡到效果。灵感是指人们在探索过程中由于某种机缘的启发，而突然出现的"豁然开朗、精神亢奋、取得突破"的心理现象。灵感会给人们带来意想不到的创造，它并不被人们的理智所控制，具有突然性、短暂性、亢奋性和突破性等特征。相应地，富有悟性和灵感的创业者，通常能比他人更快、更深刻地认识所遇到的创业机会。当然，灵感是人们通过知识、经验、思索与智慧综合实践而积淀的心理能力。创业者要想借助于悟性和灵感更为恰当地识别创业机会，就需要在相关商业实践中持续培育和提升自己的悟性和灵感。

 知识点11：相关因素对于创业机会识别的影响，目的2。

 知识点12：领域知识、相关经验对于创业机会识别的影响，目的2。

课堂活动5：分析成功实践对于创业者识别创业机会的影响

在互联网上查阅阿里巴巴后续业务开发情况，分析阿里巴巴后续业务开发与前期业务的关系。换言之，分析前期业务开发对于后续业务开发的经验支持和基础设施支持。

三、创业机会识别的技巧——从寻找细分市场商机做起

创业者的创业机会识别能力和识别效果受到前述四类因素的影响。其中，创业者对于创业机会基本特征的认识，影响创业者机会识别的全面性；创业者的先前经验，既影响创业者的机会识别能力，也影响他对机会选择的态度；创业者对领域知识的掌握程度，影响创业者机会识别的宽度和深度；创业者的悟性及灵感，决定创业者机会识别的效率和准确程度。既然创业机会识别受到这么多因素的影响，创业者就有必要掌握一些创业机会识别的技巧。

创业机会首先是细分市场中的商机。所以，创业机会识别首先应关注细分市场中的商机，其中最为重要的是从"国民经济行业分类的第四级分类"中寻找商机。

1. 寻找适合本团队的国民经济第一级分类

在我国国民经济行业分类标准中，第一级分类（按 26 个英文字母）分为 A（农、林、牧、渔业）到 T（国际组织）共 20 类。

其分别为：A——农、林、牧、渔业；B——采矿业；C——制造业；D——电力、热力、燃气及水生产和供应业；E——建筑业；F——批发和零售业；G——交通运输、仓储和邮政业；H——住宿和餐饮业；I——信息传输、软件和信息技术服务业；J——金融业；K——房地产业；L——租赁和商务服务业；M——科学研究和技术服务业；N——水利、环境和公共设施管理业；O——居民服务、修理和其他服务业；P——教育；Q——卫生和社会工作；R——文化、体育和娱乐业；S——公共管理、社会保障和社会组织；T——国际组织。在这 20 个大行业中，都会存在可能的商机。

2. 寻找适合本团队的国民经济第二、第三级分类中的行业

假设创业者拟在制造业中创业，接下来应在 C 类（制造业）中寻找商机。C 类又分为 C13（农副食品加工业）到 C43（金属制品、机械和设备修理业）等 31 个二级分类（此处不赘述）。

假设创业者看好制造业中的食品制造业，那就是 C14。而 C14（食品制造业）又可进一步细分为 C141（焙烤食品制造）到 C149（其他食品制造）等几个三级分类。具体为 C141（焙烤食品制造）、C142（糖果、巧克力及蜜饯制造）、C143（方便食品制造）、C144（C1440——乳制品制造）、C145（罐头食品制造）、C146（调味品、发酵制品制造）……C149（其他食品制造）。创业者就需要在这些三级分类行业中进一步选择适合自己的行业。

3. 寻找适合本团队的国民经济第四级分类中的行业

如果创业者拟在食品制造业三级分类中的 C145（罐头食品制造[①]）中创业，那就需要进一步审视在 C1451（肉、禽类罐头制造）、C1452（水产品罐头制造）、C1453（蔬菜、水果罐头制造）……C1459（其他罐头食品制造——婴幼儿辅助食品类罐头、米面食品类罐头及上述未列明的罐头食品制造）等四级细分行业中，哪个有貌似适合本团队的商机。

4. 对所选择的国民经济第四级行业调研可能的市场需求

假设创业者选择了四级分类 C1453（蔬菜、水果罐头制造），那就需要思考本团队可能为市场提供的蔬菜、水果罐头的具体品种。接下来，就需要在清晰地界定本团队产品的相关特征的基础上，调研产品的潜在客户是哪些社会群体，诸如根据年龄、性别、职业、收入等人口特征进行分析。一旦发现某类社会群体可能是企业产品的潜在"目标客户"，接下来就需要分析他们的消费特征有哪些，购买特征是什么，市场需求规模与结构又会怎样，以及"目标客户"中哪些更小的群体有可能成为"乐于最先享用"企业产品的"领先客户"。

进而，还需要调研、分析相应的市场需求可能持续多长时间，市场起始需求规模可能有多大，市场饱和时的需求规模可能有多大，由起始需求规模达到饱和需求规模的过程会

---

① 是指将符合要求的原料经处理、分选、修整、烹调（或不经烹调）、装罐、密封、杀菌、冷却（或无菌包装）等罐头生产工艺制成的，达到商业无菌要求，并可以在常温下储存的罐头食品的制造。

有哪些阶段性特征。如前所述，只有能够持续若干年（商机的时效性），起始规模能够接纳企业的所有产品（按产量计），需求增长速度大于企业的产量增长速度，未来饱和需求规模能够容纳多家同行企业的商机（商机的价值性，多家企业进入并竞争是不可避免的），才是有前景、有价值的商机。

5. 进行全面的四要素匹配分析和风险收益分析

通过前述四步分析，发现了有价值的细分市场商机，接下来就需要进一步分析细分市场商机、创业者的创意、创业团队的能力、创业者可得的资源等四者的匹配程度。一是分析创业者的创意（诸如产品、服务、商业模式等）与细分市场商机的匹配程度。只有二者匹配时，创业者未来提供给市场的产品或服务才可能得到市场即客户的青睐。二是分析创业团队的能力、创业者可得的资源二者能否保障创业者的创意有效实施。只有当能力、资源二者能够保障创意的有效实施时，创意与商机的匹配才能落到实处，创业者才有可能为市场提供真正具有客户价值的产品或服务。否则，一切都是空想。

进而，在全面考察创业机会四要素的匹配程度的基础上，创业者还需要就可能发生的机会风险，估算借机创业可能的风险收益（风险收益的估算将在下一节详细介绍）。

需要说明的是，在前述分析过程中，创业者需要通过市场调查、文献及行业报告分析、相关领域关联分析、专家咨询等方法获得相关分析所需要的数据和资料。同时，要充分发挥创业者的先验经验、领域知识、悟性及灵感在创业机会识别中的作用。

 知识点 13：怎样从寻找细分市场商机做起识别创业机会。

 知识点 14：怎样进行四要素匹配分析和风险收益分析。

课堂活动6：分析企业家鲁冠球的万向节产品在国民经济行业分类的层次

在互联网上查阅相关资料，分析企业家鲁冠球借以创业的万向节产品在国民经济行业分类的具体层次，分析为何在这个分类层次发现并把握创业机会易于形成竞争优势。

梁伯强是怎样发现指甲钳的创业机会的

梁伯强，中山圣雅伦公司总经理，他被誉为中国"指甲钳大王"。而他决定生产指甲钳，仅仅是因为时任总理朱镕基传递的一个信息，由此他发现了产销指甲钳的创业机会。

20 世纪末前，一篇名为《话说指甲钳》的文章让梁伯强为之一振。文章写道，朱镕基总理在一次会议上讲道："我没用过一个好的指甲钳子。我们生产的指甲钳子，剪了两天就剪不动指甲了，使大劲也剪不断。"梁伯强从这句话中发现了"指甲钳的商机"。

这篇文章还说，当时全球市场上每年指甲钳的销售额达到 60 多亿元人民币。韩国有 5 家工厂，它们占了 20 亿元。中国有 500 多家企业，但只占了 20 亿元左右。这种反差令梁伯强非常惊讶。

看到这篇文章，梁伯强开始对全国市场进行考察。他意外地发现，国内很多生产指甲钳的工厂都倒闭了。他又跑批发市场，结果发现，指甲钳个体批发市场生意火爆，但主要批发的是外国品牌的指甲钳。于是，梁伯强试着生产出了第一批指甲钳。没想到，产品还没正式面世，就有几千万元的订单找上门。由此，梁伯强开启了日后成为"指甲钳大王"的创业之路。

资料来源：雷家骕，等. 创新创业管理学导论[M]. 北京：清华大学出版社，2014.

 小测试

1. 为什么要对创业机会进行识别？
2. 创业机会识别有哪些特殊性？
3. 创业机会识别有哪些主要环节？
4. 哪些因素会影响创业者对于创业机会的识别？
5. 创业者应怎样从寻找细分市场商机做起识别创业机会？

第三节　机会风险识别

 学习目的与要求

通过本节的学习，学生应达到如下要求：

1. 了解机会风险的分类及其构成。
2. 了解规避系统风险的可能途径。
3. 了解防范非系统风险的可能途径。
4. 掌握创业者风险承担能力和机会风险收益的估算方法。

 学习要点

1. 创业机会的风险有两类，即系统风险与非系统风险。
2. 系统风险即创业环境的不确定性带来的风险，诸如商品市场需求及竞争的不确定性、生产要素市场供给的不确定性、国家法律及政府政策规制的不确定性等带来的风险。系统风险是创业者自身难以掌控的，只能加强分析、监测和预警，进而努力规避之。
3. 非系统风险即创业者自身行为的不确定性带来的风险，诸如创意可实施性的不确定性、创业团队能力的不确定性带来的风险等。非系统风险是创业者通过自身努力有可能防范甚至可能化解的，故应努力防范并化解这类风险的发生。
4. 理性的创业者需要结合对机会风险的估计，探明规避和降低风险的关键点。即就特定的创业机会，分析和判断创业风险的具体来源、发生概率、预期主要风险因素，测算冒险创业的"风险收益"，估计自己的风险承受能力，进而进行风险决策。

 创业语录

世界上有许多做事有成的人，并不一定是因为他比你会做，而仅仅是因为他比你敢想敢做。

——培根（英国唯物主义哲学家、思想家、科学家）

要注意留意任何有利的瞬间，机会到了莫失之交臂！明智的人总是抓住机会，把它变成美好的未来，而这需要不怕可能的风险。过分审慎，就会坐失良机。等待没有风险的机会，无异等待月光变为金银。

——歌德（德国、小说家、编剧、诗人）

是机会，就有风险！创业者要善于识别风险，搞清可能的风险收益，并敢于承担风险。阅遍中国的创业大佬，还没有发现没有遇到过风险的人。

——黄维学（创业者、北京和力记易公司董事长）

一、机会风险的分类与构成

1. 有价值的创业机会也是有风险的

有价值的创业机会也是有风险的，因为多数创业机会都蕴含着诸多的不确定性。这就使得千斟万酌而确认的创业机会也会存在某种程度的机会风险。

所谓创业的机会风险，一是指潜在的机会风险因素，即创业者利用某些机会而创业有可能遇到的风险因素；二是指一旦某些风险未来实际发生时可能造成的损失，创业者会遇到较难克服的困难，从而导致创业活动很难持续下去，甚至会导致创业的终止。其中，一些机会风险是可以预测的，一些机会风险则是不可预测的；一些是有可能防范的，一些则需要创业者努力规避之。

因为创业机会是由"商机的价值及时效性、创意的商业价值、资源的可得性、团队能力的保障性"四者有机构成的，所以，创业机会的风险基本上源于两个方面，一是每个要素本身的不确定性，二是四者匹配关系的不确定性。且这两个方面仅仅是整个创业风险之一部分，而不是创业风险的全部。

在某些时候，机会风险越大，未来收益也可能越大。特别是当机会风险较大时，多数创业者是不敢"冒险而为"的。这时，敢于冒险而为的创业者，只要他的行动方案理性、严密、可实施性强、可适时调整，这样的创业者就可能得到超乎寻常的收益。一些人敢冒险创业，更多的人不敢冒险创业，这可能正是前者成为"成功人士"，后者几十年不变的成因之一。

2. 创业机会的两类风险

创业机会的风险分为两类，即系统风险与非系统风险。系统风险即创业环境的不确定性带来的风险，诸如商品市场需求及竞争的不确定性、生产要素市场供给的不确定性、国家法律及政府政策规制的不确定性等带来的风险；非系统风险即创业者自身行为的不确定性带来的风险，诸如创意可实施性的不确定性、创业团队能力的不确定性带来的风险等。

系统风险是创业者自身难以掌控的，创业者只能加强分析、监测和预警，进而努力规避之。非系统风险是创业者通过自身的努力，有可能防范甚至可能化解的，故应努力防范并化解这些风险的发生。但不论是哪类风险，在创业机会识别阶段，创业者都应该尽可能预测到相应的风险，进而理性把握相关风险。

所谓理性把握相关风险，即分析、判断相关风险的具体来源、发生概率、可能造成的负面影响大小，对可能的风险因素进行评估；测算借机冒险创业的"风险收益"，设计并选择综合风险较小且自己有能力承受相关风险的行动方案，并提前准备相应的风险应对预案。

🎯 知识点 15：为什么有价值的创业机会也是有风险的。

🎯 知识点 16：创业机会的两类风险及其差异。

课堂活动7：分析系统风险与非系统风险二者的差异

国家法律及政府政策规制的不确定性带来的风险属于系统风险，创业团队行动及其结果的不确定性带来的风险属于非系统风险。引导学生分析讨论：创业者没有预期到的政府某项政策急剧变化之后，创业者可能持有的态度；以及为防范创业团队行为及其结果的不确定性，创业者可能持有的态度。任课教师应引导学生树立正确的"风险观"，敢于实事求是地应对风险，要敢于像老一辈革命家"井冈山创业"那样直面风险，争取成功。

二、规避系统风险的可能途径

系统风险即创业环境的不确定性带来的风险。这些风险是创业者自身难以掌控的，而只能加强监测和预警，进而努力规避系统风险。

1. 商品市场风险的规避

所谓创业的商品市场风险，即在创业的市场实现环节，创业者会遇到市场需求的不确定性，或者是竞争的不确定性，由此可能造成创业的失败。这主要是由新产品市场的潜在性、待开发、待成长，或者是同行竞争者或替代品竞争者的过度进入引发的。

1）新产品市场多是潜在、待开发的

现实中，人们对市场既有产品的需求往往是相对稳定的。而新产品多是新鲜玩意儿，它的市场需求多是潜在的、待开发的、待成长的。越是新技术产品，用户接受起来越是会谨慎小心，甚至如履薄冰。例如，微波炉上市之初，不少消费者担心微波炉可能有辐射危害。由此，厂家和商家不得不通过媒体反复向消费者宣传："微波炉不会伤害你的健康，只会给你带来生活上的便利！"一些"领先用户"也帮商家现身说法，这才逐渐打消了部分消费者对微波炉的恐惧和困惑。由此可见，创业者很难预先准确判定市场是否会在某个时段接受自己推出的某种新产品及其接受能力，故对未来市场实际需求情况与创业者早期预期的差异只能持一种"淡然接受"的态度，同时努力增强新产品的市场开发能力。

2）很难确定市场接受新产品的具体时间

即便市场最终会接受创业者的新产品，但创业者行动之前多数很难判断市场接受它的"具体时间点"，或者是误判这一时间点，从而也就很难确定新产品上市的"适当时间点"。特别是现代科技发展很快，而市场可能在相关技术突破发生很长时间之后才会接受相应的新产品。例如，美国贝尔实验室在 20 世纪 50 年代就研制出了可视电话，但过了 20 年，直到 20 世纪 70 年代，美国市场才初步接受商业化的可视电话，且主要用于政府、军事、公共事业等财政付费部门。在中国，也就是在 2003 年北京 SARS（非典型性肺炎）疫灾中，人们才感受到了它的实际价值，其后在一些领域得到小范围的商业化应用。基于此，创业者需要关注相关市场需求"机会窗口"敞开的时间段，而不能盲目地开发市场。

3）很难预测新产品的市场需求成长速度

由于多数新产品的市场需求是潜在的、待开发的，故创业者拟凭借某种机会创业，往往很难预测新产品的市场需求的成长速度。例如，1959 年美国哈德公司开发了施乐 914 复印机，并谋求与 IBM 公司合作产销。但 IBM 公司预测该类复印机 10 年内顶多售出 5 000 台，因此拒绝了哈德公司的合作愿望。然而，后来的实际情况是复印技术被迅速采用并扩散，哈德公司 10 年间售出了 20 万台复印机。此后，哈德公司易名为施乐公司。又如移动通信技术、产品及其服务在中国的扩散。20 世纪 90 年代初期，移动通信技术被引入中国之初，不少人认为"这仅仅是富人才会用的奢侈通信工具"。然而，到了 2012 年，中国市场上使用手机的人已接近 9 亿。当然，也有市场需求增长远远低于创业者预期的情况。基于此，对于新产品市场需求的增长情况，创业者只能"摸着石头过河"，在预期市场需求会成长的前提下，看一步、走一步，走一步、看下步。

4）很难预测未来本行业市场竞争的实际态势

根据一些创投公司的研究，多数创业者投给创投公司的创业计划忽视未来可能的行业市场竞争，甚至认为自己的产品"好到了极致"，未来不会有激烈的竞争。但客观地看，人类认识客观世界的"脑力"并无多大差异。对于众多创业者而言，只要某个团队整体上的知识、经验、悟性相差无几，其实际的机会识别能力就不会有多大差异。故面对某个商机，如果 A 团队拟推出某种产品，B 团队也可能推出相近、雷同甚至完全相似的产品。由此，这样的创业者未来必然会遇到竞争者。但由于创业者极强的"自恋意识"，不少创业团队事实上很难预期到未来同行市场竞争的实际态势，这就可能使得创业者自以为自己遇到了"具有不确定性的竞争"。基于此，创业者需要在充分发挥知识、经验、悟性对于机会识别作用的基础上，尽可能地弱化"自恋意识"，努力使创业之前的机会识别更为客观、理性一些，这样才可能规避风险。

2. 要素市场风险的规避

创业作为一种商业活动，需要资金、技术、人力资源、上游产品等生产要素的投入。但特定的创业团队能否得到所需的生产要素，这也有很大的不确定性，这就形成了创业机会的要素市场风险。

1）资本市场的资金可得性多是不确定的

在诸多生产要素中，创业者首先需要的是资金，否则就可能"巧妇难为无米之炊"，但恰恰资本市场存在最大的不确定性。现阶段中国创业者主要通过自筹（以往个人薪酬节余积累）、债权融资（向家人或亲朋借贷、商业银行小额贷款）、股权融资（争取创业投资公司投资、争取加盟者投资）、争取政府机构支持（诸如国家或省市中小企业创新基金）等获得起步阶段所需的资金。但客观地看，这些资金来源都有很大的不确定性。

创业者多是"穷人"，薪酬节余多数情况下并不能成为创业者主要的资金来源。向家人或亲朋借贷，中国人可借钱的圈子本来就不会超过 10 个人。争取商业银行小额贷款固然是一种办法，但其资金额度往往不足以支撑市场需求容量较大的创业活动。欲争取创业投资公司的股权投资，但创投公司的资金到位程度与创业者实际的创业进程（特别是里程碑密切相关，创业者没有将事情做到一定程度的情况下，创投公司多是投下一批资金的。争取加盟者投资，说不定潜在的加盟者比领头创业者还缺钱。争取政府支持，诸如争取国家或省市的创新基金支持，多数情况下面对着严格、缓慢的评审程序。换言之，这些资金的融资存在较大不确定性，创业者大多争取多渠道融资。

2）所需技术的可得性、适用性是不确定的

在后工业社会，各行各业的商业活动都需要特定的技术。即便以往人们认为新技术应用含量比较低的餐饮等行业，现在也在使用先进的信息技术和机电技术。可见，创业离不开技术，技术型创业更是如此。创业者获得起步技术的途径主要是：创业者自有技术、使用过期专利技术，以及有基本创意后开发新的技术或购买他人技术使用权。暂且不论前两种情况，创业者从外部获得技术的可得性、适用性及其效果，能否达到创业者的主观预期，往往会有很大的不确定性，这也会影响创业机会四要素的有效形成。基于此，起步之初，创业者应尽可能地使用自有技术，同时应对所用技术进行科学的评估。在适用、有效、可靠的前提下选用相关技术。

3）人力资源市场存在"趋存而流"的不确定性

人是理性的。加入新创企业的员工，首先是"趋存而流"，其次是趋利而流。创业起步之初，企业不可能有很好的经营业绩，员工也不可能有很高的薪酬，不少员工甚至也是怀揣"创业梦"奔向新创企业的。正如著名心理学家马斯洛所言，"生存是人的第一需要！"当新创企业不能为员工支付足以使其得以生存的报酬时，创业团队就可能从人力资源市场招聘不到员工，招聘来的员工也可能离开新创企业，这就使得新创企业能否保有适当数量的员工实际上会存在很大的不确定性。基于此，创业团队首先应为新创企业筹集到必要的资金，以使新创企业有能力为员工支付起码的"生存薪酬"；其次应辅以可能的其他方式的激励，诸如"只分益、不担责"的"利润索取权"激励，又如"产品销售提成"激励，甚至是股票期权激励等。

4）上游产品供应商往往存在机会主义行为

商品生产离不开上游市场的供应商。创业者看好某个商机，但为研制和生产自己的产品，能否从上游市场获得相应的原材料或零部件、元器件供给，这本身就有很大的不确定性。而且我国转入市场经济体制时间不长，不少企业的信用意识不强，企业普遍存在机会主义心理，即更愿意将产品销售给当时出价高、采购条件更有利于供应商的下游企业，甚至可能不顾此前严格的供货协议。由此，新创企业能否采购所需的上游产品，能否按质按量适时得到所需的原材料、零部件、元器件，存在较大的不确定性。创业者很难控制供应商违反契约的现象。通常，新创企业很难建立稳定的采购关系。特别是在我国目前尚不规范的商业信用环境下，一旦某个新创企业遇到较大困难，其供应商可能会基于自身的商业利益而放弃对该新创企业的供给，由此可能导致新创企业的创业活动半途而废。由此，面对上游市场供给的不确定性，创业者需要提前做好应对这类不确定性的各种预案。

3. 国家法律及政府政策规制风险的规避

创业机会也可能遭遇国家法律及政府政策规制的风险，这主要源于我国正处于改革时期，国家法律在完善之中，政府政策也在与时俱进地调整。具体法律的制定、政府政策的出台存在一定程度上的不确定性。这就使得创业者此前确认的创业机会就有着某种程度的不确定性。

1）国家法律或政府政策的出台有可能超出创业者的预期

典型的是，对于商业领域出现的不少新事物，立法机构和政府都不曾经历过、感受过。但当某些新事物，诸如新产品、新服务、新的商业模式出现之后，如果政府认为其会伤及公共利益，或者是引发市场竞争的不公平，或者是造成市场秩序的混乱，政府通常会作出一些政策安排，甚至会适时将某些政策提升为国家法律。这就可能改变创业者此前认为的创业环境，从而使此前创业者认为恰当的创业机会发生某些有利或不利的变化。

如果相应的法律和政策变化超出了创业者的预期，且导致了特定的创业机会变得不可行、不可取，如果创业者已经启动了相关创业活动，这时就可能遭遇创业风险。例如，近年来国内外一些新创企业开发转基因产品，曾有企业被有关政府部门明令禁止销售其产品。由此可见，这些企业的创业投入即转化为沉没成本，创业活动得不到相应的商业收益。基于此，创业者需要通过研讨国家法律、政府政策的创立和调整轨迹，在创业机会识别阶段努力规避这类风险。

2）创业相关事务能否得到政府许可也具有不确定性

创业者开发出了新产品，在正式销售之前，需要得到政府职能部门的一系列认证，如质量检测、产销许可、环境认证等。但因企业和政府两方面的原因，新创企业的产品并非一定都能够得到所需的认证或许可。极端的是，多年来社会学界一直在讨论科学技术的两面性问题，即某些科学技术重大突破既可能给人类带来"福音"，也可能给人类带来灾难。"福音"是人类期盼的，灾难是人类憎恶的。如果某种新产品会给人类带来某种程度的危害，政府即可能对相关商业活动进行"规制"，对相关产品的销售"发出禁令"。此种情况下，创业者就可能得不到相关许可。

特别是对产品的负面效应较大的创业，政府无疑会基于整个社会的利益，在企业产品开发成功后给予"限制销售"。且在这种情况下，政府相关政策或法律对于企业的规制常常出现在新产品"出生"之后。因为此前政府并不清楚特定新产品是否会有较大的负面效应。否则，政府就会提前从政策或法律上进行规制。然而，一旦政府采取了"事后规制"，开发了具有负面效应的新产品的企业就可能遭到某种程度的损失。

又如，全新产品往往缺少国家标准。在政府和行业组织没有确定相应标准之前，企业很难进入批量化产销阶段。如果新产品没有经过或通过政府职能部门或其授权机构的质量检测，则在销售中也会遇到障碍。如果生产过程或产品使用过程对环境造成一定程度的伤害，政府也会限制企业的产品产销。

基于以上情形，创业者判断某个机会的可行性时，也要预测一下政府职能部门未来是否会给予你的产品或服务以所需要的认证或许可。

 知识点 17：怎样规避商品市场的风险。

 知识点 18：怎样规避要素市场的风险。

 知识点 19：怎样规避来自国家法律、政府政策的风险。

课堂活动8：分析政府为什么限制某家企业的新产品销售

某家养殖类高新技术企业培育了转基因的鱼苗，但向当地政府"报喜"后，政府却下发红头文件，限制这种鱼养殖达到食用重量后在市场销售。试分析，一是政府为什么要做这一限制；二是这家企业面对这种情况应该怎么办。任课教师应注意引导学生"守正创新创业"，即便不创业，也不能违反国家法律，抗拒政府规制。

三、防范非系统风险的可能途径

如前所述，非系统风险即创业者自身行为及其结果的不确定性带来的风险。通常，基于创业机会的非系统风险，主要有技术风险、财务风险、团队分化风险。

1. 技术开发及其价值实现风险的防范

创业者借机创业，首先会遇到技术开发及其价值实现的风险。

1）新产品研发能否成功是不确定的

首先，新产品试制能否成功往往是不确定的。典型的例子是，当年美国杜邦公司研究开发尼龙材料，投入巨资，耗时多年，也没有获得成功。然而，某个晚上下班后一位研发人员忘记关掉酒精灯，灯烧了一晚，第二天早上上班后发现坩埚中有一团东西，拿去化验后才发现正是他苦苦寻觅的尼龙材料。此后，尼龙成为现代化工三大新兴材料之一。国际大公司的新产品研发尚且如此，新创企业的产品研发更会遇到这类不确定性。基于此，要防范此类不确定性所引发的风险，创业者选择创业机会时，先应思考、判断自己的团队有哪些独到的技术能力，有能力开发什么样的产品。搞清楚了这些，再起步创业，且最好起步时即有未来拟产销产品的原型产品。

其次，新产品的批量化产销能否成功也有一定程度的不确定性。因为新产品批量化产销之前，还需要通过技术整合形成批量化产销所需要的产品制造方案、制造流程、制造系统、管理方案等。否则，再好的产品设计也难以在批量化产销中实现其价值。典型的是，某地曾投入巨资推动镍氢电池的国产化生产，固然创造性地解决了新型储能材料的关键技术问题，但由于缺少工艺配套、设备配套的技术积累，结果耗时数年也没有取得预期的进展和效果。这对创业者选择创业机会时，有一定的参考意义。创业者要想规避此类风险，需要在面向批量化产销的技术整合、OEM（外包）两者之间作出恰当的选择。

2）相关行业能否提供技术配套是不确定的

任何产品要想实现批量化产销，都需要相关行业的技术配套。如果新创企业的新产品难以获得必要的相关行业配套，那么它就很难实现期盼的批量化产销。而这恰恰是极不确定的。某家新创企业多媒体投影仪研制成功后，初期生产就遇到这一困难。由于国内光学基础行业和工业化配套水平不高，在多媒体投影仪由研发转向批量化生产时，很难找到一些关键元器件的供应商。以至于创业者不得不认为，他们研发的不仅仅是一种产品，经营的不仅仅是一个企业，实际上是要推动国内一个行业的成长。而要推动一个行业的成长，新创企业多数没有这样的能力。其后，这家新创企业被一家大型家电企业并购。这家大型家电企业并购这家新创企业后，批量化生产中仍然面对着同样的"配套难题"。基于此，要防范此类不确定性所引发的风险，创业者选择创业机会时，需要尽可能详尽地分析未来生产相关产品所需要的原材料、零部件、元器件、专用设备，详尽调研这些生产要素的"可得性"，特别是通过市场交易获得这些生产要素的"经济性"和"可靠性"。

2. 财务风险的防范

创业者要利用相关创业机会，不可避免地也有着某种程度上的财务风险。这主要起因于新产品开发和市场开发的资金需求是不确定的，同时创业者是否能够筹集足够的资金，也是不确定的。

1）新产品研发的资金需求极难判定

新产品开发的实际资金需求是事先难以准确预测的。有时估计解决某个技术难题用不了多少资金，但项目实施到一定程度，就会发现实际所花资金已大于起步之初的预期。到项目完成之时，更会发现所花的资金远远超过最初的估计。例如，1998年前后，一家新创企业着力开发某种纸质包装材料自动化生产线，其中要用到激光切割技术，做一个激光切板机，以确保纸板切割的效率和整齐。原本以为投资数万元、耗时两三个月就可以解决这一技术问题，但待项目完成时，才发现竟花了10万多元。显然，如果这家企业没有筹集到足够的资金，该项创业活动可能早就终止了。可见，要防范此类风险，创业者在做研发预算时，必须就此留有适当的"资金余量"。

2）新产品市场开发的资金需求是不确定的

一旦企业成功地开发了新产品，批量化产销的资金需求即会被提到议事日程。但要将新产品推向市场，因为新产品市场多是潜在的、待成长的，市场开发的资金需求又会处于"不确定"的状态。市场开发主要涉及产品宣传、推介促销、客户关系管理等活动，根据市场激活的程度差异，即需要投入不同数量的资金。这本身就是一种不确定性。特别是有时为推广新产品，甚至需要为"首批客户"提供试用样机。这又会占用企业数量不菲的流动资金，由此就会进一步强化新产品市场开发的资金需求的不确定性。由此可见，为防范这些不确定性所导致的新创企业可能发生的财务风险，创业者也需要为市场开发准备较为宽裕的资金预算。

3. 团队分化风险的防范

创业者也可能遇到"团队风险"，即某些原因会引发创业团队溃散，进而导致创业活动无法持续。这是创业中负面影响最大的风险，它通常缘于三方面原因：

1）团队成员由于缺乏共识的利益、目标、规则等造成的团队风险

创业团队凝聚力的关键是团队成员要有一致的愿景、目标、利益追求，要有一致的"行动纲领"和"行为规则"等。面对创业机会，团队是起步了，但客观上，创业团队成员可能最初就缺乏共识的愿景、目标、利益追求等，也可能在后来的磨合中失去。无论出现哪种情况，都可能导致团队"离心离德"。在这种情况下，假若没有其他人能够替代"离心离德"的成员在团队中的角色，这个创业团队就可能散伙。

2）部分成员的畏惧心理和机会主义造成的团队风险

创业有难度，甚至十分艰难。多数创业团队起步之初只想着未来的美好前景而忽视了起步后的艰难。一旦遇到困难，一些团队成员就可能"畏难而逃"。与此同时，多数人是利

益导向的，团队中一些成员遇到更具诱惑力的商机，也可能"从现有的团队出走而直面新的商机"。但无论是"畏难而逃"，还是"出走而直面新的商机"，本质上都是机会主义。一旦团队中的关键成员或多数成员产生了这样的机会主义行为，而团队中坚定分子又不能为这些人提供及时的、足够的激励，那么这个团队就必散无疑，创业活动也就必止无疑。

3）没有形成领袖人物造成的团队风险

创业需要灵魂型领袖人物的带领，要靠领袖人物来凝聚团队所有成员。如果没有一位"领袖人物"来凝聚创业团队，该团队就很可能成为一盘散沙。"领袖人物"不一定是某项创业活动的最初发动者，也不一定是新创企业最大的股东，而是团队的"精神领袖"。"精神领袖"必须是在创业实践中产生的。相应地，某个人要想成为真正的"团队领袖"，就必须依靠自己的品格、能力、勤奋、坚韧以及对其他成员的吸引力来凝聚整个团队。但问题恰恰在于，在不少创业团队中，往往很难有人能成为"团队领袖"。团队没有"核心"，就很可能导致某个创业团队在某个时候溃散。

前述三种情况一旦走向了极端，创业团队就可能溃散。因此，创业者必须加强团队风险的预警和控制。

◎ 知识点 20：怎样防范技术开发及其价值风险。

◎ 知识点 21：怎样防范创业中的财务风险。

◎ 知识点 22：怎样防范创业中团队溃散的风险。

课堂活动9：试为一家新创企业构想防范创业团队溃散的预案

某家软件开发公司初建，创业领导者希望预先制定一些制度和办法，以防范今后可能发生的创业团队溃散。于是，创业领导者希望正在学习创业管理课程的在校大学生为他提供一些建议。任课教师可以引导学生提出一些可操作的建议。

四、创业者风险承担能力和机会风险收益的估算

创业有风险，这是必然的。但理性的创业者必须结合对机会风险的估计，探明规避和降低风险的关键点。即就特定的创业机会，分析和判断创业风险的具体来源、发生概率、预期主要风险因素，测算冒险创业的"风险收益"，估计自己的风险承受能力，进而进行风险决策。

1. 创业者应规避和降低的主要风险

第一步，可借助表3-1罗列特定创业机会所对应的风险来源。

表 3-1　创业机会的风险分析表

两类风险	一级风险因素	二级风险因素
系统风险	商品市场风险	新产品市场多是潜在、待开发、待成长的
		很难确定市场接受新产品的具体时间
		很难预测新产品的市场需求成长速度
		很难预测未来同行市场竞争的实际态势

两类风险	一级风险因素	二级风险因素
系统风险	要素市场风险	资本市场的资金可得性多是不确定的
		技术市场的技术可得性、实用性是不确定的
		人力资源市场存在"趋存而流"的不确定性
		上游产品市场供应商往往存在机会主义行为
	法律及政策规制风险	法律或政府政策的出台有可能超出创业者的预期
		政府许可也具有不确定性
非系统风险	技术风险	新产品研发能否成功是不确定的
		相关行业能否提供技术配套是不确定的
	财务风险	新产品研发的资金需求极难判定
		新产品市场开发的资金需求是不确定的
	团队分化风险	团队成员缺乏共识的利益、目标、规则等
		部分成员的畏惧心理和机会主义
		没有形成领袖人物造成的团队风险

第二步，将每类风险来源下的风险具体化。

第三步，客观估计各类风险因素发生的概率。

第四步，剔除发生概率小的风险因素，揭示发生概率大的风险因素。

第五步，在发生概率大的风险因素中，揭示一旦发生将造成损失较大的风险因素。据此测算如某些风险因素发生，创业者可能遭受的损失。

2. 创业者需要估计自己的风险承受能力

在分析前述问题特别是揭示了发生概率大的风险因素，既然风险实际发生将造成较大的损失，那么创业者需要估计一下自己的风险承受能力。这里，可用"企业的财务能力/最大的风险损失"来表示新创企业的风险承受能力。这一比值越大，则新创企业的风险承受能力越强。

3. 创业者需要进行机会选择的风险决策：风险收益估计

估计了各项风险因素的发生概率和可能造成的损失后，即需要测算特定创业机会的风险收益，依此判断是否值得"冒险创业"。通常，只有创业机会的风险收益足够大，创业者才值得冒险去利用这个机会创业。

一般而论，可按以下关系式测算特定机会的风险收益：

$$FR = \frac{(M_t + M_b) \cdot B \cdot P_s \cdot P_m}{C_d + J} \cdot S$$

其中，FR 表示特定机会的风险收益指数；M_t 表示特定机会的技术及市场优势指数；M_b 表示创业团队优势指数；B 表示特定机会持续期内的预期收益；P_s 表示技术成功概率；P_m 表示市场成功概率；S 表示创业策略优势指数；C_d 表示利用特定机会创业的有形资产投资总额；J_d 表示利用特定机会创业的无形资产投资总额。需要注意的是：①当且仅当 $FR \geq R$（创业者的期望值）时，创业者才值得冒某些风险去利用特定的创业机会。②这个算式绝非科学计算的方法，而仅仅是估算风险收益高低的原则性算式。

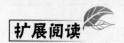 知识点 23：创业者应规避和降低的主要风险。

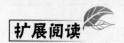 知识点 24：创业者怎样估计自己的风险承受能力。

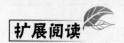 知识点 25：创业者怎样进行收益风险评估。

课堂活动10：比较两个创业机会的风险收益

假设有两个创业机会（机会 A、机会 B），定性分析认为，A、B 两个机会差不多，都可由此起步创业。但因资源及精力限制，创业团队只能择其一。教师不妨参考前述关系式，假设两组数据（皆为正），试算一下，看看哪个机会更可取（风险收益指数大者，即为更可取的创业机会）。

 扩展阅读

生存型创业会遇到的风险

创业中的风险是难以避免的，创业者应有强烈的风险意识，才可能提高成功的概率。

对于生存型创业者而言，创业风险主要体现在四个方面。一是市场风险；二是资金风险；三是管理风险；四是人事风险。

创业者降低创业风险的可行之策，一是量力而行，理性创业；二是自我检查，随时调整；三是适当放弃，厚积薄发；四是拓展人脉，群策群力。

资料来源：雷家骕，等. 创新创业管理学导论[M]. 北京：清华大学出版社，2014.

 小测试

1. 为什么有价值的创业机会也是有风险的？
2. 常规而言，创业机会有哪两类风险？
3. 创业者应怎样规避商品市场的风险？
4. 创业者应怎样规避要素市场的风险？
5. 创业者应怎样规避国家法律及政府政策规制的风险？
6. 创业者应怎样防范技术开发及其价值实现的风险？
7. 创业者应怎样防范创业的财务风险？
8. 创业者应怎样防范创业中的团队溃散风险？

第四节　商业模式的（开发）设计

学习目的与要求

通过本节的学习，学生应达到如下要求：

1. 了解商业模式的内涵及其本质，以及在创业中的重要作用。

2. 了解商业模式设计（开发）的主要特点与要求。

3. 掌握商业模式设计的方法（商业模式画布）、过程与评价方法。

 **学习要点**

1. 商业模式，即企业实施相关商业活动的一套逻辑化的方式方法，以将原本做不成的事情做成，将原本做不好的事情做好；同时，企业才可能获得相应的收入和利润。

2. 商业模式最为基本的是由四者及其联系构成的，即价值体现、价值创造方式、价值传递方式、企业的盈利方式。四者之间的联系反映了利益相关者的交易关系。

3. 商业模式开发是企业战略设计的基础。商业模式设计就是要把创业团队的价值体现、价值创造方式、价值传递方式、企业盈利方式以及四者之间的联系具体到可以实施的程度。

4. 商业模式设计得是否理想，需要评估特定商业模式对于客户价值实现的程度、客户价值实现的可靠性、客户价值实现的效率。

5. 理想的商业模式设计至少有两个特征，一是有助于新创企业尽快实现"正的现金流"；二是有助于新创企业用尽可能少的资源做成尽可能大的商业，从而使整个创业活动为创业者带来"最大化的利润"。

 创业语录

阿里巴巴集团在英国很有名，它正在以独特的商业模式改变全世界做生意的方式。

——托尼·布莱尔（英国前首相）

都说创业投资经理最看重的是团队，其实，我们既看创业团队，又看商业模式和技术。多数情况下，我们更看重商业模式。一个貌似优秀的团队，如果没有独特的商业模式，其实这个团队的优秀程度已经很值得怀疑了。

——吴永刚（创业投资经理人）

一、商业模式的内涵及其内在结构

利用机会而起步创业，创业者必须去构思有效的商业模式。

1. 商业模式的内涵

商业模式，即企业实施相关商业活动的一套逻辑化的方式方法，以将原本做不成的事情做成，将原本做不好的事情做好；由此，企业才能获得相应的收入和利润。典型的事例是，联想将"技→工→贸"调整为"贸→工→技"，再加上其他方面的努力，才有了后来联想集团成为 IT 界的巨人。这方面的诸多案例足以告诫我们：有效的商业模式是未来企业盈利的基本前提。

商业模式本质上是企业为客户创造并传递价值，使客户感受并享受企业为其创造的价值的系统逻辑，反映的是利益相关者之间的交易关系。新创企业如果缺少这套逻辑，或者是构思的商业模式的功能不强或效率不高，则新创企业未来既难以为客户创造价值，也难以向客户传递价值，更难以为新创企业自身赢得收入和利润，因为客户只乐于给那些为客户有效创造并传递价值的企业投出自己的"货币选票"。

2. 商业模式的内在结构

既然商业模式本质上是企业为客户创造并传递价值，使客户感受并享受企业为其创造的价值的系统逻辑，那就有一个结构问题，即基本要素和要素间的连接关系。基于这一认识，研究商业模式的不少学界同人基于自身的研究，给出了关于商业模式内在要素的诸多解释。

例如，Viscio（1996）认为，商业模式是由核心业务、管制、业务单位、服务、连接五者构成的。Timmers（1998）认为，商业模式是由产品/服务、信息流结构、参与主体利益、收入来源四要素及其联系构成的。Markides（1999）认为，商业模式是由产品、顾客关系、基础设施管理、财务四者及其联系构成的。Donath（1999）认为，商业模式是由顾客理解、市场战术、公司管理、内部网络化能力、外部网络化能力四要素及其联系构成的。Hamel（2001）认为，商业模式是由核心战略、战略资源、价值网、顾客界面四者及其联系构成的。

Chesbrough（2000）认为，商业模式是由价值主张、目标市场、内部价值链结构、成本结构和利润模式、价值网络、竞争战略六要素及其联系构成的。

Gordijn（2001）认为，商业模式是由参与主体、价值目标、价值端口、价值创造、价值界面、价值交换、目标顾客七要素及其联系构成的。Linder（2001）认为，商业模式是由定价模式、收入模式、渠道模式、商业流程模式、基于互联网的商业关系、组织形式、价值主张七者及其联系构成的。Petrovic（2001）认为，商业模式是由价值模式、资源模式、生产模式、顾客关系模式、收入模式、资产模式、市场模式七要素及其联系构成的。Afuah等（2001）认为，商业模式是由顾客价值、范围、价格、收入、相关行为、实施能力、持续力七要素及其联系构成的。

Weill（2001）认为，商业模式是由战略目标、价值主张、收入来源、成功因素、渠道、核心能力、目标顾客、IT 技术设施八要素及其联系构成的。Osterwalder（2005）认为商业模式是由价值主张、目标顾客、分销渠道、顾客关系、价值结构、核心能力、伙伴网络、成本结构、收入模式九要素及其联系构成的。

但客观地看，商业模式最为基本的是由四个要素及其联系构成的：一是价值体现，即企业将为客户创造并传的价值；二是价值创造方式；三是价值传递方式；四是企业的盈利方式。其中，价值体现是基础，新创企业如果不能发现客户所需要的价值，那就不能为客户创造出他们所需要的价值。价值创造和传递方式，是新创企业将自己的价值构想变为现实并为客户传递价值的"过程性手段"。在为客户创造并传递价值的同时，新创企业也不能忘记"自己的盈利方式是什么"，否则，新创企业很可能难以实现正的现金流。至于不少同行提到的其他要素，不过是这四个要素的次一级、次二级，甚至次三级的要素。这里需要注意的是，如果要素之间的联系方式及特点不同，则相同要素构成的也会是不同的商业模式。

知识点 26：商业模式的基本内涵。

 知识点 27：商业模式的内在结构。

课堂活动11：试分析阿里巴巴集团"双11购物节"的商业模式构成要素

阿里巴巴集团推动的"双 11 购物节"颇具影响。2014 年"双 11 购物节"的销售额达到 300 多亿元。请任课教师上网查阅相关资料，引导学生分析讨论阿里巴巴集团这一商业活动的商业模式（参考前段最后所述的"四要素说"）。

二、商业模式设计（开发）的特点

1. 商业模式设计的目的是把做不成的事变为可以做成的事

创业本身就是要将他人或自己此前做不成的商业转变为自己可以做成的商业，这首先要靠商业模式的设计来实现。商业模式设计是创业机会开发的重要环节。在有创业机会的情况下，如果创业者设计、开发不出可行的商业模式，则资源获取及其拼凑既无明确的方向，也谈不上起步之后的事情，且多会陷入盲目创业的境地。基于此，创业者一旦发现了有价值的创业机会，且意在创业，则必须着力设计、开发创业所需的可行的商业模式。

2. 理想的商业模式设计至少有两个特征

创业者之所以创业，最为基本的动因就是要赚取利润并贡献社会。而要赚取利润，可行的商业模式是基础。理想的商业模式设计至少应有两个特征：一是短期地看，理想的商业模式应有助于新创企业尽快实现正的现金流；二是长期地看，理想的商业模式应有助于新创企业用尽可能少的资源做成尽可能大的商业，从而使整个创业活动为创业者带来最大化的利润。创业是循序渐进的过程，特定的创业活动若能给创业者带来最大化的利润，也必然是一个循序渐进的过程。由此，某种商业模式未来若能为新创企业带来最大化的利润，则它首先应能尽快地为新创企业实现正的现金流。但需要说明的是，短期内能使新创企业实现正的现金流的商业模式，并不一定就是未来能使新创企业利润最大化的商业模式，这主要是因为利润最大化的实现是由更多因素决定的。

3. 商业模式设计是一个反复试错、修正的过程

商业模式本质上是企业为客户创造并传递价值，使客户享受企业为其创造的价值的、并为企业创造收入和利润的系统的商业逻辑。如前所述，商业模式最为基本的是由四要素及其联系构成的：一是价值体现，即企业将为客户创造并传递的价值；二是价值创造方式；三是价值传递方式；四是企业的盈利方式。故对创业者而言，针对特定的创业活动，要设计出理想的商业模式，并不能一蹴而就，而是需要反复试错和修正。一是需要分别设计每个要素；二是需要使四类要素处于相互协调匹配的状态。只有当四类要素分别是可行的且四者达到协调匹配的状态时，这样的商业模式才可能是较为理想的商业模式。

4. 商业模式开发是企业战略设计的基础

创业不但要有理想的商业模式，还要有持续努力的总体战略。商业模式决定创业能否得以启动与实施，战略则决定创业能否持续，决定新创企业未来能否可持续地成长。就二者的关系而言，商业模式通常先于战略，是战略生成的基础，战略则是在商业模式基础上新创企业对于自己长期拟走道路的选择。因此，创业者要为新创企业设计理性的战略，首先需要开发、设计理想的商业模式。否则，所设计的战略即可能成为无根之树，自然难以真正付诸实施。

⊚ 知识点28：商业模式设计的目的。

⊚ 知识点29：理想商业模式设计的两个特征。

⊚ 知识点30：商业模式开发与企业战略设计的关系。

课堂活动12：分析商业模式有助于新创企业实现正的现金流的重要性

就任课教师熟知的创业案例，分析商业模式对于新创企业实现正的现金流的重要性。也可以通过"商业模式没有帮助新创企业尽快地实现正的现金流"的案例，分析由此给创业者带来的困难。

三、商业模式的设计方法：商业模式画布

1. 何谓商业模式画布

一般而论，商业模式画布（Business Model Canvas）指的是把决定特定商业活动之成败的主要因素，填充到九个关键模块（俗称九宫格）之中，进而整合成一张画布，以清晰地描绘特定商业活动基本而系统的逻辑。这类画布的基本结构如表3-2所示。

表 3-2　商业模式画布的基本结构

7. 合作伙伴	5. 关键业务 6. 核心资源	1. 价值主张	3. 客户关系 4. 渠道通路	2. 客户定位
	8. 成本结构		9. 收入来源	

2. 商业模式画布九宫格的具体内容

（1）价值主张，即创业团队将给客户提供的价值，具体体现为对客户有用的产品或服务，其作用是满足客户特定的价值享受。

（2）客户定位，即创业团队所提供产品的目标用户群。诸如想要接触和服务的不同人群或组织，可能是一个，也可能是数个，以及谁是最重要的客户。

（3）客户关系，即客户接触创业团队的产品后，双方应建立怎样的关系，以及相应的客户关系管理方式。

（4）渠道通路，即创业团队与客户建立联系的方式和载体，如互联网、网店、专卖店、大卖场、第三方中介等。

（5）关键业务，即创业团队拟为客户提供有用的价值而必须开展的决定成败的不可或缺的具体业务。

（6）核心资源，即为了给客户创造与传递价值，创业团队必须掌控的不可或缺的资源，如资金、技术、人才、原材料等，以及需要从伙伴那里获取哪些核心资源。

（7）合作伙伴，即创业团队为了给客户创造与传递价值，相应地需要与其他企业、机构建立的伙伴关系，如科研单位、商业银行、投资机构、上游产品供应商、媒体等。

（8）成本结构，即创业团队为了给客户创造与传递价值，相应地需要在哪些事项上付出成本，包括获取资源、建立伙伴关系、建立渠道等方面的支出。

（9）收入来源，即创业团队将怎样从自己给客户提供的价值中取得收益，特别是从每个客户群体获取的现金收入，以及什么样的价值能让客户愿意付费，他们更愿意怎样支付费用，每个收入来源占总收入的比例。

四、商业模式设计的过程与评价

1. 过程：由顶层设计到递阶协调

商业模式最为基本的是由四类要素及其联系构成的。但要设计出可以具体付诸实施的商业模式，则有一个由顶层设计到递阶协调的过程。

1）商业模式的顶层设计

商业模式最为基本的是由四类要素及其联系构成的：一是价值体现，包括核心价值、非核心价值以及衍生价值；二是价值创造方式；三是价值传递方式；四是企业的盈利方式。这四类要素就是商业模式的顶层要素，故商业模式的顶层设计，就是要设计这四类要素及其联系。其中，价值体现，即创业者希望通过自己未来的商业活动为目标客户提供什么样的价值；价值创造方式，即创业者准备以怎样的方式方法和途径开发、生产出体现自己拟给目标客户提供价值的产品和服务；价值传递方式，即创业者以怎样的方式方法和途径将体现拟提供价值的产品及服务提供给目标客户；企业的盈利方式，即创业者在给目标客户创造并传递价值的同时，拟以怎样的方式方法和途径来使自己获得利润。明确了这四者及其联系，创业者才可能顺次细化商业模式的次一级要素及其联系。

2）商业模式四大要素的具体化

通常，价值体现可以具体化为创业者拟为客户提供的功能，以至最终的产品或服务。功能更多是指产品的效用。创业者拟向用户提供的功能即效用明确了，才可构想具体的产品或服务。基于拟为客户创造的价值，新创企业需要开发和生产价值的方式方法和途径，这通常要结合具体产品或服务的具体特点来开发。例如，如果具体产品为计算机软件产品，那就要从软件开发的相关规律来思考具体的价值创造方式；如果具体产品为计算机硬件产品，那就要从硬件开发的相关规律来思考具体的价值创造方式。至于价值传递方式，更多的是指产品营销的方式方法和途径，具体包括产品推广、销售、客户服务等方面的相关手段、措施及渠道等。而企业的盈利方式，也需要结合价值创造方式、价值传递方式、企业与客户的交易关系、可能的市场竞争方式及态势（如市场结构）来具体设计。

3）商业模式设计的具体流程

如将前文商业模式设计进一步具体化，则有表 3-3 所示的商业模式设计流程。

表 3-3　商业模式设计的流程

顶 层 设 计	具体化设计	组织化设计
价值体现设计	产品或服务：核心、非核心及衍生价值	企业内部组织； 外部伙伴关系； 客户关系界面； 企业利润屏障
价值创造方式设计	产品或服务研发、生产的方式方法和途径	
价值传递方式设计	产品或服务营销的方式方法和途径	
企业盈利方式设计	基于企业与客户交易关系及市场竞争的企业盈利方法及途径	
四类要素联系设计	产品或服务的研发、产销、交易、竞争关系的协调	

在前述商业模式设计的流程中，由顶层设计到具体化设计，再到组织化设计，是一个循序渐进、递阶而为的过程。创业者只有步步为营、逐级细化，才可能设计出客观可行的理想的商业模式。

 知识点 31：商业模式的顶层设计。

 知识点 32：商业模式四大要素的具体化。

 知识点 33：商业模式设计的具体流程。

2. 评价：有效性的评价准则

商业模式设计得是否合理与理想，通常需要从三个维度进行评价。实施这一评价的目的，就在于确保实施相应的商业模式后能真正达到期望的效果。

1）客户价值实现的程度

创业者所设计的商业模式是否合理，首先要审视该模式对于创业团队所构想的"价值体现"的实现程度，即该商业模式能够在多大程度上实现创业团队原本拟为客户创造并传递的价值。而要回答这一问题，创业者一是需要评价该商业模式可能为客户创造并传递的价值是不是原本拟创造的价值。例如，创业者原本打算为客户创造"节能"的价值，但通过所设计的商业模式，是不是真的就能帮助客户节能。二是需要评价该商业模式实现拟定价值的程度。如前假设，如果所设计的商业模式能够为客户提供节能的价值，则还需要进一步评价该商业模式能够为客户节能的程度大小。

2）客户价值实现的可靠性

多数商业活动都存在风险，这就有了特定商业活动实现其价值的可靠性问题。相应地，创业者借助所设计的商业模式为客户提供价值，也存在可靠性问题。由此，创业者在设计特定商业模式之后，也需要评价其能够为客户提供特定价值的可靠性，即评价该商业模式能够在多大程度上为客户可靠地提供拟定的价值。显然，只有那些能够可靠地为客户创造拟定价值的商业模式，才是可取的。这里不难看到，商业模式的可靠性评价，相当程度上也就是商业模式的风险评价。相应地，既需要搞清特定商业模式的系统风险和非系统风险，又需要搞清各种具体风险的程度大小。只有搞清了各种可能的风险，才能称为对特定商业模式的可靠性进行了较为充分的评价。

3）客户价值实现的效率

如果估计特定商业模式能够较为可靠地为客户提供拟定的价值，还需要进一步关注该商业模式为客户创造与传递价值的效率。在商业模式的顶层要素中，价值创造方式和价值传递方式二者共同决定客户价值的实现效率，故创业者评价客户价值的实现效率，一是需要评价特定商业模式为客户创造价值的效率；二是需要评价特定商业模式为客户传递价值的效率。最终效率的形成，则是价值创造和价值传递两个效率的"乘积"，而不是两个效率的"相加"。换言之，只有特定商业模式的价值创造效率和价值传递效率都很高时，创业者才可能以较高的效率为客户提供价值；反之，如果其中任何一个环节的效率较低，都可能会下拽创业者为客户提供价值的效率。

◎ 知识点34：商业模式有效性的评价准则。

◎ 知识点35：客户价值实现程度的评价内容。

◎ 知识点36：客户价值实现的可靠性的评价内容。

◎ 知识点37：客户价值实现的效率的评价内容。

课堂活动13：试评价联想集团前后两种商业模式的有效性

联想集团创立初期的商业模式是"技—工—贸"，即自己研发技术，生产自有技术产品，销售自有技术产品。但此种模式下，联想集团生存艰难。后来，联想集团将商业模式调整为"贸—工—技"，即先代理或销售国外产品；待对国外 PC 及相关产品较为熟悉之后，再做产品组装；待对相关产品技术熟悉之后，再开发具有自主知识产权的技术和产品。任课教师不妨查阅 20 世纪 90 年代初期前后国内 PC 市场的情况，引导学生对联想集团前后两种商业模式进行"客户价值实现的程度、客户价值实现的可靠性、客户价值实现的效率"的评价。

微软公司是如何打败苹果公司的

长期以来，微软公司与苹果公司各自开发的操作系统互不兼容，自成一体。早在 20 世纪 80 年代末，苹果公司最早把图形用户界面操作系统应用到个人电脑，并在这种新颖、直观的操作系统技术上领先于其他对手。苹果公司的图形化操作系统依靠其时尚的外形、出众的操作体验，引领了当时相关领域技术发展的潮流。

然而，一段时间内，苹果公司作为一个技术领先者，拥有竞争对手所不具备的"好技术"，却没有赢得市场，苹果公司在个人电脑操作系统市场竞争中败给了多年后才步苹果公司后尘推出图形化操作系统的微软公司。当微软 1995 年推出成熟的图形化视窗系统——"Windows 95"之后，在短短两年间，全世界将近 90% 的个人计算机都装上了微软公司的视窗系统，苹果电脑的技术优势却逐渐消失。

除了技术之外，微软公司的成功在很大程度上得益于其非凡的商业模式创新。当时微软公司开创了极具创新性的商业模式——"OEM"销售模式，即微软公司不是面向最终个人用户，而是事先向微机生产厂商销售"预装视窗操作系统许可"。微机厂商卖出多少台微机，就为微软公司卖出了多少份操作系统。微软只需要把握最主要的几十家微机厂商，就几乎控制了整个微机操作系统市场。

之后，微软公司的拳头产品 Windows 98/NT/2000/XP/Server 2003 等，一次又一次地成功占领了从 PC 到商用工作站甚至服务器的广阔市场，为微软公司带来了丰厚的利润，创造了神话般的"微软帝国"。在 IT 软件行业流传着一句话："永远不要去做微软公司想做的事情。"

无疑，现在微软公司已在个人电脑软件王国建立了遥遥领先的技术优势，但除了其技术之外，我们还不得不思考其成功的商业模式。沃伦·巴菲特曾这样评价比尔·盖茨："如果他卖的不是软件而是汉堡，他也会成为世界汉堡大王。"可见，商业模式创新对于像微软这样的技术型公司来说，其重要性一点儿不亚于技术上的创新。

资料来源：雷家骕. 技术创新管理[M]. 北京：机械工业出版社，2011.

 小测试

1. 何为商业模式？
2. 商业模式是由哪些要素构成的？
3. 理想的商业模式设计至少应有哪些特征？
4. 商业模式开发与企业战略设计有着怎样的关系？
5. 简述商业模式设计的具体流程。
6. 怎样进行商业模式的顶层设计？
7. 商业模式的有效性评价涉及哪些准则？
8. 怎样评价特定商业模式对于客户价值的实现程度？
9. 怎样评价特定商业模式实现客户价值的可靠性？
10. 怎样评价特定商业模式实现客户价值的效率？

 **本章小结**

重要术语

创业机会　市场回应　机会识别　先验知识　细分市场商机　机会风险　系统风险
非系统风险　风险承担能力　机会风险收益　商业模式　商业模式四要素　商业模式画布
商业模式设计　商业模式评价

 **即测即练**

自　　　　　　　扫
学　　　　　　　描
自　　　　　　　此
测　　　　　　　码

创 业 资 源

本章提要

通过对本章的学习，学生可以了解创业过程中的资源需求和资源获取途径，特别是创造性整合资源的途径，认识创业资金筹募的渠道和风险，掌握创业资源管理的技巧和策略。

学习重点和难点

重点：了解资源获取的途径和技能、有限资源的创造性利用。

难点：掌握创业所需要的资金测算。

第一节　创业资源概述

学习目的与要求

通过本节的学习，学生应达到如下要求：

1. 了解创业资源的类型。

2. 重点认识不同类型创业活动的资源需求差异。

3. 掌握创业资源获取的一般途径。

4. 明确创业资源获取的技能。

学习要点

1. 不同的创业活动具有不同的创业资源需求。

2. 创业资源包括有形资源和无形资源，无形资源往往是撬动有形资源的重要杠杆。

3. 创业资源获取途径包括市场途径和非市场途径。

4. 创业资源获取的关键往往取决于软实力。

创业语录

许多大学生都错误地认为：只要有个好的点子，能拿到投资，再加上执着、激情、运气，就能成为下一个马化腾。但是，创业成功的真正关键更在于：团队、经验、执行力。大部分创业的失败不是因为点子不好，而是因为欠缺经验，没有团队，缺乏执行力——归根到底，积淀比点子更重要。

——李开复（创新工场董事长兼首席执行官）

一、创业资源的内涵与种类

（一）创业资源的内涵

1. 创业资源的定义

党的二十大报告描绘了中国式现代化的三大实现路径——教育、科技与人才，强调教育、科技、人才是全面建设社会主义现代化国家的基础性、战略性支撑。创新创业能够为中国式现代化和加快创新型国家建设提供坚实的物质基础，而创业的前提条件之一就是创业者拥有或者能够支配一定的资源。所谓资源，依照目前战略管理领域中很有影响力的资源基础理论（Resource-Based Theory，RBT）的观点，企业是一组异质性资源的组合，而资源是企业在向社会提供产品或服务的过程中，所拥有的或者所能够支配的用以实现自己目标的各种要素以及要素组合。

TED 演讲 1

概括地讲，创业资源是企业创立以及成长过程中所需要的各种生产要素和支撑条件。对于创业者而言，只要是对其创业项目和新创企业发展有所帮助的要素，就可归入创业资源的范畴。

创业资源之于创业活动的重要意义不仅仅局限在单纯的量的积累上。应当看到创业过程实质上是各类创业资源重新整合，支持企业获取竞争优势的过程。创业主体识别、开发与利用机会的创业过程需要"实现新的结合"，结合的对象即"创业资源"，从而实现外部资源获取以及内部资源整合。一方面，创业者需要获取并利用利益相关者控制的资源，以形成并利用机会，而新组织合法性往往是获取外部资源的前提；另一方面，资源获取后需要经过内部开发与整合才能转化为绩效报酬。①

2. 创业资源在创业过程中的作用

在此将创业过程分为企业创立之前的机会识别过程和创立之后的企业成长过程两个阶段，分别考察创业资源在每个阶段中如何发挥作用。

（1）机会识别过程。机会识别与创业资源密不可分。从直观的含义上看，机会识别是要分析、考察、评价可能的潜在创业机会。Kirzner（1973）认为，机会代表着一种通过资源整合、满足市场需求以实现市场价值的可能性。因此，创业机会的存在本质上是部分创业者能够发现其他人未能发现的特定资源的价值的现象。例如，在同样的产品或者盈利模式下，一些人会付诸行动去创业，其他人却往往放任机会流失；有的人会经营得很成功，而另一些人会遭受损失。对后者来说，往往是缺乏必要创业资源的缘故。②

（2）企业成长过程。企业创立之后，一方面，创业者仍需要积极地从外界获取创业资源；另一方面，已经获取的创业资源在企业发展过程中逐渐被整合、利用。资源整合对于创业过程的促进作用是通过创业战略的制定和实施来实现的。丰富的创业资源是企业战略制定和实施的基础和保障，同时，充分的创业资源还可以适当校正企业的战略方向，帮助

---

① 周冬梅，陈雪琳，杨俊，鲁若愚. 创业研究回顾与展望[J]. 管理世界，2020（1）：206-225+243.

② 林嵩. 创业资源的获取与整合——创业过程的一个解读视角[J]. 经济问题探索，2007（6）：166.

新创企业选择正确的创业战略。

需要提及的是，新创企业所拥有的创业资源必须加以有效整合，才能形成企业的核心竞争优势。资源整合，就是把企业所拥有的自然资源、信息资源和知识资源在时间和空间上加以合理配置、重新组合，以实现资源效用的最大化。必须注意的是，这种资源效用的最大化，并非简单的各项资源各安其位、各司其职，而是能够通过重新整合规划，创造企业独特的核心竞争力，实现企业在市场上的竞争优势。

（二）创业资源的分类

从分类学的角度看，所谓分类，就是一个对事物进行认识、区分、理解的过程，可以按照不同的目的对事物进行分类。尽管学术界对于创业资源类型界定尚未有统一标准，但是目前对创业资源的多视角分类有助于人们理解创业资源的来源、构成以及资源的获取与整合。

早期的学者将资源分为三种类型，即物质资源（存货、设备）、财务资源（资金、贷款）、人力资源（劳动力、管理者）。资源基础理论（RBT）强调资源的异质性和独特性，因此，这些资源演变为后来描述更加细致的组织资源（技能和知识的结合）、技术（技术诀窍）和声誉资源。后来，Brush 等学者提出了突出创业者重要性的一种资源——社会资本，又称网络资源或关系资源。创业过程通常被解释成组织的形成过程，所以对于创业企业来说组织资源是具有标志性意义的一类资源[①]。

目前，学术界对创业资源的分类大致有以下五种类型。

1. 创业资源按其来源分类

创业资源按其来源可以分为自有资源和外部资源。自有资源是指创业者或创业团队自身所拥有的可用于创业的资源，如自有资金、技术、创业机会信息等。外部资源是指创业者从外部获取的各种资源，包括从朋友、亲戚、商务伙伴或其他投资者处筹集的投资资金、经营空间、设备或其他原材料等。自有资源的拥有状况（特别是技术和人力资源）会影响外部资源的获得和运用。

2. 创业资源按其存在形态分类

创业资源按其存在形态可以分为有形资源和无形资源。有形资源是具有物质形态的、价值可用货币度量的资源，如组织赖以存在的自然资源以及建筑物、机器设备、原材料、产品、资金等。无形资源是具有非物质形态的、价值难以用货币精确度量的资源，如信息资源、人力资源、政策资源以及企业的信誉、形象等。无形资源往往是撬动有形资源的重要手段。

3. 创业资源按其性质分类

根据资源的性质，可将创业资源分为六种资源，即人力资源、社会资源、财务资源、物质资源、技术资源和组织资源。[②]

（1）人力资源。其包括创业者与创业团队的知识、训练、经验，也包括组织及其成员

---

① 蔡莉，柳青. 新创企业资源整合过程模型[J]. 科学学与科学技术管理，2007（2）：96.

② 张玉利. 创业管理[M]. 北京：机械工业出版社，2021.

第四章 创 业 资 源   95

的专业智慧、判断力、视野、愿景，甚至是创业者、创业团队的人际关系网络。创业者是新创企业中最重要的人力资源，因为创业者能从混乱中看到市场机会。创业者的价值观和信念，更是新创企业的基石。合适的员工也是人力资源的重要部分，因此，高素质人才——技术人员、销售人才和生产工人等的获取和开发，便成为企业可持续发展的关键因素。

（2）社会资源。社会资源主要是指由于人际和社会关系网络而形成的关系资源。社会资源可以是人力资源的一部分，或者说是特殊的人力资源。社会资源对创业活动非常重要，因为社会资源能使创业者有机会接触到大量的外部资源，有助于透过网络关系降低潜在的风险，加强合作者之间的信任和声誉。开发社会资源是创业者的重要使命。

（3）财务资源。财务资源包括资金、资产、股票等。对创业者来说，财务资源主要来自个人、家庭成员和朋友。由于缺乏抵押物等多方面原因，创业者从外部获取大量财务资源比较困难。

（4）物质资源。物质资源是指创业和经营活动所需要的有形资产，如厂房、土地、设备等。有时也包括一些自然资源，如矿山、森林等。

（5）技术资源。技术资源包括关键技术、制造流程、作业系统、专用生产设备等。通常，技术资源包含三个层次：一是根据自然科学和生产实践经验而发展成的各种工艺流程、加工方法、劳动技能和诀窍等；二是将这些流程、方法、技能和诀窍等付诸实现的相应的生产工具和其他物资设备；三是适应现代劳动分工和生产规模等要求的对生产系统中所有资源进行有效组织和管理的知识、经验和方法。技术资源与智慧等人力资源的区别在于：后者主要存在于个人身上，随着人员的流动会流失，技术资源大多与物质资源结合，可以通过法律手段予以保护，形成组织的无形资产。

（6）组织资源。组织资源包括组织结构、作业流程、工作规范、质量系统。组织资源通常是指组织内部的正式管理系统，包括信息沟通、决策系统以及组织内正式和非正式的计划活动等。一般来说，人力资源需要在组织资源的支持下才能更好地发挥作用，企业文化也需要在良好的组织环境中培养。组织资源来自创业者或其团队对新创企业的最初设计和不断调整，同时包括对环境的适应和对成功经验的学习。由于创业过程通常被解释成组织的形成过程，所以对于创业企业来说，组织资源是具有标志性意义的一类资源。

4. 创业资源按其对生产过程的作用分类

资源还可以按照其对生产过程的作用分为生产型资源和工具型资源。生产型资源直接用于生产过程或用于开发其他资源，例如物质资源，像机器、汽车或办公室，被认为直接用于生产产品或提供服务；工具型资源则被专门用于获得其他资源，例如财务资源，因为其具有很大的柔性而被用于获得其他资源，比如用来获得人才和设备。产权型技术可能是生产型资源，也可能是工具型资源，这要根据其所依存的条件来归类，如果依赖于某个人则可能是工具型资源，如果是以专利形式存在的则可直接用于生产过程。需要指出的是，对于新创企业来说，个人的声誉资源和社会网络也属于工具型资源，有些时候市场资源也可以用来吸引其他资源，因此我们也将其归为工具型资源。

5. 创业资源按其在创业过程中的作用分类

创业研究学者通常将创业资源划分为两类，一类是运营性资源（Operation Resource），主要包括人力资源、技术资源、资金资源、物质资源、组织资源和市场订单等资源；另一类是对新企业生存和发展具有关键作用的战略性资源（Strategic Resource），主要是指知识资源。知识型社会给企业带来了持续而深远的影响，知识成为企业进行生产、竞争的关键，企业组织工作的重要任务是战略性地开发和利用知识资源。由于新企业的高度不确定性及创业者和资源所有者之间的信息不对称性，知识资源对运营资源的获取和利用具有促进作用。①

概括而言，学术界对于创业资源类型研究主要关注创业者/企业不同类型的初始资源禀赋与机会开发，以及与企业绩效的关系。首先，关注企业所具备的人力资本、社会资本等资源对企业绩效的影响。无论是以知识、经验为核心的人力资本，还是强调关系的社会资本，均根据企业结构、发展阶段等属性不同呈现出异质性，这种异质性资源能够帮助企业有效制定和实施战略，从而使其表现出更高的绩效。其次，在机会开发的研究中，主要关注创业者先验知识、社会网络等资源对机会开发的影响。研究表明，资源是实现机会开发的基础保障，创业者或企业的先前经验、社会网络等资源因特定的历史背景因素等不同表现出难以模仿性和难以替代性，这些异质性资源能够帮助其聚焦在特定的领域进行信息搜索，并且以更有效的方式对信息进行加工，从而识别更多的机会；同时，这些异质性资源能够帮助企业克服外部环境的不确定性，促进企业有效利用机会，进而帮助实现新产品或新服务的价值。②

 知识点 1：了解创业资源的类型。

（三）不同类型创业活动的资源需求

创业活动可以根据不同标准分为不同类型，不同的创业活动对于创业资源的需求类型、整合方式各不相同。为了揭示创业过程中动机、机会与资源的作用机理，有的学者定义了新创企业三种资源整合方式，即技术驱动型、资金驱动型和人力资本驱动型，其含义是以三种资源中其中一种相对充裕并优先获取的资源为核心和驱动力，以此带动其他两种资源向新创企业聚集的资源获取方式。③

技术驱动型资源获取模式是指创业者最先拥有技术资源，或者创业初始，技术资源较为充裕并带动其他资源向企业聚集的资源获取模式。在该模式下，创业者以拥有的核心技术为基础，根据技术开发的需要获取、整合和利用资源。

人力资本驱动型资源获取模式是指创业者以拥有的团队为基础，通过发挥团队特长或根据机会开发的需要来获取、整合和利用资源的模式。很多职业经理人创业采用这一模式，即工作一段时间后再创业的创业活动很多也是以原工作单位的工作伙伴以及积累的工作技能为基础，先有了一个相互默契的工作团队，再寻找一个适合的创业项目，促成创业的成功。

资金驱动型资源获取模式是指创业者最先拥有资金，或者创业初始，资金较为充裕并

① 朱秀梅，费宇鹏. 关系特征、资源获取与初创企业绩效关系实证研究[J]. 南开管理评论，2010，13（3）：128.
② 蔡莉，于海晶，杨亚倩，卢珊. 创业理论回顾与展望[J]. 外国经济管理，2019（12）：94-111.
③ 王旭，朱秀梅. 创业动机、机会开发与资源整合关系实证研究[J]. 科研管理，2010（9）：57.

带动其他资源向企业聚集的资源获取模式。在该模式下，创业者以其拥有的资金为基础，通过寻找和资金相匹配的项目，进而对其进行开发来获取、整合和利用资源。很多大型企业的内部创业多采用资金驱动型的资源获取模式，他们有着充沛的资金，有发现新商机的独到眼光，于是通过新产品的研发，或新技术的购买开始新一轮的创业活动。

除此以外，新创企业在发展的不同时期，需要的资源类型和数量可能会有所不同，不同资源在企业不同发展阶段的作用也不相同。

随着创业情境的日益丰富，涌现出许多新的创业类型，如绿色创业、数字创业、用户创业、文化创业等，这些创业活动由于自身的独特性而产生独特的创业资源开发过程。以数字创业为例，数字创业资源的核心在于如何对数字创业资源进行编排。Amit 和 Han（2017）在 Barney 等（2011）资源编排模型的基础上，提出了数字世界里价值创造过程中的资源编排，包括持续检测（continuous testing）、资源众包（resource crowdsourcing）、分类排序（sorting）、勘探挖掘（prospecting）、资源嫁接（resource grafting）和资源简化（resource streamlining）六个微过程。数字创业资源编排的六个微过程能够相互配合，激发数字创业企业的资源潜力，促进数字创业企业形成数字资源优势，助力数字创业机会开发。[①]

 知识点2：认识不同类型创业活动的资源需求差异。

课堂活动1：头脑风暴

结合第一章关于创业类型的界定，运用头脑风暴的方法和学生一起讨论、分析其他类型的创业对于创业资源的需求有何特点。

将头脑风暴中形成的观点进行梳理，总结为以下内容。

现有的创业类型，反映出不同的创业目的、创新程度、创业起点、创业项目、创业方向与风险、创新内容等，这些因素决定了新创企业在初创期分别对不同的关键资源有不同的需求，可以采取不同的获取模式。

二、创业资源与一般商业资源的异同

创业资源与一般商业资源既有相同点，也有一定的差别。

从广义上看，创业资源与一般商业资源的基本内容大致相近，都包括人力资源、社会资源、财务资源、物质资源等，是指创业活动或商业活动中所需要的各种生产要素和支撑条件。倘若一个人想要创业或者从事某种商业活动，则必须具备一定的条件，而拥有这些资源在某种程度上就是获得了许可证。在创业过程中，除自有资源外，创业者往往通过市场交易手段将一般商业资源转换为创业资源。

从狭义上看，创业资源与一般商业资源的差异表现为以下三点。

第一，创业资源与创业过程相伴而生，是一项事业、一个企业或组织从无到有、从小到大的创建过程中所依赖的各种要素和支持条件。对于创业活动而言，不确定性强是初创期的主要特征，因此，创业者所拥有或者可以利用的资源无论在数量上还是规模上都表现为"少""小"。而一般商业资源往往泛指事业、企业或组织所具备的生产要素和支持条件，

---

① 朱秀梅，刘月，陈海涛. 数字创业：要素及内核生成机制研究[J]. 外国经济与管理，2020(4)：19-35.

其数量、规模都比创业资源"多""广"。

第二，创业资源的范围往往小于商业资源。尽管创业资源与商业资源的基本内容相近，但并不是所有的商业资源都是创业资源，因为只有创业者能够拥有或者可以获得、利用的资源才是创业资源。在创业的过程中，创业机会只有与相应的创业资源进行匹配，才能形成现实的创业行为。否则，即使出现了大好的创业机会，创业者也难以迅速利用这个机会，只能眼睁睁地看着机会从身边溜走。

第三，有的学者认为，创业资源更多表现为无形资源，一般商业资源则更多表现为有形资源。创业资源的独特性更强，创业者的个人能力和社会网络资源是其中最为关键的资源；一般商业资源中，规范的管理和制度则是企业成功的基础资源。[①]

三、社会资本、资金、技术及专业人才在创业中的作用

创业活动的本质是创业者围绕潜在机会来调动和整合一切可能获得的资源以创造商业价值的过程，这些资源包括社会资本、资金、技术以及专业人才等。创业者所拥有或者能够支配的资源在很大程度上决定了创业方向。

（一）社会资本在创业中的作用

社会资本的概念是法国学者布尔迪厄（Pierre Bourdieu）于 20 世纪 70 年代提出来的，其代表著作 *Distinction* 于 1984 年译成英文。科尔曼（James Coleman）1988 年在《美国社会学学刊》发表的《作为人力资本发展条件的社会资本》一文，在美国社会学界第一次明确使用了"社会资本"这一概念，并对其进行了深入的论述。

自布尔迪厄和科尔曼提出社会资本以来，比较有代表性的社会资本概念，指的是个人通过社会联系获取稀缺资源并由此获益的能力。这里指的稀缺资源包括权力、地位、财富、资金、学识、机会、信息等。当这些资源在特定的社会环境中变得稀缺时，行为者可以通过两种社会联系获取。第一种社会联系是个人作为社会团体或组织的成员与这些团体和组织所建立起来的稳定的联系，个人可以通过这种稳定的联系从社会团体和组织获取稀缺资源。第二种社会联系是人际社会网络。与社会成员关系不同，进入人际社会网络没有成员资格问题，无须任何正式的团体或组织仪式，它是由于人们之间的接触、交流、交往、交换等互动过程而发生和发展的。

在创业研究方面，社会资本是基于人际和社会关系网络形成的资源。这种资源可以是人力资源的一部分，或者说是特殊的人力资源。社会资本能使创业者有机会接触大量的外部资源，有助于通过网络关系降低潜在的风险，加强合作者之间的信任与信誉。有学者通过研究发现：虽然个人的财务资源与其是否成为创业者没有显著关系，但是从创业者个体来看，其获取资源的能力决定了创业活动能否成功启动；创业者常常通过社会网络获取所需的信息和资源，而那些拥有丰富社会资本的创业者往往可借此得到较难获取的资源，或以低于市场的价格购买取得。[②]

---

① 李家华. 创业基础[M]. 北京：北京师范大学出版社，2013.

② Kim P H, Aldrich H E, Keister L A. Access (not) denied: the impact of financial, human, and cultural capital on entrepreneurial entry in the United States[J]. *Small Business Economics*, 2006, 27(1): 5-22.

斯坦福大学研究中心的一份调查显示：一个人赚的钱，12.5%来自知识，87.5%来自基于正常社会经历建立的人际关系。而来自我国的数据显示：社会交往面广、交往对象趋于多样化、与高社会地位个体之间关系密切的创业者，更容易发现创新性更强的创业机会。[①]

（二）资金在创业中的作用

资金是创业者资源整合的重要媒介。从产生创意、发现创业机会到构建商业模式，创业者或创业团队都绕不开资金这个话题。换言之，创业过程的每项活动都会发生成本，都需要进行成本补偿。比如，对于新创企业来说，无论是进行产品研发还是生产销售，都需要大量的资金，因此如何有效地吸收资金资源是每个创业者都极为关注的问题。

很多创业者在创业之前，对资金的认识还不实际、全面，认为企业一开始投入就能盈利，能够弥补创业过程中的资金短缺问题。事实上没那么简单，很多时候一个创业项目在起步后的相当一段时间内是没有收入的，或者收入不会像预期的那么容易。因此，在创业之前必须要做好资金问题的思想准备，以备不时之需，尽可能避免因为一时的资金问题让创业团队陷入困境。

大学生创业的最大困难之一就是资金缺乏。即便已经建立若干年的企业，资金链的断裂也是企业致命的威胁。据国外文献记载，倒闭破产的企业中有85%是盈利情况非常好的企业，而这些企业倒闭的主要原因是资金链的断裂。企业可能不会由于经营亏损而破产清算，却常常会因为资金断流而倒闭。[②]

虽然资金在创业过程中起着至关重要的作用，但融资数量并非多多益善，要考虑到企业实际的资金需求量。创业融资需要一定的策略，参见本章第二节的内容。

（三）技术在创业中的作用

对于制造类型或提供基于技术服务的新创企业而言，技术资源是企业存在和发展的基石，是生产活动和生产流程稳定的根本，其成功的关键是首先寻找成功的创业技术，原因有三：一是创业技术是决定创业产品的市场竞争力和获利能力的根本因素。在创业初期，在创业资金需求基本满足的情况下，创业技术是最关键的资源。二是创业是否拥有技术核心决定了所需创业资本的大小。对于在技术上非根本创新的创业企业来说，创业资本只要保持较小的规模便可维持企业的正常运营。三是从创业阶段来说，由于企业规模较小，因此管理要求及对人才的需求度不像成长期那样高，创业者的企业家意识和素质是创业阶段最关键的创业人才和创业管理资源。

技术资源的主要来源是人才资源，重视技术资源的整合也就是注重人才资源的整合。技术资源的整合，不仅要整合、积聚企业内部的技术资源，还要整合外部的可资利用的技术资源，比如积极寻找、引进有商业价值的科技成果，加强和高校科研院所的产学研合作等。整合技术资源只是起点，技术资源整合是为了技术的不断创新、自主研发并拥有自主知识产权，保持技术的领先，提高新创企业的核心竞争力。

---

① 张玉利，杨俊，任兵. 社会资本、先前经验与创业机会——一个交互效应模型及其启示[J]. 管理世界，2008（7）.

② 李家华. 创业基础[M]. 北京：北京师范大学出版社，2013.

（四）专业人才在创业中的作用

组织资源观认为，塑造以知识为基础的核心能力是组织获取持续竞争优势的有效策略。这种核心能力具有独特价值，是不可模仿和难以转移的，它需要组织内部的长期开发。专业人才在创业过程中的作用可以从创业者、创业团队、管理团队以及骨干员工的角度体现出来。

创业活动的本质是创业者围绕潜在机会来调动和整合一切可能获得的资源来创造商业价值的过程，这些资源包括创业者自身的物质资本、人力资本以及不容忽视的社会资本。影响创业者人力资本的直接因素主要包括教育经历、产业工作经历和相关的创业经历；影响创业者社会资本的直接因素主要包括创业者的家庭背景、生活的地缘环境、拥有的社会关系以及创业团队所具有的其他特征等。创业者是新创企业的核心，其所具有的人力资本、社会资本对新创企业的创建和后续发展具有非常关键的作用。

随着知识经济兴起、高科技产业发展，人们发现单靠个人力量越来越难以成功创业，创业团队的重要性凸显。大量的实证研究表明，团队创办的企业在存活率和成长性两方面都显著高于个人创办的企业。这是因为团队创业通常具有多样化的技能和竞争力基础，可以形成更广阔的社会和企业网络，有利于获取额外的资源。创业投资家也经常把新企业创业团队的素质作为其投资与否的最重要的决策依据之一。当然，创业者的人力资本和社会资本对创业团队的组建也有重要作用。一方面，优秀的创业领导人更有可能吸引优秀的人才来共同创业；另一方面，创业者的社会资本对创业团队的组建和持续性发挥着不可忽视的作用。[①]

管理团队也是创业过程中重要的人力资源。随着新创企业发展到一定阶段，管理体系逐渐健全，各项规章制度逐步完善，组织架构也日益明晰，公司就需要从外部引进一些专业管理人才，这些专业人士能够为企业带来有益的建议与革命性的管理思路。需要提及的是，正是因为专业人士具有外来性，管理风格与理念可能与原本创业团队中的核心成员不同，甚至可能有矛盾冲突。

此外，在创业过程中还有其他可供利用的人力资源，如管理咨询公司、银行、风险投资者、律师事务所、高校等机构的专业人士。对于大学生创业者来说，在对企业运作中某项业务不太熟悉的情况下，可以充分利用外部专业人士的帮助，积极与知名的行业专家和学者建立紧密联系，以获得专业知识和建议，整合各方面的资源，提高创业成功率。

四、影响创业资源获取的因素

资源获取是在识别资源的基础上，得到所需资源并用之于创业过程的行为。对于新创企业而言，是否能够从外界获取所需资源，首先取决于资源所有者对创业者或创业团队的认可，而这一认可在很大程度上取决于商业创意的价值。商业创意为资源获取提供了杠杆，一项能被资源所有者认同的、有价值的商业创意，才有助于降低创业者获取资源的难度。

除了商业创意的价值，影响创业资源获取的因素还包括创业导向、创业者（创业团队）先前工作经验、资源配置方式、创业者的管理能力、社会网络等。

---

① 张帏，陈琳纯. 创业者的人力资本和社会资本对创业过程的影响[J]. 技术经济，2009（8）：22-27.

（一）创业导向

创业导向（Entrepreneurial Orientation）的概念源于战略管理领域的战略决策模式研究，其根源可以追溯到战略选择理论。该理论强调企业通过市场分析来选择并实施战略行为和新市场进入行为。概括地讲，创业导向反映了企业建立新事业、应对环境变化的一种特定心智模式，是一种态度或意愿，这种态度或意愿会导致一系列创业行为。

在常见的创业研究模型中，创业导向被划分为三个维度：创新性、风险承担性和前瞻性。创新性是指"企业热衷于能够带来新产品、新服务、新工艺的新思想、新观点和新的实验手段"。风险承担性是指"管理者愿意承担较大和有风险事务的程度"。前瞻性是指"企业通过预测未来需求改造环境，来寻找比竞争对手更早引入新产品或服务的机会"。在日益激烈的竞争环境中，新创企业往往需要采取更多的创新行为、承担更多的风险来参与竞争，以取得良好的企业绩效。在明确的创业导向指引下，企业能够创造性地整合资源、利用资源，并在资源的动态获取、整合、利用过程中，注意区分不同的资源，充分发挥知识资源的促进作用。为此，创业者要注重创业导向的培育和实施，充分关注创业团队的价值观、组织文化和组织激励等影响创业导向形成的重要因素。

课堂活动2：小组讨论

一项调查显示，95%的在校大学生认为创业面临的最大难题是缺乏资金，90%有工作经验的 MBA 学生以及其他在职学习的学生则认为创业面临的最大难题是缺乏好的商业创意。为什么这两类人群的看法如此不同？

将小组讨论形成的观点进行梳理，引入接下来的授课内容：创业者（创业团队）先前工作经验对获取创业资源的影响。

（二）创业者（创业团队）先前工作经验

创业者（创业团队）的先前工作经验分为创业经验和行业经验两大类。其中，创业经验是指先前创建过新的企业或组织，是创业者在此过程中所获得的感性和理性的观念、知识和技能等，它提供了诸如机会识别与评估、资源获取和公司组织化等方面的信息。行业经验是指创业者在某行业中的先前工作经历，它提供了有关行业规范和规则、供应商和客户网络以及雇用惯例等信息。[①]

创业过程本身就是一个知识转移的过程。从先前创业经验中转移来的知识能够提高企业家有效识别和处理创业机会的能力，有助于发现、获取创业资源。拥有创业经验的创业者有一种"创业思维定式"，驱使他们寻求和追求那些最好的机会。在不确定性和时间压力下，先前创业经验提供了有利于对创业机会做出决策的隐性知识，这种隐性知识可以通过创业者而转移到新创的组织里，因此，创业者拥有较多的创业经验更容易获得可取的特定机会，从更多的途径获取创业资源。此外，先前创业经验还提供了帮助创业者克服新企业面临的新的不利因素的知识。这些都能够帮助社会企业家规避风险，增强他们的资源获取

---

① 买忆媛，徐承志. 工作经验对社会企业创业资源整合的影响[J]. 管理学报，2012，19（1）：82-88.

能力。

先前行业经验中所积累的顾客问题知识、市场服务方式知识、市场知识等造就了创业者的"知识走廊"，强化了其发现创业机会、获取资源的能力。同时，先前行业的管理经验能够帮助创业者解决创建和管理创业团队过程中遇到的诸多困难，而且管理经验越多，获取资源的可能性越大。此外，拥有先前行业经验的创业者往往享有更强的社会网络，其在先前行业中获得的公正声誉和处理利益相关者之间关系的技能有利于新创企业获得合法性认可。

（三）资源配置方式

资源配置是指人们对相对稀缺的资源在各种不同用途上加以比较作出的有利选择。在创业过程中，资源总是表现出相对的稀缺性，创业者不可能获取所有资源用以开发创业，因此要求创业者对有限的、稀缺的资源进行合理配置，充分利用好已有的资源、身边的资源、别人不予重视的资源，发挥资源的杠杆撬动作用。

资源的配置方式有市场交易与非市场交易两种。在市场经济条件下，大多数资源可以通过市场交易而得到。但是，由于资源的异质性、效用的多样性和知识的分散性，人们对于同样资源往往具有不同的效用期望，有些期望难以依靠市场交易得到满足。因此，如果通过资源配置方式创新，能够开发出新效用，使之更好地满足资源所有者的期望，创业者就有可能从资源所有者手中获得资源使用权，以开展生产经营活动。

（四）创业者的管理能力

创业资源获取的关键往往取决于企业的软实力。创业者的管理能力是企业软实力的主要表现，管理能力越强，获取资源的可能性越大。创业者的管理能力可以从其沟通能力、激励能力、行政管理能力、学习能力和外部协调能力等多方面予以衡量。

良好的沟通能力可以使创业团队表现出坚强的凝聚力，采取共同的行动，从而更容易获取必要的外在资源；团队激励和合作有助于企业综合能力的提升，产生团队外溢效果，获取必要的资产和资源；较强的行政管理能力有利于将各种资源进行较完美的匹配与组合，使企业的正常运作更有效率，企业因而会根据成员的要求和组织发展的需要，去吸引更多的人力资源和其他无形资产；学习能力则可以不断地使创业者提升自身管理能力，了解外部市场的变化和创业企业内部的需求，对其作出理性判断，运用一定的方式获取企业所需的资源；外部协调能力是创业者个人才能的外向性应用，创业者的外部协调能力越强，与合作者（如供应商、销售商等）达成一致的可能性就越大，创业者就可以利用外部资源为企业服务，得到资源获取的外在效应，在获取必要资源的同时，为企业创造良好的发展环境。[①]

（五）社会网络

社会网络是多维度的，能够提供企业正常运转所需的各种资源，也是新创企业最重要

① 王艳茹. 创业资源[M]. 北京：清华大学出版社，2014.

的资源之一。社会网络是隐性知识传播的重要渠道，它能通过促进信息（包括技能、特定的方法或生产工艺等）的快速传递而协助组织学习，同时还可以大大降低企业的交易成本，帮助获取与企业需求相匹配的资源，因此对于创业资源的获取具有重要意义。

研究表明，社会网络的关系强度、关系信任以及网络规模对创业资源的获取具有正向影响，因此新创企业应关注强关系网络的维护和利用以弥补其合理性的不足。强关系网络的主体通常以家庭、亲戚、朋友为主，与这些关系的频繁、密切接触，更易于获取资金、技术、人力等运营资源和有益的创业指导和建议。[①]

Ted 演讲 2

不同的社会网络和网络地位，为人们之间的沟通协作提供了不同的渠道。在社会网络中处于优势地位的创业者，具有较好的社会关系依托，可以有选择地了解不同对象的效用需求，有针对性地对不同对象传递商业创意的不同方面，有目的地获取不同资源所有者的不同理解和信任，最终成功地从不同网络成员那里获取所需的不同资源，为自己进行资源配置方式创新提供基础。

创业者和天使投资人都需长远眼光

天下互联科技集团董事长张向宁认为，最理想的天使投资人和创业者的配合，是98%和2%的关系。张向宁历经了万网、天下互联的两次创业，因此，对创业者的艰辛有着更深刻的理解。从一个创业者的角度来看，他认为，摆在创业者"缺乏名单"上的，第一位并不是金钱，而是曾经有过创业经历的前辈的支持，这包括经验、精神、关系，而其他的财力、物力的支持会伴随而来。创业者寻求天使投资的支持，往往是因为缺乏资源。而最为典型的情况是缺乏行业的资源。

比如张朝阳在创立搜狐公司的时候，寻求了其导师、《数字化生存》作者尼葛洛庞帝的天使投资。这笔投资的意义，远远超出了资金范畴，它意味着对创业者的认可，对创业方向的指导和更多信誉、关系的支持。因此，使得公司的无形资产能够迅速扩充。

资料来源：张向宁. 创业者和天使投资人都需长远眼光[EB/OL]. http://it.sohu.com/20070329/n249063146.shtml.

五、创业资源获取的途径与技能

（一）创业资源获取的途径

获取创业资源的途径分为市场途径和非市场途径两大类。当创业所需要的资源有活跃的市场，或者有类似的可比资源进行交易时，可以采用市场交易的途径；其他情况下则可以采用非市场交易的途径。

1. 通过市场途径获取资源

通过市场途径获取资源的方式包括购买、联盟和并购等。

---

① 朱秀梅，费宇鹏. 关系特征、资源获取与初创企业绩效关系实证研究[J]. 南开管理评论，2010，13（3）.

购买是指利用财务资源通过市场购入的方式获取外部资源。主要包括购买厂房、装置、设备等物质资源，购买专利和技术，聘请有经验的员工等。需要注意的是，诸如知识尤其是隐性知识等资源虽然可能会附着在非知识资源之上，通过购买物质资源（如机器设备等）得到，但很难通过市场直接购买，因此，需要新创企业通过非市场途径去开发或积累。对创业者来说，购买资源可能是其最常用的资源获取方式，大部分资源，尤其是物质资源、技术资源、人力资源等都可以通过从市场上购买的方式得到。

联盟是指通过联合其他组织，对一些难以或无法自己开发的资源实行共同开发。这种方式不仅可汲取显性知识资源，还可汲取隐性知识资源。但联盟的前提是联盟双方的资源和能力互补且有共同的利益，而且能够对资源的价值及其使用达成共识。通过联盟的方式共同研究开发获取技术资源也是创业者经常采用的方式，尤其是对于高科技企业来说，通过和高等院校和研究机构的联盟，可以在不增加设备投入的同时，及时得到企业发展所需要的技术资源，使企业保持可持续发展的后劲。

资源并购是通过股权收购或资产收购，将企业外部资源内部化的一种交易方式。资源并购的前提是并购双方的资源尤其是知识等新资源具有比较高的关联度。并购是一种资本经营方式，通过并购可以帮助创业者缩短进入一个新领域的时间，从而及时把握商机，实现创业目标。

 知识点 3：创业资源获取的一般途径。

2. 通过非市场途径获取资源

通过非市场途径获取资源的方式主要有资源吸引和资源积累等。

资源吸引是指发挥无形资源的杠杆作用，利用新创企业的商业计划，通过对创业前景的描述，利用创业团队的声誉来获得或吸引物质资源（厂房、设备）、技术资源（专利、技术）、资金和人力资源（有经验的员工）。创业者在接触风险投资或者技术拥有者的过程中，可以通过对创业前景的描述或团队良好声誉的展示，获得资源拥有者的信任和青睐，从而吸引其主动将拥有的资源投入创业企业之中。

资源积累是指利用现有资源在企业内部通过培育，形成所需的资源。主要包括自建企业的厂房、装置、设备，在企业内部开发新技术，通过培训来增加员工的技能和知识，通过企业自我积累获取资金等。创业者很多时候会采用资源积累的方式来筹集企业所需的人力资源或技术资源。通过资源积累的方式获取人力资源可以作为一种激励方式，激发创业团队或企业员工的工作积极性，提高工作效率；通过资源积累的方式获取技术资源，则可以在获得核心技术优势的同时，保护好商业机密。

通过市场途径还是非市场途径取得资源，主要取决于资源在市场的可用性和成本等因素。若证明快速进入市场能够带来成本优势，则外部购买可能就是获取资源的最佳方式。

获取资源贯穿创业的全过程，在创业的初始阶段，它具有更加重要的作用。对于多数新创企业来说，由于初始资源禀赋的不完整性，创业者需要取得资源供应商的信任来获取资源。但无论如何，采用多种途径同时获取不同资源总是正确的选择。INSEAD 战略学教授洛朗斯·凯普伦（Laurence Capron）和北卡罗来纳州杜克大学教授威尔·米切尔（Will

Mitchell）2010 年经过对 162 家电信公司长达 10 年的研究得出结论，与采用单一途径的企业相比，通过多种方式获取资源的企业更有优势：它们在未来 5 年内继续经营的概率比那些主要依赖联盟的企业高 46%，比专注于并购的企业高 26%，比坚持内部研发的企业高 12%。[①]

 知识点 4：创业资源获取的一般途径。

（二）创业资源获取的技能

Timmons 认为，成功的创业活动必须对机会、创业团队和资源三者进行最适当的匹配，并且还要随着事业的发展不断进行动态平衡。创业过程由机会启动，在创业团队建立以后，就应该设法获得为创业所必需的资源，这样才能顺利实施创业计划（图 4-1）。为了合理获取、利用资源，创业者往往需要制定设计精巧、用资谨慎的创业战略，而创业团队是实现创业这个目标的关键组织要素，为此创业者或创业团队必须具有高超的领导力和沟通能力，能够适应市场环境的变化。

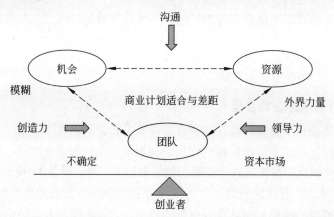

图 4-1　Timmons 创业过程模型

1. 沟通

为了获取创业资源，创业者及其团队应该有较好的人际沟通能力、沟通技巧以及顺畅的沟通机制。

人际沟通能力是指一个人能够用有效的和适当的方法进行沟通的能力。有效性即沟通行为有助于个人目标、关系目标实现的程度，适当性即沟通行为与情境和关系限制保持一致的程度，有效性和适当性是评价沟通能力水平的重要指标。

沟通技巧是指参与沟通的人具有收集和发送信息的能力，能通过书面、口头与肢体语言的媒介，有效与明确地向他人表达自己的想法、感受与态度，亦能较快、正确地解读他人的信息，从而了解他人的想法、感受与态度。沟通技巧涉及许多方面，如简化运用语言、积极倾听、重视反馈、控制情绪等。虽然拥有沟通技巧并不意味着一定会成功获取创业资

[①] 王艳茹. 创业资源[M]. 北京：清华大学出版社，2014.

源，但缺乏沟通技巧一定会使创业者遇到许多麻烦和障碍。

在获取资源的过程中，与各方沟通是必不可少的，因此创业者及其团队必须与各方建立顺畅的沟通机制，派出有一定沟通能力的团队成员负责与各方沟通，这是获取创业资源成功与否的关键因素。有研究结论可以很直观地证明沟通的重要性，即两个70%，同样适用于创业者获取资源这一任务。

第一个70%是指企业的管理者，实际上70%的时间用在沟通上。开会、谈判、谈话、作报告是最常见的沟通形式，撰写报告实际上是一种书面沟通的方式，对外各种拜访、约见也都是沟通的表现形式，所以说有70%的时间用在沟通上。

第二个70%是指企业中70%的问题是由沟通障碍引起的。比如企业常见的效率低下的问题，实际上往往是有了问题、有了事情后，大家没有沟通或不懂得沟通所引起的。另外，企业里面执行力差、领导力不高的问题，归根结底都与沟通能力的欠缺有关。[①]

无论是人与人之间还是企业与企业之间的良好感情的建立，都是双方持续不断地顺畅沟通的结果。创业者获取资源、整合资源的过程就是与新创企业内外部的资源供给者充分沟通的过程。在企业外部，创业者需要与外部的投资者、银行、媒体、同行从业者、消费者、供应商等通过沟通建立联系，获得信任，消除利益分歧，争取对方的扶持与帮助，取得共赢的结果；在企业内部，创业者需要通过顺畅沟通，鼓舞士气，吸引人才、留住人才，进而提升企业运营绩效。

 知识点5：创业资源获取的技能。

三分钟打动投资人

陈宏是汉能投资集团董事长兼首席执行官，在由《创业家》期刊主办的创业沙龙上，他讲了如何在短时间里打动投资人的沟通技巧：

前阵子我担任一个创业比赛的评委。第二名有两个团队，分数一模一样。为了区分出第二和第三，我们给两个创业者一人一分钟作简报。简报完双方得票是5:0，五个评委都投给同一个人。为什么？因为赢的那个人会表达，一分钟之内把自己的激情、梦想讲得很感人。

马云曾经说过，创业者要在5分钟内敲定几百万美元。5分钟的确有点儿夸张，但是在很短的时间之内打动投资人，让他们有兴趣继续再看他的企业，这是属实的。

我过去在硅谷创业。公司在美国上市前，就为了30分钟的演讲，专门请顾问对我进行了好几天训练。30分钟演讲，15分钟问答，问完以后投资人就走了，人家都记不住你是什么样子。这拨人在几天之后就要下单，决定要不要买你公司的股票。如果你讲不清楚，拿不到足够的认购订单，公司就上不了市。

沟通是一门功夫，我认识周鸿祎（奇虎360公司董事长）十几年了，当时他做3721"网

[①] 佚名. 关于沟通的两个70%，世界经理人互动社区[EB/OL]. http://www.ceconlinebbs.com/FORUM_POST_900001_900004_1034805_0.HTM.

络实名"（直接在网页的网址处打上中文即可链接目标网站的网络服务）不久，那时候他也是讲不清楚的，但现在也锻炼出来了。有时候非常好的工程师作出非常好的东西，但就是讲不出来自己的好处和优势，这是很吃亏的。你融资融得好，公司可能就活下来了、成功了，否则可能就死了。

据 UT 斯达康公司创始人吴鹰回忆，某创始人约见软件银行集团的时候，对方只给了他 6 分钟演讲。该创始人拿了半张纸，把主要几点写在了上面。该创始人用上了他的语言天赋，用英文讲电子商务，吴鹰都听得云山雾罩，觉得这个人很有热情，讲得也很清楚。而且该创始人非常自信地讲，"我不缺钱"（当时已拿到高盛集团的 500 万美元）。该创始人讲完后，现场的投资人一致看好他。后来，该创始人拿到了软件银行集团的 1 800 万美元投资，2003 年又拿到了 5 000 万美元的追加投资。

资料来源：胡彩苹，陈宏. 三分钟打动投资人[J]. 创业家，2013（2）：94-98.

2. 战略领导力

尽管学术界对创业者能力的组成要素有不同的认识，但是对于创业者在战略方面的领导能力认识大体一致。创业者战略领导能力是创业者能力与新创企业战略管理过程的契合点，是创业者能力在企业战略管理各个阶段中体现出的一种独特的思考型实践能力，包括战略思维能力、战略决策能力、战略规划能力和战略控制能力。[①]

新创企业成长伴随着不断创新和创业的活动，扩大企业经营规模，实现从创业期走向成长期。受到知识、经验和资源有限的约束，在起步阶段解决不确定性和模糊性成为创业成长最棘手的问题，新创企业与大企业不同，不能依赖市场的惯性取得成功，不能错误地使用资源，新创企业要想获得生存并持续成长，应该很清晰地看到所处的竞争环境，更应该考虑商业战略。

创业企业的创立与创业者个人的追求目标、价值观和创业能力是密不可分的，这也成为新创企业最初的战略愿景。对创业企业的企业家而言，需要具有出色的言语表达能力，把自己创新的想法不断传输给企业的各个部门，需要将企业的战略意图适当地向企业外界表达出来，以此获取企业所需要的资源。因此，在新创企业获取资源、整合资源的过程中，如果创业者具备战略领导能力，则最容易打动资源所有者。

 知识点 6：创业资源获取的技能。

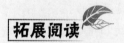

PE 如何选择企业

陈玮是东方富海公司的董事长，有多年的创业投资经验，至 2012 年年底累计投资 100 亿元。陈玮是这样总结其投资选人经验的：

这么多年来，我投资失败的企业 80% 与人有关系，成功的企业也是与人有关系。那么

---

① 刘进，揭筱纹. 创业企业成长中的企业家战略领导能力研究[J]. 管理现代化，2012（5）：121.

怎么看人呢？同时具备三种特质的人会比较容易成功。第一是大气的人。我们看团队希望他们在一起工作三年以上，而且这个团队是不断有人加入的，核心管理层有股份。一个公司，如果大股东占99%的股份，其他三个股东只有1%的股份，法律上没问题，但你瞅着很别扭。如果企业每半年换一个财务总监，那基本上没办法投资。第二是一根筋的人。其执着守志、不为所动。在中国创业，一辈子专心致志做好一件事不容易，所以专注很重要。第三是好面子的人。老板一定要好面子，有责任敢于担当，因为有的企业有上万人，老板做出一个不好的决策就会影响到上万人。同时具备上述三种特质的人相对比较容易成功。

最容易拿到钱的是什么样的团队？就是唐僧带的团队。第一个是唐僧本事不大，他只知道到西天取经这一件事儿，这辈子一定要完成。第二个就是有一个孙悟空CEO，他也不想这么辛苦，但有一个紧箍咒约束他，取完经以后就能成佛，而且本事也大。第三个还要有一个沙和尚这样的人，本事一般，但是遵守纪律，让干什么都干，执行力特别强。另外还有一个猪八戒，猪八戒有两个毛病，一个是好色，一个是好吃懒做，但他的小手脚全部都在桌面上，没有在桌子底下。这种人也挺可爱的，你要用好了他就能发挥出自己的本事。

有两种创业者最容易拿到钱。第一种是领袖型创业者，有理想、有气质、有口才，会引导、会激情、会让员工死心塌地跟着干。第二种是独裁型创业者，有目标、有办法、有干劲、敢承担、敢拍板、敢骂人、敢让员工一天工作24小时。大家记住，政治上要讲民主，做企业要讲集中。

资料来源：陈玮，王冀.PE如何选择企业[J].创业家，2013（5）：95.

第二节　创业融资

学习目的与要求

通过本节的学习，学生应达到如下要求：

1. 了解创业融资的相关理论。

2. 掌握创业所需资金的测算、创业融资的主要渠道及各种渠道的差异。

3. 了解创业融资的一般过程。

学习要点

1. 创业融资是创业管理的关键内容，在企业成长的不同阶段具有不同的侧重点和要求。

2. 不确定性和信息不对称是创业融资难的影响因素。

3. 正确测算创业所需资金有利于确定筹资数额，降低资金成本。

4. 创业融资的主要渠道包括自我融资、亲朋好友融资、天使投资、商业银行贷款、担保机构融资和政府创业扶持基金融资等。

5. 创业融资不只是一个技术问题，还是一个社会问题，应从建立个人信用、积累社会资本、写作创业计划、测算不同阶段的资金需求量等方面做好准备。

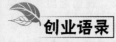

创业语录

投资人条件苛刻与否，那就要看你跟投资人是如何处理的，是如何签合同的。一般来说，投资人就是"请神容易送神难"，他进来的目的就是赚钱，不管等多少年，他希望你的公司做大。所以中间当你的公司发展处于瓶颈或者困境的时候，投资人就会给你制造很多麻烦。但是如果他们不给你投钱，你的公司可能连制造麻烦的机会都没有。

——俞敏洪（新东方集团董事长）

一、创业融资分析

（一）创业融资的概念

融资，是指资金的融通。狭义的融资，主要是指资金的融入，也就是通常意义的资金来源，具体是指通过一定的渠道、采用一定的方法、以一定的经济利益付出为代价，从资金持有者手中筹集资金，组织对资金使用者的资金供应，满足资金使用者在经济活动中对资金需要的一种经济行为。广义的融资，不仅包括资金的融入，也包括资金的运用，即包括狭义融资和投资两个方面。

本书中，创业融资是指创业者为了将某种创意转化为商业现实，通过不同渠道、采用不同方式筹集资金以建立企业的过程。创业者应该根据新创企业在不同发展阶段的资本需求特征，结合创业计划以及企业发展战略，合理确定资本结构以及资本需求数量。

 知识点7：创业融资的相关理论。

（二）创业融资的重要性

任何企业的生产经营活动都需要资金的支撑。尤其是对于新创企业来说，在企业的销售活动能够产生现金流之前，企业需要技术研发，需要为购买和生产存货支付资金，需要进行广告宣传，需要支付员工薪酬，还可能需要对员工进行培训；另外，要实现规模经济效应，企业需要持续地进行资本投资；加上产品或服务的开发周期一般比较漫长，就使得创业企业在生命早期需要大量筹集资金。

对创业者来说，融资的重要性主要表现在以下三个方面。

第一，资金是企业的血液。资金不仅是企业生产经营过程的起点，还是企业生存发展的基础。资金链的断裂是对企业致命的威胁。

第二，合理融资有利于降低创业风险。创业企业使用的资金，是从各种渠道借来的资金，都具有一定的资金成本。因此，合理选择融资渠道和融资方式，有利于降低资金成本，将创业企业的财务风险控制在一定范围之内。

第三，科学的融资决策有利于企业可持续发展，为创业企业植入"健康的基因"，保证创业企业可持续发展。

 知识点8：创业融资的相关理论。

课堂活动3：头脑风暴

1. 运用头脑风暴的方法和学生一起讨论，分析新创企业为什么会融资困难。
2. 将头脑风暴中形成的观点进行梳理和总结。

（三）创业融资难的原因

许多调查显示，缺少创业所需资金及创业资金筹集困难是创业者面临的最大挑战。创业融资难的主要原因是创业企业的不确定性大、信息不对称以及资本市场欠发达等。

1. 新创企业的不确定性大

相对于成熟的企业，新创企业在资产、销售和雇员等方面处于弱势，存在高度的不确定性。不确定性客观上反映了企业技术、产品或商业模式成功的可能性，进而影响风险投资提供资本的意愿和方式（无论是一次性全部提供还是分阶段注入）；而且不确定性还将使创业企业与外部投资者签订依赖特定条件或状态的合同变得困难，进而增加了外部融资的成本。所以，创业活动本身的不确定性，使得外部投资者难以判断商业机会的真实价值和创业者把握机会的实际能力。

2. 企业和资金提供者之间的信息不对称

融资过程中企业和资金提供者之间的信息不对称主要表现在以下三方面。

第一，创业者处于信息优势。创业融资中的信息不对称表现为创业者比投资者对创业活动的创意、技术、商业模式、自身能力、团队素质、产品或服务、企业的创新能力和市场前景等了解多，从而处于信息优势，投资者则处于信息的劣势。

第二，创业者倾向于对创业信息进行保密。创业者在融资时，出于担心商业机密泄露的考虑，往往倾向于保护自己的商业机密及其开发方法，特别是进入门槛低的行业的创业者更是如此。这样，创业者对创业信息的隐藏会增加投资者对信息甄别的时间和成本，使其在有限信息的条件下难以判断项目优劣，进而影响其投资决策。

第三，新创企业的经营和财务信息具有非公开性。新创企业或者处于筹建期，或者开办时间较短，缺乏或只有较少的经营记录，企业规模一般也较小，经营活动透明度较差，财务信息具有非公开性，这些特征使得潜在投资者很难了解和把握创业者和创业企业的有关信息。

3. 融资机制不完善

完善的融资机制应包括从初创期开始到成熟期，这一个较长的时间段内企业可以持续不断地获得资金，它并不仅是给予创业初期的启动资金，而应关注创业的整个阶段。该机制不应只包括政府给予的优惠政策，还应包括社会组织、个人设立的创业基金、银行等金融机构的支持。创业是有利于全社会发展的行为，不应只受政府的支持，全社会人士都要看到它的积极影响并大力支持。自2014年我国政府提出"双创"鼓励政策以来，新创企业融资环境、融资渠道在不断优化，极大地促进了创业活动。但是，从创业企业融资的顺畅性、全社会对创业的支持范围以及金融创新模式考量，融资机制尚需进一步完善。比如，政府引导的创业基金、专项资金等优惠存在门槛高、覆盖程度低等问题；创业基金不仅具有地域和行业偏好性，创业企业与政府之间还存在联系脱节的问题，企业不能高效地从政府手中获得资金支持来从事技术研发等活动，降低了创业的成功率；社会组织、个人设立的创业基金数量少、门槛高，小型企业较难申请；银行等金融机构运营的主要目的是盈利，它们对于风险较大、规模较小、缺少足够的有形资产抵押的创业企业贷款的抵押担保、信用评级等方面控制严格。此外，无论在哪种融资手段中，融资的材料审核和手续流程都十分烦琐，不利于创业者在短时间内迅速筹到资金。

4. 创业融资难的其他原因

与既有企业相比，创业企业在融资方面还具有明显劣势，包括缺少相应的抵押和担保；单位融资成本较高；资金的安全性难以评估；创业者的人力资本定价困难等。党的二十大报告指出，要"完善中国特色现代企业制度，弘扬企业家精神，加快建设世界一流企业。支持中小微企业发展"。创新创业恰逢其时，国家和社会各界对创业企业发展给予了极大关注与扶持。尽管大多数创业企业尤其是科技型中小企业往往会面临前期投入大、成果转化难、融资难和融资贵的问题，但是通过金融创新，将进一步盘活中小科技企业资源，比如知识产权，创造出更大的价值。

基于创业者主导的创业融资

创业者以及创业者所代表的创业团队是创业活动的组织者和执行者，创业者的意志力或者意图，是推进创业活动的催化剂（Bird，1988；Bygrave & Hofer，1991）。创业企业的生存主要依靠创业者主导并以创业者为主，创业者在融资决策上的重要影响主要发生在早期（蒂蒙斯，2002），其作为中心签约人主导了初期的融资安排（杨其静，2005）。特别是创业者作为所有者和经营者身份的混合，使其个人因素强烈影响了其融资行为（田晓霞，2004），突出的表现主要有：创业企业的风险与创业者个人的风险很少分离（Ang，James & Floyd，1995）；在财务上，创业企业和创业者的家庭经常是纠缠在一起的（Haynes & Rosemary，1996）；如果未采用有限责任的公司制形式注册，创业企业的债务就是创业者个人的负债，所以借款给创业企业相当于借款给创业者个人（Berkowitz & Michelle，1999）。因而创业企业的融资行为更多地与创业者个人相融合，创业者个人对融资的影响甚于创业企业自身，"人们总是被归入根据可观察的特征确定的各种类型中"（薛求知等，2003）。创业者以其明显的包括性别、种族、民族和学历等人口特征表现出更强的融资差异，男性、非少数民族和有良好教育背景的人相对容易获得（外部）资金，具体是指：女性创业者同男性创业者相比很少使用外来资金，向家庭和朋友借款的可能性较大，获得的贷款需要支付较高的利率，而且其所创办的企业属于服务类的话可能更需要担保（Coleman，2000），在银行业集中的市场中能够获得优惠（Cavalluzzo & Linda，1998）；美国存在较大的种族歧视，白人相对容易获得资金（Blandflower，Philip & David，1999）。

创业者主导的创业融资行为与创业者个人或团队拥有或控制资源的程度相关。因此，创业者的融资能力、创业导向及创业者的社会网络会影响到融资成功的可能性。

资料来源：苗淑娟，李雪灵. 创业企业融资行为分析[J]. 工业技术经济，2007（3）：130，131，149.

二、创业所需资金的测算

（一）创业资金的分类

创业资金按照不同的标准可以进行不同的分类，对于创业资金不同种类的认识有利于创业者在估算创业资金时充分考虑可能的资金需求。

1. 按照资金占用形态和流动性的分类

按照资金的占用形态和流动性，可以分为流动资金和非流动资金。占用在原材料、在制品、库存商品等流动资产，以及用于支付工资和各种日常支出的资金，被称为流动资金；用于购买机器设备、建造房屋建筑物、购置无形资产等的资金，被称为非流动资金。

流动资金的流动性较好，极易使用和变现，一般可在一个营业周期内收回或耗用，属于短期资金的范畴，创业者在估算创业资金需求时需考虑其持续投入的特性，选择短期筹资的方式筹集相应资金；非流动资金占用的期限较长，不能在短期内回收，具有长期资金的性质，能够在 1 年以上的经营过程中给企业带来经济利益的流入，创业者在进行创业资金估算时，往往将其作为一次性的资金需求对待，采用长期筹资的方式筹集相应资金。

2. 按照资金投入企业时间的分类

按照资金投入企业的时间可分为投资资金和营运资金。投资资金是发生在企业开业之前，在企业筹办期间发生各种支出所需要的资金。包括企业在筹建期间为取得原材料、库存商品等流动资产投入的流动资金；购建房屋建筑物、机器设备等固定资产，购买或研发专利权、商标权、版权等无形资产投入的非流动资金；以及在筹建期间发生的人员工资、办公费、培训费、差旅费、印刷费、注册登记费、营业执照费、市场调查费、咨询费和技术资料费等开办费用所需资金。营运资金是从企业开始经营之日起到企业能够做到资金收支平衡为止的期间内，企业发生各种支出所需要的资金，是投资者在开业后需要继续向企业追加投入的资金。企业从开始经营到能够做到资金收支平衡的期间叫作营运前期，营运前期的资金投入一般主要是流动资金，既包括投资在流动资产上的资金，也包括用于日常开支的费用性支出所需资金。

创业企业开办之初，企业的产品或服务很难在短期内得到消费者的认同，企业的市场份额较小且不稳定，难以在企业开业之时就形成一定规模的销售额；而且，在商业信用极其发达的今天，很多企业会采用商业信用的方式开展销售和采购业务。赊销业务的存在，使企业实现的销售收入的一部分无法在当期收到现金，从而现金流入并不像预测的销售收入一样多。规模较小且不稳定的销售额，以及赊销导致的应收款项的存在，往往使销售过程中形成的现金流入在企业开业后相当长的一段时间内，无法满足日常的生产经营需要，从而要求创业者追加对企业的投资，形成大量的营运资金。

营运前期的时间跨度往往依企业的性质不同而不同，一般来说，贸易类企业可能会短于一个月；制造类企业则包括从开始生产之日到销售收入到账这段时间，可能要持续几个月甚至几年；不同的服务类企业其营运前期的时间会有所不同，可能会短于 1 年，也可能会比 1 年要长。

　　在很多行业，营运资金的资金需求要远远大于投资资金的资金需求，对营运资金重要性的认识，有利于创业者充分估计创业所需资金的数量，从而及时、足额筹集资金。

（二）投资资金的测算

　　如上所述，投资资金包括创业企业开业之前的流动资金投入、非流动资金投入，以及开办费用所需要的资金投入。一般来说，在估算投资资金时，大部分创业者均能想到购置厂房、设备及材料等的支出，以及员工的工资支出、广告费，但常常会忽略诸如机器设备安装费用、厂房装饰装修费用、创业者的工资支出、业务开拓费、营业税费等开业前可能发生的其他大额支出，因此，采用表格的形式，将投资资金的项目予以固定化，是合理估算创业资金的有效方法。表 4-1 是投资资金估算常用的表格。

表 4-1　投资资金估算表　　　　　　　　　　单位：元

行次	项　　目	数　　量	金　　额
1	房屋、建筑物		
2	设备		
3	办公家具		
4	办公用品		
5	员工工资		
6	创业者工资		
7	业务开拓费		
8	房屋租金		
9	存货的购置支出		
10	广告费		
11	水电费		
12	电话费		
13	保险费		
14	设备维护费		
15	软件费		
16	开办费		
17	…		
n	合　　计		

　　表 4-1 中有关项目的内容说明如下。

　　表格中第 1～3 行投资资金的支出属于非流动资金支出，一般在计算创业资金时作为一次性资金需求予以考虑。其中，房屋、建筑物的支出包括厂房的装饰装修费用，若企业拟在租来的房屋中办公，则将相应的支出填写在第 8 行房屋租金中，而且应关注房租的支付形式，房屋租金可能采用押一付三的方式支付，也可能采用押一付一的方式，但基本上都是采用先付租金的形式，这样房屋租金的支出起码应相当于 4 个月或 2 个月的租金数额；若房租支付采用按半年付费或按年付费的方式，则房屋租金的支出会更多；机器设备的支出包括机器设备的购置费用和安装调试费用，而且应考虑安装调试的时间对企业生产经营的影响。

表格中第 4～15 行投资资金的支出属于流动资金支出，在计算创业资金时需要考虑其持续性投入问题，这将在下文估算营运资金时讲到。创业者在估算投资资金时，一定不要忽略了其自身的工资支出、业务开拓费、营业税费、设备维护费等项目。

表格中的第 16 行是创业企业的开办费用。开办费用是企业自筹建之日起，到开始生产、经营（包括试生产、试营业）之日期间（即筹建期间）内发生的费用支出。包括筹建期间人员的工资、办公费、培训费、差旅费、印刷费、注册登记费以及不计入固定资产和无形资产等购建成本的汇兑损益和利息支出。开办费用的发生不形成特定资产，企业可以在开始经营之日的当年一次性从利润中扣除，也可以在一定的期间内分期摊销计入不同期间的利润之中。不同行业所需要的开办费用不同，如高科技行业筹建期间员工的工资和人员的培训费可能较高，有较高进入门槛的行业筹建期可能较长等。

最后，不同行业所需要的资本支出不同，创业者应通过市场调查，将本行业所需的资本支出项目予以补充，填写在第 17 行及以下相应的表格中，并在最后一行计算所需要的投资资金的合计数。如创业项目需要特定技术的话，则要支付购买技术的费用，若采用加盟的方式进行创业，则需要支付加盟费用。

需要说明的是，创业者在估算投资资金时，一方面，要尽可能考虑所需要的各种支出，避免漏掉一些必须执行的项目，以充分估算资金需求；另一方面，由于创业资金筹集的困难性及创业初期资金需求的迫切性，创业者应想方设法节省开支，减少投资资金的花费，如采用租赁厂房、采购二手设备等方法节约资金。

 知识点 9：创业所需资金的测算。

（三）营运资金的测算

营运资金主要是流动资金，是新创企业开始经营后到企业取得收支平衡前，创业者需要继续投入企业的资金。营运资金的估算需要根据企业未来的销售收入、成本和利润情况来确定，通过财务预测的方式实现。

1. 测算新创企业的营业收入

营业收入是指企业在从事销售商品、提供劳务和让渡资产使用权等日常经营业务过程中所形成的经济利益的总流入。对新创企业营业收入的测算是制订财务计划与编制预计财务报表的基础，也是估算营运资金的第一步。在进行营业收入测算时，创业者应立足于对市场的研究和对行业营业状况的分析，根据其试销经验和市场调查资料，利用推销人员意见综合、专家咨询、时间序列分析等方法，以预测的业务量和市场售价为基础估计每个会计期间[①]的营业收入。创业者可通过表 4-2 来进行营业收入的预测。

---

① 会计期间是为了会计核算的需要，人为将企业持续不断的生产经营过程划分成相等的时间单位。会计期间分为月份、季度、半年度、年度等。

表 4-2　营业收入预测表　　　　　　　　　　　　　　单位：元

项　目		1	2	3	4	5	6	7	…	合计
产品一	销售数量									
	平均单价									
	销售收入									
产品二	销售数量									
	平均单价									
	销售收入									
…	…									
合计	销售收入									

2. 编制预计利润表

利润表是用来反映企业在某一会计期间经营成果的财务报表。该表是根据"收入 - 费用 = 利润"的会计等式，按营业利润、利润总额、净利润的顺序编制而成的，是一个时期的动态的报表。创业者在编制预计利润表时，应根据测算营业收入时预计的业务量对营业成本进行测算，根据拟采用的营销组合对销售费用进行测算，根据市场调查阶段确定的业务规模和企业战略，对新创企业经营过程中可能发生的管理费用进行测算，根据预计采用的融资渠道和相应的融资成本对财务费用进行测算，根据行业的税费标准对可能发生的营业税费进行测算，以此计算新创企业每个会计期间的预计利润。预计成本和预计利润表的格式分别如表 4-3 和表 4-4 所示。

表 4-3　营业成本预测表　　　　　　　　　　　　　　单位：元

项　目		1	2	3	4	5	6	7	…	合计
产品一	销售数量									
	单位成本									
	销售成本									
产品二	销售数量									
	单位成本									
	销售成本									
…	…									
合计	销售成本									

单位成本根据创业企业存货的计价办法确定，可以采用先进先出法、移动加权平均法、月末一次加权平均法等方法对销售产品的成本进行计量。[①]

---

① 先进先出法指按照"先入库的产品先发出"的原则对销售产品的成本进行计算；一次加权平均法指在月末计算一次产品的加权平均成本（（期初库存产品总成本 + 本月入库产品总成本）/（期初库存产品数量 + 本月入库产品数量）），用该成本乘以本月销售产品数量来计算本月销售成本的方法；移动加权平均法是在每一次发出产品之前都要计算一次加权平均单价，以计算的加权平均单价乘以本次销售数量计算发出产品成本的方法。

表 4-4　预计利润表　　　　　　　　　　单位：元

项　目	1	2	3	4	5	6	7	…	n
一、营业收入									
减：营业成本									
营业税金及附加									
销售费用									
管理费用									
财务费用									
二、营业利润（损失以"－"号填列）									
加：营业外收入									
减：营业外支出									
三、利润总额（损失以"－"号填列）									
减：所得税费用									
四、净利润（损失以"－"号填列）									

　　由于新创企业在起步阶段业务量不稳定，在市场上默默无闻，营业收入和推动营业收入增长所付出的成本之间一般不成比例变化，所以，对于新创企业初期营业收入、营业成本和各项费用的估算应按月进行，并按期预估企业的利润状况。一般来说在企业实现收支平衡之前，企业的利润表均应按月编制；达到收支平衡之后，可以按季、按半年或者按年度来编制。

3. 编制预计资产负债表

　　资产负债表是总括反映企业在某一特定日期全部资产、负债和所有者权益状况的报表。资产负债表是根据"资产＝负债＋所有者权益"这一会计基本等式，依照流动资产和非流动资产、流动负债和非流动负债大类列示，并按照一定要求编制的，是一张时点的、静态的会计报表。创业者在编制预计资产负债表时，应根据测算的营业收入金额和企业的信用政策确定在营业收入中回收的货币资金及形成的应收款项，根据材料或产品的进、销、存情况确定存货状况，根据投资资本估算时确定的非流动资金数额和选择采用的折旧政策计算固定资产的期末价值，根据行业状况和企业拟采用的信用政策计算确定应付款项，根据估算的收入和行业税费比例测算应交税费，根据预计利润表中的利润金额确定每期的所有者权益，并可据此确定需要的外部筹资数额。预计资产负债表的格式如表 4-5 所示。

表 4-5　预计资产负债表编制　　　　　　　　单位：元

项　目	1	2	3	4	5	6	7	…	n
一、流动资产									
货币资金									
应收款项									
存货									
其他流动资产									
流动资产合计									

项　目	1	2	3	4	5	6	7	…	n
二、非流动资产									
固定资产									
无形资产									
非流动资产合计									
资产合计									
三、流动负债									
短期借款									
应付款项									
应交税费									
其他应付款									
流动负债合计									
四、非流动负债									
长期借款									
其他非流动负债									
非流动负债合计									
负债合计									
五、所有者权益									
实收资本									
资本公积									
留存收益									
所有者权益合计									
负债和所有者权益合计									
六、外部筹资额									

与预计利润表相同的道理，一般来说，预计资产负债表在企业实现收支平衡之前也应该按月编制，在实现收支平衡之后可以按季、按半年或按年编制。

企业在经营过程中增加的留存收益是资金的一种来源方式，属于内部融资的范畴。留存收益取决于企业当期实现的利润和利润留存的比率。一般来说，初创期的企业为筹集企业发展需要的资金，利润分配率会很低，甚至为零，于是，企业实现利润的大部分都能够留存下来，构成企业资金来源的一个部分。[①]当留存收益增加的资金无法满足企业经营发展所需时，需要从外部融集资金。外部融资额＝资产合计－负债和所有者权益合计。

[①] 如微软公司于1975年成立，自1986年上市以来，虽然持续高速发展，但在长达26年的时间里从未向股东支付过现金股利。另外，戴尔、英特尔、康柏、太阳微系统等公司在高速成长期内的现金股利支付率也为零。
朱武祥. 企业融资决策与资本结构管理[J]. 证券市场导报，1999（12）.

知识点 10：创业所需资金的测算。

课堂活动4：头脑风暴

1. 运用头脑风暴的方法和学生一起讨论：如果你现在进行创业，可以通过哪些渠道融资？

2. 将头脑风暴中形成的观点进行梳理和总结。

三、创业融资渠道

融资渠道是指企业筹集资本的方向与通道，体现资本的源泉和流量。融资渠道主要由社会资本的提供者及数量分布决定。了解融资渠道的种类、特点和适用性，有利于创业者充分利用和开拓融资渠道，实现各种融资渠道的合理组合，有效筹集所需资金。具体来看，目前我国创业融资渠道主要包括私人资本融资、机构融资、风险投资、政府扶持基金、知识产权融资。

（一）私人资本融资

私人资本包括创业者个人积蓄、亲友资金、天使投资等。

据世界银行所属的国际金融公司（IFC）对北京、成都、顺德和温州四个地区的私营企业的调查，我国私营中小企业在初始创业阶段几乎完全依靠自筹资金。其中，90%以上的初始资金是由创业者、创业团队成员及家庭提供的，银行和其他金融机构贷款所占的比例很小，私人资本在创业融资中具有不可替代的作用。

1. 个人积蓄

尽管有些创业者没有动用过个人资金就办起了新企业，但这种情况非常少见。这不仅因为从资金成本或企业控制权的角度来说，个人资金成本最为低廉，而且因为创业者在试图引入外部资金时，外部投资者一般都要求企业必须有创业者的个人资金投入其中。所以，个人积蓄是创业融资最根本的渠道，几乎所有的创业者都向他们新创办的企业投入了个人积蓄。

个人积蓄的投入对于创业企业来说具有非常重要的意义：首先，创业者个人积蓄的投入，表明了创业者对于项目前景的看法，只有当创业者对未来的项目充满信心时，他才会毫无保留地向企业中投入自己的积蓄；其次，将个人积蓄投入企业，是创业者日后继续向企业投入时间和精力的保证，投入企业的积蓄越多，创业者越会在日后的生产经营过程中对企业更加关注；再次，个人积蓄的投入是对债权人债权的保障，由于在企业破产清算时，债权人的权益优于投资者的权益，所以，企业能够融到的债务资金一般以投资者的投入为限，创业者投入企业的初始资金是对债权人债权的基本保障；最后，个人积蓄的投入有利于创业者分享投资成功的喜悦。因此，准备创业的人，应从自我做起，较早地将个人收入的一部分储蓄起来，作为创业储备资金。

创业者可以通过转让部分股权的方式从合伙人那里取得创业资金，创办合伙企业；或通过公开或私募股权的方式，从更多的投资者那里获得创业资金，成立公司制企业。将个人合伙人或个人股东纳入自己的创业团队，利用团队成员的个人积蓄是创业者最常用的筹资方式之一。

就我国的现状而言，家庭作为市场经济的三大主体之一，在创业中起到重要的支持作用。以家庭为中心，形成的亲缘、地缘、商缘等为经纬的社会网络关系，对包括创业融资在内的许多创业活动产生重要影响，因此，创业者及其团队成员的家庭储蓄一般归入个人积蓄的范畴。

对许多创业者来说，个人积蓄的投入虽然是新企业融资的一种途径，但并不是根本性的解决方案。一般来说，创业者的个人积蓄对于新创企业而言，总是十分有限的，特别是对于新创办的大规模企业或资本密集型的企业来说，几乎是杯水车薪。

2. 亲友资金

对于新创企业来说，除了个人积蓄之外，身边亲朋好友的资金是最常见的资金来源。亲朋好友由于与创业者个人的关系而愿意向创业企业投入资金，因此，亲友资金是创业者经常采用的融资方式之一。

在向亲友融资时，创业者必须用现代市场经济的契约原则和法律形式来规范融资行为，保障各方利益，减少不必要的纠纷。第一，创业者一定要明确所融集资金的性质，据此确定彼此的权利和义务。若融集的资金属于亲友对企业的投资，则属于股权融资的范畴；若融集的资金属于亲友借给创业者或创业企业的，则属于债权融资。由于股权资本自身的特性，创业者对于亲友投入的资金可以不用承诺日后的分红比例和具体的分红时间；但对于从亲友处借入的款项，一定要明确约定借款的利率和具体的还款时间。第二，无论是借款还是投资款项，创业者最好能够通过书面的方式将事情确定下来，以避免将来可能的矛盾。

除此之外，创业者还要在向亲友融资之前，仔细考虑这一行为对亲友关系的影响，尤其是创业失败后的艰难困苦。要将日后可能产生的有利和不利方面告诉亲友，尤其是创业风险，以便将来出现问题时对亲友的不利影响降到最低。

3. 天使投资

天使投资（Angel Investor）是指个人出资协助具有专门技术或独特概念而缺少自有资金的创业家进行创业，并承担创业中的高风险和享受创业成功后的高收益；或者说是自由投资者或非正式风险投资机构对原创项目构思或小型初创企业进行的前期投资，是一种非组织化的创业投资形式。

天使投资的类型

 知识点 11：创业融资渠道。

4. 众筹

概括地讲，众筹（Crowdfunding）是通过互联网面向大众为新创企业筹集资金的过程，发起筹资的人称为筹资者（Crowdfunders），提供资金的人称为支持者（Backers）。通常，广大的支持者每个人仅需要贡献小部分、少量的资金就足以资助新创企业的融资需要。美国百森商学院 Heidi Neck 等人将众筹划分为以下四种模式，这种分类有助于我们了解众筹的资金提供者参与新创企业融资的动机。①赞助模式，资金提供者对于所投资的项目没有获取直接投资回报的预期。②贷款模式，资金提供者希望所提供的资金获得偿还，或者以固定的利息方式，或者当所投项目有正常收入、获得利润之后被偿还。③奖赏模式：众筹发起者（即创业者）奖励资金支持者的方式，比如创业者将首款产品作为奖励发给资金支持者。④投资者模式：众筹发起者（即创业者）对资金支持者以新创企业的股权作为投资回报[①]。

天使投资、风险投资和众筹：哪一个最适合你的初创企业？

目前国内有名的众筹平台包括：京东众筹平台、淘宝众筹平台、人人投众筹平台、苏宁众筹平台、天使汇众筹平台、海创汇众筹平台等，这些众筹平台分别有不同的投资领域。打算通过众筹方式进行融资的创业者，第一，要明确自己的产品或服务能够解决一个真实的问题，并不断检验、精修产品/服务创意。第二，找到恰当的众筹平台，充分准备融资展示所需要的视频、介绍资料等。众筹的融资目标要切合实际，不能太高，太高了容易吓跑支持者，太低了不足以支持新产品制造与上市。

案例：股权众筹案例——3w咖啡馆

（二）机构融资

和私人资金相比，机构拥有的资金数量较大，挑选被投资对象的程序比较正规，获得机构融资一般会提升企业的社会地位，给人以企业很正规的印象。

机构融资的途径有银行贷款、非银行金融机构贷款、交易信贷和租赁、从其他企业融资等。

1. 银行贷款

2006年，孟加拉国格莱珉银行的创立者穆罕默德·尤努斯因以银行贷款的方式帮助穷人创业而获得诺贝尔和平奖。我国也有很多银行推出了支持个人创业的贷款产品。如2003年8月，中国银行、光大银行、广东发展银行、中信银行等金融机构相继推出"个人创业贷款"项目，而中国农业银行早在2002年9月就推出了《个人生产经营贷款管理办法》，并一直在运行中。比较适合创业者的银行贷款形式主要有抵押贷款和担保贷款两种，缺乏经营历史因而也缺乏信用积累的创业者，比较难以获得银行的信用贷款。

1）抵押贷款

抵押贷款是指借款人以其所拥有的财产作抵押，作为获得银行贷款的担保。在抵押期间，借款人可以继续使用其用于抵押的财产。抵押贷款有以下几种：①不动产抵押贷款。不动产抵押贷款是指创业者可以土地、房屋等不动产作抵押，从银行获取贷款；②动产抵押贷款。动产抵押贷款是指创业者可以用机器设备、股票、债券、定期存单等银行承认的有价证券，以及金银珠宝首饰等动产作抵押，从银行获取贷款；③无形资产抵押贷款。无形资产抵押贷款是一种创新的抵押贷款形式，适用于拥有专利技术、专利产品的创业者，

---

① Heidi M. Neck, Christopher P. Neck, Emma L. Murray (2017). Entrepreneurship: The Practice and Mindset. Sage Publications, 317.

创业者可以用专利权、著作权等无形资产向银行作抵押或质押获取贷款。

2）担保贷款

担保贷款是指借款方向银行提供符合法定条件的第三方保证人作为还款保证的借款方式。当借款方不能履约还款时，银行有权按照约定要求保证人履行或承担清偿贷款连带责任。其中较适合创业者的担保贷款形式有：①自然人担保贷款。自然人担保贷款是指经由自然人担保提供的贷款。可采取抵押、权利质押、抵押加保证三种方式；②专业担保公司担保贷款。目前各地有许多由政府或民间组织的专业担保公司，可以为包括初创企业在内的中小企业提供融资担保，像北京中关村担保公司、首创担保公司等，其他省市也有很多此类性质的担保机构为中小企业提供融资担保服务。这些担保机构大多属于公共服务性非营利组织，创业者可以通过申请，由这些机构担保向银行借款。

3）政府无偿贷款担保

根据国家及地方政府的有关规定，很多地方政府都为当地的创业人员提供无偿贷款担保。如上海、青岛、南昌、合肥等地的应届大学毕业生创业可享受无偿贷款担保的优惠政策，自主创业的大学生向银行申请开业贷款的担保额度最高可为100万元，并享受贷款贴息；江苏省镇江市润州区创业农民可通过区农民创业担保基金中心获取最高5万元贷款，并由政府为其无偿担保；湖南省各级财政安排一定的再就业资金，用于下岗失业人员小额贷款担保基金及贴息等四个方面；浙江省对持《再就业优惠证》的人员和城镇复员转业退役军人，从事个体经营自筹资金不足的，由政府提供小额担保贷款。

4）中小企业间互助机构贷款

中小企业间的互助机构是指中小企业在向银行融通资金的过程中，根据合同约定，由依法设立的担保机构以保证的方式为债务人提供担保，在债务人不能依约履行债务时，由担保机构承担合同约定的偿还责任，从而保障银行债权实现的一种金融支持制度。信用担保可以为中小企业的创业和融资提供便利，分散金融机构的信贷风险，推进银企合作。

从20世纪20年代起，许多国家为支持中小企业发展，先后成立了为中小企业提供融资担保的信用机构。目前，全世界已有48%的国家和地区建立了中小企业信用担保体系。我国从1999年开始，已经形成了以中小企业信用担保为主体的担保业和多层次中小企业信用担保体系，各类担保机构资本金稳步增长。

5）其他贷款

创业者可以灵活地将个人消费贷款用于创业，如因创业需要购置沿街商业房，可以用拟购置房子作抵押，向银行申请商用房贷款；若创业需要购置轿车、卡车、客车、微型车等，还可以办理汽车消费贷款。除此之外，可供创业者选择的银行贷款方式还有托管担保贷款、买方贷款、项目开发贷款、出口创汇贷款、票据贴现贷款等。

尽管银行贷款需要创业者提供相关的抵押、担保或保证，对于白手起家的创业者来说条件有些苛刻，但如果创业者能够提供银行规定的资料，能提供合适的抵押，得到贷款并不困难。

2. 非银行金融机构贷款

非银行金融机构是指以发行股票和债券、接受信用委托、提供保险等形式筹集资金，并将所筹资金运用于长期性投资的金融机构。根据法律规定，非银行金融机构包括经中国银行监督管理委员会批准设立的信托公司、企业集团财务公司、金融租赁公司、汽车金融公司、货币经纪公司、境外非银行金融机构驻华代表处、农村和城市信用合作社、典当行、保险公司、小额贷款公司等机构。创业者还可以从这些非银行金融机构取得借款，筹集生产经营所需资金。

1）保单质押贷款

保险公司为了提高竞争力，也为投保人提供保单质押贷款。保单质押贷款最高限额不超过保单保费积累的 70%，贷款利率按同档次银行贷款利率计息。如中国人寿保险公司的"国寿千禧理财两全保险"就具有保单质押贷款的功能：只要投保人缴付保险费满 2 年，且保险期已满 2 年，就可以凭保单以书面形式向保险公司申请质押贷款。

2）实物质押典当贷款

当前，有许多典当行推出了个人典当贷款业务。借款人只要将有较高价值的物品质押在典当行就能取得一定数额的贷款。典当费率尽管要高于银行同期贷款利率，但对于急于筹集资金的创业者来说，不失为一个比较方便的筹资渠道。典当行的质押放款额一般是质押品价值的 50%～80%。

3. 交易信贷和租赁

交易信贷指企业在正常的经营活动和商品交易中由于延期付款或预收货款所形成的企业间常见的信贷关系。企业在筹办期以及生产经营过程中，均可以通过商业信用的方式筹集部分资金。如企业在购置设备或原材料、商品过程中，可以通过延期付款的方式，在一定期间内免费使用供应商提供的部分资金；在销售商品或服务时采用预收账款的方式，免费使用客户的资金等。

创业者也可以通过融资租赁的方式筹集购置设备等长期性资产所急需的资金。融资租赁是指实质上转移与资产所有权有关的全部或绝大部分风险和报酬的租赁。资产的所有权最终可以转移，也可以不转移。融资租赁是集融资与融物、贸易与技术更新于一体的新型金融业务。由于其融资与融物相结合的特点，出现问题时租赁公司可以回收、处理租赁物，因而在办理融资时对企业资信和担保的要求不高，所以非常适合中小企业融资；此外，融资租赁属于表外融资，不体现在企业财务报表的负债项目中，不影响企业的资信状况，对需要多渠道融资的中小企业非常有利。企业在筹建期通过融资租赁的方式取得急需设备的使用权，解决部分资金需求，获得相当于租赁资产全部价值的债务信用，一方面可以使企业按期开业，顺利开始生产经营活动，另一方面又可以缓解创业初期资金紧张的局面，节约创业初期的资金支出，将用于购买设备的资金用于主营业务的经营，提高企业现金流量的创造能力；同时融资租赁分期付款的性质可以使企业保持较高的偿付能力，维持财务信誉。

4. 从其他企业融资

尽管在大多数情况下，企业是资金的需求者而不是提供者，但是对于不同行业的企业，或者在企业发展的不同时期，部分企业还是会有暂时的闲置资金可以对外提供，尤其是一些从事公用事业业务的企业，或者已经发展到成熟期的企业，现金流一般会比较充裕，甚至会有大量资金需要通过对外投资的方式实现较高收益。对于有闲置资金的企业，创业者既可以吸收其资金作为股权资本，也可以向这些企业借款，形成债权资本。

 知识点12：创业融资渠道。

（三）风险投资

根据美国风险投资协会的定义，风险投资是指职业的金融家投入到新兴的、迅速发展的、有巨大竞争潜力的企业中的股权资本。在我国，对于风险投资尚未形成统一的看法，比较普遍的观点是：风险投资是由专业机构提供的投资于极具增长潜力的创业企业并参与其管理的权益资本。从定义上可以看出，中美关于风险投资的界定有所不同，其投资对象有一定的差别。这是因为中国是一个发展中国家，很多行业方兴未艾，所以传统行业，像零售、农产品之类的，虽然技术含量不高，但拥有一个广阔的、快速发展的市场，使得这些传统行业的市场增长速度和回报率并不低于高科技行业，所以，我国的风险投资不仅投资高科技项目，也对传统领域，如教育、医疗保健这样的项目感兴趣。

1998年，时任民建中央主席成思危先生在第九届全国政协第一次会议上提交的"一号提案"里明确提出要大力发展风险投资，迄今中国风险投资市场铿锵前行二十余年。从投资金额上看，中国风险投资市场已经成为仅次于美国的世界第二大风险投资市场，除了在全球市场上赫赫有名的红杉资本、IDG资本，本土风险投资机构也在中国风险投资市场大有作为。中国本土的风险投资人在市场的风云变幻中不断学习，逐渐形成了自己的特色，在"募投管退"的每个环节既接轨世界，又独树一帜。他们用中国思维洞察机会，同时随着市场的扩大逐渐走向专业化、规范化，并派生出很多独特的投资形式。在2021年全球最活跃的十大风险投资机构和投资企业中，就有3家中国公司入围，分别是红杉中国、腾讯、高瓴集团。与以往将投资重心放在电子商务等行业不同，2021年中国风险投资的重心在于半导体、生物科技和信息技术等领域。毋庸置疑，风险投资将对中国科技创新从数量到质量的转型起到重要的引擎作用[①]。2009年成立的创业板为中国风险投资行业带来了"黄金十年"，2019年的科创板、紧随其后创立的北京证券交易所以及未来全板块注册制的推行，为中国风险投资市场的新一轮爆发吹起了"东风"。

1. 风险投资的特点

1）以股权方式投资

风险资本的投资对象是处于创业期的未上市新兴中小型企业，尤其是新兴高科技企业，而且常常采取渐进投资的方式，选择灵活的投资工具进行投资，在投资企业建立适应创业内在需要的"共担风险、共享收益"的机制。

2）积极参与所投资企业的创业过程

许多风险投资家本身也是经营老手，一般对其所投资的领域有丰富的经验，经常会积极参与投资企业的生产经营过程，以弥补所投资企业在创业管理经验上的不足，同时控制创业投资的高风险。

---

① ［英］塞巴斯蒂安·马拉比. 风险投资史[M]. 田轩，译. 杭州：浙江教育出版社，2022.

3）以整个创业企业作为经营对象

风险投资不经营具体的产品，而是通过支持创建企业并在适当时机转让所持股权，获得未来资本增值的收益。与企业投资家相比，风险投资虽然对企业有部分介入，但其最终目的是监控而非独占，他们看重的是转让后的股权升值而非整体持有的百分比。

4）看重"人"的因素

风险投资家在进行项目选择时，更加看重"人"的因素。正如美国最早的风险投资公司——美国研究开发公司（America Research and Development Corporation，ARD）的创始人之一乔治·多利奥特（George Doriot）所言："宁要一流的人才和二流的创意，也不要一流的创意和二流的人才。"

5）高风险、高收益

据统计，美国由风险投资所支持的企业，只有5%～10%的创业可获得成功，风险投资的高风险可见一斑，与此相对应的就是风险投资对被投资方高收益的预期。一位风险投资家一般会希望在5年内将其资金翻6倍，相当于每年的投资回报率（ROI）大约是44.8%。[①]

6）是一种组合投资

风险投资的对象是处于创业时期的高新技术领域的中小企业，几乎没有盈利的历史可作参考，失败率也很高，因此，风险投资要取得高回报，必须实行组合投资的策略，投资一系列的项目群，坚持长期运作，通过将成功的项目出售或上市回收的价值来弥补其他失败项目的损失，并获得较高收益。

2. 风险投资选项的原则

风险投资对目标企业的考察较为严格，一般来说，其所接触的企业中，大约只有2%～4%能够最终获得融资。[②]因此，创业者要提高获得风险投资的概率，需要了解风险投资项目选择的标准。

有人将风险投资选项的原则总结为创业投资的三大定律。[③]

第一定律：绝不选取含有两个及以上风险因素的项目。对于创业投资项目的研究开发风险、产品风险、市场风险、管理风险、创业成长风险等，如果申请的项目具有两个或以上的风险因素，则风险投资一般不会予以考虑。

第二定律：$V = P \cdot S \cdot E$

其中，V代表总的考核值；P代表产品或服务的市场大小；S代表产品或服务的独特性；E代表管理团队的素质。

第三定律：投资V值最大的项目。在收益和风险相同的情况下，风险投资将首先选择那些总考核值最大的项目。

根据风险投资的潜规则，一般真正职业的风险资金是不希望控股的，只占30%左右的股权，风险投资者更多地希望创业管理层能对企业拥有绝对的自主经营权。因此创业者在创业初期选择风险投资时要拿适量的钱，以便未来在企业需要进一步融资时，不至于稀释

---

① ［澳］邵原. 最后一堂执行课[M]. 史小龙，译. 上海：上海远东出版社，2008.

② 王苏生，邓运盛. 创业金融学[M]. 北京：清华大学出版社，2006.

③ 熊永生，刘健. 创业资本运营实务[M]. 成都：西南财经大学出版社，2006.

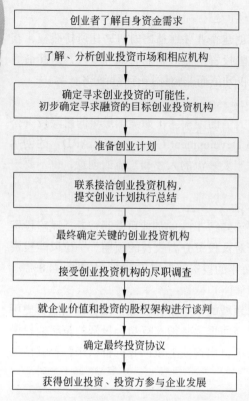

创业者了解自身资金需求

了解、分析创业投资市场和相应机构

确定寻求创业投资的可能性，
初步确定寻求融资的目标创业投资机构

准备创业计划

联系接洽创业投资机构，
提交创业计划执行总结

最终确定关键的创业投资机构

接受创业投资机构的尽职调查

就企业价值和投资的股权架构进行谈判

确定最终投资协议

获得创业投资、投资方参与企业发展

图 4-2　创业者寻求风险投资的步骤

更多的股份而丧失对企业的控制权。[①]

前面提到的天使投资也是广义的风险投资的一种，但狭义的风险投资主要指机构投资者。

3. 创业者寻求风险投资的步骤

一般来说，创业者寻求风险投资需要经过以下十个步骤，如图 4-2 所示。

4. 创业者获得风险投资的渠道

创业者获得风险投资的渠道主要有以下几种：给投资人发邮件，参加行业会议，请朋友帮忙介绍以及借助融资顾问的帮助。

（1）给投资人发邮件。想获得风险投资最简单的方法就是给投资人发邮件，一般的风险投资都有自己的网站，上面公布有自己的邮箱，创业者可以将自己的创业想法或者商业计划书发到公开的邮箱中，期待能够得到投资者的关注，并最终获得投资。采用这种方式的成本最低，但效率也最低；虽然风险投资者会关注投到邮箱的邮件，但是那些递交给投资机构的商业计划书，成功融资的只有 1%。

（2）参加相关行业的会议或者创业训练营。这些会上或训练营上会有很多投资人，创业者可以利用茶歇或者休息的时间尽可能接触较多的风险投资者，或者接触自己感兴趣的投资者。这种方式的优点是在短时间内能够见到很多的投资者，但由于时间短，不一定有机会认识或结识他们，另外，这种场合对创业者的说服能力要求较高。

（3）请朋友帮忙介绍。如果有朋友做过融资的，或者已经得到风险投资的，可以请他们帮忙介绍，这种方式较前两者成功的概率稍大，毕竟接受过风险投资并且取得经营成功的人的介绍本身就是一种名片，投资者可以借由介绍人的介绍对创业者或创业项目有一定了解，通过对介绍人的了解对创业者给以初步的肯定。但是，这种方式接触的面可能较窄，朋友认识的投资者可能并不是我们需要的类型，而真正适合的人未必是朋友认识的人。

（4）聘用投行帮助做融资。通过投行或融资中介的帮助寻找风险投资的成功率较高，一是它们对中国活跃的投资人很了解，能够帮助创业者和投资者进行沟通；二是信誉高的投行本身就为创业者的项目成功性增加了砝码；三是投行会运用自己的经验帮助创业者挑选更合适的投资人。但是采用这种方式的成本也较高。

 知识点 13：创业融资渠道。

---

① 赵旭. 新视点：VC 更看重创业团队[J]. 科技创业，2009（4）：80.

著名的风险投资者

1. IDG 技术创业投资基金：最早引入中国的 VC，也是迄今国内投资案例最多的 VC，成功投资过腾讯、搜狐等公司。投资领域：软件产业、电信通信、信息电子、半导体芯片、IT 服务、网络设施、生物科技、保健养生。

网址：http://www.idgvc.com.cn

2. 软银中国创业投资有限公司：日本孙正义资本，投资过阿里巴巴、盛大等公司。投资领域：IT 服务、软件产业、半导体芯片、电信通信、硬件产业、网络产业。

网址：http://www.sbcvc.com

3. 红杉资本中国基金：美国著名互联网投资机构，投资过甲骨文、思科等公司。

网址：http://www.sequoiacap.com

4. 高盛亚洲：著名券商，引领世界 IPO 潮流，投资过双汇集团等。

网址：http://www.gs.com

5. 摩根士丹利：世界著名财团，投资过蒙牛等公司。

网址：http://www.morganstanley.com

6. 美国华平投资集团：投资过哈药集团、国美电器等公司。

网址：http://www.warburgpincus.com

7. 鼎晖资本：投资过南孚电池、蒙牛等企业。

网址：http://www.cdhfund.com

8. 联想投资有限公司：国内著名资本。投资领域：软件产业、IT 服务、半导体芯片、网络设施、网络产业、电信通信。

网址：http://www.legendcapital.com.cn

9. 浙江浙商创业投资股份有限公司：投资领域有电子信息、环保、医药化工、新能源、文化教育、生物科技、新媒体等行业及传统行业产生重大变革的优秀中小型企业。

网址：http://www.zsvc.com.cn

更多关于中国风险投资的信息，请参考风险投资网，网址：http://www.vcinchina.com/。

（四）政府扶持基金

创业者还可以利用政府扶持政策，从政府方面获得融资支持。

政府的资金支持是中小企业资金来源的一个重要组成部分。综合世界各国的情况，政府的资金支持一般占到中小企业外来资金的 10%左右，资金支持方式主要包括：税收优惠、财政补贴、贷款援助、风险投资和开辟直接融资渠道等。[1]

随着我国经济实力的增强，政府对创业的支持力度，无论从产业的覆盖面还是从政府对创业者的支持额度，都有了很大进展，由政府提供的扶持基金也在逐步增加。如专门针对科技型企业的科技型中小企业技术创新基金，专门为中小企业"走出去"准备的中小企

---

① 陈乐忧. 中小企业融资他山之石[J]. 财会通讯（综合），2008（10）：20.

业国际市场开拓资金等，还有众多的地方性优惠政策等。创业者应善于利用相关政策的扶持，以达到事半功倍的效果。

1. 再就业小额担保贷款

再就业小额担保贷款：根据中发〔2002〕12 号文件精神，为帮助下岗失业人员自谋职业、自主创业和组织起来就业，对于诚实守信、有劳动能力和就业愿望的下岗失业人员，针对他们在创业过程中缺乏启动资金和信用担保，难以获得银行贷款的实际困难，由政府设立再担保基金。通过再就业担保机构承诺担保，可向银行申请专项再就业小额贷款。该政策从 2003 年年初起陆续在全国推行，并不断扩大小额担保贷款的范围，目前再就业小额担保贷款的适用范围包括：年龄在指定范围内（一般为 60 岁以内，地方政策可能有所不同），有创业愿望和劳动能力，诚实守信，有《下岗证》或者《再就业优惠证》的国企、城镇企业下岗职工；退役军人；农民工；外出务工返乡创业人员；吸纳下岗失业人员达到地方规定的小企业、合伙经营实体或劳动密集型企业；大中（技）专毕业生；残疾人员；失地农民等符合条件的人员。

2. 科技型中小企业技术创新基金

科技型中小企业技术创新基金是于 1999 年经国务院批准设立的，为扶持、促进科技型中小企业技术创新，用于支持科技型中小企业技术创新项目的政府专项基金，由科技部科技型中小企业技术创新基金管理中心实施。创新基金重点支持产业化初期（种子期和初创期）、技术含量高、市场前景好、风险较大、商业性资金进入尚不具备条件、最需要由政府支持的科技型中小企业项目，并将为其进入产业化扩张和商业性资本的介入起到铺垫和引导作用。创新基金以创新和产业化为宗旨，以市场为导向，上连"863""攻关"等国家指令性研究发展计划和科技人员的创新成果，下接"火炬"等高技术产业化指导性计划和商业性创业投资者。根据中小企业和项目的不同特点，创新基金通过无偿拨款、贷款贴息和资本金投入等方式扶持和引导科技型中小企业的技术创新活动，促进科技成果的转化。[1]

3. 中小企业国际市场开拓资金

中小企业国际市场开拓资金是由中央财政和地方财政共同安排的专门用于支持中小企业开拓国际市场的专项资金。市场开拓资金用于支持中小企业和为中小企业服务的企业、社会团体和事业单位（以下简称项目组织单位）组织中小企业开拓国际市场的活动。该资金的主要支持内容包括：举办或参加境外展览会；质量管理体系、环境管理体系、软件出口企业和各类产品的认证；国际市场宣传推介；开拓新兴市场；组织培训与研讨会；境外投（议）标等方面。市场开拓资金支持比例原则上不超过支持项目所需金额的 50%，对西部地区的中小企业以及符合条件的市场开拓活动，支持比例可提高到 70%。[2]

4. 天使基金

政府有关部门和社会各界有识之士纷纷出资，设立了鼓励和帮助大学生自主创业、灵

---

[1] 创新基金网站，http://www.innofund.gov.cn/innofile/se_02.asp.

[2] 中小企业国际市场开拓资金网站，http://smeimdf.mofcom.gov.cn.

活就业的一些天使基金。如北京青年科技创业投资基金是由北京科技风险投资股份有限公司出资设立，与共青团北京市委、北京市青年联合会和北京市工商局共同管理的一项基金。其特点之一是以个人为投资主体，孵化科技项目的快速成长，凡在电子信息产业、新材料、生物医药工程及生命科学领域拥有新技术成果，45 岁以下的自然人均可申请创投基金，资金投资区域为北京地区。

5. 其他基金

科技部的"863"计划（http://www.863.gov.cn/）、火炬计划（http://program.most.gov.cn/）等，连同科技型中小企业技术创新基金一起，每年都有数十亿元资金用于科技型中小企业的研发、技术创新和成果转化；财政部设有利用高新技术更新改造项目贴息基金、国家重点新产品补助基金；国家发展和改革委员会设有产业技术进步资金资助计划、节能产品贴息项目计划；工业和信息化部设有电子信息产业发展基金（http://www.itfund.gov.cn/）等。[①]

各省市为支持当地创业型经济的发展，也纷纷出台政策支持创业。主要有人力资源和社会保障部设立的开业贷款担保政策、小企业担保基金专项贷款、中小企业贷款信用担保、开业贷款担保、大学生科技创业基金等。

创业者应结合自身情况，利用好相关政策，获得更多的政府基金支持，降低融资成本。

 知识点 14：创业融资渠道。

政府财政支持

1. 为什么大学生创业较少利用国家支持政策

浙江万里学院的周洁、谢冰沁等 7 名同学从 2008 年 12 月开始，在两个多月的时间里，通过发放问卷、实地调研等方式对浙江大学、浙江工商大学、宁波大学、浙江万里学院、绍兴文理学院、浙江金融职业技术学校等近二十所高校的大学生自主创业情况展开了调查，发放问卷 1 000 余份，回收有效问卷 680 份，其中约 10% 的受访者是往届毕业生。

对于一个刚刚跨出大学校门的学生来说，既没有社会经验又没有经济来源，他们如何解决创业资金问题呢？在接受调查的 680 名学生中，有 5% 的人选择向政府部门申请资金，有 57% 的人选择银行借贷，14.6% 的人选择向父母及亲朋好友借，14% 的人选择吸引风险投资，9.4% 的人选择自己积累。政府出台如此多的优惠政策，为什么考虑申请的人却那么少呢？调查发现，有 33% 的人表示不了解政府支持大学生自主创业的相关政策和优惠条件，43% 的人表示仅限于听说，20% 的人表示一般了解，只有 4% 的人表示十分了解。同学们得出一个结论：如何做到更好地让学生了解政府出台的各种政策也是存在的问题之一。

资料来源：中青在线教育新闻中心，http://edu.cyol.com/content/2009-02/11/content_2535746.htm.

---

① 杜耀华. 中小企业如何获取政府财政支持[J]. 现代乡镇，2003（9）：43.

2. 如何更好地利用政府政策

主要经过以下步骤：

第一，学会与政府打交道。作为一个创业者，不仅要能够抓技术开发，抓产品市场，还要会抓融资，学会与政府打交道。

第二，认真学习。创业者要认真学习政府的有关产业政策和扶持政策，了解哪些产业是政府的扶持对象、有什么具体的规定、申请需要提交的材料和程序等。可以通过以下途径去学习和了解：通过政府各部门的网站；通过直接到政府主管部门与有关人员交谈；通过行业协会，以及协会举办的一些活动和讲座；通过专家、专业人士及中介机构等。

第三，做好申请准备工作。包括填写相应表格，对自己的创业项目进行针对性评估等，尤其是企业的核心技术、发展潜力、无形资产等方面的价值，以便符合支持政策的要求。

第四，按规定程序申请。在这个过程中，申请材料必须准备充分，把企业的内在价值尽可能反映出来；同时，要主动与有关政府主管部门的人员接触、沟通，使他们对创业者及其企业的基本情况，特别是管理团队有较深了解，建立起必要的公共关系和信用关系。

资料来源：杜耀华. 中小企业如何获取政府财政支持[J]. 现代乡镇，2003（9）：43.

（五）知识产权融资

2019年国务院发布《深入实施国家知识产权战略加快建设知识产权强国推进计划》，明确提出鼓励信托公司综合运用股权、债权、投贷联动、产业基金、知识产权信托等方式开展知识产权投融资业务。这是我国首次倡导以知识产权信托的方式为知识产权保护与应用赋能，也为信托服务创新发展指明了新方向。对于创业公司而言，知识产权融资可以采用知识产权作价入股、知识产权抵押贷款、知识产权信托、知识产权证券化等方式。

1. 知识产权作价入股

2014年3月1日起实施的《中华人民共和国公司法》（以下简称《公司法》）第二十七条规定："股东可以用货币出资，也可以用实物、知识产权、土地使用权等可以用货币估价并可以依法转让的非货币财产作价出资。"允许知识产权入股，明确了知识产权作为生产要素的原则。《公司法》还规定，不再限制股东（发起人）的货币出资比例，无形资产可以百分百出资。这说明股东可以专利、商标、软件著作权等无形资产进行百分之百的出资，有效地减轻股东货币出资的压力。

根据《公司法》的规定，除了法律、行政法规规定不得作为出资的财产以外，股东可以用知识产权等可以用货币估价，并可以依法转让的非货币财产作价出资。对作为出资的非货币财产应当评估作价，核实财产，不得高估或者低估作价，必须经过专业的知识产权评估才可以作为出资依据。

2. 知识产权质押贷款

知识产权质押贷款是指以合法拥有的专利权、商标权、著作权中的财产权，经评估后向银行申请融资，是利用无形资产进行融资。知识产权与实物资产不同，实物资产具有明确的市场价值，而知识产权却难以估价，具有无形性、未来收益的不确定性以及较高的风险性。

2006年全国首例知识产权质押融资贷款在北京诞生，2008年国家知识产权局确定了知识产权质押融资的试点城市；很多地市出台了质押贷款管理办法，如浙江2009年1月20

日出台"浙江省专利权质押贷款管理办法",为金融机构、企业操作知识产权质押提供了规范指引；2009 年 9 月和 11 月，广州市知识产权局、武汉市知识产权局分别和有关银行签署了促进知识产权质押融资的合作协议；2010 年财政部、工业和信息化部、银监会、国家知识产权局、国家工商行政管理总局、国家版权局共同发布了《关于加强知识产权质押融资与评估管理，支持中小企业发展的意见》通知，进一步推进了知识产权质押融资工作的开展。[①]

知识产权质押融资可以采用以下三种形式：质押——知识产权质押作为贷款的唯一担保形式；质押加保证——以知识产权质押作为主要担保形式，以第三方连带责任保证（担保公司）保证作为补充组合担保；质押加其他抵押担保——以知识产权作为主要担保形式，以房产、设备等固定资产抵押，或个人连带责任保证等其他担保方式作为补充担保的组合担保形式。

知识产权质押贷款仅限于借款人在生产经营过程中的正常资金需求，贷款期限一般为 1 年，最长不超过 3 年；贷款额度一般控制在 1000 万元以内，最高达 5000 万元；贷款利率采用风险定价机制，原则上在人行基准利率基础上按不低于 10% 的比例上浮；质押率为：发明专利最高为 40%，实用新型专利最高为 30%；驰名商标最高为 40%，普通商标最高为 30%；质物要求投放市场至少 1 年以上；还款方式根据企业的现金流情况采取灵活多样的还款方式。

3. 知识产权信托

知识产权信托是以知识产权为标的的信托，知识产权权利人为了使自己所拥有的知识产权产业化、商品化，将知识产权转移给信托投资公司，由其代为经营管理，知识产权权利人获取收益的一种法律关系。依据知识产权的类型，结合我国目前已有的信托案例，当前知识产权信托包括专利信托、商标信托、版权信托等方式。在美国、欧洲、日本等国家，知识产权信托已广泛用于电影拍摄、动画片制作等短期需要大量资金的行业的资金筹措。流动资金少的文化产业公司，在投入制作时，可与银行、信托公司签订信托构思阶段新作品著作权的合同，银行或信托公司向投资方介绍新作品的构思、方案，并向投资方出售作品未来部分销售收益的"信托收益权"，制作公司等则以筹集到的资金再投入新作品的创作。

2000 年 9 月武汉市专利管理局、武汉国际信托投资公司联合策划、构架的"专利信托"在武汉市首先推出，推动了金融资本与无形资本有机结合，引起国内外投资界、企业界的广泛关注。但目前为止，知识产权信托在我国的发展状况并不理想，还需要在立法完善和政策支持上多加关注。知识产权信托是信托公司转型发展和强化服务实体经济的重要突破口，知识产权信托可以很好地利用信托制度的独立性、专业管理优势，帮助中小企业管理知识产权，打破市场信息不对称程度，加快知识产权的应用和转化。相比其他管理方式，知识产权信托具有更突出的功能优势。知识产权管理方式主要包括代理、托管等方式，与上述方式相比，知识产权信托能够实现权利创造、运用管理、保护等更加丰富的功能，具有更加透明、专业的管理优势，对于践行我国知识产权强国战略具有积极意义。

---

① 中央政府网站，http://www.gov.cn/zwgk/2010-09/01/content_1693449.htm.

2019 年国务院发布《深入实施国家知识产权战略加快建设知识产权强国推进计划》，明确提出鼓励信托公司综合运用股权、债权、投贷联动、产业基金、知识产权信托等方式开展知识产权投融资业务。这是我国首次倡导以知识产权信托的方式为知识产权保护与应用赋能，也为信托服务创新发展指明了新方向[①]。

4. 知识产权证券化

知识产权资产证券化是发起人将能够产生可预见的稳定现金流的知识产权，通过一定的金融工具安排，对其中风险与收益要素进行分离与重组，进而转换成为在金融市场上可以出售的流通证券的过程。知识产权资产证券化的参与主体包括发起人（原始权益人）、特设载体（SPV）、投资者、受托管理人、服务机构、信用评级机构、信用增强机构、流动性提供机构。近几年，美国、英国、日本等国家的知识产权资产证券化发展迅速。在美国，知识产权资产证券化的对象资产已经非常广泛，从电子游戏、音乐、电影、娱乐、演艺、主题公园等与文化产业关联的知识产权，到时装设计的品牌、最新医药产品的专利、半导体芯片，甚至专利诉讼的胜诉金，几乎所有的知识产权都已经成为证券化的对象。在日本，产业省早在 2002 年就声明要对信息技术和生物等领域企业拥有的专利权实行证券化，成功地对光学专利实行了资产证券化。

近年来，党中央、国务院发布一系列重要文件为知识产权金融深化发展明确了重点方向，我国新型知识产权金融形态也在不断涌现。2021 年，中共中央、国务院印发《知识产权强国建设纲要（2021—2035）》，明确提出"积极稳妥发展知识产权金融，健全知识产权质押信息平台，鼓励开展各类知识产权混合质押和保险，规范探索知识产权融资模式创新"。同年，《"十四五"国家知识产权保护和运用规划》（国发〔2021〕20 号）明确"鼓励知识产权保险、信用担保等金融产品创新，充分发挥金融支持知识产权转化的作用""拓展知识产权投融资、保险、资产评估等增值服务"等。党的二十大报告也进一步强调，"加强知识产权法治保障，形成支持全面创新的基础制度"，是对知识产权工作提出的明确要求，是对知识产权事业发展作出的重要部署。通过专业的知识产权评估等手段，知识产权金融助推科创企业活用知识产权资产，破解科创企业融资难题，助力科创企业高质量发展。随着国家知识产权质押融资试点工作的深入推进，多元化知识产权质押融资风险分担机制、"知识产权特色支行"业务体系的构建，以及知识产权质押融资、股权投资、知识产权收储与运营、知识产权证券化、知识产权期权等知识产权金融服务新模式的探索，将催生出未来知识产权金融模式的变革与创新[②]。

 知识点 15：创业融资渠道。

四、创业融资的选择策略

在了解了创业融资过程中的常见问题，计算出创业所需资金，熟悉了不同的融资渠道之后，创业者需要综合自身拥有的资源情况，遵循创业融资的原则，充分分析股权融资和

① 胡萍. 知识产权信托面临良好发展契机[N]. 金融时报，2020-07-20.
② 张娟，罗逸姝. 知识产权金融成为科创发展新动能[N]. 经济参考报，2023-04-27.

债权融资的利弊，作出科学的融资决策。需要提及的是，创业融资不只是一个技术问题，还是一个社会问题，应从建立个人信用、积累社会资本等方面做好准备。

（一）创业融资的原则

筹集创业资金时，创业者应在自己能够接受的风险的基础上，遵循既定的原则，尽可能以较低的成本及时足额获得创业资金。一般来说，创业融资应遵循以下原则。

1. 合法性原则

创业融资作为一种经济活动，影响着社会资本及资源的流向和流量，涉及相关经济主体的经济权益，创业者必须遵守国家的有关法律法规，依法依约履行责任，维护相关融资主体的权益，避免非法融资行为的发生。

2. 合理性原则

在创业的不同时期，企业资金的需求量不同，能够采用的融资方式可能也不同，创业者应根据创业计划，结合创业企业不同发展阶段的经营策略，运用相应的财务手段，合理预测资金需要量，详细分析资金的筹集渠道，确定合理的资本结构，包括股权资金和债权资金的结构，以及债权资金内部的长短期资金的结构等，为企业持续发展植入一个"健康的基因"。

3. 及时性原则

市场经济条件下机会稍纵即逝的特性，要求创业者必须能够及时筹集所需资金，将可行的项目付诸实施，并根据新创企业投放时间的安排，使融资和投资在时间上协调一致，避免因资金不足影响生产经营的正常进行，同时也防止资金过多造成闲置和浪费，将资金成本控制在合理的范围之内。

4. 效益性原则

创办和经营企业的根本目的是获得一定的经济利益，所以，创业者应在进行成本效益分析的基础上决定资金筹集的方式和来源。鉴于投资是决定融资的主要因素，投资收益和融资成本的对比便是创业者在融资之前要做的首要工作，只有投资的报酬率高于融资成本，才能够使创业者实现创业目标；而且投资所需的资金数量决定了融资的数量，对于创业项目投资资金的估计也会影响融资方式和融资成本。因此，创业者应在允分考虑投资效益的基础上，确定最优的融资组合。

5. 杠杆性原则

创业者在筹集创业资金时，应选择有资源背景的资金，以便充分利用资金的杠杆效应，在关键的时候为企业发展助力。大多数优秀的风险投资往往在企业特殊时期会与企业家一起，将有效的资源进行整合，如投行、券商会帮助企业进行 IPO 路演等，甚至还参与到企业决策中来。这种资源是无价的。因此，创业者不能盲目地"拜金"，找到一个有资源背景的基金更有利于企业的持续快速发展。

 知识点 16：创业融资的相关理论。

课堂活动5：小组讨论

1. 将学生分组，每组 3～5 人，讨论是不是所有的公司都希望做 IPO、上市融资。

2. 将学生讨论的观点总结出来，与以下内容进行比较。

（二）股权融资决策

股权融资形成企业的股权资本，也称权益资本、自有资本，是企业依法取得并长期持有、可自主调配运用的资金。广义上的股权融资包括内部股权融资和外部股权融资。外部股权融资的方式包括个人积蓄、亲友投入、合伙人资金和天使投资等。内部股权融资主要是企业的内部积累。

创业企业在创建的启动阶段及较早发展阶段，内部积累显得格外重要。采用内部积累方式融资符合融资优序理论的要求，也是很多创业者的必然选择。内部积累的资金来源主要是企业在经营过程中赚取的利润。鉴于创业企业在资金实力、经营规模、信誉保证、还款能力等方面的限制，创业企业往往会通过不分红或少分红的方式，将企业的经营利润尽可能通过未分配利润的形式留存下来，投入到再生产过程，为持续经营或扩大经营提供必要的资金支持。

股权融资是创业企业最基础、也是创业者最先采用的融资方式。股权融资的数量会影响债权融资的数量，股权融资的分布会影响创业企业未来利润的分配与长远发展。创业者在进行股权融资决策前应了解增加获得股权融资概率的方法，融资决策时应考虑投资者的特点和专长。

1. 股权融资需考虑的问题

创业者是否通过合伙或组建公司的形式筹集资金，对于企业日后的产权归属和企业发展有着极为重要的作用。由于合伙企业既是资金合伙又是人员合伙，所以对于合伙人的选择更为重要，如果创业者拟吸收合伙人的资金，则一定要认真考虑合伙人的专长和经验，以更好地发挥团队优势，各尽其才。在吸引风险投资商投资时，创业者要分析其声誉的大小、专注投资的领域以及其对投资企业的态度，选择最适合企业发展的投资商。

无论通过何种方式吸引股权投资，对合作人的专长和特质都要进行充分了解，以期寻求更长久的合作，谋求企业更好的发展；另外，对企业控制权的把握也是创业者必须考虑的因素，转让多少控制权能够既吸引投资又有利于对企业日后经营的控制，是创业者必须慎重选择且关乎企业健康发展的最重要的问题之一。

2. 增加获得股权融资的机会

无论是吸收合伙人的出资、采用组建公司的方式还是吸收其他企业或风险资本的投资，要增加获得股权资本的概率，需要创业者具有以下基本条件。

（1）有一个好的项目。一个好的项目是吸引股权资金的基本条件，创业者首先应能够找到一个吸引人的、有着广阔发展前景和足够利润空间的项目，且能够证明自己有足够的实施该项目的能力。

（2）有自己在该项目的投入。创业者对项目的投入，可以是资金方面的（包括房屋、设备等固定资产的投入），也可以是其他方面的，如技术和劳务的投入。创业者对项目的投入说明了其对项目的信心。

（3）有较高的逆商。游说他人在自己看好的项目上投资，需要创业者具备足够的应对拒绝和应付挫折的勇气。创业者应该多进行尝试，包括多次申请或向多个潜在投资者申请，尤其是在吸引风险投资上。创业者一方面应多联系一些投资公司，并且有针对性地向其提供自己的商业计划；另一方面应对自己联系的投资公司进行跟进，以增加获取资金的机会。

 知识点 17：创业融资的策略。

（三）债权融资决策

债权融资形成企业的债务资本，也称借入资本，是企业依法取得并依约运用、按期偿还的资本。向亲友借款、向银行借款、向非银行类金融机构借款、交易信贷和租赁、向其他企业借款等是常用的债权融资方式。

创业者可以根据企业需要，结合筹集资金的目的，选择筹集长期或短期的资金，一方面，使资金的来源和运用在期间上相匹配，提高偿还债务的能力；另一方面，尽可能降低资金的筹集成本，提高创业企业的经济效益。

1. 债权融资需考虑的问题

创业者如果想通过借款的方式筹集资金，需要从以下几个方面进行分析。

第一，考虑经营过程中的获利是否能够超过借款的利息支出及其他费用支出。如果企业在日后的经营过程中赚取的利润能够支付借款的利息和其他费用支出，且还有剩余，则借款经营对企业较为有利，可以给创业者带来财务杠杆收益。

第二，慎重考虑借款期限。借入资金的归还期限应与其投资的资产回收期限相匹配，保证企业在日后归还投资时，不会影响正常的生产经营。

第三，确定合理的借款金额。借款经营成本较低且具有财务杠杆效应，但每期会有固定的资金支出。创业者在决定借款前一定要对其风险和收益进行充分权衡，并根据企业实际的资金需要量确定一个合适的借款金额。

第四，充分考虑借款可能的支出。对于创业者来说想获得借款，一般都需要提供抵押或担保，如果创业者缺乏债权人认可的抵押资产，则可以申请担保公司为其借款进行担保。但担保公司作为盈利的企业会收取部分担保费用，如果创业者拟通过担保公司担保的方式取得借款，则还需要将担保公司的担保费用计入未来的经营成本，以有效地避免经营风险。

第五，选择合适的银行。创业者应事先通过各种渠道对银行的风险承受力、银行对借款企业的态度等信息进行了解，以选择最适合新创企业借款的银行。

2. 增加获得债权融资的机会

增加获得债权融资的机会，需要创业者首先了解债权人在发放贷款时主要考虑的因素，以便有针对性地进行应对；还要从团队、项目、商业计划等方面做好充分准备。

1）了解债权人在评估贷款申请时考虑的问题

一般来说，贷款人在收到借款人的借款申请后，会从许多方面对借款人的资质进行评估，以决定是否放款。这些因素包括以下几方面。

（1）借款人的信用。银行在评审企业贷款申请时，要考虑借款人的信用 6C①，即借款人品质（Character）——考察申请人对待信用的态度，包括过去的信用记录；偿还能力（Capacity）——审查申请人的收入情况以确定其是否有能力偿还借款；资本结构（Capital）——审查申请人的个人财产，包括存款、不动产及其他个人财产；经营条件（Conditions）——地区、国家的经济状况对贷款的难易程度有很大影响；担保物（Collateral）——是否有担保和抵押财产以及这些财产的质量也是银行要考虑的重要方面；事业的连续性（Continuity）——借款企业持续经营的前景。银行要考虑借款人能否在日益竞争的环境中生存与发展。在信用 6C 中，借款人的品质最为重要。

（2）贷款类型和还款期限。贷款机构会考虑借款人的贷款类型，是短期借款（期限在一年内的借款）还是长期借款（还款期超过一年的借款），同时还要对借款人提出的还款方案进行分析，以确认借款人的还款能力。

（3）贷款目的和用途。贷款人为保证自己的资金安全，一般会对贷出资金的用途进行规定，并要求借款人不能将资金用于法律法规限制或禁止的项目上，力求资金的使用符合规定用途。

（4）资金的安全性。除了对借款人的以上情况进行考查外，贷款机构还会对创办企业未来的销售情况和现金流状况进行预测，以分析企业未来是否有足够的现金流用于偿还贷款本息。

2）从团队、项目等方面进行充分准备

不论从何处筹集债权融资，创业者要增加获取款项的可能性，都需要具备一些基本的条件，并从以下几个方面入手。

（1）优秀的创业团队。创业者是创办企业的核心和关键因素，优秀的创业团队是项目成功实施的保障，创业团队需要证明其具备经营企业的能力，需要向贷款机构（人）展示其具备拟开展业务领域里的经验或知识，以吸引债权人的目光和资金。因为债权人的资金可能会投给具有一流团队和二流项目的企业，但一般不会投给具有一流项目和二流团队的企业。所以，优秀的创业团队是吸引债权人资金的首要条件。

（2）可行的企业想法。吸收债权人资金的第二个要件是创业团队要拥有一个可行的企业想法。一个好的企业想法是实现创业者愿望和创造商业机会的第一步，但只有经过评估可行的企业想法才能够成为商业机会，给创业者带来经济和社会效益。

（3）完善的商业计划。创业者应该首先能够证明自己有明晰的企业战略，并且有通往成功之路的切实可行的行动计划。创业者或创业团队除了具备可行的企业想法外，还必须能够将具体的企业想法细化到每一个步骤、每一个预算，将其落实到具体的商业计划之中。完善的商业计划是创业者吸引资金的重要文件。创业者应该请专业人士帮其准备一份让金融机构感到值得研究的商业计划，增加获得贷款的可能性。

（4）高质量的抵押资产。按照《中国人民银行贷款通则》第十条的规定，"除委托贷款

① 最早提出的是信用分析"三原则"，即借款人的品质（Character）、资本结构（Capital）、偿还能力（Capacity），三者中以品质最为重要。以后又增加了担保物（Collateral）、经营条件（Conditions）和事业的连续性（Continuity）。

以外，贷款人发放贷款，借款人应当提供担保。"①处于筹备期或初创期的企业，一般不符合贷款人要求的资信条件，难以取得信用贷款，而需要以一定的资产做抵押。如果创业者或其团队成员拥有高质量的抵押资产，则其取得贷款的概率会大大提高。

 知识点 18：创业融资的策略。

（四）融资方式的比较

无论是股权融资还是债权融资均具有一定的优点，也存在着不足，创业者要熟悉不同融资方式的利弊，考虑不同情况下的融资成本，以便作出科学的融资决策。

1. 不同融资方式的利弊

通过股权融资方式获得的资金既可以充实企业的营运资金，也可以用于企业的投资活动。通过债权融资所获得的资金，企业首先要承担资金的利息，其次在借款到期后要向债权人偿还资金的本金。

股权融资和债权融资各有优缺点，见表 4-6。

债权融资的资金成本较低，合理使用还能带来杠杆收益，但债务资金使用不当会带来企业清算或终止经营的风险；股权资金的资金成本由于要在所得税之后支付，成本较高，但由于在企业正常生产经营过程中，不用归还投资者，是一项企业可永久使用的资金，没有财务风险。创业者在筹集资金时应对债务资金、股权资金的优缺点进行比较，并考虑企业的资金需要量、资金的可得性、宏观理财环境、筹资的成本、风险和收益，以及控制权分散等问题来进行综合分析。

表 4-6　股权融资和债权融资的比较

比较项目	股 权 融 资	债 权 融 资
本金	永久性资本，保证企业最低的资金需要	到期归还本金
资金成本	根据企业经营情况变动，相对较高	事先约定固定金额的利息，资金成本较低
风险承担	低风险	高风险
企业控制权	按比例或约定享有，分散企业控制权	企业控制权得到维护
资金使用限制	限制条款少	限制多

 知识点 19：创业融资的相关理论。

2. 创业融资决策

在进行创业融资决策时，除了考虑不同融资方式的优缺点、融资成本的高低外，还要考虑创业企业所处的生命周期阶段、创业企业自身的特征，了解采用不同融资方式时应该特别予以关注的问题。

---

① 委托贷款，系指由政府部门、企事业单位及个人等委托人提供资金，由贷款人（即受托人）根据委托人确定的贷款对象、用途、金额、期限、利率等代为发放、监督使用并协助收回的贷款。贷款人（受托人）只收取手续费，不承担贷款风险。

1）创业所处阶段

创业融资需求具有阶段性的特征，不同生命周期阶段具有不同的风险特征和资金需求，同时，不同融资渠道能够提供的资金数量和风险程度也不同，因此，创业者在融资时需要将不同阶段的融资需求和融资渠道进行匹配，提高融资工作的效率，以获得创业所需资金，化解企业融资难题。

在种子期，企业处于高度的不确定性当中，很难从外部筹集债务资金，创业者个人积蓄、亲友款项、天使投资、创业投资以及合作伙伴的投资可能是采用较多的融资渠道；进入启动期之后，创业者还可以使用抵押贷款的方式筹集负债资金。

企业进入成长期以后，已经有了前期的经验基础，发展潜力逐渐显现，资金需求量较以前有所增加，融资渠道上也有了更多选择。在早期成长阶段，企业获得常规的现金流用来满足生产经营之前，创业者更多采用股权融资的方式筹集资金，战略伙伴投资、创业投资等是常用的融资方式，此时也可以采用抵押贷款、租赁，以及商业信用的方式筹集部分生产经营所需资金；成长期后期，企业的成长性得到充分展现，资产规模不断扩大，产生现金流的能力进一步提高，有能力偿还负债的本息，此时，创业者更多采用各种负债的方式筹集资金，获得经营杠杆收益。

综上所述，企业生命周期阶段和融资渠道的对应关系见表 4-7。

表 4-7　企业生命周期与融资渠道

融资渠道	种子开发期	启动期	早期成长期	成长期后期
个人积蓄				
亲友款项				
天使投资				
合作伙伴				
创业投资				
抵押贷款				
融资租赁				
商业信用				

表中深色的区域为对应于该阶段采用的较多的融资渠道，浅灰色的区域为该阶段也可能会采用的融资渠道。

 知识点 20：创业融资的策略。

2）新创企业特征

创业活动千差万别，所涉及的行业、初始资源禀赋、面临的风险、预期收益等有较大不同，其所要面对的竞争环境、行业集中度、经营战略等也会不同，因此，不同创业企业选择的资本结构会有所不同。对于高科技产业或有独特商业价值的企业，经营风险较大，预期收益也较高，创业者有良好的相关背景，较多采用股权融资的方式；传统类的产业，经营风险较小，预期收益较容

案例：创业融资

易预测，比较容易获得债权资金。实践中，创业企业在初始阶段较难满足银行等金融机构的贷款条件，债权资金更多采用民间融资的方式。新创企业特征和融资方式的关系见表4-8。

表4-8 新创企业类型和融资方式

创业企业类型	新创企业特征	融资方式
高风险、预期收益不确定	弱小的现金流； 高负债率； 低、中等成长； 未经证明的管理层	个人积蓄、亲友款项
低风险、预期收益易预测	一般是传统行业； 强大的现金流； 低负债率； 优秀的管理层； 良好的资产负债表	债权融资
高风险、预期收益较高	独特的商业创意； 高成长； 利基市场； 得到证明的管理层	股权融资

资料来源：［美］布鲁斯·R. 巴林格，R.杜安·爱尔兰. 创业管理：成功创建新企业[M]. 杨俊，薛志红，等译. 北京：机械工业出版社，2010.

 知识点 21：创业融资的策略。

第三节 创业资源管理

 学习目的与要求

通过本节的学习，学生应达到如下要求：

1. 了解创业资源整合和有效使用的方法。
2. 认识创业资源开发的技巧和策略。

 学习要点

1. 大多数创业者难以整合充足的创业所需的资源。
2. 开发创业资源是有效利用创业资源的重要途径。
3. 开发创业资源表现为一些独特的创业行为。

 创业语录

从一项技术发明（或一个产品）到一个可行的商业模式之间，转换距离有可能就隔一层窗户纸，也有可能还相距十万八千里。无论远近，这个转换都是生死攸关的。

在创新企业的融资问题上，一个能占领未来产业空间的企业战略和一个能现实地启动成长过程的商业模式，比先进的技术本身更能唤起资本的兴趣。

——朱敏（美国硅谷著名华人创业家和风险投资家，赛伯乐（中国）投资有限公司董事长，美国 NEA 基金董事）

一、不同类型资源的开发

创业资源开发是指新企业构筑资源基础，并通过整合利用资源，构建独特竞争优势的过程。研究发现，创业资源开发并不是一蹴而就的，而是创业者基于自身资源禀赋、网络空间拓展和网络关系增强，以及所处发展阶段等多方面考量，对应采取不同资源开发行动的演进过程。

（一）资源开发的原则

无论是在创业初期还是在企业成长过程中，创业资源的科学管理都是必不可少的。因此应该建立不同类型创业资源开发的原则，具体包括：

第一，对现有创业资源进行优化配置。这就需要创业者对创业资源进行分类排序，当然这不是说某种资源比其他资源更重要，而是指企业处于某一特定的阶段，在这一阶段起主导作用的资源是什么，起辅助作用的资源是什么，从而确保在资源配置时做到重点突出。

第二，要考虑"木桶效应"，进行查漏补缺。不能一味地考虑起主导作用的资源，一味地加大对起主导作用的资源的投入，而忽视其他资源。创业者还要考虑哪种资源缺乏可能导致其他资源的浪费，因为"木桶的盛水量是由最短的那块木板决定的"，所以，要对潜在的资源枯竭问题进行预判，充分做好资源储备、预算管理方案，这样才能使各种创业资源在不同的阶段实现最佳的配置。

第三，以能用和够用为原则。创业者在开发资源时应该坚持能用的原则，只有满足自己需求的、自己可以支配并使其充分发挥作用的资源，才是需要筹集的资源。另外，资源的使用是有代价的，开发资源时应该本着够用的原则而不是多多益善：一方面，资源的有限性加大了创业者开发资源的成本；另一方面，当使用资源不能弥补其成本时，资源的使用并不能给企业带来效益。

课堂活动6：头脑风暴

1. 运用头脑风暴的方法和学生一起讨论：大学生创业如何进行资源开发？包括人脉资源、人力资源、资金资源、信息资源、技术资源等。

2. 将头脑风暴中形成的观点进行梳理，总结为以下内容。

（二）人脉资源的开发

人脉即人际关系、人际网络，体现为人的人缘和社会关系，是经由人际关系而形成的人际脉络。一般说来，人脉资源的开发主要有熟人介绍、参与社团、利用网络等途径。在个人创业过程中人脉资源是第一资源，有各种良好的人脉关系，可方便地找到投资、找到技术与产品、找到渠道等各种创业机会。

开发人脉资源是创业成功的基本条件，需要注意以下人脉资源的特性。

（1）长期投资性。平时要注意人脉资源的积累，不要事到临头才去找人帮忙。在公司做业务也一样，现在不是你的客户，明天就可能成为你的客户，因而你必须从现在开始建立联系。人脉资源的形成需要很多时间和精力，这也是一种投资。

（2）可维护性。人脉资源可以通过合作、交流、关心、帮助、友情、亲情等进行维护，并且会不断巩固，当然如果不去维护就会变得疏远，所以人脉资源需要经常性地维护，同时在维护中可以不断地发展新的人脉关系。

（3）有限性和随机性。每个人一生中能认识多少人？包括老师、同学、亲戚、同事、朋友、客户等。每个人的人脉资源都是有限的，你的发展同样也会受到你的人脉资源的限制。同时，你所认识的可能没有能力帮助你，有能力帮助你的你可能不认识，所以在客观上就需要你不断认识更多的人，但是每个人的能力又是有限的，不可能认识所有潜在的帮助者。

（4）辐射性。你的朋友帮不了你，但是朋友的朋友可以帮你。因此，熟人介绍是一种事半功倍的人脉资源开发的方法，可以加快人与人之间信任的速度，降低交往成本，提高合作成功的概率。

人脉资源的开发一定要注意培养健康的人脉资源，要以自身的人格魅力来积聚，为此创业者自身的素质、人格、品质需要不断提升。

 知识点 22：创业资源开发的技巧和策略。

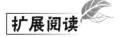

世纪佳缘 CEO 龚海燕谈创业人脉资源

龚海燕，世纪佳缘创始人、CEO。1976 年生于湖南常德。她人生经历坎坷：一个湖南的乡村女孩儿，打工后回到学校复读，考入北京大学中文系，在复旦大学新闻学院读研究生期间，自筹经费于 2003 年 10 月 8 日创建了一个专为高校学子牵线搭桥的交友网站——世纪佳缘。2011 年世纪佳缘在美国上市。与大部分成功女性不同，她不是夫妻档创业，她出生的家庭环境一般，目前一大家人的生活还靠她支撑。没有显赫家世的她，也算不上美貌，没有嫁入豪门，她完全凭借自己的顽强奋斗从这个社会的角落里，站到了金字塔尖部分。

《创业邦》：现在创业越来越讲究人脉、资源，创业环境与你当年创业已有很大的不同，这是件好事还是坏事？

龚海燕：我认为这是一件好事。我当日创业想找钱也找不到，整个创业环境不成熟，现在大量的人做天使投资，好的项目和靠谱的创业者很容易拿到钱，这样就能够开始运营自己的公司。但同时现在创业的成本也高了很多，如技术产品人员的薪酬、办公室的租金、市场竞争的激烈程度，这些挑战都比我那时候更加残酷。但不管怎么说，已经有越来越多的人创业意识觉醒了，希望自己的人生过得不同。这个大的环境和气氛的形成，是对创业者最大的支持。

《创业邦》：当时为什么把陈志武请入董事会担任独立董事？这位经济学家发挥了哪些

作用？

龚海燕：和陈教授聊天，发现他非常关注中国人的婚恋问题，于是邀请他加入我们董事会，而且我和他还是湖南老乡。陈教授对我们的帮助也非常大，主要在公司治理方面，还有财务审计方面。另外鉴于他个人的知名度，对公司的品牌还有一定的宣传作用。

《创业邦》：在北京互联网创业，很讲究圈子或"江湖"，谁是谁的老板，谁是谁的兄弟，似乎很重要，作为一个女性创业者，你是否遇到过这个问题？

龚海燕：我好像没有遇到过这个问题，也没有这种感觉。但是最初创业时，也只有你的家人和朋友愿意相信你，公司发展大了之后，应该更多任用一些与自己互补的人，而不见得是同学、朋友、亲人。公司应该是一群志同道合但各有所长的人聚集在一起，用事业、文化和利益留住人，而不是仅仅依靠企业家的个人关系和个人人脉资源。

资料来源：霍西. 为什么是她？[J]. 创业邦，2011（12）：59-61.

（三）人力资源的开发

创业的整个过程都需要人来推动企业运营，因此人力资源成为创业中的关键因素。优秀的人才是有价格的，企业不支付高薪人家就不一定愿意来，反之，并非人人都是为了高薪活在世界上的，关键在于创业者有无能力、依靠什么来吸引"千里马"；优秀的人才从来不是天生的，都是一个个跌打滚爬在实践中成长起来的，关键在于创业者能否慧眼识人，给人以机会和提携，能让人迅速成长；人的想法也是不断变化的，虽然当初创业者靠"概念""画饼"吸引来一些人才，但以后如何保留人才又是一个难题。概括地讲，求才、爱才、育才、重才，是新创企业人力资源开发的重要内容。

新创企业的人力资源，由创业发起者、核心团队成员、管理团队与其他人力资源构成。创业发起者的经验、知识、技能都是新创企业的无形财产，许多投资人正是把对创业发起者的认知作为决定是否投资企业的依据。一般而言，优秀的创业发起者应该具备的素质包括创业激情、工作经验、社会关系、专业知识等，随着事业的发展，这些素质也成为吸引其他人加入创业过程的重要因素。

核心团队成员是指在创业初期加入团队，以创业发起者为中心，团结在其周围的团队成员。他们从各自的视角为创业发起者筹划，并且能够很好地完成自身职责范围内的工作，是创业发起者同甘共苦的朋友。创业初期，创业者需要能够清晰发掘出自己的核心伙伴，如果选择不善，将会给公司今后的发展带来障碍。可以从两个渠道来寻找核心伙伴，一是依靠自己的人脉网络；二是求助于熟人推荐。

随着新创公司发展到一定阶段，部分创业初期的核心成员的能力与精力可能会出现不能胜任的情况，这时就有必要从外部引进管理团队，推动公司管理的规范。与此同时，新创企业应根据企业发展战略，相应地建立起一套人才资源规划体系：

（1）建立起完善的激励体系，包括精神上的、物质上的，用奖惩制度去激发员工的潜能，让员工的潜能发挥到极致。

（2）建立起培训机制，培养人才，同时也让人才在企业里发挥其最大的潜能为企业作出贡献。

（3）善待员工，让员工有一种家的感觉。善待员工，是留住人才的唯一法宝。这种善待，不仅是指从精神上给予人才的满足，适当地也要配以物质利益。

（4）要量才而用，用人的长处，控制人的短处，不要为了节省开支而凑合着。

（5）分工尽可能明确，但可根据职务的重要与否适当地兼职。

（6）引入外部力量，如通过培训班等来协助你快速找到自己所需要的人才。

 知识点23：创业资源开发的技巧和策略。

（四）信息资源的开发

当今社会的飞速发展给创业者提出一个新的信息时代的视角，信息资源对很多创业者来说就是成功的机遇，而机遇瞬间即逝，要善于整合把握。信息资源与人力、物力、财力以及自然资源一样，都是创业企业的重要资源，因此，应该像开发、整合其他资源那样开发整合信息资源。

信息资源的开发效率主要取决于两个因素：信息存量和创业者的理性程度。信息存量是指创业者掌握的相关市场信息、产品或技术信息、创新信息以及政府政策与相关法规信息等。创业者理性程度受创业警觉性、先前经验、认知能力、创造性、社会网络的影响。开发信息资源的过程，就是处理信息存量与创业者理性程度的匹配过程，在这一过程中，要做好以下三个方面的工作。

第一，抓住有用的信息。随着信息技术的发展，信息与日常生活、工作越来越密不可分，最直接的体现就是信息量陡然增大，信息流转加快；但同时也带来了一个问题，就是信息爆炸，各种信息充斥在我们周围，创业者如何在最有效的时间内获得最有效的内外部信息、抓住成功创业的机遇往往成了一个难题。很多时候不是它们不出现，而是当它们出现时，创业者能否发现并把握，对于创业者来说，这点更显得至关重要。

第二，开发信息资源应该得到创业者的高度重视。新创企业信息化的最高层次是决策，它具有前瞻性。企业在做决策时，关心的问题是来自包括竞争对手、政府、行业、合作伙伴、客户等在内的周边环境的变化。在对变化的预测、分析的基础上作出尽可能合理的决策，这个层次上的企业信息化通常针对创业以及高层管理所遇到的问题。对创业者而言，信息是不对称的，了解分析包括竞争对手、政府、行业、合作伙伴、客户等在内的周边环境的变化信息，我们才能做到"知己知彼，百战不殆"，才能做到"有的放矢"，集中精力、财力、人力抓住转瞬即逝的成功机遇。

第三，新创企业在开发信息资源时，既要整合管理好企业外部的信息资源，抓住企业好的发展机遇，又要整合管理好企业内部的信息资源，进行信息资源的规划。信息资源规划是指通过建立健全企业的信息资源管理基础标准，根据需求分析建立集成化信息系统的功能模型、数据模型和系统体系结构模型，然后再实施通信计算机网络工程、数据库工程和应用软件工程的一个系统化的企业信息化解决方案，以使企业高质量、高效率地建立高水平的现代信息网络，实现信息化建设的跨越式发展。

案例：Foursquare——开发数据的价值

知识点 24：创业资源开发的技巧和策略。

（五）技术资源的开发

在创业初期，创业技术是最关键的资源。美国的微软公司和苹果公司，最初创业资本都不过几千美元，创业人员也只有几人，它们之所以走向成功，就是因为它们拥有独特的创业技术。

新创企业成功的关键是首先要开发出或者寻找到成功的创业技术，原因有以下三点：第一，创业技术是决定创业产品的市场竞争力和获利能力的根本因素；第二，创业技术核心与否决定了所需创业资本的大小，对于在技术上非根本创新的创业企业来说，创业资本只要保持较小的规模便可维持企业的正常运营；第三，从创业阶段来说，由于企业规模较小，因此管理及对人才的需求度不像成长期那样高，创业者的企业家意识和素质是创业阶段最关键的创业人才和创业管理资源。

开发技术资源时，可以考虑整合企业外的技术资源。做成功企业的核心是要有好的产品，而企业的产品必须做到专业化，要做到产品专一，在同一领域内做到最专，技术上则要一直领先。一个企业，特别是新创企业没有实力一直保持这样的技术优势，那么中小企业该如何突破技术这个发展瓶颈呢？一些企业的成功经验表明，新创企业开发技术资源时，可以尽可能多与科研院所、高等院校合作，因为那里有技术上的前沿人才，而且科研院所、高等院校的人才也很愿意把自己的技术资源转化为产品，实现技术成果转换。

开发技术资源时，一定要注意以市场需求、顾客满意为导向，不能过于留恋自己开发的技术而忽视市场反应。这是因为进入 21 世纪，信息社会使获取技术的成本大大降低，单个企业取得技术领先地位的难度日益增加，靠一张王牌"赢者通吃"的可能性明显减小。以用户体验为中心，整合资源创造新的产品和服务，取代了那种闭门进行产品研发和对既有产品不断改进的直线思维，成为胜出者新的成功之道。20 世纪 90 年代，韩国企业以外观设计为突破点，赢得消费者的赶超方式曾得到过外界部分的肯定，而之后苹果公司将艺术与工业结合所化合出的奇迹，更让人意识到以消费者体验为中心确定竞争优势的普遍意义。在赛道变换的情况下，如果漠视用户体验、闭门造车、用工程师的意愿替代消费者的需求，这样的"技术偏执"往往会浪费创业资源、贻误创业机会。

技术资源的主要来源是人才资源，重视技术资源的整合同时也就是注重人才资源的整合。技术资源的整合，不仅要整合、积聚企业内部的技术资源，还要整合外部的可资利用的技术资源。整合技术资源只是起点，技术资源整合是为了技术的不断创新。自主研发并拥有自主知识产权，才能保持技术的领先、保持市场优势地位。

 知识点 25：创业资源开发的技巧和策略。

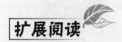

如何从技术导向转为顾客导向

日本横河电机是一家核心业务在工业自动化系统制造领域的公司，产品主要用于精确测量和控制生产设备的运行，进而提升生产效率。随着全球化浪潮的风起云涌，横河电机遇到了空前挑战。由于产品知名度低，缺乏市场竞争力，使得它在全球客户的争夺上屡屡碰壁。在项目投标竞争中经常处于不利地位。它的一位客户说："你们的产品真的很好，但是市场营销真的很差。"这不仅仅是横河电机的问题，它已成为许多日本企业的共性问题。

在看到市场变化后，横河电机开始向竞争对手学习。它认准了一个很好的标杆——艾默生，一家技术型跨国制造公司，横河电机的主要竞争者。这家公司推出了"工厂管控网"解决方案，通过智能预测产品和服务提升客户设备的性能。工厂管控网方案简单、易操作，特别适合于碎片化的低层市场，因为要让这个市场的客户掌控工业自动化解决方案，几乎是不可能的。于是，艾默生公司的收入得到迅速增长。

面对艾默生公司的成功，横河电机进行反思，开始重新构建自己的品牌定位。此后它的管理层对企业的运营和产品进行了全面分析，并将市场反馈作为分析的依据。最终，横河电机推出了自己的解决方案品牌——"警醒的工厂"（vigilant plant）。在重塑品牌中，横河电机增强了与顾客的沟通，让顾客得以主动地参与到产品和服务的设计和改进中。与此同时，公司并没有以"一刀切"的方式抛弃其原有战略，而是继承了其中的精华：依然坚定地推崇以技术为依托的产品卓越品质，保持自己的"匠人"（日本的一种崇尚手工艺者的文化）之根。只不过，它以更主动的态势，根据市场需求来塑造自己的"匠人"文化。至此，横河电机不再将技术优势当作自己唯一的杀手锏。于是，横河电机开始赢得更多的全球客户。今天，它在工业自动化领域确立了无可争议的位置。

资料来源：郭埂，赵彩虹. 技术偏执者的代价[J]. 创业家，2013（10）：96-98.

课堂活动：小组讨论

将学生分成小组，每组 3～5 人，讨论以下案例。

L 公司中子刀的项目融资

深圳 L 公司是中子刀的技术发明人和所有人。公司创业以来，一直围绕中子刀的研发、完善、生产和临床试验而运营，一路艰难前行。在启动融资之前，除了中子刀项目外，L 公司没有其他业务可经营，公司的基本情况如下。

（1）中子刀技术在国内和世界肿瘤医疗界和科技界已经名声大振，其技术前卫性和治疗前景逐步得到业界承认。

（2）技术已经实现了产品化，第一台中子刀已经制成并投入到重庆某三甲医院临床试用，试用的治疗效果良好，病例积累已经开始进行中。

（3）L 公司正在向国家有关监管部门申请中子刀的生产许可证，但尚未最后取得生产许可证。据 L 公司讲，最终取得生产许可证是确定无疑的，只是时间早晚的问题。

（4）中子刀作为高技术产品，一旦进入正常的生产经营，则产品利润率奇高。据测算，中子刀的销售价格将在 X 万元/台（出于商业敏感，真实数据在此隐去），而生产成本是 Y 万元/台——单台生产的情况下，如果批量生产，则生产成本还有很大的下降空间。

（5）公司财务非常困难。没有正常的经营活动，没有现金流，甚至连必要的差旅费和生产许可证的申报费都支付困难。到过年的时候，没有钱给员工发工资，就请大家到大排档吃顿饭。一开始就上来几瓶二锅头，老板自己先干掉一瓶，喝醉了钻到桌子下面。员工只好纷纷离去："老板又喝醉了，年前工资别指望发了。"

从管理视角看，L 公司的状况是：一项技术，一个产品，一个老板和少量的"临时"员工。因为没有正常的经营活动和财务条件，公司还谈不上组织建制和研产销功能分化的问题。中子刀从技术发明到最终的商品化，已经走到了"最后一公里"的路途上，已经陷入了研发、生产和营销准备上的停顿，随时就可能夭折。公司目前的唯一命题是：如何融来资金以支持中子刀走完"最后一公里"。

资料来源：王明夫，王丰. 高手身影——中国商业原生态实战案例[M]. 北京：机械工业出版社，2008：293-304.

将学生讨论的内容进行梳理，引出以下内容。

（六）资金资源的开发

新创企业面临的最重要的问题之一就是资金资源的短缺。开发资金资源，不仅仅是解决"钱"的问题，最为关键的是在资金资源开发过程中，要进一步确定公司的商业模式和创业战略，并且所选择的战略投资者要与企业当前阶段的发展目标相吻合。

1. 了解资金提供者的相关信息

开发资金资源时，首先要对准备引入的资金资源有整体性了解。在初步确定投资意向之后，创业企业就可以根据实际情况，在众多的意向投资者中选择钟情目标。在接触之前，一定要认真了解一下这些投资者的基本情况，如资质情况、业绩情况、提供的增值服务，要看战略投资者还能为企业带来什么其他的资源，比如政府背景、行业背景、市场影响力、营销支持等，亦即开发、整合资金资源时要充分考虑该项资源能否带来更多的其他资源。

资金是维持企业运营的"血液"，创业者一定要慎重对待，不能受人力、财力的制约草率行事。可以通过公开信息渠道了解情况，也可以通过社会网络、人脉资源打听信息，尤其是对于技术类型的新创公司而言，甚至可以请专业的管理咨询公司做顾问。在 L 公司的融资案例中，就是聘请了北京一家管理咨询公司制定了融资方案"柳暗花明又一村"，成功融资。专业的管理咨询公司不仅有非常职业的咨询技术与能力，而且有发达的社会网络，有助于推动融资过程。

2. 设计独特的商业模式

以 L 公司及其中子刀产品为例，如果把它的商业模式抽象出来，可以描述为：在医疗器械行业，研发有科技含量、高附加值的产品，然后生产、销售，最后赚取产品的利润。这种商业模式的理想景象是：公司具备产品研发和创新核心能力，能够可持续地推出新产品，产品的目标市场定位和性价比有竞争力，由此确保公司的盈利水平和可持续发展。

现实的情况是，鉴于 L 公司的实际运营状况，这种以厂商定位的商业模式对投资者根本没有吸引力。于是咨询公司重新设计了 L 公司的商业模式，从而使形势发生了起死回生的逆转。新商业模式的要点如下。

（1）将 L 公司从医疗器械制造厂商的角色转换到医疗服务提供商，放弃销售中子刀的做法，转而建立 L 公司肿瘤治疗中心，使其形成"区域合理布局，经营连锁"效应。

（2）在条件成熟时，引入租赁等金融手段，强化各地 L 公司肿瘤治疗中心的技术设备，最终使得"中心"成为肿瘤治疗方面的知名品牌。

（3）在上述实体的肿瘤治疗连锁体系的基础上，建设一个肿瘤治疗的专业门户网站，将其打造成一个具备权威性和影响力的专业门户网站。

新商业模式的明确和描述，使得 L 公司的投资价值陡然变得闪亮、显眼，并且设计了充分考虑投资方的投资安全和风险规避的股权融资方案，由经营者和管理层来承担更大的责任和风险。在 L 公司路演洽谈的五家投资方中，最后形成了争抢投资的局面，L 公司经过权衡后选择了其中一家，成功签约股权融资 5 000 万元人民币。

在 L 公司融资案例中，中子刀技术只是 L 公司的战略生长要素，是 L 公司商业模式的起点。出资人所投资的，实际上并不是中子刀技术或产品，而是由中子刀技术衍生出来的 L 公司产业战略和商业模式。从这个意义上说，产业战略选择和商业模式设计是企业开发资金资源的决定因素。

3. 克服"技术钟爱"或"产品偏执"的情结

对于技术类型的新创企业，开发资金资源时需要克服"技术钟爱"或"产品偏执"的情结，不要陷入技术和产品里面，就技术谈技术、就项目谈项目，而是要有产业眼光和商业意识，需要跳出技术和产品，学会识别战略生产要素，设计合适的商业模式。只有这样，才能建立起撬动资本市场的那个"阿基米德支点"。

资本市场通行的是商业法则，它不会为"技术"本身而埋单，也未必要求企业当前就能实现多少利润，它青睐的是技术能够带来的产业空间和成长预期。一个能够占领未来产业空间的企业战略和一个能够现实地启动成长过程的商业模式，比先进的技术本身更能唤醒资本的兴趣。

从新创企业长远的发展角度看，一项技术融资再成功，筹来再多的钱，如果配之以一个失察的企业战略和错误的商业模式，那么这项技术连同这个企业也必将行之不远。因此，技术很重要，融资很重要，而新创企业的发展战略和商业模式、开发资金资源更重要。对于技术类型的新创公司而言，资金资源开发的重心应该放在商业模式和发展战略上，而非一味地钟情于技术或产品，孤芳自赏。

 知识点 26：创业资源开发的技巧和策略。

开发资金资源必须回答的五个问题

创业者常常为筹集资本而百般忙碌。尽管能否从哪里筹资、能否筹集到资本都是无法完全预测的事情，但是创业者在开发资金资源以前，可以先考虑一些必要的问题，以便为最终决策提供依据。

问题1：什么时候需要钱？

创办企业当然需要资本，但不能因为"我需要钱"而使自己的思路混乱，应该首先考虑融资后的投资收益状况。因为融资需要付出成本，既有资本的利息成本，也有昂贵的融资费用和不确定的风险成本。因此，只有在严谨论证自己的创意之后，确信利用筹集的资本所预期的总收益大于融资总成本时，才有必要考虑融资，要争取做到"好钢用在刀刃上"。

问题2：需要多少钱？

由于资本的筹集与使用都具有成本，因此企业筹集来的资本并非"韩信点兵，多多益善"。事实上，多余的资本只会让新创企业盲目扩张，而这种超出自身运作能力的扩张既不能保证企业自身盈利目标的完成，也不能实现股东预期的回报，最为可怕的是让没有市场经验的新创企业迷失方向乃至"夭折"，因此创业者在融资时应该量力而行，避免"圈钱"。

问题3：需要什么样的钱？

对于新创企业以及成长型企业来说，选择哪种融资方式有着重要意义，因为不同的融资方式具有不同的资本成本。一般地讲，融资方式不外乎股权融资和债务融资两种，除了创业投资外，股权融资的主要表现是上市融资。相对于债务融资而言，其风险大，还需要承担一定的发行费用，看起来似乎成本较高。但企业融资还包括机会成本，从目前我国的情况看，企业通过银行贷款所花费的机会成本是很高的。

问题4：是否愿意让投资者了解企业的秘密？

无论以哪种方式融资，资本的提供者大都需要依据相应的条款、制度、手续而了解企业和企业主。以债务融资为例，无论是银行贷款还是担保公司进行担保，提供资本的一方会要求企业提供清晰透明的财务管理资料，并反复审查。很多投资机构不投资的原因都是因为融资者无法公开企业的秘密，或者隐瞒，或者造假。以股权融资的创业投资为例，创业投资者往往还需要了解创业者（企业家）个人的秘密，包括信用状况、个人能力等，以确保一旦投资后，创业者（企业家）能够有足够的能力使资本升值。因此，创业者应该学会识别交易中不可接受的条款和条件，并使用相应的措施保护个人和企业财务报表的机密。

问题5：如何看待自己的企业？

投资家在考虑是否投资时，往往要看融资者对自己公司的态度：究竟是像对待孩子一样爱惜自己的企业，还是抱有"养大了卖钱"的心理。在前一种想法支配下，融资者为了自己的企业健康成长，会尽力将企业搞好，并且会在企业面临困难时，像对待孩子一样千方百计抢救。而在后一种想法支配下，融资者是为了以后卖掉企业大赚一笔，因而可能为了将企业"养大养壮"而不择手段，这是投资者最为担心的事情。

二、有限创业资源的创造性利用

大量事实表明，绝大多数创业者早期所能获取和利用的资源都相当匮乏，但是少数创业者在创业过程中所体现出来的卓越创业技能之一，就是创造性地整合、转换和利用资源，尤其那种能够创造持续竞争优势的战略资源，并由此成功地开发创业机会、推进创业过程向前发展。

随着目前创业研究的深入，现有成果归纳出成功创业者善于创造性地整合、转换和利用资源的途径有以下三种：控制资源利用、创造性地拼凑资源和发挥资源的杠杆效应。在本章成功创业的案例中可以发现，有的创业资源在初创期可能是资源拼凑型的，在下一个阶段则可能是发挥资源的杠杆效应，或者是兼具其他模式的特征。

（一）控制资源利用

大部分创业者因为受到有限资源的约束，被迫寻找创造性的方式开发机会去建立企业，并推动企业的发展，学术界用"Bootstrapping"一词来描述这一过程中创业者利用资源的方法。这个方法主要是指在缺乏资源的情况下，创业者分多个阶段投入资源，并且在每个阶段或决策点投入最小的资源，因此也被称为"步步为营法"。[①]

美国学者杰弗里·康沃尔（Jeffery Cornwall）指出，步步为营不仅是一种做事最经济的方法，还是在有限资源的约束下获取满意收益的方法；不仅适合小企业，同样适用于高成长企业、高潜力企业。步步为营法包括：创业者在资源受限的情况下寻找实现企业理想目的和目标的途径；最大限度地降低对外部融资的需要；最大限度地发挥企业者投在企业内部资金的作用；实现现金流的最佳使用。

步步为营法的主要策略是成本最小化，但是过分强调低成本，会影响到企业形象与产品质量，最终会限制企业的快速成长。例如，有的食品加工企业为了降低成本，使用地沟油作为食用油的生产原料，不但导致企业被依法处理，而且对全社会造成了严重危害，这种短视的降低成本行为对创业活动的影响是致命的。因此，步步为营法中的成本最小化是有前提的，就是设计企业使命，在能够实现企业使命的可行路径下，运用成本最小化的步步为营法。[②]

兼顾企业使命的情况下，新创企业运用步步为营法时仍有很大可供选择的余地。比如，创业者可以通过申请政府创立的创业园或创业孵化器，享受那里的免费办公室，与其他创业者一起共享办公设备等，也可以利用兼职人员、招聘实习生。总之，在实现创业目标的过程中，创业者能够独辟蹊径地找到许多降低成本的方法。

 知识点 27：创业资源创造整合和使用的方法。

创业者为什么选择步步为营的方法[③]

至于创业者为什么选择步步为营的方法，杰弗里·康沃尔总结出 9 条理由，这些理由有助于读者理解步步为营。

1. 企业不可能获得来自银行家或投资者的资金

创业者特别是年轻的创业者没有足够长的工作经历积攒开办企业所需要的资金，没有

---

① 张玉利，等. 创业管理[M]. 北京：机械工业出版社，2021.
② 张耀辉，等. 创业基础[M]. 广州：暨南大学出版社，2013.
③ 张玉利. 创业管理[M]. 北京：机械工业出版社，2021.

第四章　创业资源　149

足够的信用史，没有贵重的个人资产，所以难以从银行家或投资者那里筹措资金。

2. 新创建企业所需外部资金来源受到限制

大量有关初创资金来源的报告显示，创业者的初创资金主要来自创业者个人或家庭成员、朋友。传统的外部资金来源，如银行贷款，都不可能成为多数创业者的选择。即使是风险投资，也只是青睐少数的成长潜力大的企业。

3. 创业者推迟使用外部资金的要求

多数的创业者特别关注对企业的控制权，他们不愿意别人来分享创业的收益，希望通过自己的努力创造和占有价值。随着实力的增强，获取外部资金的能力和谈判能力也会增强。另外，在创业初期，从外部筹集资金也会耗费创业者大量的时间和精力，创业者感觉不如把这些时间和精力投入到销售等活动中。

4. 创业者对自己掌控企业全部所有权的愿望

许多创业者需要处理由于外部投资者期望，以及银行施加的要求而给企业增加的复杂问题。外部融资有可能降低创业者对企业所有权的份额，从而减少他们分享企业所创造的财富和利润。而且，新的合伙人加入也容易带来人际关系的变化，许多创业者说他们的合作伙伴之间的关系甚至比婚姻还复杂。

5. 是可承受风险最小化的一种方式

很多创业者因为偿还贷款的压力而尽可能不使用银行贷款，减轻负债负担。他们用自己的现金储备保持盈利。创业会面临大量的不确定性，创业者虽有创业激情，但抗风险能力低，自己对未来发展也不很清晰，所以希望承受的风险小一些。

6. 创造一个更高效的企业

在有些情况下，拥有很多资源并不一定是好事情，可能带来浪费和不必要的开支。相反，资源少会迫使企业更具柔性，更能随机应变。

7. 使自己看起来"强大"以便争夺顾客

创业者常常会发现他们是在同那些大型的已经存在的公司争夺顾客，这要求他们看起来在产品和服务方面与那些大得多的竞争对手有同样的能力。如太太口服液一开始就请海外专业机构制作精美的广告。为此，创业者们就需要在其他方面设法降低成本。

8. 为创业者在企业中增加收入和财富

通过步步为营的策略，创业者可以降低成本，尽量做到用最经济的办法做事，当然也就等于在增加企业和个人的收入和财富。

9. 审慎控制和管理的价值理念

习惯于步步为营的创业者会形成一种审慎控制和管理的价值理念。在好的方面，这意味着责任心，对投资者负责，让所占用的资源发挥更大的效益。这种价值理念也可能演变成不好的结果，不少创业者在事业做大以后，仍然习惯于财物"一支笔"控制，事无巨细，谨小慎微，反而制约了企业的发展。

（二）创造性地拼凑资源

为什么初创企业成功率极低？学术界对此的解释是：新创企业受新生性成长劣势和竞

争弱性等先天缺陷的制约，容易陷入资源匮乏困境。创业者有 3 条可供选择的行为路径：一是对手头现有资源进行审视、评估、组合和利用，通过创业拼凑解决资源获取难题；二是持续从外部搜索和获取新资源，借助外部力量摆脱资源困境；三是消极回避资源束缚，如维持现状、缩小企业规模或解散企业等①。对于创业者来说，持续从外部获取资源支持新创企业走出困境不太现实，而实施创业拼凑则是一种可行选择。创业拼凑是指创业者通过对手头现有资源进行重组和利用应对资源束缚困境，进而保证创业活动得以延续的行为。

案例：Ben & Jerry's 冰淇淋

1. 创业资源拼凑的概念与作用

创业拼凑由学者 Baker 和 Nelson 于 2005 年提出，主要内容为：创业者面临资源约束时的一种行动战略，通过现有资源的将就利用，从而实现新的创业机会或应对挑战（Baker 和 Nelson，2005）。创业资源拼凑的主要特征是脱离传统的资源环境分析范式，不拘泥于资源属性，从一个全新的视角审视现有资源的价值、通过"将就"与重新整合、构建新的手段目标导向关系以把握创业机会或迎接挑战。该理论主要涉及三个核心概念：现有资源（resources at hand）、资源将就（making do）以及资源重构（combination of resources for new purposes）②。

"现有资源"是新企业或现有市场已经存在但未被发掘或被忽视价值的资源，创业者通过社会交换或非契约形式低成本获得的资源，以及创业者思维层面拥有的一些独特策略思维和知识能力等。正是对不同约束环境下现有资源使用价值及其意义非同寻常的理解，从现有资源出发，通过资源拼凑实现创业的"无中生有"。移动"互联网+"出行领域 Uber、滴滴等对于社会现有闲置车辆的创造性利用，食宿平台 Airbnb 对于现有空置房产的创造性利用都发掘出巨大的商业价值，使用而不占有，构建多方共享的经济模式，成为各自领域的独角兽企业。

"资源将就"指创业者面对资源约束时利用现有资源应对新挑战或机会的一种行为偏见，强调即兴而作的（improvising）积极行动，而非犹豫疑问是否手头资源产生的有益结果。拼凑者并非以最优作为行动准则，而是以合适作为评判标准，如同经济领域的知足决策即满意原则（satisfaction principle）。小米科技通过建设"小米之家"的粉丝交流互动社区，将客户的价值观、市场需求及技术服务等反馈到产品设计运营中，尽管这些非专业、非标准化的资源对突破性技术创新价值有限，却创造了巨大的"粉丝经济"。

"资源重构"即整合资源以实现新目的，是指创业者根据新目的，以不同的既有策略意图及使用方式来整合资源。既有目的需要相应的资源整合以实现，而新的目的需要资源的再整合。另外，从建构主义视角来看，这一"新目的"也许并不是具体的某项目意图，社会不断发展，环境不断变化，科技不断进步，诸如社会、制度及技术的变革通常遵循创造性的逻辑。创业者在面临资源约束、环境变化以及创业企业新生弱性的背景下，更需创造

---

① 陈建安，莫琳玲，黄立佳. 创业者因"我能"而拼凑：创业震荡的调节效应[J]. 科技进步与对策，2021（12）.
② 祝振铎，李新春. 新创企业成长战略：资源拼凑的研究综述与展望[J]. 外国经济与管理，2016（11）.

性的逻辑看待资源与目的的关系。微信诞生之初仅有即时通讯、分享照片和更换头像等简单功能，并不为外界所看好，但随着移动搜索、电商及社交的发展，微信的设计者快速感知环境变化，丰富并完善其功能，使微信成为以社交为核心的开放通讯平台的佼佼者，这表明腾讯总是能抓住竞争者与市场的核心特点，构建自身的独特优势。

研究表明，创业资源拼凑可能同时产生积极和消极影响。积极影响包括：一是利用了其他人废弃的商品或服务；二是将新的价值渗透到资源中；三是使隐藏起来或看似无关的资源发挥作用；四是把创新融入拼凑过程中，但无须专门的设计环节。然而，拼凑得到的结果存在不确定性和潜在的缺陷：手头资源可能是不符合惯例或行业标准的非标准资源，很难预测拼凑是否可以得到理想结果，或者这些结果后期是否需要频繁地纠正和修理才能保持正常的运行[①]。通常而言，创业企业在其成长过程中都会面临着资源行动与外部资源情境的匹配问题，随着制度、行业、市场等外部资源情境因素的变化，企业的资源行动也会发生相应的演化。

2. "任务导向型创业资源拼凑"和"基于社会关系网络的创业资源拼凑"

在创业过程中，创业者面对环境约束和资源依赖的双重挑战，要想取得创业成功就必须采用创新性资源整合方式来最大限度地发挥既有资源的价值。也就是说，创业者必须采用资源拼凑方式来解决资源约束问题，他们不但要通过凑合利用现有资源来突破资源约束，而且要在凑合利用的过程中发现现有资源的新用途，在调动一切可利用资源的同时还要充分发掘它们的潜在利用价值，最终通过开发创业机会来创造价值。这些行为可分别归结为两种不同的创业资源拼凑，即所谓的"手段导向型创业资源拼凑"和"基于社会关系网络的创业资源拼凑"。

在任务导向型资源拼凑过程中，创业者要像荷马史诗《奥德赛》中的主人公奥德修斯那样，不向资源约束低头，而是想方设法利用现有资源来实现既定目标。这种资源拼凑方式的特点在于整合利用可动员的分散资源来有效突破资源约束的制约。

Garud 和 Karne（2003）在比较研究丹麦和美国的风力涡轮机技术开发过程时发现，丹麦创业者开发风力涡轮机技术的过程是典型的手段导向型资源拼凑过程。在开发风力涡轮机技术的过程中，丹麦创业者对各项目参与人分散的既有资源进行重新组合，充分发掘它们的潜在利用价值，最终形成了自己的稳健发展路径，并且实现了目标。此外，从某种意义上说，资源拼凑是一种克服资源约束的手段，可与另一种摆脱资源约束的手段——资源搜寻互为补充。Baker 和 Aldrich（2000）在研究创业过程中的人力资源约束问题时发现：当创业者意识到在外部劳动力市场上难以找到自己所需的人力资源时，就会通过凑合利用现有团队成员来应对人力资源紧缺的问题。可见，通过资源拼凑，创业者在发现新机会以后就不会因为资源紧缺而观望等待，而是积极主动地调动一切可利用的资源来及时创造机会。

基于社会关系网络的资源拼凑又称"网络拼凑"（Network Bricolage），是指创业者通过社会关系网络来获取和利用资源的一种战略行为，它超越了传统的关系网络利用方式，

---

① 于晓宇，李雅洁，陶向明. 创业拼凑研究综述与未来展望[J]. 管理学报，2017（2）.

不拘泥于固定的网络资源，也没有详尽计划或者工具性的网络关系维护目标，而是通过利用现有的社会、商业或者个人关系来拓展资源获取渠道，以解决在创业过程中必然会遇到的融资、供应商、客户、办公场所和咨询建议等不同问题。

Baker（2007）对一家玩具商店进行的案例研究揭示了创业者通过挖掘自己能接触到的所有社会关系，尽可能低成本地利用当地资源禀赋的过程，如通过借助各种关系网络和资源整合方式租到了低租金店铺，招揽了目标顾客，并且还能免费利用社会资源等。在网络拼凑中，现存和潜在的关系网络都是创新性地整合资源的重要渠道。

 知识点 28：创业资源整合和有效使用的方法。

（三）发挥资源的杠杆效应

资源的杠杆效应是指以最小的付出获取最多的收获的现象，通常有如下表现形式：第一，利用一种资源换取其他资源；第二，创造性地利用别人认为无用的资源；第三，能够比别人有更长的时间占用资源；第四，借用他人或其他公司的资源来达成创业者自身的目的；第五，用一种富裕资源弥补一种稀缺资源，产生更高的附加值。杠杆效应对于推动创业活动具有重要意义，因此创业者要在创业过程中训练自己形成杠杆效应的能力。

对于创业者来说，由于初期资金缺乏、时间紧迫，最容易产生杠杆效应的资源就是体现在创业者自身的素质和能力以及社会资源等非物质资源。就创业者的素质与能力看，如果创业者能够识别一种没有被完全利用的资源的能力，看到某种资源怎样被运用于特殊方面的能力，说明资源拥有者让渡使用权的能力，都能使资源发挥出杠杆效应。

就社会资源的杠杆效应来说，社会资源存在于社会结构之中，为社会网络之间的行为者进行交易、协作提供了便利的资源。在外部联系人之间，社会交往频繁的创业者所获取的相关商业信息更加丰富，从而有助于提升创业者对特定商业活动的深入认识和理解，使创业者更容易识别出常规商业活动中难以被其他人发现的顾客需求，进而更容易获得财务和物质资源——这正是其杠杆作用所在。

 知识点 29：创业资源整合和有效使用的方法。

蒙草——从拼凑到协凑[①]

和信园蒙草抗旱绿化股份有限公司（以下简称"蒙草"）创办于 2001 年，位于内蒙古呼和浩特，创始人王召民，由个体经营花店发展为生态园林绿化公司，目前业务领域以生态修复、牧草业、草种业三大板块为核心，布局节水抗旱、生态修复、种业科技、现代草业等领域，覆盖了"草、草原、草产业"三大主要业务经营单元。2012 年作为首个生态修复领域企业成功创业板上市，2015 年营业额达 17 亿左右，目前正处于快速发展阶段，因

---

① 苏敬勤,林菁菁,张雁鸣. 创业企业资源行动演化路径及机理——从拼凑到协凑[J]. 科学学研究,2017(11).

其在节约型生态修复领域的杰出贡献和业绩多次受到党中央高级领导人的赞赏。

由花店连锁进入园林行业

王召明毕业于内蒙古农业大学，其创业初期主要从事鲜花的经营和销售，并成功在20世纪90年代中后期建立了多家花店。1997年恰逢内蒙古自治区50周年大庆，呼和浩特新华广场的美化工程量大无人敢接，王召明听说这个情况之后经过实地的考察和仔细的规划，本着"不赚钱也要做成"的想法，凭借花店经营期间积累的人脉关系，集结了各方面的人力物力，最终完成了新华广场的美化工作，并获得了各界的好评。而王召明受到该事件的启发，开始逐渐参与较大目标的绿化美化工程。最终在2001年成立内蒙古和信园园林绿化公司，主要从事园林绿化工作，包括房地产项目以及部分市政项目的园林绿化工作。但是由于和信园公司（蒙草前身）刚刚成立，在客户、苗木等各方面缺乏基础，王召明采取了模仿的战略模式，参照业内其他企业的发展模式，进行苗木的采购，并通过个人的优秀品质吸引和维护客户。

随着业务的不断拓展，王召明发现现有大多数绿化项目所采用的"进口草坪"往往需要极高的维护成本，而草原上的草在每年降水量只有一二百毫米的情况下也能长得绿油油的，为什么不用草原上的本土植物呢。因此萌生了发展乡土植物的想法，将草原乡土植物引入园林绿化项目中，并逐渐开始通过经济效益的分析来说服部分项目负责人选择草原本土植物。

聚焦节约型生态修复

随着园林业务的不断发展，和信园的发展也逐渐遇到了瓶颈，家族式的企业模式严重限制企业的进一步发展，因此王召明顶着巨大的压力推进股份制改革，原有的家族管理成员全部采用股份代持的方式退出组织管理工作，并引入职业经理人团队。

和信园园林公司尽管仍然能够凭借初期积累的市场和资源保持每年千万级的增长，但是随着职业经理人团队的加入对组织的战略定位和未来发展方向进行了进一步的梳理，明确提出"节约型生态修复"的概念，并将和信园园林公司更名为"蒙草"以体现企业在草原本土植物驯养上的差异性。企业此阶段的重心也逐渐从普通的园林公司进行苗木采购转变为以草原本土植物驯养为基础的聚焦于节约型生态修复的新型企业。前期草原植物在园林绿化方面的运用已经相对比较成熟，蒙草也积累了大量的种植经验，并有意识的从全国各地（北方为主）进行草种和土壤样本的收集。企业开始进一步选择吸纳社会各界草原植物驯养方面的专家，填补企业在科研能力上的不足，先后吸引了内蒙古工业大学云锦凤教授等多位优秀专家人才。除了人才吸引之外，蒙草也开始有意识地与国内多所知名院校建立产学研合作关系，进一步积累研发能力，并相继完成了蒙古冰草等多个抗旱抗寒优良品种的研发。

同时，随着"蒙草"的不断推广，加之2008年奥运会前后环境保护意识的不断加强，草原的生态修复逐渐受到重视，"节约型生态修复"的概念很好地契合了当时的社会和市场需求，市场和社会的正回馈让蒙草进一步坚定了草原本土植物驯养的道路。

以草原植物驯养为核心的多元"草产业"

随着蒙草在草原生态修复领域的多年深耕，蒙草越来越意识到草原植物驯养基础上的草原生态的广阔市场，尤其是近年来草原生态修复专项资金的设立，政府作为草原修复的重要主体开始投入草原修复，并完成了 8 万亩草原的飞播任务，打破原有的草原修复被动依靠牧民的恶性循环。长期持续的草原生态修复资金投入为蒙草提供了巨大的发展空间和契机。在这巨大的机会面前，蒙草管理层也开始有意识地进一步巩固自身在草原乡土植物驯养以及草原生态修复上的相关核心能力。

2012 年实现创业板上市之后，蒙草开始着手充分利用资本市场进行草原本土植物驯养基础上"草产业"的多元化整合，分别并购了厦门鹭路兴和浙江普天园林，实现草产业的进一步横向拓展。同时通过资本市场，并购多个一级资质企业，逐步推进事业部制改革，将"节约型生态修复"逐步细化，分为退化草原修复、矿山复垦、节水园林等专业细分，形成以种业为基础的多元互补的草园产业格局。此外，蒙草还于 2013 年联合 28 家相关企业、科研院所、社会团体共同启动"草原生态修复产业技术创新战略联盟"（简称"生态产业联盟"）。同时，蒙草先后成立了蒙草抗旱植物研究院、京津冀周边地区乡土植物研究院、蒙草荒漠地区生态研究院、阿拉善沙生植物研究院、盐碱地改良研究所、锡林浩特草原生态畜牧产业研究院、草原生态系统研究院、呼伦贝尔耐寒植物研究院八大研究院，形成了野生植物驯化育种技术、节水抗旱园林绿化技术、生态修复集成技术三大核心技术。不仅如此，蒙草作为生态修复市场的开拓者，充分利用先发优势，一方面重点培育和积累草原本土植物，进行草种储备；另一面利用行业空白，参与制定相关的行业标准，确立行业话语权。通过一系列行为巩固自身能力，并进一步通过 PPP 模式，协调各方面资源来开展并推广节水园林以及节约型生态修复。

蒙草作为典型的创业型企业在成长过程中资源状况经历了较为完整的从无到有的过程，在资源基础发展的过程中，其资源行动也发生了相应的演化，不同资源状况下表现出不同的资源行动特征。其资源行动的演化路径为任务导向的资源拼凑-能力导向的资源编排-多元产业协同导向的资源协奏。

第一，任务导向的资源拼凑。

蒙草在创办初期主要是创始人王召明个人作为个体户从事花店经营，在资源基础和能力基础上距离蒙草现在的规模均有较大的差距。在各方面资源均受到较大限制的情况下，蒙草通过零散的获得部分项目机会，以完成项目为目标的清晰的任务导向型的资源行动模式。在任务导向下，蒙草只能尽可能利用一切可以利用的资源，利用偶发性的机会，基于任务进行零散资源的简单拼凑以较快速实现目标，即任务导向的资源拼凑。蒙草在初期的园林绿化阶段，在完成任务过程中，出现自身资源不足的情况通过外部资源的简单整合来实现，表现为"别人买苗子我也买苗子"、"别人买花我也买花"。资源的拼凑过程中王召民作为创业者起了关键性的作用，一方面，凭借自身的诚信、人品等完成人、财、物的集结，另一方面市场机会识别和项目的获得也主要依靠其个人敏锐的观察以及社会资本积累。

第二，能力构建导向的资源编排。

通过初期的资源协奏，企业在资源和能力上均有了一定的积累，也逐渐意识核心能力的缺乏以及提高组织核心能力的重要性，因此开始将资源行动的重心转移到能力构建上。

为了构建能力开始组织架构以及人员的改革，一方面引进职业经理人进行股份制改造，家族人员退出组织管理；另一方面甄选大量科研人员，设立研发部门，聚焦于草原本土抗旱植物的优化和驯养等核心能力相关产品研发。此阶段由相对无序的资源拼凑开始进入相对有序的聚焦于组织核心能力的资源编排阶段。

此阶段组织面对的资源情境相对丰富，存在新资源的主动加入，组织并不是被动地组织和拼凑外部资源，而是在内外部相对丰富的资源情境下进行筛选和配置。资源行动的核心主要聚焦在组织核心的重新编排，调整、布局；另一方面涉及组织内外部相关资源有序的筛选和配置。以股份制改革为代表的内部组织结构的重新调整；以科研投入增加为代表的专家及职业经理人团队的加入；以"节约型生态修复"为代表的战略重心调整等。这些资源上的重新调整核心主要是为了切实提高自身的核心竞争力，构建自身区别于市场其他企业的异质性能力。

第三，多元产业协同导向的资源协奏。

基于上一阶段的资源编排，蒙草逐渐构建起其他组织所不具备的差异性的组织能力，在资源上组织不仅能够充分选择和获取外部资源，同时也能够有效创造和协同内部资源。因此，在较好的能力和资源基础上组织进一步将资源行动的重心转移到多元化基础上相关产业的资源协同。

在这一阶段，蒙草在已有的节约型生态系统修复基础上进行相关的业务领域细分，通过事业部能力构建，对组织结构和人员制改革进行内部资源的重新配置，形成草种、矿山修复、草原修复、公路护坡、节水园林等多个相关产业相互支撑发展的局面。此阶段的资源行动在资源编排基础上更加聚焦于核心能力的提升以及多元化的发展，各事业部分别进行资源的拼凑和编排，同时不同事业部之间又相互支撑，从而实现不同资源组合的有效协调，最终形成资源与多元产业之间的有效互动和高效协同。

面对更加丰富的资源需求，蒙草在现有资源存量基础上进一步通过资源市场以及政府产学研相关科研立项来寻求外部资源支持，通过资本市场进行相关多元化能力和资源的补充，最终实现了内部资源的重新配置，外部资源大量进入，内外部资源在不同业务单元上同步协同。同时，通过资源协奏，组织核心能力能够得到进一步的巩固、提高和完善，形成新的资源和竞争优势，进一步构建和强化异质性资源。

三、创业资源开发的推进方法

资源开发是整个创业活动的主线，初创期创业者可以支配的资源数量、规模决定了创业模式的选择。随着创业过程的开展，不同发展阶段资源利用特点不同、资源控制重点不同，创业者需要采用不同的资源推进方式、整合内外部资源以获得良好的创业绩效。创业成功的关键，就是看创业者是否能根据不同的创业过程和环节，有效地整合资源。

概括地讲，创业资源开发的推动方法可以归纳为寻找式资源整合、累积式资源整合、开拓式资源整合，这几种模式与创造性利用创业资源的方法可以交叉、相互转化。

（一）寻找式资源整合

对于初次创业者来说，其创业存在许多共性问题，比如管理经验不足、市场狭窄、创业资源匮乏。创业之初，创业所需资源主要依靠自身的努力来获取，但是仅仅依靠从自己的身边获取的创业资源很难维持企业的发展，要想使企业继续发展，那就不得不从外界寻找创业资源。

寻找式资源整合主要是结合自身创业团队的资源情况，分析资源储备存在的不足，提出整合外界资源的方案，积极地寻找和整合所能利用的创业资源。这就要求创业者具备较强的预见力和洞察力。较强的预见能力可以让创业者准确地把握自己所在行业的发展热点和竞争焦点。洞察力是一种从不同类型的信息中获得知识的能力。创业者拥有较强的预见能力和洞察能力，才能在诸多的资源中获得对自己创业有所帮助的资源。

 知识点 30：创业资源开发的技巧和策略。

（二）累积式资源整合

进入创业过程的中期，新创企业得到了一定的发展，也积累了一些企业赖以生存发展的创业资源。这段时期，企业正处于发展关键期，创业资源需要不断累积和增加。这需要创业者掌握累积式的资源整合方法。

为了使已获得的创业资源发挥其最大的效能，创业者必须在初创企业的发展过程中，进一步了解创业资源的特征，以便更好地整合利用。也就是说为了有效利用已获得的创业资源，要对其进行分析、归类。只有对已有的资源进行准确的分析定位，才能在此基础上进行进一步的整合利用，才能发挥资源的最大效能，不断提高企业的核心竞争力。

 知识点 31：创业资源开发的技巧和策略。

（三）开拓式资源整合

企业取得初步发展之后，创业者要想使企业继续快速发展，就必须采用开拓式创业资源整合。

开拓式创业资源整合强调创新能力，当今社会的竞争，与其说是人才的竞争，不如说是人的创造力的竞争。创新是一个企业发展的动力和灵魂，没有创新的企业是很难成长和发展的。开拓式创业资源整合要求创业者不断地把创新式思维注入其中，从创新的视角去寻找具有创新点的创业资源。特别是继续寻找企业的新的增长点，在新的增长点上充分开拓和整合利用资源，这一点对创业基础较为薄弱的大学生创业者来说尤为重要。

 知识点 32：创业资源开发的技巧和策略。

（四）资源整合原则

创业者能否做到资源的真正整合，是决定企业生存还是灭亡的关键。因此，创业者在整合资源时，可以参照以下资源整合原则。

1. 识别利益相关者及其利益

该原则提示创业者，整合资源一定要关注有利益关系的组织和个人，首先就是把这些利益相关者一一识别出来，把他们之间的利益关系辨析出来，甚至有时候还要把利益创造出来。一般来说，寻找利益相关者就是要寻找那些具有共同点的人，同时也需要寻找可以互补的人。

2. 管理好能够促进企业持续成长的人力资源

企业持续成长需要大量的人力资源作为支撑，保持企业持续成长对人力资源管理提出更高的要求。高素质的人力资源是企业持续成长的根本，管理好人力资源是企业持续成长的重要保证。

3. 构建共赢机制

共赢机制是指创业者在进行资源整合时，一定要兼顾资源提供者的利益，使资源提供与使用的双方均能获益。在与外部的资源所有者合作时，创业者还要构建一套各方利益真正实现共赢的机制，给资源提供者以一定的回报，同时尽可能替对方考虑到规避风险。

4. 保持信任长期合作

资源整合以利益为基础，需要以沟通和信任来维持。沟通是产生信任的前提，信任是社会资本的重要因素。同时，创业者要尽快从人际信任过渡到制度信任，从而建立更广泛的信任关系，以获取更大的社会资本。

 知识点33：创业资源开发的技巧和策略。

 **本章小结**

重要术语

创业资源　资源需求　商业资源　创业资源获取　创业融资　创业资金　创业融资渠道　融资方式　创业资源管理　资源开发　资源利用　资源整合

 **即测即练**

自
学
自
测

扫
描
此
码

创 业 计 划

第五章

本章提要

通过本章的学习，使学生认识创业计划的作用，了解创业计划的基本结构、编写过程和所需信息等（准备创业计划的过程实质上是信息的收集过程，是分析并预测环境进而化解未来不确定性的过程），掌握创业计划书的撰写方法。

学习重点和难点

重点：市场调查的方法和创业计划书的撰写技巧。

难点：投资回报部分的撰写，以及创业计划书展示的技巧。

第一节 创业计划的准备

学习目的与要求

通过本节的学习，学生应达到如下要求：

1. 了解创业计划的基本内容及其重要性。

2. 认识创业者在创业过程中准备创业计划的原因。

3. 了解撰写计划书所需信息的收集渠道。

4. 掌握市场调查的内容和方法。

学习要点

1. 创业计划是创业的行动导向和路线图，既为创业者行动提供指导和规划，也为创业者与外界沟通提供基本依据。

2. 创业计划需要阐明新企业在未来要达成的目标，以及如何达成这些目标。创业计划要随着执行的情况而进行调整。

3. 一份完整的创业计划书包括封面、执行概要、目录、正文和附件等。

4. 创业计划的正文包括企业描述、产品或服务、创业团队、创意开发、竞争分析、财务分析、风险分析和退出策略等内容。

5. 准备创业计划的过程实质上是信息的收集过程，是分析并预测环境进而化解未来不确定性的过程。

创业语录

一旦他们将创业计划写到纸上，那些希望改变世界的天真想法就会变得实在且冲突不断。因此，文件本身的重要性远不如形成这个文件的过程。即使你并不试图去集资，你也应当准备一份创业计划书。

——盖伊·卡韦萨基（硅谷著名创业家和风险投资者）

一份好的创业计划书可以节省创业者相当多的时间和金钱，减轻他们在商业概念形成之前而不是在企业创建之后的心中之痛。

——布鲁斯·R.巴林杰

一、创业计划的作用

创业计划，又称"商业计划"，是引领创业的纲领性文件，是创业者具体行动的指南。

创业计划是创业的行动导向和路线图，既为创业者行动提供指导和规划，促使创业团队及雇员团结一心地工作，也为创业者与外界沟通提供基本依据。创业计划书的撰写可以迫使创业者系统思考新创企业的各个因素，促使创业团队定期沟通讨论将要从事的工作。一般情况下，撰写创业计划书主要有两大原因：在企业内部，创业计划书为企业执行战略和计划提供了值得借鉴的"蓝图"，能够迫使创业团队一起努力工作，全力以赴地解决风险创业的各个细节；对企业外部来说，它能够向潜在投资者和其他风险投资者介绍企业正在追寻的商业机会，赢得对方支持。

撰写创业计划书的原因恰好反映了创业计划书的重要作用。

第一，创业计划书是企业创建的共同纲领和行动指南。通过制订创业计划，创业者能够明确创业方向、厘清创业思路。在谈论创业机会细节的过程中，会迫使创业团队一起工作，将其抽象的创业理念转换为产品的功能和质量、销售的策略和方式、资金筹集和盈亏平衡点等具体的现实问题，通过反复论证和调整，既使团队成员统一思想，也使得最终形成的创业计划成为创业引领的纲领性文件和具体行动的指南。同时，创业计划的写作是一个长期的过程，可能需要创业团队根据企业的实际情况进行不断的调整和完善。在这一过程中，创业者或者改变销售策略，或者更新经营思路，或者认识到某一方面的错误与不足，甚至改变了总目标下的某一分支，这都有利于新创企业的良性发展。

第二，撰写创业计划书是使创业团队及雇员团结一心的方式或手段。一份清晰的创业计划书对企业的愿景和未来均做了详细的陈述，无论对创业团队还是普通员工都具有十分重要的意义。尽管市场的快速变化经常发生，创业计划也会根据变化的情况适当调整，但是撰写创业计划的过程的确非常有用，会使得团队成员团结一心，为了共同的创业目标而努力，同时发现团队中可能存在的问题，从而通过对创业计划书这样一个重要方案的论证，使团队成员更加团结、配合更加默契，使普通员工和创业者保持配合一致的运动过程，保持统一有目的的行动方向。因此，创业计划书的撰写过程和创业计划本身同样有价值，既是使创业目标变成现实的重要途径，又是使普通员工理解企业目标、完成企业计划的重要措施。

第三，创业计划可以作为推销性文本，为企业向潜在投资者、供应商、重要的职位候选者以及其他人介绍拟创办的企业。实际上，向创业者索要创业计划书的组织数量一直在不断上升，越来越多的由大学或社会团体主办的创业园和商业孵化机构会要求获得候选的企业提供创业计划书。有研究表明，拥有创业计划书和新创企业获得资助之间呈正相关关系。[①]作为一种推销性文本资料，创业计划书有助于企业建立可信度，尤其是在由大学、教育部、团中央以及一些基金组织举办的创业大赛中获奖的项目，可以使其更容易获得投资者的关注。即使是一个学生或者团队在创业计划大赛中取得好成绩，但最终并没有决定创办新企业，这种参赛方式获得的亲身经历也可能产生积极的效果。

 知识点 1：创业计划的作用。

 知识点 2：撰写创业计划书的原因。

二、创业计划的内容

撰写创业计划的目的是向阅读者提供其所需要的信息，因此，创业计划书的内容取决于使用者对信息的需求。鉴于创业计划书的使用者主要有内部使用者和外部使用者两大人群，分析这两部分人群的信息需求就显得格外重要。

一般来说，创业计划书的内部使用者包括创业者团队以及雇员。创业团队需要明确创业的目标及实现路径，雇员需要了解创业目标以及在实现目标过程中所需要做的工作和可能的收获。因此，创业计划书中要阐明创业的目标及实现目标的详细计划和措施，包括企业拟从事的产品和服务，创意的合理之处，计划的顾客和市场，创意方案的开发路径——如何研发、生产和销售等，同时，要对竞争者状况进行一定分析，使团队成员及其未来的雇员了解企业可能的前景，对创业企业的发展进行预测，从而作出恰当选择。

外部使用者包括投资者及其他利益相关者。投资者主要关注企业拟筹集的资金数额、筹集资金的目的和种类、准备采用的筹资方式、筹资的时间、筹资的回报等；潜在的商业合作伙伴、顾客等其他利益相关者会关注企业的盈利状况、资产负债状况、持续经营能力等，以此作为其商业信用政策的制定依据，以及选择产品或服务的理由。

课堂活动1：头脑风暴

运用头脑风暴的方法和学生一起讨论、分析创业计划书的主要内容应包括哪些。

将头脑风暴中形成的观点进行梳理，总结为以下内容。

根据以上分析，一份完整的创业计划书主要内容应当包括企业描述、产品或服务、创业团队、创意开发、竞争分析、财务分析、风险分析和退出策略等内容。如图 5-1 所示。

---

① H Van Auken.Pre-Launch Preparations and the Acquisition of Start-Up Capital by Small Firms[J]. *Journal of Development Entrepreneurship*, 2000(2): 169-183.

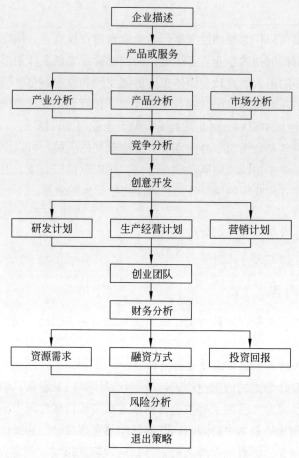

图 5-1　创业计划书内容

其中，企业描述是指企业成立的时间、形式与创立者，创业团队简介，企业发展概述。产品或服务的说明要从产业分析、产品分析和市场分析展开。其中，产业和产品分析是对创意价值合理性的解读，市场分析要对企业的顾客和市场展开分析。创业团队部分要对团队的组建、分工和管理予以介绍。研发计划、生产经营计划和营销计划是对创意开发模式的进一步说明。竞争分析可以基于波特的五力分析模型，对行业的竞争状况进行阐述，展示项目的实力。资源需求、融资方式和投资回报则是从财务方面对创业项目的分析和说明。最后是风险分析和退出策略。各部分的详细内容及撰写时的注意事项见本章第二节。

 知识点 3：创业计划书的内容。

三、创业计划书的基本结构

一份完整的创业计划书应该包括封面、执行概要、目录、正文和附件五大部分。

（一）封面

封面上应明确创业项目的名称，体现企业的经营范围，同时以醒目的字体标示出创业计划书的标题，比如《××创业计划书》。

封面上还应有企业名称、地址、电子邮件地址、电话号码、日期、主创业者的联系方式和企业网址（如果企业已经建立了自己的网站），这些信息放在封面页的上半部分；如果企业已有徽标或商标，将其置于封面页正中间；封面下半部分应有一句话，提醒读者对计划书的内容保密。需要注意的是，封面上最重要的一项内容是计划书撰写者的联系方式，创业者应该让读者很容易地与自己进行联系。

 知识点 4：创业计划书的结构。

 知识点 5：创业计划书的封面。

（二）执行概要

执行概要的具体写作方法见第二节"三、凝练创业计划的执行概要"。

（三）目录

目录是正文的索引。这里需要按照章节顺序逐一排列每章大标题、每节小标题以及章节对应的页码。目录可以自动生成，显示到二级或三级小标题为宜。

以下是第四届"挑战杯"全国大学生创业计划竞赛金奖作品，这里隐去其真实的企业名称，用"××科技股份有限公司"代替，该项目创业计划书的目录如下。①

××科技股份有限公司创业计划书
目　录

---

① http://news.wipe.edu.cn/kc/CYQD/?action=content&m=2711&a=15120&todo=show.

附录

    1. "闪电贴"前期调研报告

    2. 超薄打印电池核心技术

（四）正文

正文是创业计划书的主要内容,包括主体和结论两大部分。正文的主要内容见本节"二、创业计划的内容"和第二节"四、把创业构想成文字方案"的阐述；结论是对整个创业计划书内容的总结式概括,要和执行概要首尾呼应,体现文本的完整性。

（五）附录

附录是对主体部分的补充。受篇幅限制,将不宜在主体部分过多描述的,或不能在一个层面详细展示的,或需要提供参考资料或数据的内容一般放在附录部分,以供参考。例如专利证书或专利授权证书、相关的调研问卷、荣誉证书、营业执照等。

例如,××科技股份有限公司的创业计划书附录就包括了前期调研报告,以及超薄打印电池核心技术两个方面的内容。

关于创业计划书的长度,尽管不同专家给出了不同意见,建议20~35页比较合适。

由于读者对创业计划书的结构、体例和内容比较敏感,创业者应对创业计划书的装帧加以认真考虑。比如,采用塑料螺旋镶边线装订,使用透明的封面和封底来包装都是不错的选择,这样的创业计划书花费不多,而且看起来比较醒目,能够吸引读者的注意力。同时,在内容的布局上,要对字号大小、颜色选择等文字处理方案进行精心设计,如果企业有设计好的 LOGO,最好将其放在封面上以及每一页的文字中。这样一方面向读者展示创业者的细心,另一方面可以强化企业形象在读者心目中的印象,给人以很专业的感觉,提高创业计划的可信度。

 知识点 6：创业计划书的结构。

1. 创业计划书封面上最重要的内容是什么？

2. 如果企业已经有设计好的 LOGO，将其放在创业计划书的什么地方最好？

四、创业计划中的信息收集

创业计划中的信息搜集是以企业发展目标为目的,通过相关的信息媒介和渠道,采取相应方法,有计划、有目地获取市场信息的过程。创业计划书的撰写过程,实质上是对创业机会的论证过程,也是一个不断收集信息、分析信息的过程。因此,创业者必须了解信息的收集渠道、收集方法和收集步骤。

对于一份成功的创业计划书而言,完整的结构固然重要,准确的信息更是必不可少。如果说结构是创业计划书的骨架,信息则是创业计划书的细胞。准确的、到位的市场信息和行业信息有助于使创业者了解市场行情，知晓客户需求，洞悉对手状况，明晰自身发展，从而明确竞争对手的优势和自身的不足，确定市场发展方向和自身的发展定位，以便给创业团队以信心，同时也可以在投资者面前充分展示自己的实力。

 知识点7：信息收集的含义。

（一）信息收集渠道

信息收集渠道即信息的来源。创业计划中涉及的市场、客户、竞争对手、融资方式、创业资源等方面的信息可以通过互联网、公开出版物、竞争对手企业、关联方、会议展览、行业协会或中心等渠道获得。

1. 互联网

互联网的巨大优势在于信息含量大而广，几乎无所不包，一个关键词会连接出浩如烟海的信息。在我国，与创业、创业计划信息相关的网站通常有：

创业投资在线，http://www.vc26.com/

中知网，http://www.chinakm.com/

企业信息查询网，http://www.sogongsi.com/

中国青年就业创业网，http://career.youth.cn/

中国中小企业信息网，http://www.sme.gov.cn/

国家工业和信息化部官网，http://www.miit.gov.cn/n11293472/index.html

中国民营科技网，http://www.ccmykj.cn/

中国人力资源网，http://www.hr.com.cn/

创业教育网，http://www.kab.org.cn

高校创业联盟网站，http://www.cyeedu.com

科技创业咨询网，http://www.kjcyzx.org/

阳光巴士创业网，http://www.sunbus.cn

世界创业实验室，http://elab.icxo/top_view.html

中国大学生创业培训网，http://www.etchina.com.cn

全国大学生创业服务网，http://cy.ncss.org.cn

中国创业培训网，http://www.siyb.com.cn

南开创业网，http://www.ebg.org.cn

创业家网站，http://www.chuangyejia.com

《创业邦》杂志网站，http://www.cyzone.cn

中央电视台《财富故事会》网站，http://www.cctv.com/program/cfgsh/02/index.shtml

扩展阅读

美国常用的信息网站：

商业法，http://www.businesslaw.gov

国家制造协会，http://www.nam.org

福布斯，http://www.forbes.com

国际数据，http://www.census.gov/main/www/stat_int.html

世界银行，http://www.worldbank.org

国家工业市场调研，http://www.export.gov/cntryind.html

华尔街时报，http://www.wsj.com

国际数据库，http://www.census.gov/ipc/www/idbnew.html

商业周刊，http://www.businessweek.com

尽管互联网上的信息种类繁多、内容丰富，但是过于庞杂，搜索出来的很多信息可能同创业者的项目并无太大关系，因此，需要创业者首先能够清晰界定所需要的信息，并不断调整搜索范围，有目的地去搜寻。

2. 公开出版物

互联网的冲击力再大，目前也不能完全取代电视、广播、报纸、杂志等传统媒体。当今经济社会和信息社会，传统媒体依然有其自身的优势。因此，创业者要善于从如下公开资料中发现线索：①企业名录和企业年鉴。它们所提供的如企业规模、产品、产量、销量、市场份额等信息，有助于初步确定竞争对手，了解其一般情况。②报纸和杂志。尤其是行业报纸、专业期刊，集中了行业方面的企业动态、竞争态势、市场状况等信息，是了解行业竞争态势的重要窗口。③产品样本。产品样本是对产品型号、技术规格、原理性能、技术参数所做的具体介绍，其结构图和产品说明书直观性强、数据多，是了解产品、掌握市场情况的重要信息源。④上市公司年报。年度报告几乎囊括了所有可以作为商业秘密的企业财务、客户、人事等信息，不仅有数量指标，还有质量指标供分析时参考。⑤专利文献。专利文献既是技术文件又是法律文件，有助于监视竞争对手的专利申请活动，也为本企业的新产品开发提供了重要信息源。⑥图书馆信息。图书馆里的一些市场研究报告、一定时期的消费数据汇总、同类企业的资料文献汇编等是创业计划信息搜集的有效来源。与互联网相比，图书馆提供的信息更加具体，更加有针对性。创业者可以依照自己涉足的行业和企业的发展目标有目的地查找、收集。

3. 竞争对手企业

在竞争对手的简报、报刊上，经常会刊登公司的新闻。竞争对手的员工，尤其是研发、市场等部门的员工，掌握了大量有价值的信息。员工本身就是一个很好的竞争情报源，有时通过员工个人人际关系可以廉价得到有关竞争对手的信息，特别是一些零次信息[①]。获得这类信息的主要方法有：①索取相关资料如企业内刊；②关注竞争对手的新产品展示；③调查走访竞争对手员工及其家属；④从竞争对手的垃圾中获取信息等。

4. 关联方

在市场竞争日益加剧的情况下，企业日益重视和那些与自身有利益相关的组织建立战

---

① 零次信息是信息直接获取者获取并形成原始记录的信息或通过信息直接获取者的表象形态（口头语言和肢体语言等）传递的原始信息。

略合作伙伴关系，以增强竞争实力。所以，从与企业相关联的人和公司的有关信息中，也能搜集到想要的信息资源，包括用户、律师、银行、会计师事务所、市场调查机构、广告公司、咨询机构、经销商、供应商、行业协会、媒体、质量检验部门、储运部门等关联方。

5. 会议展览

企业通过参与各种会议或者参加各种产品展销会、洽谈会等，可以获得参展公司有关产品说明和技术资料等有参考价值的信息。这些信息源是获取市场信息、技术信息和人才信息的最好机会。

6. 行业协会或中心

行业是生产同类产品、提供同类劳务或具有相同工艺过程的经济活动类别，如饮食行业、制造行业、服装行业、旅游行业等。行业协会是一种中介组织，它介于政府与企业之间、商品生产者与经营者之间，起着服务、咨询、沟通、监督、公正、自律、协调等方面的作用。行业协会的研究职能、统计职能和服务职能有助于创业者非常便捷地收集到所需信息。

另外，雇员流动、非正式交流、企业的衍生、合作创新等也是创业者获取信息的重要途径。

 知识点 8：信息收集渠道。

（二）信息收集方法

面对来自不同渠道的大量信息，创业者往往会感到无从下手，难以在短期内厘清哪些是关键信息，哪些是必要信息，哪些是看似无关紧要实则至关重要的信息。因此，掌握一定的信息收集方法，可以帮助创业者准确定位，省时省力地找到需要的资料。常用的信息收集方法有观察法、提问法、比较法和文献检索法。

1. 观察法

观察法是获取市场和行业信息的常用渠道，也是创业者获得直接经验的主要方法，这种方法比对现成信息资料的解读或汇总更为鲜活、有效。例如，要开一家糕点房，就要先观察既有店铺的运作、装潢、环境、客流、客户等情况。以北京的稻香村为例，通过调查你会发现，在北京，繁华的王府井、西单等商业街区很少能看到稻香村食品的连锁店，在一些客流量大的车站及停车场附近、大型社区周边，稻香村连锁店却经常会映入你的眼帘；此外，进出稻香村的以老年人居多。于是，你会得出稻香村的客户群是社区居民，尤其是中老年人的结论。再查询稻香村的企业文化你会发现，稻香村"以传统中华美食为载体，力求将中国传统文化传播到世界各地；它专注于美食制作，崇尚健康理念"。于是，稻香村的选址就比较容易理解。如果你要做传统的、健康的食品，可以仿照稻香村的做法；而如果你要做主打甜点或者西式休闲食品的糕点房，则顾客就应该是以年轻人为主，尤其是年轻的女性，而选址最好在繁华的商业地段。

创业者也可以通过对展销会、说明会现场或者生产、包装现场的实地观察和记录来调研取证，以收集所需信息。观察的对象可以是人（消费者、生产者、管理者、组织者等）

的行为，也可以是商品、展台、车间等客观事物；观察的侧重点以所需信息为准绳；观察的过程中一般是边看边记，最后整理分析，得出结论；为了将现场悉收眼底，观察者往往会借助现代技术，比如摄像机、照相机来记录现场状况。

为了尽量避免调查偏差，在采用观察法收集资料时应当注意以下几点。

（1）努力做到不带有任何看法或偏见地进行观察。

（2）选择具有代表性的观察对象和合适的观察时间与地点，尽量避免只观察到表面现象。

（3）在观察过程中，随时记录，记录内容尽量翔实。

（4）除了在实验室等特定的环境下和借助各种仪器进行观察外，尽量使观察环境保持自然平常的状态，同时注意保护被观察者的隐私。

（5）在实际观察中，经常与提问法相结合，以提高信息的可靠性和准确度。

2. 提问法

提问法实际上是设问法。即创业者自己先质疑自己发现的创业机会或创意，提出相关疑惑或问题，然后带着问题收集信息，以信息收集的结果来论证创业机会的可行性以及创业计划的可行性。

仍以开糕点房为例。萌生了开糕点房的想法后，创业者可以试着质疑自己的创意，至少提出如下问题。

（1）目前全国市场上的糕点房有哪些主营种类和口味？

（2）在自己所在的城市，竞争对手有哪些共同优势和不足？

（3）自己想加盟还是独创品牌？

（4）如果走品牌独创路线，潜在市场有多大？

（5）该城市居民的大众口味如何？

（6）如果选址社区，该社区的居住者主体年龄、身份、学历等基本情况适合什么口味的糕点？客流量大不大？

接下来，就要带着这些疑问去查找资料或进行现场调查。与这些问题相关的信息或者在网络、图书馆、传统媒体中，或者在一对一的交流中，或者在问卷里。信息收集的过程同样是去伪存真、去粗取精的过程。只要你是一个有心的创业者，你的努力就会有回报，起码这些工作能让你从容创业。

3. 比较法

常言道，有比较才有鉴别。信息收集中的比较实际上是一种取巧，即参照同行业中的其他创业者的创业计划书，试着分析他们的创业计划的可行性，从中总结经验，结合自身需要，获取有利的信息。

4. 文献检索法

文献检索（Information Retrieval），是将信息按一定的方式组织和存储起来，并根据信息用户的需要找出有关信息过程的方法。狭义的信息检索则仅指该过程的后半部分，即从信息集合中找出所需要的信息的过程，相当于人们通常所说的信息查寻（Information Search）。

可采用直接法、追溯法、循环法等方法进行文献检索。直接法是直接利用检索系统（工具）检索文献信息的方法；追溯法是指不利用一般的检索系统，而是利用文献后面所列的参考文献，逐一追查原文（被引用文献），然后再从这些原文后所列的参考文献目录逐一扩大文献信息范围，一环扣一环地追查下去的方法；循环法是分期交替使用直接法和追溯法，以期取长补短，相互配合，获得更好检索结果的方法。

著者途径、题名途径、分类途径、主题途径、引文途径、序号途径、代码途径、专门项目途径等是常用的文献检索途径。

 知识点9：信息收集方法。

（三）信息收集步骤

做好信息收集工作，需要创业者有充分的准备以及清晰的思路。了解信息收集步骤，可以节省创业者的时间，提高工作效率。一般来说，信息收集可分为以下四个步骤。

1. 弄清目的，明确方向

市场信息的庞杂和市场经济的实效原则使得创业者必须要首先厘清自己的实际需要，否则会做许多无用功。收集者可以适当撒网，但要将重心集中在目的和方向上。比如创业产品要在营销上创出品牌和特色，就要了解主要竞争对手在产品营销方面的所有信息，从设计到生产，从包装到销售，其主要流通环节有什么要求、反映出何种特征、体现出什么理念等，就构成信息收集的目的和方向。此外，整个市场环境呈现怎样的态势，也是信息收集的一个重要方面，这有助于创业者作出更适销对路的决策。

2. 制订信息收集计划

有无计划以及计划的周密与否关系到整个信息收集工作能否正常、有效地开展。制订计划要以切合实际为原则。如果以竞争对手为收集对象，就要依据不同竞争对手以及相同竞争对手的位置及环境、产品生产、销售策略、售后服务等方面制订不同的计划。如果以市场需求为考察方向，就得从消费趋势和走向两方面加以区分。

收集计划中应明确不同层面的计划所需的信息收集渠道与方法。各种渠道，如互联网、传统媒体、图书馆或者行业协会，能利用的利用；而不同方法，比如调查法、访问法、观察法等，以实际利用的效用为原则。如此，才能拓宽信息来源，提高收集效率。

3. 组织实施

在具体的信息收集工作中，按照收集计划，一要讲原则。要在广泛性的基础上有所深入，这就要增加收集方法的灵活性。二要具备敏感度。做到对同一问题多方位思考、多角度收集。三要学会筛选。信息并非多多益善，要使其由杂乱到有序、从粗糙到精辟，就得分清主次，学会甄别，以节省时间，抢占制胜时机。

4. 提供信息成果

信息成果的表现形式是调查报告、资料汇编、数据图表等。这是在感性信息的基础上经过整理分析得出的理性结果。根据结果，你就可以决定能否去创业了。

其中，调查报告是普遍运用的信息评估与分析形式。

知识点 10：信息收集和创业计划。

五、市场调查的内容和方法

准备创业计划的过程实质上是信息的收集过程，是分析并预测环境进而化解未来不确定性的过程。市场调查是创业者收集信息的最主要的方法，是决定创业计划书的论证是否有理有据，检查创业计划是否切实可行的主要工具。市场调查，顾名思义，调查市场状况、周边环境和消费者需求，通过收集、整理、分析有关市场营销的数据信息，了解市场现状和发展趋势的过程。通过市场调查，创业者可以了解与市场相关的客观因素，诸如环境、政策、法规等方面的信息；以及与市场相关的主观因素，如消费者需求、竞争对手等信息。因此，详尽的市场调查有助于创业者作出准确的市场定位、更好的市场细分以及企业的营销决策，以减少创业过程中的失误，增强创业成功的可能性。

知识点 11：市场调查的含义。

（一）市场调查的功能与作用

市场调查可以帮助创业者把握准确信息，对创业项目的可行性进行分析；使创业者了解行业资讯，作出科学的市场定位；并通过科学决策，制订相应的营销计划。

1. 市场调查帮助创业者把握准确信息，对创业项目的可行性进行分析

通过市场调查，创业者对拟提供产品或服务的市场潜在需求量大小，消费者分布集中度，产品或服务吸引目标市场的原因，市场的竞争程度等信息会有一个大致了解，据此可以分析项目的可行性；通过对所需资源丰裕程度以及获取难易性的调查，可以对项目运作的可能性作出判断；通过市场调查还可以对未来的发展趋势及消费习惯的可能变化进行预测，以对项目的持续性展开分析，并可以根据调查信息适当对创业计划作出调整，使创业团队更好驾驭创业项目。

2. 了解行业资讯，作出科学的市场定位

通过对行业信息的调查，可以对行业的生命周期阶段、行业机会窗大小、行业的竞争状况、行业的进入和退出壁垒等进行分析判断；同时结合对消费者需求的了解，创业者可以更加明确对应的细分市场，尽可能作出科学的市场定位，包括产品或服务的最终选择（产品定位）、拟占领的区域市场（区域定位）、拟服务的特定人群（客户定位）以及产品的定价策略（价格定位）等。

3. 进行科学决策，制订相应的营销计划

根据通过市场调查了解到的消费者消费或购买习惯、容易接受的沟通方式、愿意支付的购买价格等信息，创业企业可以制订切实可行的营销计划，从最终确定的消费者群体的喜好出发，按照其可以接受的时间和价格，选择其方便的购买方式进行恰当的促销，并通过积极的沟通对客户关系进行管理，与消费者之间建立一种稳固的、密切的长期共赢的客户—公司关系。

课堂活动2：市场调查

根据项目论证过程中设计的调查问卷，选择细分市场在大学生的创业项目现场进行市场调查。

 知识点 12：市场调查的作用。

（二）市场调查的内容

为了实现市场调查的上述目标，就需要在市场调查时对创业环境、竞争对手、消费者需求状况等信息展开调查。

1. 环境调查

环境调查包括宏观环境调查和行业环境调查两个方面。

1）宏观环境调查

宏观环境调查可以通过 STEEP 调查展开，即要对创业项目面临的政治法律环境、经济环境、社会环境和科技环境进行调查。

（1）S 即 Society——社会要素，是组织所在社会中成员的民族特征、文化传统、价值观念、宗教信仰、教育水平以及风俗习惯等因素。构成社会环境的要素包括人口规模、年龄结构、种族结构、收入分布、消费结构和水平、人口流动性等。其中人口规模直接影响着一个国家或地区市场的容量，年龄结构则决定消费品的种类及推广方式。很多传统行业之所以在中国也能够实现高速增长，获得风险投资青睐的原因就是中国众多人口形成的广大的消费市场；日本丰田越野车在西藏自治区占据绝对市场份额的原因，就和其标识形似牛头，广受藏族人民欢迎有关。

（2）T 即 Technology——技术要素。技术要素不仅仅包括那些引起革命性变化的发明，还包括与企业生产有关的新技术、新工艺、新材料的出现和发展趋势以及应用前景。在过去的半个世纪里，最迅速的变化就发生在技术领域，像微软、惠普、通用电气等高技术公司的崛起改变着世界和人类的生活方式。基于移动互联网技术的广泛应用，物联网、微创业、网上银行和保险等企业开始大量出现，既满足了人们的日常生活，也给创业者带来了很多机遇。

（3）E 即 Economics——经济要素，是一个国家的经济制度、经济结构、产业布局、资源状况、经济发展水平以及未来的经济走势等。构成经济环境的关键战略要素包括 GDP 计划的增长率、利率水平的波动、财政货币政策的变化趋势、通货膨胀率高低、失业率水平、居民可支配收入水平、能源供给成本、市场机制和市场需求等，这些因素不仅是企业经营环境的重要组成部分，而且会直接影响企业未来的经营成本和销售收入，进而影响创业项目的可行性。

（4）E 即 Ecology——生态要素，是指与人类密切相关的、影响人类生活和生产活动的各种自然（包括人工干预下形成的第二自然）力量（物质和能量）或作用的总和。构成生态环境的要素包括空气和水的质量、动力源、产品生命周期的演化阶段、污染程度、原材料的可替代性以及环境管理水平等方面。生态环境因素对创新创业的意义变得日趋重要，创业者在选择创业项目时需要按照"两山理论"的理念，考虑到项目对生态环境的影响，保护好我们的绿水青山，支持国家双碳战略的早日实现。

（5）P 即 Politics——政治要素，是对组织经营活动具有实际与潜在影响的政治力量和有关的法律法规等因素。政府管制、专利数量、政府采购规模和政策、税法的修改、专利法的修改、劳动保护法的修改、公司法和合同法的修改、财政与货币政策等都会对创业企业未来的经营状况有很重要的影响。

2）行业环境调查

行业环境调查常用的工具是战略家迈克尔·波特（Michael E. Porter）于 20 世纪 80 年代提出来的五力分析模型。新竞争对手的入侵、替代品的威胁、买方议价能力、卖方议价能力以及现存竞争者之间的竞争等因素，是决定企业盈利能力首要的和根本的因素，可以用来分析企业所在行业的竞争特征和产业的吸引力。

这五种作用力综合起来会影响价格、成本和投资收益等因素，从而决定了某产业中的企业获取超出资本成本的平均投资收益率的能力。例如，卖方议价的能力会影响原材料成本和其他投入成本；竞争的强度影响价格以及竞争成本；新竞争者入侵的威胁会限制价格，并要求为防御入侵而进行投资。

2. 竞争对手调查

通过上述的环境调查后，创业团队应该能够在对信息分析的基础上，明晰企业的定位，进而根据企业定位确定竞争对手的类型，展开对竞争对手的调查。对竞争对手的调查从寻找分析竞争对手开始，创业团队首先必须能够判断出企业直接或潜在的竞争对手。一般来说，直接竞争者是与创业企业提供类似产品的企业，这类竞争者相当重要，因为它们与企业争夺同一个顾客群。间接竞争者是提供创业企业产品的替代品的企业，与创业企业的产品一样可以满足消费者的一些基本需求。另外，创业团队还要针对创业企业经营范围的变化情况，将未来可能的竞争者也列入调查分析的范围。

识别出所有的直接或间接竞争者一般很难做到，但是通过列举一些自己能够意识到的竞争者类别，对其经营状况进行分析，将有助于创业者对竞争的范围和强度作出基本估计。再通过对主要竞争者的战略和行为进行对比分析，创业者可以了解关键领域与竞争对手相比的优劣势所在，明确其存在竞争优势的领域。创业者可以运用"竞争者分析方格"来开展上述工作。竞争者分析方格的格式见表5-1。

表 5-1　竞争者分析方格

关键因素	主要竞争者	
	主要竞争者名称	主要竞争者名称
关键因素 1		
关键因素 2		

在运用竞争者分析方格进行分析的过程中，创业者可能会发现在某些竞争领域存在的优势，对于存在劣势的领域应及时进行调整，尽可能降低未来的经营风险。

对竞争对手的信息进行例行的、细致的、公开的收集是非常重要的基础工作。竞争信息的主要来源包括以下几部分。

（1）年度报告。

（2）竞争产品的文献资料。

（3）内部报纸和杂志。这些通常是非常有用的，因为它们记载了许多详细信息，如重大任命、员工背景、业务单位描述、理念和宗旨的陈述、新产品和服务以及重大战略行动等。

（4）竞争对手的历史。这对了解竞争对手文化、现有战略地位的基本原理以及内部系统和政策的详细信息是有用的。

（5）广告。从竞争对手的广告中可以了解其对于媒体的选择、消费水平和特定战略的时间安排。

（6）行业出版物。这对了解财务和战略公告、产品数据等诸如此类的信息是有用的。

（7）公司官员的论文和演讲。这对于获得内部程序细节、组织的高级管理理念和战略意图是有用的。

（8）销售人员的报告。虽然这些经常带有偏见性，但地区经理的信息报告提供了有关竞争对手、消费者、价格、产品、服务、质量、配送等方面的第一手资料。

（9）顾客。来自顾客的报告可通过向内部积极索要获得，也可从外部市场调研专家处获得。

（10）供应商。来自供应商的报告对于评价诸如竞争对手投资计划、行动水平和效率等是非常有用的。

（11）专家意见。许多公司通过外部咨询来评价和改变它们的战略。对这些外部专家意见的了解是有用的，因为他们在解决问题时通常采用一种特定的模式。

（12）证券经纪人报告。这些报告通常能从竞争对手简报中获得有用的操作性的细节。同样，行业研究也可能提供有关某一竞争对手在特定国家或地区的有用信息。

（13）雇用的高级顾问。可以雇用从竞争对手那里退休的管理人员作为自己的咨询人员，有关他们以前雇主的信息可以在要求他们在特定工作领域提供帮助时起到有效的决定性作用。

3. 消费者需求调查

经营是"消费者需求洞察"，销售是"消费者心理探寻及满足"，消费者需求的调查和分析是企业经营成败的焦点和核心之一。

消费者需求是消费者为满足个人和家庭生活的需要，购买产品和服务的欲望和要求。创业之前，创业团队应该对消费者需求的特征，以及影响消费者消费的关键因素等进行调查。

通过问卷、访谈、座谈、讨论、观察、写实等调查形式和手段，创业团队可以对目标消费者（包括个体和组织）进行全面研究，挖掘出消费者的潜在需求，对不同群体消费者对某一类产品（或场所）的消费心理、消费行为、消费需求、消费动机、消费决策过程以及信息获取渠道等进行分析，帮助企业正确进行产品定位和目标市场定位，减少企业在产品选择和市场选择上的失误，并可在充分调查研究的基础上，进一步评估潜在市场的吸引力和企业在该市场的竞争力，制定相应的营销策略。

例如，杭州"狗不理"包子店不受欢迎的原因，就与其事先对消费者需求的调查不充分有关。首先，"狗不理"包子馅比较油腻，不合喜爱清淡食物的杭州市民的口味。其次，"狗不理"包子不符合杭州人的生活习惯。杭州市民将包子作为便捷快餐对待，往往边走边吃。而"狗不理"包子由于薄皮、水馅、容易流汁，不能拿在手里吃，只能坐下来用筷子慢慢享用。再次，"狗不理"包子馅多半是葱蒜一类的辛辣刺激物，这与杭州这个南方城市的传统口味也相悖。[①]

 知识点 13：市场调查的内容。

 知识点 14：消费者需求。

（三）市场调查的类型

根据市场调查目的不同，市场调查可以分为探测性调查、描述性调查、因果调查和预测性调查四类。

1. 探测性调查

当创业者对将要从事的行业、领域不熟悉时，可通过探测性调查来了解这个行业或领域，为进一步调查做准备。探测性调查通常是一种非正式的、在利用二手资料基础上的小范围的调查，往往是正式调查开始之前的初步调查，帮助创业者认识所要从事的领域。

2. 描述性调查

这是一种对客观情况进行如实描述的调查。描述性调查注重对实际资料的记录，因此多采用询问法和观察法。

3. 因果调查

主要回答"为什么"，通常是在收集、整理资料的基础上，通过逻辑推理和统计分析方法，找出不同事实之间的因果关系或函数关系。因此，因果调查最理想的方法是采用实验法搜集数据，再运用统计方法或其他数学模型进行分析，这样得出的结果最为可靠。

4. 预测性调查

在收集了历史和现在数据的基础上，对事物未来发展的趋势作出预测。人们有时把这类调研归入预测范围，正如预测方法中有"市场调查法"一样。

 知识点 15：市场调查的类型。

（四）市场调查的方法

如上所述，实地观测/观察法、抽样调查、问卷调查、访问调查、座谈讨论、比较法、提问法、实验搜集法等都是常用的市场调查方法。观察法和比较法在信息收集方法部分已经阐述得比较详细，这里只讨论其他常用方法。

1. 问卷调查法

问卷调查法是市场调查最普遍采用的方法之一，在采用该方法时应遵循一定原则，通

---

① http://www.6eat.com/DataStore/OnlineRead/408504.

过设计高质量的调查问卷，更好实现调查目的。

1）问卷调查的种类

按照问卷的媒介，问卷调查法分为传真问卷、信函问卷、网络问卷、报刊问卷和实地问卷五种常见样式。

信函问卷调查是将问卷寄给被访者，被访者按照设计的题目作答完毕之后再将问卷寄回。这种问卷方式以其郑重、高标准的设计引发被调查者的兴趣，因而其回收率高，所获信息的精准度也高。传真问卷调查和信函问卷调查近似，只不过它采取传真机这种现代化的工作手段，比信函问卷快速，又比电话调查省力。网络问卷法是指利用电子邮箱或设计好的平台来完成收集信息的方法。这种调查方法及时迅捷，但受被调查者的文化水平、经济条件、生活习惯、认知能力等方面的制约。报刊问卷是利用报纸、杂志等刊物的某一页作为载体，刊登问卷的内容，以期读者回应的一种问卷调查方法，受众狭窄、回应率低是其明显的缺点。实地问卷调查法是指调查者在商场、餐饮、游乐场等人流量大而集中的路段或其他公共场所随机选择过往行人，就地进行问卷调查。这对于目标市场比较明晰的创业项目比较适合，但行人对此配合的总体程度和配合后的认真程度并不高。调查者应根据调查主题、目的、对象及时间要求的不同，选择不同的问卷调查方法。

2）调查问卷的设计原则

决定市场调查质量的关键是市场调查问卷的设计质量，因此，调查问卷的设计应遵循可信原则、有效原则和数量适度原则。

（1）可信原则，是指调查问卷的设计能够使调查对象讲真话，而不会对调查对象产生误导，能够对调查对象的心理活动进行了解并得到可靠反映的原则。

（2）有效原则，是指通过对调查问卷的使用，使得到的信息资料能够对创业者的市场营销决策和其他研究问题有用的原则。

（3）数量适度原则，是指调查问卷对于创业问题的解决与调查成本相适宜，调查问卷中的数量应适度的原则。

3）调查问卷设计的注意事项

为使调查问卷回收的资料更好满足调查目的，在设计调查问卷时，除遵循设计原则外，还应该注意以下事项。

（1）问卷的设计通常要有引言，说明调查的目的，争取被访者的配合。

（2）问卷内容清晰易懂，容易回答。调查问卷应根据所要调查的内容设计问题，一般由浅入深，多以选择题来体现；要注意答案的全面，而且能反映出被访者真实的想法，否则将会导致调查结果的失真而无效。

（3）问卷要关注到被访者的隐私，比如工作、收入、家庭、联系方式、地址等，如果需要提及应放在问卷的最后，在前面填写的过程中与被访者建立了信任关系之后，被访者才有可能会把个人隐私的内容留下来，一定要注意保护被访者的信息安全。

2. 抽样调查法

抽样调查法是从全部单位中抽取部分样本进行考察和分析，通过部分去推断整体的一种调查方法。

抽样调查法具体可分为两种：概率抽样法和非概率抽样法。习惯上将概率抽样调查法称为抽样调查。概率抽样即按照概率论和数理统计原理从调查对象中随机抽取样本，通过样本数量关系来对总体特征做出估计和判断。当调查对象本身无法从总体入手而只能以部分取代时，比如连续生产产品的质量需要被检测、产品寿命需要被测定，利用抽样调查可以减少工作量，提高调查效率。采用这种方法时，为了将误差降到最低，可以多做几次抽样。

3. 访问调查法

访问调查法可以分为人员访问和电话访问两种。

人员访问是调查者通过与被调查者面对面交谈来获取市场信息的一种调查方法。调查者既可以按既定提纲询问，也可以和被访问者进行自由交谈；既可以在街头进行随机访问，也可以入户进行访问。这种调查方法具有很强的现场感，方便调查员和被访者当面交流，调查员可以有效控制时间，知晓被访者的态度，能极大提高所获资料和信息的准确性和真实性。但是，调查成本高、周期长、拒访率也高，这就要求访问人员讲求一定的技巧，对简单问题简单总结，复杂现象则要灵活委婉、逐层深入。

电话访问受调查者青睐的原因是方便、快捷，节省人力、物力，覆盖面广。但访问一般来说费用较高，且不如面对面交流直接、深入。

4. 座谈讨论法

座谈讨论法也叫焦点小组法，是从目标市场中抽取一群人，一般以 6～10 人为宜，来探讨相关话题的一种调查方式。与问卷调查相比，小组座谈是了解消费者内心想法最有效的工具。因此，在调研产品概念、产品测试、顾客满意度、用户购买行为等方面应用率极高。

采用这种方法时，座谈的主持人最好是专业的调研人员。在座谈过程中，主持人一方面提出话题，引导人们讨论；另一方面控制座谈节奏，调节座谈气氛，激发受访者的积极性和想象力，从而获取信息。为提高讨论效果，通常情况下，组织者要提前宣传，许诺给予消费者好处、赠送礼品等以吸引被调查者。

5. 实验法

实验法是试验先行、实验可行才进而大规模推广的一种市场调查方法。在所有的市场调查方法中，实验法最科学，也最具科技含量。它要求先设定一个实验环境，预设各种影响因素或条件，通过实验对比，对市场需求、市场环境或营销过程中的某些变量之间的关系及其变化进行理性分析。

 知识点 16：市场调查的方法。

（五）市场调查的步骤

典型的市场调查一般可分为三个阶段：调查准备阶段、正式调查阶段和结果处理阶段，这三个阶段又可进一步分为五步，如图 5-2 所示。

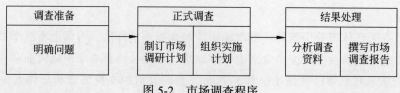

图 5-2   市场调查程序

1. 调查准备阶段

调查准备阶段应明确调查的主题，以及通过调查想了解的主要问题。创业者总会面临这样或那样的问题，但一项调研的目标不能漫无边际；相反地，只有将每次调研所要解决的问题范围限定在一个确切的限度内，才便于有效制订计划和实施调研。

2. 正式调查阶段

正式调查阶段有两项工作，一是制订市场调查计划；二是组织实施计划。

（1）制订市场调查计划。市场调查计划应确定所需要的信息种类，明确信息来源，选择市场调查方法，确定抽样计划和调查工具。这些内容的确定详见上面各部分的阐述。

（2）组织实施计划。该环节包括根据调查任务和规模建立调查组织或外请专业调查公司，训练调查人员，准备调查工具，实地展开调查等。

3. 调查结果的处理

这一阶段包括分析调查资料和撰写市场调查报告两个环节。

（1）分析调查资料。分析调查资料的过程中应检查资料是否齐全；对资料进行编辑加工，去粗取精，找出误差，剔除前后矛盾处；对资料进行分类、制图、列表，以便归档、查找、使用；运用统计模型和其他数学模型对数据进行处理，以充分发掘从现有数据中可推出的结果，在看似无关的信息之间建立起内在联系。

（2）撰写市场调查报告。调查报告应包括以下内容：引言，说明市场调查的目的、对象、范围、方法、时间、地点等；摘要，简明概括整个研究的结论和建议，这也许是决策者有时间读的唯一部分；正文，详细说明市场调查目标、调查过程、结论和建议；附件，包括样本分配、数据图表、问卷附件、访问记录、参考资料目录等。

 知识点 17：正式市场调查阶段的工作。

市场调查的主要对象

调查法通常会考虑这些群体：①终端用户和渠道商；②供货商；③不构成竞争但和模式相同的企业；④银行、地产商、大学、商会、政府机构人员等；⑤竞争对手；⑥其他创业者。

1. 信息收集的渠道有哪些？

2. 信息收集主要采用哪些方法？

3. 信息收集和撰写创业计划书的关系如何？

4. 为什么要进行市场调查？

5. 市场调查的内容有哪些？

6. 消费者需求的含义是什么？

7. 市场调查的方法有哪些？

第二节　创业计划书的撰写和展示技巧

 学习目的与要求

通过本节的学习，学生应达到如下要求：

1. 了解撰写创业计划的步骤。

2. 掌握创业计划书的内容和撰写方法。

3. 熟悉创业计划的撰写和展示技巧。

4. 了解创业计划书撰写过程中需要注意的问题。

 学习要点

1. 撰写商业计划是创业者（团队）反复思考、推理并讨论的过程。

2. 展示创业计划的基本方法。

3. 激情在创业计划展示中发挥重要作用。

 创业语录

如果你打算让你的公司利润最大化，创业计划将告诉你答案并尽可能帮助你避免为企业失败支付高昂的学费。避免创建一家注定失败的企业的成本要远远低于从经验中学习的成本。而让你了解这一切的只不过是全神贯注地花几个小时完成一份创业计划。

——约瑟夫·曼库索（美国首席执行官俱乐部主席）

如果你知道你要去哪里，任何路都会让你到达那里。

——李维斯·卡罗尔（英国作家）

中国有句古语说，"预则立"，预即预先，是指事先做好计划或准备；立是成就。说明计划对于成功的重要性。

要撰写一份高质量的创业计划，需要创业团队仔细研讨创业构想，分析创业过程中可能遇到的问题和困难，进一步凝练创业计划的执行概要，把创业构想变成文字方案，了解创业计划书的撰写和展示技巧。

一、研讨创业构想

构想是指作家、艺术家在孕育作品过程中的思维活动，也指构想的结果。创业构想是创业者在创业想法形成及实施过程中，对创业计划的思考、论证和分析。创业是一个系统工程，在开始之前，创业者需要做许多准备工作，包括对创业构想进行研讨，形成一个完整的创业构想或创业计划等。创业构想涵盖了创业计划的方方面面，会在本节的第四部分详细论述，这里主要讨论研讨创业构想时应该明确的问题或把握的原则。要让创业构想在创业企业日后的经营过程中发挥良好作用，创业者至少要从以下几个方面进行深入思考。①

1. 确立正确的创业目标

赚钱是重要的目标，但并不是唯一的目标，因为创业本身应该有理念，理念会带动很多新的产品创意和实践冲动。大多数成功创业者的创业目标并不主要是为了赚钱，而是基于自己的兴趣，或者为了解决现实生活中的一些问题。开始研讨创业构想的时候，创业者一定要明确创业的目的是什么，对于创业要做什么、如何做等问题需要首先厘清。

2. 寻找适合的创业模式

选择合适的创业模式，是创业成功的关键。准确判断自己的优势和劣势，选择最适合自己的创业模式，可以化解很多不利因素。创业模式是创业者为保障自己的创业理想与权益而对各种创业要素的合理搭配。一个适合的创业模式，未必需要投资一大笔资金，未必需要具有很大的规模，甚至未必需要一处办公场所或一个店面。对一个创业者来说，一个真正好的模式，应该是适合自己的，即自己有能力操作而且能把现有的资源有效整合。是通过白手起家的方式，还是通过收购现有企业或进行代理、加盟，在家创业还是网络创业，是研讨创业构想阶段创业者必须明确的问题。

3. 规划合理的创业步骤

规划创业步骤是一个循环的过程。要分析创意从哪里来、怎么会有这个创意、资金怎么找、怎么组建团队、产品的市场营销怎么做。对这些问题的考虑是一个周而复始的修改、完善和论证过程。

4. 制定清晰的创业原则

网络上列出的创业原则非常之多，在研讨创业构想的时候，创业团队一定要针对自己的特定情况，制定适合团队和项目的创业原则。一般来说，就像创业的目标不仅仅是为了赚钱一样，在创立公司的时候，创业团队也不应该一直想着什么时候才能赚钱。面对非常艰苦的创业工作，清晰、简洁、能够得到团队成员认可的创业原则，有助于形成团队的凝聚力，帮助创业团队在任何情况下坚持工作。

5. 创造有利的创业条件

创业不一定要有重大的发明或全新的创意，只要有一定的市场需求，对现有资源的整合和再利用也会有助于创业成功。重要的是创业企业未来拟提供的产品或服务在市场上会不会成功，市场的需求如何，创业团队的能力怎样。合适的人在合适的时间做合适的事情，会形成非常有利的创业条件。在研讨创业构想时，创业团队应认真对自己的创业条件进行深入思考，选择对创业有利的自然条件，努力创造有利于创业成功的社会条件。

---

① http://www.360doc.com/content/13/1211/12/13377513_336304574.shtml.

6. 确定明确的创业期限

充分的准备尽管有助于降低创业风险，但是过长时间的准备也可能会消磨创业者的意志，降低创业激情。因此，创业初期应确定一个合理的创业期限，包括开始创业活动的时间、将产品和服务推向市场的时间、争取实现盈亏平衡点的时间等。通过精益创业的方式[①]，有助于缩短产品和服务推向市场的时间以及达到盈亏平衡的时间。

7. 建立良好的投资关系

如何寻找合适的外部投资者，以及外部投资者应该建立什么样的关系等，也是创业构想研讨阶段必须思考的问题。当创业需要外部融资时，创业团队就应该考虑投资者关系管理的问题。通过研讨，要确定好创业团队和外部投资者各自的股份比例，要选择能够和自己站在一起同甘共苦的投资者，要寻找有很大影响力的投资者，这样一方面可以筹集到所需要的创业资金，另一方面可以借助投资者的经验和力量。当然，创业团队还要通过合理的股份构成和分配机制，与投资者建立长久的良好合作关系。

8. 组织高效的创业团队

高效的创业团队中不一定都是最好的人才，事实上只要遵循创业团队的组建原则，做好团队的管理，团队成员合适做创业企业中对应的工作，能够做到优势互补、精诚合作，凝聚在核心创业者的周围，为共同的创业目标而奋斗，就算创业团队水平一般，仍然可以算得上一支优秀的团队。在创业构想研讨阶段，创业者应该了解高效团队的特征，避免日后组建团队过程中的盲目和不切实际。

 知识点 18：创业构想的含义。

二、分析创业可能遇到的问题和困难

不是每个人都适合创办新企业，因此，在创业构想研讨阶段，如果发现自己的特质不适合创业，最好尽快罢手，避免日后出现更大麻烦。如果发现自己适合创业，就要积极应对，认真分析创业过程中可能会出现的问题和困难，做好充分准备，将创业风险降到最低。

如上所述，创业是一个系统的工程，也是一个持续的过程，在创业过程中遇到问题和困难在所难免。这些问题和困难，有些是可以预见和避免的，有些是难以预料和解决的。在开始创业之前对将来可能遇到的问题和困难进行分析，有助于创业者做好充分的心理准备和应对策略，减少创业失败的可能性。

通过市场调查，以及和圈内专家和同行业企业的创业者进行座谈，创业者对未来可能遇到的困难会有所了解。

一般来说，创业过程中可能会遇到创业者自身层面以及创业企业层面两大方面的问题和困难。

[①] 精益创业代表了一种不断形成创新的新方法，它源于"精益生产"的理念，提倡企业进行"验证性学习"，先向市场推出极简的原型产品，然后通过不断的学习和有价值的用户反馈，在不断试验中，以最小的成本和有效的方式验证产品是否符合用户需求，并迭代优化产品，灵活调整方向，使产品适合市场需求。

182

 知识点 19：分析可能遇到的问题和困难的方法。

 知识点 20：创业中可能遇到的问题和困难。

（一）创业者自身层面的问题

创业者自身层面的问题表现为创业者或团队的身心不适应，知识、能力和资源不够，以及对以往社会关系的影响等。

1. 身心不适应

创业初期，创业者可能要在创业活动上投入大量的时间和精力，加班活动习以为常，周末或者节假日工作也不足为奇，因此，一个健康的身体是创业必不可少的要素之一。否则，创业者会感到吃力，体力上先行吃不消，也就难以在遇到困难的时候坚持下去。体力透支带来的对创业活动的放弃是很多创业失败的原因之一。

心理上的不适应也是创业过程中遇到的最大难题。从一个普通就业者或者在校大学生走向创业之路，就意味着要在创业活动上花更多的心思，要从全局的观点，站在未来发展的角度看问题，而且无论是战略还是战术层面的问题都需要创业者亲自过问。对企业前途的思考和担忧，对企业工作的安排和布局无时无刻不在创业者的脑海中盘旋，尤其是问题出现时的解决之道更是创业者必须思考的问题。这些问题带给创业者的困扰，加上烦琐的日常工作对原有生活秩序的破坏，可能会使创业者感到身心疲惫，有相当长时间的不适应期。一些意志薄弱者甚至会因此而放弃。

如果创业初期能找到或组建一支合适的团队，就可以将繁重的创业工作进行合理分配，在一定程度上缩短"断奶期"，尽快适应创业的生活状态，降低身心不适应给创业过程造成的困扰。

2. 影响以往的社会关系

在创业活动上大量时间和精力的投入，使创业者无法像原来那样对以往的社会关系进行维系，于是可能会使原来要好的朋友变得陌生，原本和谐的人际关系显得不像以往一样融洽；对家庭关注的减少、对家人义务履行的不够也有可能成为创业者另一个沉重的心理负担。

做好时间管理，合理分配用于工作和生活以及社交上的时间，正视压力、增强创业动力，有利于创业者改变这一现状。

3. 知识、能力和资源不充分

在信息快速发展的当今社会，知识的淘汰率很高。据统计，现在新技术信息每两年增加一倍，意味着大学一年级学的知识到大学三年级就有 1/2 过时了；2010 年急需的十大职业在 2004 年根本就不存在[1]，因此，要拥有创业所需要的所有知识和能力几乎不可能。而且随着社会分工细化，每个人拥有的资源也变得日益有限，拥有创业需要的全部资源成为奢求。这在一定程度上会对创业活动开展造成不利影响。

一支知识和技能互补、资源互补的团队可以解决部分问题，创业者学习能力的提高，终

---

[1] http://www.tudou.com/programs/view/s9avw2C1peY/.

身学习的学习习惯的养成以及社会关系的正常维护，也可以在一定程度上解决部分问题。

 知识点 21：创业中可能遇到的创业者自身层面问题

（二）创业企业层面的问题

创业企业层面的问题和困难表现为企业在日后经营过程中可能面临的不同风险，如项目和市场风险、技术风险、团队组建或管理风险、资源风险等。

1. 项目不合适或市场较小

当创业者满怀信心宣布企业成立或店铺开张后，可能发现产品销量或顾客数量远非想象中的态势良好。这也许与产品或服务质量不过关、销售方式不对路、市场需求转向、市场环境变化等有关，也许是当初项目选择不合理所致。如果企业比较幸运，顺利地度过初创期，经过一定时间发展，提升了产品质量、顺应了市场需求、扩大了销路、熟悉了市场环境之后，也许还会出现知名企业在同行业跟进、后来者居上的尴尬。市场方面的风险相当致命，如果应对不力，严重时会造成企业破产倒闭。

对创业项目进行详细分析，展开充分的市场调查，制定合理的新产品开发策略，做到"人无我有，人有我优"，有利于保持企业的市场竞争力。

2. 技术不成熟或陈旧

技术资源的价值具有不确定性，如果技术太过前卫，配套技术或硬件设施无法满足需要，可能会面临现行环境下无法实施的可能性，或者技术自身不够成熟的风险；实验室中纯度很高的产品，也许到中试时纯度就会大大降低，再到大规模投产时纯度又会大打折扣；即便比较成熟的技术在应用过程中也可能存在风险，机器设备的不够先进、操作人员的技术不熟练、配套技术跟不上等，都会使生产的产品无法达到预期标准；对于外购技术，如果创业者不是行内专家，也许无法准确地识别其先进性，从而或许会买到过时的技术。即便不存在以上问题，随着科技的发展和技术进步，现有的技术也会落后，如果创业企业不能够及时更新技术，也会丧失原有的竞争优势。

加强自身能力建设或建立创新联盟可以减少技术风险的发生。提高创业企业技术系统的活力，加强对技术创新方案的可行性论证，建立灵敏的技术信息预警系统，组建技术联合开发体或建立创新联盟，可以减少技术开发与技术选择的盲目性，分散技术创新的风险；重视专利申请、技术标准申请等保护性措施的采用，能够通过法律手段减少损失出现的可能性。

3. 团队组建或管理不力

初创期因企业缺乏资金而难以招揽人才，发展壮大期因用人不善、利益不均或员工自身原因而无法留住人才。因此，创业团队构成不合理和团队成员流失就成为一个普遍现象。不少企业在初创期，团队成员都会对产品研发和销售倾注大量心血而无暇计较得失，但企业步入正轨之后，创业者可能会发现，因疏于管理，责权不明确、利益不均衡等问题接踵而至。最令人心痛的结果便是团队分裂，企业元气大伤。据国外一家研究机构对 100 家成长最快的小公司所做的调查结果显示，其中有 50% 的创业团队没能在公司中共事 5 年。另一家机构在其所研究的 12 个创业团队的个案中发现，只有两个创业团队在创立 5 年以后还保持着创立初期时的完整。有些初创企业中，员工跳槽成了企业的常态，关键性人才的缺失如果正好发生在企业的关键性发展阶段就更让创业者头痛。

积极寻找合适的团队成员，组建高效创业团队，通过沟通、协调、激励、奖惩、评价、目标设定等多种手段管理团队，在创业团队发展的不同阶段确定相应的管理内容，科学合理地对成员进行绩效评价等有助于解决以上问题。

4. 资源不足

资源的有限性和市场的自发性，使创业者或创业企业无法拥有所需要的全部资源，导致企业面临资源不足的风险。创业者在资源方面遇到的问题可以表现为人才缺失、客户流失、技术创新性不强、资金断流、财务管理出现漏洞等，这些都有可能使创业者在激烈的竞争中败下阵来。[1]人才资源、客户资源、技术资源等在前面的三个方面都有论述，这里只讨论财务资源不足的问题。财务资源不足的表现是资金短缺，这几乎是任何一家初创企业都会面临的问题。很多人在初次创业时，都面临资源欠缺，特别是启动资金缺乏的困境；企业步入正轨之后，为了发展壮大要扩大规模、增加项目也会导致对资金的需求增加，如果创业者不能够及时筹集到所需要的经营资金，就会导致现金流中断，使资金成为影响企业发展的瓶颈。

对创业所需资金进行合理估计，可以避免由于筹资不足影响企业健康成长和后续发展的情况；建立和经营创业者自身和创业企业的信用，可以提高获得资金的概率；设置合理的财务结构，在企业的长远发展和目前利益之间进行权衡，从恰当的渠道获得资金，以及对现金流的良好管理，可以避免现金断流带来的财务拮据甚至破产清算的局面。

 知识点 22：创业中可能遇到的创业企业层面问题。

三、凝练创业计划的执行概要

执行概要也叫执行概览，是创业计划书第一页的内容，是整个创业计划书的概述，能让忙碌的投资者快速对创业计划书有一个简短和全面的了解，向读者提供他想要知道的新企业独特性质的所有信息。许多时候投资者可能会先向企业索要执行概要副本，在执行概要有足够说服力时，他才会要求阅读详尽的创业计划副本。因此，执行概要是创业计划中最重要的部分，如果它未能激发投资者的兴趣，则读者可能就不会继续浏览创业计划书的其他内容。

最清晰简洁的执行概要是依序介绍创业计划书的各个部分，其中的章节顺序应与计划书中的顺序一致，每部分的标题以粗体字显示。

如上所述，执行概要的主要目的是抓住读者兴趣，因此，它的措辞应严谨正式而条理清晰，同时不失热情与憧憬；要避免在执行概要中使用专业词汇和术语，以尽可能浅显的语言让读者了解创业计划书的主要内容；在执行概要中，可以通过语言的润色或内容的恰当安排，努力与读者建立情感联系，引起读者的共鸣和认可。

大部分专家建议，如果撰写创业计划书的目的是筹集资金，则最好在执行概要中明确

---

① 武勇. 创业团队分裂的原因及建议[J]. 企业活力，2006（8）.

拟筹集的资金数额以及性质，如果是股权投资甚至可以明确投资者不同投资额下所占企业的股权比例，这样会更吸引投资者的关注，也更容易获得资金。

尽管从形式上看，执行概要先于创业计划，但它的撰写应在完成创业计划之后，因为只有这样，才能形成对创业计划的准确概括。

特别要强调的是，执行概要并非创业计划的引言或前言，恰恰相反，它是篇幅为一两页、对整个创业计划高度精炼的概括，是整份计划书的精华和亮点，也是整份计划书的灵魂。因此，执行概要应该包括创业计划书的所有内容，但是是对所有内容的提炼。

 知识点 23：执行概要的特点。

 知识点 24：执行概要的撰写。

以下是"××科技股份有限公司创业计划书"的执行概要。

执 行 概 要

1.1 公司

××科技股份有限公司秉承"Tech application 应用科技"的经营理念，努力将高科技实用化，满足大众需求。公司目前拥有的一次性打印电池技术由××大学化学系研究开发，拥有完全的知识产权并已申请专利。

××公司在一次性打印电池技术的基础上首先推出了"闪电贴"（Flash Tip）一次性超薄手机电池系列产品。填补了一次性手机电池的市场空白。目前手机已经成为人们生活中不可或缺的消费品之一，但手机的不便之处也逐渐暴露，比如关键时刻的电量不足，突然断电的现象常常给人们带来很多尴尬或损失。虽然一些大商场提供了临时充电器，但由于充电需等候多时，且只有少数大商场提供此类服务等原因，手机电量的及时补充问题还未得到根本解决。"闪电贴"（Flash Tip）系列一次性超薄手机电池正是针对这一市场空白而推出的最新产品。

1.2 市场

"闪电贴"（Flash Tip）的目标群体主要定位于出差的商务人士、旅游群体以及往来商旅等，一张 1 毫米厚、面积与传统电池板相仿的产品将提供时长约为 12 小时的电池电量，只需将其贴于现有电池表面即可。不仅电力十足，而且轻便快捷。既可以作应急使用，尽可能地降低短期断电造成的通信中断损失，也可省却外出携带充电器等不必要的麻烦，可作为常用的备用手机电池。由于其较高的性价比，其他普通消费者也可以接受。

1.3 生产与营销

公司准备在××设立加工基地，技术成熟（主体技术为现代喷墨打印技术和纳米材料技术），产品的加工工艺不复杂，主要设备为打印设备和电池材料配置设备。初期成本为1.2 元/贴（大小类似普通手机电池，厚度为 1 毫米，待机时间 12 小时），售价 5 元/贴，随着生产规模扩大成本将不断降低。

由于"闪电贴"（Flash Tip）属于快速消费品的范畴，所以在营销上采用大规模铺货的方式，以便利店、超市、书报亭等为主要销售渠道，方便消费者及时购买。同时，第一年进行大量派送试用，投入一定资金做前期推广，通过各种媒体广告和促销活动扩大产品知名度。在市场上采取先立足上海，后逐渐有计划、分步骤地推向全国。第一年销售37万片，第二年销售45万片，第三年开始销售额和利润都大幅上升。

1.4 投资与财务

公司设立在××，属于国家支持的中小型高科技企业，税收上享受"两年免征所得税"的政策。公司成立初期需资金720万元。其中风险投资520万元，公司投资（管理层和化学所投资）100万元，流动资金贷款100万元。其中用于固定资产投资155万元，流动资金565万元。

股本规模及结构定为： 公司注册资本 800 万元人民币。其中外来风险投资入股 520万元（65%）；××公司专利技术入股180万元（22.5%）；资金入股100万元（12.5%）。

公司从第三年开始盈利，到第四年后利润开始大幅增长，内部收益率为50.1%。风险投资可通过IPO、重组和整体出让的形式收回投资。

1.5 组织与人力资源

公司初期成立时采用直线型的组织结构，由总经理直接向董事会负责；三年到五年后随着新产品推出，开始采用事业部型组织结构。公司初期创业团队主要来自××大学管理学院，成员各司其职，都具有相关领域的专业知识和运作经验，且优势互补。同时公司拥有××大学化学所技术人员作为公司技术支持。此外，公司还邀请多位管理学院教授为经营顾问。

四、把创业构想变成文字方案

经过创业构想研讨，对创业项目形成了统一的认识之后，为了对创业过程有更深入的思考和充分的了解，需要将创业构想细化为创业计划，将创业构想变成文字方案。按照创业计划书内容部分的讲解，创业者需要从企业描述、产品或服务、创业团队、创意开发、竞争分析、财务分析、风险分析和退出策略等方面将创业构想变成文字方案。

 知识点25：创业计划书的主要内容。

（一）企业描述

创业计划书的主体部分从企业描述开始。该部分能体现创业者是否善于把抽象的创意转换成具体的企业。企业描述应包括简介、企业历史、使命陈述、产品和服务、现状、启动资金、法律地位和所有权、选址等内容。

1. 简介

企业描述从简介开始，对企业名称、概况、创业原因，企业的基本信息，如创建者姓名、企业地址、核心创业者的联系方式等进行简要介绍。

2. 企业历史

描述企业历史要简短，只要清晰地解释商业创意的来源和创业动机即可。如果是新创企业，可以直接说明企业还在初创期；如果企业已经经营一段时间，就要简要陈述企业的大事记和主要成就，还应写出企业的历史收入、净利润和销售增长率、投资回报率等指标。

如果创意来源很有趣、很感人，也可以写出来，使创业计划书更有人情味，引发读者的共鸣；如果没有有趣的故事，就简单说明创意如何满足消费者需求。

3. 使命陈述

使命是企业存在的最重要的理由，它提供了一个企业存在的目的及其活动范围等方面的信息。使命陈述是企业存在目的的持久性陈述，它界定了一个组织与另外一些类似组织的差别。一个好的企业使命陈述应该向公司全体员工解释我们到底干什么的问题。创业计划书中的使命陈述可以表明企业目标明确，同时表明创业者对此理解深刻清晰。

创业者应使用尽可能少的字数对企业使命进行描述。如中国移动通信的使命是"创无限通信世界，做信息社会栋梁"，联想电脑公司的使命是"为客户利益而努力创新"。

有的公司还用口号或 LOGO 来传达目标、树立品牌。如果创业企业有标语或口号，在使命陈述部分也应该提到。

4. 产品和服务

对创业企业产品或服务的独特之处及其市场定位进行简要描述，解释清楚产品或服务的专利性质及对知识产权的保护情况。

5. 现状

最好以重大事件为主线来对企业的发展历程进行介绍，对企业已经做过或待完成的工作都要提及。如果已经完成对产品或服务的可行性分析，就应该将调查结果进行汇总，指出消费者对产品或服务的反映及其可行性。

6. 启动资金

对创业所需要的启动资金情况进行说明，包括需要的资金总额、资金来源及资金大致的使用情况。

7. 法律地位和所有权

对企业选择的法律形式进行描述，并简要说明选择该法律形式的理由，对企业的所有者及所有权分配情况以及是否签署创业协议等问题予以阐述。

8. 选址

说明企业选择的经营地址，对经营地址的选择理由进行说明。

 知识点 26：企业描述的主要内容。

（二）产品或服务

产品或服务的描述可从产业分析、产品分析和市场分析三个角度展开。

1. 产业分析

产业由生产相似产品或服务的一群企业组成。产业分析是企业对特定行业的市场结构和市场行为进行调查与分析，为企业制定科学有效的战略规划提供依据的活动。在计划书中，创业者要对拟进入产业的市场全貌以及关键性的影响因素进行分析。

产业分析需要从以下几个方面来把握。

（1）该产业现状：产业是处于萌芽期还是成熟期？发展到了何种程度？总销售额是多少？总收益如何？产业内企业的数目和就业人数如何？

（2）该产业发展趋势：产业未来的走向如何？产业发展的有利或不利趋势有哪些？产业未来几年的销售状况如何？

（3）该产业的特征：包括产业结构和参与者的性质、产业的关键比率和主要影响因素等。产业集中度和参与者的性质会影响未来的竞争格局，关键比率和主要影响因素的分析会帮助读者了解创业企业在产业中的竞争地位及企业的竞争优势。一般来说，产业中的成功企业多半在产业关键成功因素上都具有优势，并在其中的两三个领域内具有明显优势。

（4）该产业市场上的所有经济主体概况：竞争者、消费者、供应商、销售渠道等。

对产业基本特征、历史条件、现实趋势、竞争状况以及未来发展的准确把握，有助于创业者了解行业发展规律，认清行业发展方向，确立企业发展目标。如果创业企业涉及两个或多个产业，需要鉴别所涉及的每一个产业，同时对每个产业进行产业分析。

××科技股份有限公司的产业分析如下。

媒体报道的相关数据表明，目前在中国已拥有超过 2.5 亿名手机用户，且数量仍在不断增长。手机配套市场的年增长率高达 20%以上，属于高成长型行业，如图 5-3 所示。中国每年生产、销售的手机电池（包括随手机销售的）高达 8 000 万元，是一个拥有百亿元市场规模的产品。因此，只要占有 1%的份额，就是 1 亿元的市场，市场巨大，前景看好。

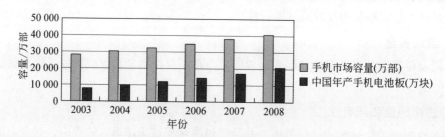

图 5-3　中国手机电池/电池板市场增长图

在手机配套市场不断发展的背景下，手机应急断电、应急处理方案的市场依然没有得到有效开发。目前手机电池市场产品类别只有各种型号的可充电式锂电池，由于其可重复充电几百次，且制造工艺复杂，所以价格较高。可见在手机电池市场中，明显存在一个一次性手机电池的空白市场，且该市场具有巨大的需求潜力，包括应急和简便使用等。"闪电贴"（Flash Tip）这一独具匠心的高科技成果，正好填补了目前一次性应急用手机电池技术的空白，其 1 毫米的厚度、5 克的重量、0.42 元/小时的性价比都是一种新的突破，完全能提供应急手机通话的功能，它"即买即贴，即贴即用"的产品特性更为商务人士、旅游爱好者等人士外出使用手机提供了极大便利。

2. 产品分析

本部分应该对企业的产品或服务做出详细描述，包括产品或服务的介绍、市场定位、可行性分析结果、市场壁垒等内容。

产品或服务介绍包括：产品或服务的名称、性质、市场竞争力，以及产品的研发过程、品牌、专利、市场前景等。如果产品已经生产出来，最好附上原型介绍及图片；如果产品还在设计之中，就要提供相应的设计方案并证明自己的生产能力。

产品或服务定位是根据同类产品或服务的竞争状况，确定自己在市场中的位置。

创业构想研讨阶段进行的可行性分析结果可以在这里进行汇总报告，将市场调查分析的内容、消费者购买意愿的分析等在这里进行陈述，让读者了解产品或服务的创意以及产品定位策略的形成过程。

如果产品或服务或商业创意有可能获得专利，应该在这里展示出来，并提出专利申请，以获得临时的专利保护；如果没有可获专利之处，应该解释将要采取的构建进入壁垒的措施，以避免自己的创意被模仿复制；如果短期内无法构建进入壁垒，也要在此处做出合理解释，坦言企业可能面临的风险及其应对措施。

××科技股份有限公司的产品分析如下。

（1）外观：该电池形状如一薄片，具体尺寸厚度（包括电池本身厚度加黏纸厚度）约为1毫米，面积与传统电池板相仿。如图5-4所示，黑色部分为电池主体，是正负极活性物质叠加层。出于演示目的，图中样品伸出两个触角，上面涂的金属介质接上手机电极即可通电。而成品是直接在电池主体背面安装可移动金属触头，与手机电极契合使用，如图5-5所示。

图 5-4　产品结构图

彩纸层
打印电池层
黏纸层
金属触头

图 5-5　产品外观图

（2）性能：本公司成功制备出的超薄打印电池，正负极材质均为纳米级，工作电压与传统工艺生产电池相当，但是其能量大大优于传统工艺制备出的产品，大大提高了正负极之间的反应效率和材料的利用率。其持续待机时间约为12小时，不仅可以满足消费者临时应急的需要，还有可能成为手机使用者的备用电池，取代过去"一机二板"的情况。经测算，"闪电贴"的自放电率与传统碱性干电池相当，保质期可以长达三年。

（3）使用方法："闪电贴"的包装同一般黏纸，下层是保持其黏性的光滑纸，上层是可揭去的塑料绝缘薄膜。由于其小巧轻薄，可直接放置于皮夹内，在需要时，直接将其贴于原先的电池板背面，使可移动金属触头与电池正负极相贴合，即可使用。

（4）产品专利：目前公司已对产品的核心技术——"喷墨打印电池"技术申请了国家专利。公司正式成立后，将对我们的产品申请一系列专利，具体包括："闪电贴"名称、闪电贴外形、可移动金属触头技术等，对产品进行全方位专利保护。

3. 市场分析

市场分析的重点在于描述企业的目标市场及其顾客、竞争者，以及如何展开竞争和潜在的市场份额等信息。市场分析有助于确定企业的业务性质，其对于销售额的预测直接影响了企业的生产规模、营销计划、雇员状况及所需资金的数量，一个好的市场分析能够证明公司对目标市场的把握状况。市场分析包括目标市场选择、竞争对手分析、购买者行为分析和销售额预测等信息。

企业在进行市场细分之后，要选择其中的一个细分市场作为目标市场。如果企业对于目标市场事先没有规划，创业者一般会选择从专业素质或个人爱好上来说都最为合适的市场。进入前对目标市场的规模、影响目标市场发展的趋势等进行评估，以及仅仅关注单个市场而不是好几个市场对创业者来说都是明智的决策，这样会确保拟进入的目标市场有足够规模和足够的增长空间，以支持企业目标的实现，而且会使得企业成为某个领域内的专家，增强企业的竞争实力。

竞争对手分析是对企业面临竞争的详细分析，有助于企业了解主要竞争对手所处的位置，把握在一个或多个领域获得竞争优势的机会。竞争对手分析的方法和途径见市场调查部分的"竞争对手调查"。这里需要提醒的是，千万别轻言"市场空白""蓝海市场"或"行业培育期"等，一般情况下这样的语言可能意味着以下几层含义：对市场调查不够充分，对行业分类不够准确，或许这是他人已经尝试过而且放弃了的、无法实现的创意等。

企业对目标市场的消费者越了解，提供的产品或服务就越能满足消费者的需求；了解产品和服务是高参与购买还是低参与购买，有利于企业制定切合实际的营销策略。高参与购买（High-Involvement Purchase）指购买者投入相当多的时间和精力对购买信息进行收集。对于高参与购买的产品和服务，体验营销或通过现场活动的方式进行销售都是不错的营销策划。

通过向行业协会寻找可比企业的实际数据或者向其咨询新企业预测销售额时的经验，可以帮助创业者来预测未来的销售数据；直接寻找一家经营区域之外的可比企业，或者出售可比产品或服务的公司，试着和其经营者聊天，也可以得到有用的数据；通过网络调查，在报纸、杂志上搜索所在产业内企业的文章，根据企业自身的情况进行调整，也是一种不错的预测销售额的方法；估计产品用户总数、顾客支付的平均价格、可获得的市场份额，或者估计顾客数量和每位顾客的平均支付额等方法，同样可以得到相应的预测数据。如果将以上四种方法都进行运用，然后作出比较，得到的预测数据会更有说服力。关键在于预测时应给出明确的说明，以使销售预测看起来比较可能实现。

 知识点 27：产业分析的主要内容。

 知识点 28：产品分析的主要内容。

知识点 29：市场分析的主要内容。

××科技股份有限公司的市场分析如下。

1. 目标市场

本产品定位于一次性手机电池板应急市场这一利基市场。基于前期的市场调研（附录一），对目标市场分析如下。

（1）出差、旅游人士。对他们而言，手机已不可或缺，但电量有限一直是个问题。除了有带电板和充电器的麻烦，有时甚至无法找到插座，如野外探险活动。此时即可使用"闪电贴"，轻快便捷，即贴即用。

（2）临时应急的顾客。市场调查显示，91.4%的被访者遇到过手机突然没电带来的尴尬。相比上一种细分，这一类可能所需容量更大。若停电只需去便利店或书报亭花几块钱即可买到"闪电贴"，减少损失。

（3）潜在顾客。在短期的外出中，"闪电贴"的电量完全可以替代笨重的充电器，这将很好地满足消费者的潜在需求。他们既可以在外出之前购买"闪电贴"放入钱包中以防不时之需，也可在外出的途中在各种销售网点临时购买并"即贴即用"。因此，"闪电贴"的高性价比可能吸引普通电池用户选择其作为备用。

2. 销售策略

主要采取零售的方式，前期通过便利店和书报亭两大销售网点，利用其巨大的客流量和众多网点接近最终消费者。此外，前期安排多种促销活动，使消费者更快地了解"闪电贴"的性能及其使用方法等。详见市场营销部分。

3. 市场渗透与销售量

表5-2对未来5年的销售情况进行了描述。

表 5-2　直接销售五年预期计划

项目	第 1 年	第 2 年	第 3 年	第 4 年	第 5 年
出版物宣传数量/次	500	500	400	3 500	3 500
占手机拥有者份额/%	0.05	0.08	0.1	0.2	0.5
占一次性手机电池市场份额/%	100	90	70	50	40
潜在的购买者/人	125 000	150 000	275 000	580 000	1 300 000
人均购买量/片	3	4	5	7	10
总销售量/片	375 000	450 000	1 375 000	4 060 000	13 000 000
便利店销售量/%	70	65	58	54	50
书报亭销售量/%	25	20	14	13	12
大型超市销售量/%	5	10	18	20	22
其他销售量/%	0	5	10	13	16
平均购买价格/元	5	5	4.2	4.2	3.5

4. 竞争分析

在市场竞争方面，充分考虑了现有市场的各种情况，现以波特的五大竞争力做一分析：

（1）现有竞争者。现有竞争者主要为传统手机电池。但是由于一方面"闪电贴"是作为传统手机电池的补充出现的，不会与传统手机电池发生直接的销售冲突，从而避免了在一开始就面临强大竞争对手的阻击；另一方面"闪电贴"在技术上处于领先地位，有携带方便、价格低廉、随处可得、性价比高等特点，所以有较大的竞争优势。

（2）供应商。"闪电贴"原料主要有正极或负极纳米活性物质与分散剂、聚合物黏结剂、表面活性剂、溶剂、稳定剂和无机添加剂。由于这些材料的易得性，成本较低廉，加之生产时的大批量采购，供应商方面很难形成强大的竞争力，使公司能获取较大的竞争优势。

（3）顾客。由于产品在目前市场上没有其他替代品，所以顾客的选择空间不大，并且由于初期主要的销售对象定位为经常在外需要应对紧急情况的商务人士和旅游爱好者以及往来商旅，而这类人群对价格的敏感度不大，并且对产品需求量较大，这就决定了顾客对产品的总需求量大而讨价还价的能力较低，所以公司相对顾客有较大的竞争优势。

（4）潜在竞争者。目前少数商场提供的临时充电器是"闪电贴"的潜在竞争者，但由于其使用并不便捷，存在着充电时间长、网点少、价格较高等劣势，所以"闪电贴"具有充分的竞争力。另外可能的潜在竞争者是一些新型的充电器（如太阳能充电器、手摇充电器等），但由于技术上尚不成熟，市场上还没有大批量的产品生产，对"闪电贴"无法构成直接威胁。

（5）替代品。目前国际上虽然有超薄手机电池投入市场，但是由于这些电池需要购买新的手机配合使用，转换成本较高，从这个意义上说，短期内"闪电贴"的竞争优势显而易见。由于"闪电贴"的技术含量较高，所以该领域的进入壁垒也较高，这就限制了一些小型的企业进入，而且公司正在不断开发新的技术，争取尽快推出第二代、第三代的"闪电贴"产品，从一次性到可充再到太阳能的大飞跃，以始终领先的技术来保持对潜在替代品的竞争优势。

因此，我们认为"闪电贴"和其他竞争性产品相比最显著的特点是其便利性，便利性是我们市场营销中特别要突出的重点。

（三）创业团队

很多投资者及其他阅读者往往会在查看了执行概要后直接阅读创业团队部分来评估企业创办者的实力，而且在相互竞争的创业计划书中胜出获得资金的，往往也是靠好的管理团队而不是好的创意或市场计划，因此，这部分的描述在创业计划书中具有举足轻重的地位，撰写者一定要认真对待。这部分内容包括管理团队和企业结构两部分。

1. 管理团队

新企业的管理团队一般由创业者或者创业者和几个关键的管理人员组成，计划书中最好能用一种让人容易形成具体形象的方式将其表现出来。这部分内容包括管理团队的人事安排、所有权及其分配等。

1）人事安排

从企业的创始人开始，简要介绍管理团队每个成员的履历，包括姓名、岗位头衔、职务和责任、以前的工作和相关经历、以前的业绩、教育背景等。履历的描述应尽可能简洁，并说明人事安排的理由，以及其将为新企业作的独特贡献。如果创业团队曾经在一起工作过，则会受到投资者的青睐。

人事安排之后，还要对企业存在的岗位空缺进行辨识，通过"技能概貌和管理团队分析表"（表 5-3）可以有效地发现岗位空缺，对空缺岗位的性质和填补空缺的计划也要进行分析。

2）所有权及其分配

企业的所有权结构及其分配计划也是必要的内容之一，通过列表的方式展开会给人以清晰、简洁的印象。表 5-4 是一种常见的描述所有权结构及其分配的表格。

表 5-3 技能概貌和管理团队分析表

项目	行政领导	采购主管	运营主管	销售主管	人力资源主管	管理信息系统	会计主管	财务主管
姓名								
姓名								
空缺								

表 5-4 所有权结构及其分配

项目	岗位	投资额	所有权比例
姓名			
姓名			
股权池			
合计			

需要注意的是，在设计所有权结构时，应考虑企业未来发展对人才的需求，留出一定的股权比例构建股权池，给将要引进的关键人才。

××科技股份有限公司的管理团队和所有权情况如下。

1. 管理团队

××科技股份有限公司拥有来自××大学管理学院的一流管理团队。他们精通专业知识，并且在工业生产、市场营销、财务管理、人力资源等各种岗位上具有丰富的经验和先进的管理理念。表 5-5 是××公司管理层简介。

表 5-5 ××科技股份有限公司管理团队

职位	人员	介绍
总经理，财务部经理	（略）	具有多个项目管理经验，曾独立筹办一家小型饮料企业
市场营销部经理	（略）	具有很好的沟通能力，策划过多项大型活动
技术研发部经理	（略）	××大学化学系博士，专利拥有者，研发过多个相关产品

2. 所有权结构及其分配情况

股本结构与规模：公司注册资本 800 万元。股本结构和规模如表 5-6 和图 5-6 所示。

股本结构（图 5-6）中，××科技股份有限公司技术及资金入股占总股本的 35%，其余 65% 的注册资金我们希望能引进一家或几家风险投资公司参股。22.5% 的技术入股比例虽略高于常规的 20% 界限，但从目前国内各高科技企业股本现状看，仍符合国家政策，具有可操作性。

表 5-6　股本结构和规模

股本规模	股本来源	风险投资	××科技股份有限公司	
			技术入股	资金入股
金额/万元		520	180	100
比例/%		65	22.5	12.5

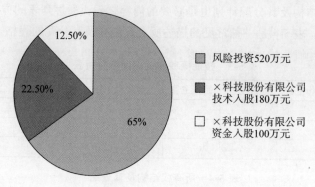

图 5-6　所有权结构图

2. 企业结构

企业结构部分应披露企业当前如何组织，以及企业不断发展时将会如何组织。企业结构是涉及企业内部相互作用和影响的细节问题，也是创业者必须认真对待以使企业平稳运行的关键问题。组织结构图是对企业内部权利义务进行分配的常用工具，常见的有中央集权制、分权制、直线式以及矩阵式的组织架构图。

建立一个顾问委员会，提供每个成员的简要经历，会使新企业脱颖而出；如果能识别适合企业的律师和会计师、投资者、业务顾问、银行家等其他有关人士，提供其简短的个人经历也可以给读者留下企业正在努力征求与业务有关建议的印象，使企业的管理团队更加完美。

◎ 知识点 30：创业团队的重要性及其内容。

◎ 知识点 31：管理团队描述的主要内容。

◎ 知识点 32：设计所有权结构应注意的问题。

◎ 知识点 33：组织结构图的内涵及种类。

××科技股份有限公司的组织结构图如图 5-7 和图 5-8 所示。

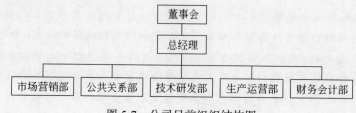

图 5-7　公司目前组织结构图

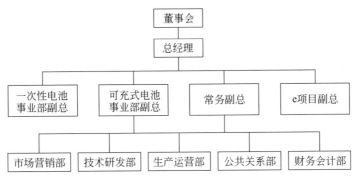

图5-8 公司三年后的组织结构（产品专门化+直线职能）

其中：董事会由公司的大股东组成，属于决策层，负责制定公司的总体发展战略，指定总经理的人选。成员6人，风险投资方出3人，其中一人担任董事长；××科技股份有限公司出3人，管理层2人，技术层1人，公司CEO担任常务副董事长。

总经理、市场营销经理、财务经理、技术研发经理的职能描述（略）。

（四）创意开发

再好的创意，只有得到有效开发，才能够为顾客创造价值，为创业者带来收益。创意开发部分至少包括企业的研发计划、生产计划和营销计划三部分内容。

1. 研发计划

大多数产品遵循从产品理念、产品成型、初步生产向全面生产发展的逻辑路径，创业计划书中应解释推动产品从一个阶段过渡到另一个阶段需要遵循的过程。如果企业处于非常早期的阶段而且只有一个想法，应当仔细解释产品的原型将如何制造；如果产品或服务已跨过了原型阶段，就需要对其可用性测试进行描述；如果产品已经存在，最好能够提供产品照片；还要将企业目前距产品或服务批量生产和销售的时间予以说明。

××科技股份有限公司的研究与开发计划如下。

1. 产品层次

核心利益：及时、轻便的手机电量补充。

有形产品：黏纸型一次性超薄纳米手机电池"闪电贴"。

期望产品：可充电式的超薄手机电池。

扩张产品：可以直接代替现有电池的"闪电贴"。

潜在产品：可以应用于各种领域的超薄电池。

产品层次如图5-9所示。

2. 短期目标

研发部已开发出一次性超薄纳米电池，其中比

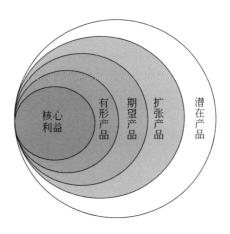

图5-9 产品层次

较成熟的技术是应用到手机上的"闪电贴"。等市场进一步打开，获得充分反馈之后，拟将该技术延伸到其他轻便电器领域，比如手表、计

算器、照相机等。

3. 中长期目标

公司研发部还在进一步研究超薄打印镍锌电池（可循环充放电池），如果获得阶段性成功还将继续进行超薄锂电池项目，产品开发前景将不可限量。研发具体情况请参见附录二（略）。

2. 生产计划

对于制造企业来说，还需要编制生产计划。生产计划是关于企业生产运作系统总体方面的计划，是企业在计划期应达到的产品品种、质量、产量和产值等生产任务的计划和对产品生产进度的安排，一般根据营销计划中预计的销量安排，同时考虑期初和期末的存货状况。生产计划制订完成后，往往还需要根据生产计划来安排物料的采购计划，同时估算产品或服务的生产成本，以及生产和采购过程中可能发生的现金支出，为后期编制现金预算服务；企业还可以根据总体战略，以及对消费者需求的预测和技术发展状况，对未来的产品与服务规划作出安排，在此部分向读者进行展示。

××科技股份有限公司的生产计划如下。

1. 生产工艺流程

（1）主要工艺流程。生产工艺流程图和生产流程图（略）。

（2）生产设备与人员安排。生产设备与生产人员安排表（略）。

（3）产品包装与储运。①包装。本产品出厂包装原则是安全、轻便。每个单片包装的"闪电贴"正面为电池主体和绝缘保护层，保护层上可印有各种图案，将根据消费者偏好进行设计；电池背面则是光滑不粘胶表面和金属处有涂层，上面附着有纸片保持其绝缘性与黏性。单片产品的外包装采用透明塑料薄膜，成本低、重量轻，符合产品定位。②储运。采用外包形式，聘请专业物流公司进行设计实施，提供后勤保证。

（4）原料采购。从市场采购，而且来源多样，可以保证生产供给。

（5）厂内生产。采用日本"精益生产模式"的原理，生产采取订单拉动模式，根据订单编制物料计划，降低无效库存；且让每个员工都参与质量管理，对计划执行过程中的信息或者出现的问题进行高效处理，决策迅速，执行有力，保证及时控制。

（6）产品投放。本环节在"市场营销"的分销部分已有详细阐述，不再赘述。

2. 成本估计

"闪电贴"技术含量高，主要集中在电解液的配方上，其原料和生产设备比较普通，下文中将详细叙述。更为重要的是，利用这种打印方法可以将电极和电池打印到各种基底上，大大简化电池生产工艺，降低生产成本。1万只"闪电贴"的生产成本见表5-7。

一片"闪电贴"的成本大约在1.2元，而且随着生产规模的扩大，成本会有明显下降。据测算，当年产量

表5-7 1万只"闪电贴"的生产成本 单位：元

项目	金额
原料	4 270
动力	60
修理	50
税金	0
其他（如包装）	2 000
工资	1 020
折旧	1 050
管理	2 100
总计	12 000

注：原料成本=纳米锌+二氧化锰+隔膜原料+铜基底+铝基底+其他；长宽同诺基亚8210电池板，厚1毫米。

达到 400 万片时，成本可以降到 0.9 元/贴。

3. 未来产品与服务规划

如前所述，本公司持有的超薄电池技术预示着一场新的电池革命，因此，"闪电贴"扮演了一个突破口的角色，一旦为市场所认可，为消费者所信任，本公司将进一步推出其他产品线和产品项目，丰富公司的产品组合，为股东带来更稳定、更丰厚的利润。

系列产品包括闪电系列（一次性超薄电池）、超能系列（类传统干电池）、可充系列（二次电池）等，具体描述（略）。

3. 营销计划

营销计划的重点在于介绍有助于企业销售产品的典型营销职能。撰写这一部分的最好方法就是清楚地说明其总体的营销策略，包括定位策略、差异化点等信息，然后通过定价策略、销售过程和促销组合、渠道策略说明如何支持总体营销策略的开展。

（1）总体营销策略。营销策略（Marketing Strategy）是为销售企业的产品或服务所采用的总体方法，为营销的相关活动奠定基础。每一个企业在制订营销计划、开展销售活动时都会受到资源的限制，所以，一个总体的营销指导思想和操作方法，使得企业在使用资源上更有目的性和连贯性。该部分要对企业的定位策略和差异化点予以说明，针对企业与竞争对手相比的处境，突出企业提供的产品或服务的特性；一般来说，列举两三个差异化点就可以，关键是所列举的差异化点要突出、易记而且容易识别。

（2）定价策略。这里需要对企业产品或服务的定价方法及其原因进行解释。企业可以采用的定价方法有竞争定价法、心理定价法、差别定价法、成本加成定价法等不同的方法，分别适用于不同的产品或服务以及不同的市场竞争状况。创业者可以查询相关资料了解不同定价方法的适用范围，进行合理选择。

（3）销售过程与促销组合。销售过程是企业识别潜在顾客和完成销售所经历的过程；促销组合是企业所采用的用来支持销售和提升总体品牌形象的具体策略。企业的销售过程尽管不尽相同，但一般来说会包含以下步骤：收集销售机会、接触消费者、实现销售机会、进行销售演示、和顾客进行沟通、完成销售、客户关系管理；企业可以采用的促销方式有广告、公共关系和其他促销活动等。公共关系不需要资金投入，还可以增加企业的信誉度，为很多初创企业所青睐，新闻发布、媒体报道、博客、微信等是常用的建立公共关系的方式。企业还可以通过提供免费样品、试用体验等促销方式来开展销售活动。

（4）渠道策略。渠道包含企业的产品或服务从产出地到达消费者手中所经历的所有活动。企业必须清楚地展示谁来负责销售，以及采用的具体渠道。如采用直接销售方式，还是使用分销商、批发商；是通过同行联合，还是使用其他渠道等。如果企业计划采用自己的销售团队，还需说明如何训练销售团队，销售人员的工作安排以及薪金待遇等；对于初始销售人员数量，以及随企业发展销售人员数量的变化等进行说明，可以体现创业者对于营销计划的全面考虑。一般来说，通过咨询行业专家，研究行业杂志和行业报告等可以帮助企业确定需要的销售人员数量。

 知识点 34：创意开发的主要内容。

知识点35：生产计划的概念及编制。

知识点36：营销计划的主要内容。

知识点37：公共关系的重要性及其建立。

××科技股份有限公司的营销计划如下。

1. 销售策略与目标

前期通过街头便利店和超市两大销售网点接近最终消费者，极大地满足"闪电贴"消费者的基本需求。同时建立战略联盟，在手机销售网点赠送试用品。

在销售方式上，前期考虑多种促销活动，目的是使消费者更快地了解"闪电贴"的性能及其使用方法等。

"闪电贴"作为一种新产品进入市场，针对传统电池板的缺点以及应用中所出现的不便，希望以其独特的性能和优异的品质吸引目标顾客的目光，从而在市场上占据一定份额。根据对手机行业的分析以及公司理念，制定以下短、中、长期三种销售目标，更长远的还可以涉足海外市场，比如比较邻近的东南亚市场。销售策略见表5-8。

表 5-8　××科技股份有限公司的销售策略

短期销售目标	通过营销手段树立品牌	通过"买一送一""抵用券""有奖销售"等方法让大家了解我们的产品 各类主题活动
中期销售目标	以质取胜	产品的品质介绍，让当地消费者对"闪电贴"产生产品的忠诚度
长远目标	涉足高档手机电池市场	通过"闪电贴"的市场探路，逐步过渡到高档手机电池的竞争市场中去

2. 价格策略

采用撇脂定价法，定价依据为：①兼顾成本的定价策略。采取中高档定位的撇脂定价，旨在获得较为丰厚的利润，在短期内收回投资成本，使资金回笼相对及时，有利于进行更好的研发和投资。②基于市场的定价策略。定价将主要考虑市场的需求与消费者可以接受的价格范围，根据公司前期在上海做过的市场调查，顾客对于电量的需求约为12小时左右，一次性的贴纸型手机电池可接受价格的平均范围是3.72～8.24元人民币。据此，在对市场需求、真实成本、向客户提供的价值和竞争对手都进行了准确的分析后，运用相关软件得出了使企业利润最大化的定价。

××科技股份有限公司"闪电贴"的定价清单如表5-9所示。

表 5-9　"闪电贴"定价清单　　　　　　　　　　　　单位：元

规格	成本		零售定价	批发定价
	生产成本	销售成本（包括给分销商20%的折扣以及推广费用等）	100%	80%
单片装	1.2	1.8	5	4
10片装	10	15	40	32

3. 分销策略

公司采用建立战略联盟、传统销售渠道和自有销售队伍的方法进行产品的销售。分销网络及最终销售点示意图见图 5-10。

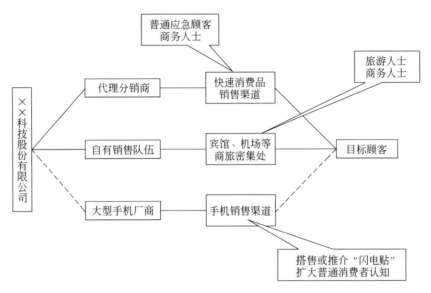

图 5-10　分销网络及最终销售点示意图

注：虚线部分为可能的战略联盟伙伴，需进一步洽谈。

（1）战略联盟。具体描述略。

（2）传统渠道。传统渠道包括与手机分销商联系，订立买卖合作协议；与一些大卖场、超市、连锁店等建立长期合作伙伴关系；在大型百货店做推广等。

（3）组建自有销售队伍。组建自有销售队伍包括与高级宾馆联系，建立合作关系；在机场、旅游景点、外贸商店等商旅比较密集的地方开展点对点式销售；四处出击，寻找所有可能的便利销售形式等。主要针对本地顾客。

4. 促销策略

（1）短期促销策略。短期促销策略包括派送活动、户外广告、大型露天推广活动等。推广活动第一年预计投入 30 万元。

（2）长期促销策略。长期促销策略包括在电视、杂志上做广告，赞助 Flash 制作大赛、演唱会、拍摄电影短片或纪录片等活动。

（五）竞争分析

要在对公司竞争对手进行确认的基础上，分析竞争对手的目标（竞争对手在市场里找寻什么？竞争对手行为的驱动力是什么？此外还必须考虑竞争对手在利润目标以外的目标，以及竞争对手的目标组合，并注意竞争对手用于供给不同产品/市场细分区域的目标），确定竞争对手的战略，了解竞争对手的优势和弱势以及其反应模式，最后确定公司的竞争战略。

对于竞争对手的调查和分析分别见第一节市场调查的相关内容和第二节市场分析的相关内容。

（六）财务分析

创业计划书中的财务分析包括资源需求分析、融资计划、预计财务报表及投资回报等内容。

1. 资源需求分析

创办企业需要人、财、物等方面的不同资源，人的资源在管理团队部分已经进行了较为详尽的阐述，财力资源在下面的融资计划部分说明，这里需要向读者展示的是企业需要的物质资源。创业需要的物质资源一般表现为有形资产，按照流动性可以分为流动资产和非流动资产。流动资产是在一年或者一年以上的一个营业周期中可以变现的资产，如原材料、库存商品等；流动资产外的有形资产或无形资产均属于非流动资产，如机器设备、家具、商标权、专利权等。购置资产需要支付资金，从而影响到企业的融资计划。通过编制主要设备表可以对固定资产支出进行预估，再结合对流动资产资金需求的判断，可以计算出物质资源需要的资金数量；如果企业需要购买专利或商标等无形资产，也要在这里估计出需要的资金支出。

××科技股份有限公司的主要设备见表 5-10。

表 5-10　主要设备表

设备名称	数量/台	单价/元	总价/元
打印机	10	20 000	200 000
拌粉机	2	50 000	100 000
原料搅拌机	2	50 000	100 000
原料注入机	1	50 000	50 000
基底调配机	1	50 000	50 000
印刷设备	1	100 000	100 000
包装设备	1	150 000	150 000
办公设备	若干		100 000
污水处理	1	500 000	500 000
其他设备	若干		200 000
总计			1 550 000

2. 融资计划

根据上面资源需求的分析，结合管理团队的构成及分工，企业应该能够计算出总的资金需求，这时需要编制资金明细表，以对资金的来源和运用情况进行系统分析。资金明细表的格式如表 5-11 所示。

3. 预计财务报表及投资回报

一般来说，创业计划书中本部分的内容最受关注，因为无论什么项目，最终投资与否的决策和该项目能否实现盈利有着直接的关系。对于商业创业来说，其目的便是回收投资、赚取利润。预计财务报表包括预计利润表、预计资产负债表和预计现金流量表等内容，计算并提供有关的投资回报指标可以增强对投资者的吸引力，帮助企业更容易获得资金。

（1）关键假设。因为编制的是预计报表，而非企业真实的财务状况，因此，需要在编制预计报表之前给出编表的基本假设，如对未来经济形势的判断，对销售变化趋势的分析，预计销售量、单价、销售成本的估算方法，假定的企业信用政策、利润分配方案，固定资产折旧的计提和无形资产摊销方法，存货发出计价方法等。

（2）预计利润表。利润表是反映企业一定时期经营成果的报表，其编制依据是"收入–费用=利润"。预计利润表中的"收入"来源于营销策略中对销售收入的估计；"销售成本"来源于生产计划中对于成本的估算，以及假设的存货发出计价方法；"财务费用"来源于融资计划中负债资金的筹集金额及其利率；"销售费用"来源于营销策划中对营销费用的估算；管理费用来源于费用预算。预计利润表简表的格式见表5-12。

表 5-11　资金明细表

资金运用	资金来源
开办费用：	负债
注册登记费	短期借款
工资	长期借款
办公用品	小计
培训费	所有者权益
差旅费	管理团队投资
租金	风险投资
…	小计
小计	合计
流动资产	需要的融资额
原材料	
库存商品	
…	
小计	
非流动资产	
固定资产	
其中：机器设备	
房屋建筑物	
无形资产	
小计	
合计	

注：表中的长、短期借款是指基本洽谈完成后可以取得的借款；风险投资是广义概念，也包括天使投资。资金运用合计减去资金来源合计的差额为"需要的融资额"，是尚需要创业团队继续争取的外部融资额。

表 5-12　预计利润表

企业名称：×××　　　　　　　　20××年　　　　　　　　单位：

项目	1月	2月	3月	4月	…	2年
一、营业收入						
减：营业成本						
税金及附加						
销售费用						
管理费用						
财务费用						
二、营业利润（损失以"–"号填列）						
加：营业外收入						
减：营业外支出						
三、利润总额（损失以"–"号填列）						
减：所得税费用						
四、净利润（损失以"–"号填列）						

在企业实现盈亏平衡之前的预计利润表都应该按月进行编制，实现盈亏平衡之后的利润表前两年可以按季度编制，后两年可以按照年度编制。一般来说，需要编制 3～5 年的预计利润表。

（3）预计资产负债表。资产负债表是反映企业一定日期财务状况的报表，其编制原理是"资产＝负债＋所有者权益"。资产负债表的数字基本来源于前面的分析和预测，其简表的格式见第四章第二节。

预计资产负债表的编制要求同预计利润表。

（4）预计现金流量表。企业不一定因为亏损而破产，却会因为现金断流而清算。因此，一定要加强对现金流量的管理。编制预计现金流量表是一个很好地控制现金流量的工具。现金流量表是反映企业一定期间现金及其等价物增减变动情况的报表。现金流量表简表的格式见表 5-13。①

表 5-13　预计现金流量表

企业名称：×××　　　　　　　　　　20××年　　　　　　　　　　　　　单位：

项　目	第一年	第二年	第三年
一、经营活动产生的现金流量：			
净利润			
加：折旧和摊销			
财务费用			
存货减少			
经营性应收项目减少			
经营性应付项目增加			
经营活动产生的现金流量净额			
二、投资活动产生的现金流量：			
购建固定资产、无形资产和其他长期资产支付的现金			
投资支付的现金			
支付其他与投资活动有关的现金			
投资活动产生的现金流量净额			
三、筹资活动产生的现金流量：			
吸收投资收到的现金			
取得借款收到的现金			
收到其他与筹资活动有关的现金			
筹资活动现金流入小计			
偿还债务支付的现金			
分配股利、利润或偿还利息支付的现金			
支付其他与筹资活动有关的现金			
筹资活动现金流出小计			
筹资活动产生的现金流量净额			
四、现金及现金等价物净增加额			
加：期初现金及现金等价物余额			
五、期末现金及现金等价物余额			

---

① 为编制方便起见，现金流量表中经营活动现金流量采用了间接法。

预计现金流量表的编制要求和预计利润表相同。

（5）投资回报。一般来说，在本部分还要求提供投资回报的资料，如企业的盈亏平衡点、投资回收期、投资报酬率、销售利润率、销售净利率、净现值等指标；作为对于借出资金安全性的判断依据，债权人还希望看到企业资产负债状况的资料，所以，资产负债率等指标也可以一起提供。以上指标计算的讲解超出了本书范畴，读者可以参考《会计学》和《财务管理》等教材自行学习。

 知识点 38：财务计划的主要内容。

 知识点 39：财务计划编制的要求。

××科技股份有限公司的财务分析如下。[①]

（1）主要财务假设。公司设在××，经有关部门认定为高新技术企业，享受"两年免征所得税"的税收优惠政策。即自公司成立盈利起两年免征所得税，正常税率为 15%。

考虑到目前通货膨胀的经济形势，公司的存货控制采用后进先出的方法。机器设备使用寿命为 10 年，期末无残值，按直线折旧法计算。公司自盈利之年起以净利润的 30%分红。

（2）预计利润表。

（3）预计资产负债表。

（4）预计现金流量表。

公司 1～5 年的利润表、资产负债表和现金流量表略。

（七）风险分析

创业计划书前面的章节写得再出色，没有风险分析的创业计划书也是不完美的。因为创业本身就带有一定的冒险性，创业过程中的风险也通常会让人始料不及。风险分析不仅能减轻投资者的疑虑，让他们对企业有全方位的了解，还能体现管理团队对市场的洞察力和解决问题的能力。创业过程中企业可能遇到的风险见本节二（二）"创业企业层面的问题"。

××科技股份有限公司的风险分析如下。

1. 外部风险

• 国家对一次性电池产品的生产、销售、检验、广告等相关政策。

• 手机生产商的态度，能否接受我们的产品，或者抵触我们的产品而更新手机式样。

• 经销商销售能力的不确定性。

• 潜在竞争者的加入。

• 高新技术发展很快，生命周期缩短，被替代的可能性加大。

• 风险投资以及银行贷款的风险。

2. 内部风险

---

① 财务预算的数据来源于互联网公布的数据，根据作者的专业知识进行了部分调整。2008 年 1 月 1 日前高新区的高科技企业所得税税率为 15%，2006 年之前存货允许采用后进先出法。严格地说，按照企业的经营状况，前两年应编制分月的财务报表。

- 新技术的不确定性造成产品生产选择上的模糊与困难。
- 价格在一定程度上影响进入一次性手机电池新领域。
- 传统手机电池生产商可能对产品进行调整，抵制一次性手机电池的推广。

3. 风险应对方案

- 熟悉相关的法律法规。
- 组织具有专业素质的营销队伍，建立方便及时的销售网络。
- 提高研发费用，强化产品的技术化优势。
- 和一些知名手机生产商建立合作关系。

（八）退出策略

任何新企业发展到一定阶段，都存在创业者与投资人的退出问题。这一部分需要描述创业者将如何被取代，以及投资者的退出战略，即他们如何收获资助新企业所带来的利益。如出售业务、与其他企业合并，或者其他重新募集资金的事件，使得其所有者和投资人有机会套现先前的投资。

××科技股份有限公司的资本退出策略如下。

（1）通过 IPO 的方式，在证券交易所上市。本公司属于有发展前景和增长潜力的中小型高新技术企业，可考虑在香港二板市场上市或内地中小企业板上市。

（2）重组。购买公司股权的潜在投资人应以行业投资者为主，包括手机供应商以及手机配件供应商，并以在持续经营过程中与投资者的产品互补、分红作为投资人获得的主要利益。此外，经营达到稳定时的股权转让是投资人退出的主要方式，退出的定价可采用简单的市盈率法进行计算，即以退出时的年度净利润乘以市盈率（私募市场一般为 5～6 倍）计算出企业价值并作为转让基价。

需要强调的是，虽然形成创业计划书的文件是明确的，但是，随着创业者掌握更多关于他们所从事产业的情况，从潜在顾客处获得更多反馈，或者随着外部环境条件的改变，创业计划也要随着执行的情况而进行调整。一般来说，在企业的商业模式和目标市场完全明确之前，多数创业计划书会被反复修改数次。

五、创业计划书撰写技巧

（一）创业计划书撰写原则

创业计划书在撰写时应遵循目标明确、优势突出，真实完整、用数据说话，结构合理、风格统一，语言平实、通俗易懂，详略得当、篇幅适当等原则。

适合的篇幅一般为 20～40 页，包括附录在内。

1. 目标明确、优势突出

不同类型的创业计划书其内容、结构、作用各自不同。因此，在撰写创业计划书时一定要明确撰写的目的是什么，是为了宣传创意、融集资金，还是作为企业经营的指南，如果是以融资为目的，则应明确拟融集资金的数额，以及募资方式——拟采用债权还是股权的方式筹集资金。

另外，为了提高获得资金的概率，需要在创业计划书中明确项目或团队的优势，明确企业的核心竞争力，给投资者一个明确的获利预期。

2. 真实完整、用数据说话

一份完整的创业计划书应该内容齐全，其具体内容在创业计划书结构部分已经做了详细阐述，不再赘述。要强调的是，创业计划书的内容一定要真实可靠，所有数据均应有明确的数据来源，有合理的出处，以支撑论据的合情合理。

创业者一定要学会用数据说话，不能只做定性的描述。任何创意如果要成为创业机会，都需要有可以预期的足够规模的市场，都会发生相应的成本，产生既定的收益。为此，创业计划书中应该对这些数据进行详细说明，而且最好用图表的方式予以说明，更能吸引投资者的目光，提高获得资金的概率。

3. 结构合理、风格统一

尽管创业者试图在每件事情上都表现出创造力，但是，创业计划书需要遵循既定的结构，见本章前述内容。因此，除了创业计划书的必备内容之外，创业计划书各部分的标题、顺序、长度等基本上不应该偏离常规。

在撰写创业计划书时，还要避免因为分工合作而导致的风格不统一的事情出现。核心创业者一定要在创业计划书定稿之前，将创业计划书的风格、内容、数据、逻辑等进行统一，给阅读者留下严谨的印象。

4. 语言平实、通俗易懂

创业计划书的用词应该语言平实、通俗易懂，尽可能将深奥的专业名词通俗化，让外行人容易理解。创业计划书撰写的目的是为了加强沟通、增进了解，因此，切忌使用专用名词，更不要使用缩写（尤其是英文单词的首字母缩写）。

5. 详略得当、篇幅适中

创业计划书不应该过短或过长，过短可能会使很多问题无法得到明确表述；过长则会耽误阅读者的时间，而且可能还会无意间泄露商业机密。创业者只要按照创业计划书的基本逻辑结构，将需要陈述的内容详略得当地予以表述，根据创业计划书的类型将其控制在适当篇幅以内即可。

（二）撰写技巧[①]

创业计划书在撰写时如果能对以下 11 个问题有清晰的认识，则一方面可以提高创业计划书的易读性，另一方面可以提高企业融资的概率。

第一，5 分钟的考试。一般来说，风险投资家或评审专家阅读一份创业计划书的时间在 5 分钟左右，主要关注业务和行业性质、项目性质（借钱还是风投）、资产负债表、团队、吸引人的地方等内容，因此，创业者在撰写创业计划书时要着重从以上五个方面予以重视。

第二，内容要完整。一份好的创业计划书起码要涉及如下内容：计划摘要、产品与服务、竞争分析、团队和管理、市场预测、营销策略、生产计划、财务规划、风险分析。创

---

① 〔美〕乔伊·曼库索. 打中 11 环[M]. 邵原，〔澳〕史小龙，译. 上海：上海远东出版社，2008.

业计划书不应该遗漏任何要素。

第三，投资项目中最重要的因素是人。对于创业团队一定要按照团队组建原则和优秀团队特征等知识点进行如实描述，对团队成员的构成及其分工情况进行重点介绍。

第四，提高撰写水平的途径是阅读他人的创业计划书。阅读他人的创业计划书是帮助创业者提高自己写作能力的有效途径之一。撰写创业计划书之前阅读十几份他人的优秀的创业计划书将会有很大帮助。

第五，记住43.1%规则。一位风险投资家一般会希望在5年内将其资金翻6倍，相当于每年的投资回报率（ROI）大约是43.1%[（1 + i）^{5} = 6]。因此，一份承诺40%～50%的创业计划书对于风险投资家来说比较靠谱；如果是借款则需要有还本付息计划。

第六，打中"11环"。做最充分的准备，对创业计划进行最详细的论证，准备回答所有和创业计划有关的负面问题，以降低创业风险。另外，在会见风险投资者之前，创业者可以将所有负面问题的答案以"小字条"的方式进行准备，给自己足够的心理支持和勇气。

第七，熟悉吸引投资者的方法。取得风险企业家名录是一种事半功倍的吸引投资者的方法。市面上有很多风险投资机构的地址和目录，可以帮助创业者增进对风险投资者的认识和了解，以便有针对性地展开融资活动。

第八，准备回答最刁钻的问题。对于创业者来说，也许"你的创业计划书给其他风险投资者看过吗？"是一个两难的问题，建议创业者遵循诚实守信的原则，如实回答。

第九，对待被拒绝。审阅创业计划书是风险投资者日常工作的一部分，拒绝大多数的创业计划也是风险投资者的工作常态。创业者没必要因为创业计划被拒绝而伤心欲绝，而是应该把其当作不断完善创业计划书的手段。如果创业者在每一次被拒绝之后，都能够很好采纳风险投资者的建议，进一步优化其创业计划，则被拒绝一次就离被接受近了一步。

第十，商业计划书最重要内容。对于投资者来说，创业计划书中最重要的内容是资产负债表以及团队的介绍。资产负债表说明企业的财务状况、能否及时偿债以及有多少尚未分配的利润归属于投资者；创业团队的介绍则是创业项目能否成功的关键。

第十一，把本收回来。任何人进行投资，其最低的要求都是把本金收回来，因此，在融资时能够基于这条原则进行阐述，使投资者在最短时间内将本金收回，则得到资金的概率会大为增加。

 知识点40：创业计划书最重要的内容。

（三）创业计划书展示技巧

精心准备和经常锻炼是使创业计划书展示变得精彩的基本方法。巧妙构思展示的内容、制作专业的展示PPT，可以提高展示者的信心，使展示获得满意的效果。

1. 展示准备

展示准备和即将展示的内容一样重要。展示准备包括演讲前的准备和演讲过程中的准备两个方面。

在展示自己的创业计划之前，首先需要收集听众的相关信息，以便和听众建立各种联系。通过搜索风险投资网站，可以了解参加展示的风险投资家或者天使投资者的信息，分析自己的创业计划和这些听众之间是否存在某种联系，或者演讲者本人与这些听众之间是否有个人联系。如果创业计划能够和听众的某些活动联系起来，或者演讲者与听众曾经有过同学关系，或者有相同的兴趣爱好，则会让投资者感觉到给予支持可能带来的益处，或者和演讲者形成融洽的交谈关系，展示工作会达到事半功倍的效果；准备和展示场合相符的服装，按照合理分配的展示时间多进行练习，尽可能多了解展示场地的信息，都是准备阶段应该做的工作。

首先，展示过程就是决定由谁来负责展示，一般的创业计划大赛都会要求所有创业团队成员参加展示，但是并不要求所有成员都进行陈述，因此选择合适的人员进行陈述是成功的关键因素之一；其次，展示过程中的核心元素是展示的人，而不是展示的幻灯片，展示的幻灯片一定要做得简明扼要，只提供展示的总体框架以及强调发言内容的重点，展示者一定要将观众的目光吸引在自己身上；最后，想方设法使展示生动有趣、充满激情。麻省理工学院的一项权威调查表明，沟通涉及三个层面：视觉（身体语言）占 55%，声音（语音语调）占 35%，口头表达（用于用词）占 7%。因此，在展示进程中，通过向观众提问而有意停顿，或提高音量，或使用丰富的表情感染鼓舞观众，吸引观众注意力，多和观众沟通等都是不错的展示技巧。

2. 展示内容

展示的重点一定要放在观众而不是演讲者感兴趣的地方；展示的 PPT 应尽可能简单，一些专家给出了 6—6—6 法则，即每行不超过 6 个词语，每页不超过 6 行，连续 6 张纯文字的 PPT 之后需要一个视觉停顿（采用带有图表的 PPT）等；一场二三十分钟的演讲最多不超过 12 张 PPT。下面是一个推荐的展示 PPT 模板，共计 12 张 PPT。

展示的 PPT 往往从标题幻灯片开始。该张 PPT 包括企业的名称/标志，创始人姓名和联系方式。

第一张 PPT：概述。对产品或服务进行简要介绍，对演讲要点做一简介，对该项商业活动带来的潜在收益（经济效益、社会效益）等进行简单说明。

第二张 PPT：问题。说明亟待解决的问题是什么（问题在哪儿？为什么会出现该问题？如何解决该问题？）；通过调查证实的问题是什么（潜在顾客的需求是什么？专家有哪些建议？）；问题的严重性如何。

第二张 PPT：解决办法。说明企业的解决办法与其他解决方案相比的独特之处；展示本企业的解决方案在多大程度上可以改变顾客的生活，以及企业的解决方案有什么进入壁垒。

第四张 PPT：机会和目标市场。要清楚定位企业具体的目标市场，对目标市场的广阔前景进行展望；通过图表的方式展示目标市场的规模、预期销售额和预期市场份额等信息，说明拟采取什么方法实现销售计划。

第五张 PPT：技术。介绍技术或者产品或服务的独特之处，尽可能使对技术的描述通俗易懂，切忌使用专业术语进行陈述；展示产品的图片、相关描述或者样品，如果产品已经试生产结束，则最好展示样品；说明可能涉及的知识产权问题，以及企业采用的保护措施。

第六张 PPT：竞争。详细阐述直接、间接和未来的竞争者，展示创业计划书中的竞争者方格，说明和竞争对手相比的竞争优势。

第七张 PPT：市场和销售。描述总体的市场计划、定价策略、销售过程以及销售渠道。说明消费者的购买动机、企业激起消费者欲望的方法，以及产品或服务如何到达最终的消费者手中。

第八张 PPT：管理团队。介绍现有管理团队（团队成员的背景和专长，以及在企业中将要发挥的作用，如何进行团队合作等），说明管理团队存在的缺陷或不足，如果有顾问委员会最好予以介绍。

第九张 PPT：财务规划。介绍未来 3～5 年企业总体的盈利状况、财务状况及现金流状况，尽量将规划的内容显示在一张 PPT 上，而且只显示总体数据，同时做好回答和数据相关问题的心理准备。

第十张 PPT：现状。用数据突出已经取得的重大进展，介绍启动资金的来源、构成和使用情况；介绍现有的所有权结构，介绍企业采用的法律形式及其原因。

第十一张 PPT：财务要求。如果有融资计划，介绍想要的融资渠道及筹集资金的使用方式，同时介绍资金筹集后可能取得的重大进展。

第十二张 PPT：总结。总结企业最大的优势、团队最大的优势，同时介绍企业的退出策略，并征求反馈意见。

　知识点 41：创业计划书展示的准备。

　知识点 42：创业计划书展示的重点。

课堂活动3：案例分析

教师从网上搜索一份非获奖的创业计划书，让学生分组讨论分析其存在的问题，提出相应的改进建议。

六、创业计划书常见问题及对策

创业计划书在撰写的过程中，由于撰写者对创业计划书内容的不熟悉，对国家相关法律法规不够了解，对于相关知识掌握得很不充分等，往往会存在一些共性的问题，在此予以总结，以便使创业者的创业计划书更加完善。

（一）企业概况

本部分的常见问题有企业名称不符合要求，或者属于特许经营范畴的项目未经过授权，或者注册资金的选择不符合有关规定。

企业名称和注册资本的相关规定见第六章第一节。2013 年 10 月 25 日，时任国务院总理李克强主持召开国务院常务会议，部署推进公司注册资本登记制度改革，放宽注册资本登记条件：除法律法规另有规定外，取消公司制企业最低注册资本的限制，并不再限制公司设立时股东（发起人）的首次出资比例和缴足出资的期限。[①]

创业者还应关注经营范围特许的相关规定，普通投资者无法进入的蓝海包括供水、供

---

① http://news.xinhuanet.com/politics/2013-10/27/c_117888946.htm.

气、供热、公共客运等领域；另外，烟草需要有专卖许可，食品行业需要有经营许可以及卫生许可等。酒吧和歌厅等可能不适合学生创业，其对社会关系的要求太高。

 知识点 43：企业概况部分的常见问题。

（二）产品和服务

本部分的典型问题有：技术不过关（未过中试），未能提供专利证明或未提供技术授权，缺乏售后服务的考虑等。

对产品/服务进行描述时，如果涉及核心技术，应保证技术已经通过中试，最好通过了终试，而不仅仅是实验室中的产品；如果使用的是他人的技术，应提供技术授权书或者转让证书。对于学生创办的大部分企业，很难说一开始就从技术上超越现有企业，因此，完善售后服务，以及和客户建立良好信任关系往往是企业打开销路的第一步，何况现在供大于求突出，以客户为中心的客户关系管理更加重要。

（三）商业构想与市场分析

本部分的典型问题有：目标人群混乱，需求不确定，市场调研不深入，缺乏对竞争对手的了解等。

创业者需要在进行项目论证时，通过设计有针对性的调查问卷，进行充分的市场调查；然后根据调查资料的整理结果进行科学的市场细分，确定企业拟进入的细分市场；同时广泛搜寻竞争对手的相关信息，分析企业相对于竞争对手的竞争优势，制定有针对性的营销策略。

 知识点 44：商业构想与市场分析部分的常见问题。

（四）企业选址

本部分的典型问题有：企业地址的选择不方便目标人群，或者成本过高等。

撰写创业计划书时，很多人依然基于传统的营销理论，站在 4P［产品或服务（Product）、地址（Place）、价格（Price）、促销（Promotion）］的角度对企业选址进行论述，选在方便创业者的地点，缺乏对客户需求的考虑。建议撰写者站在 4C 的角度重新考虑选址的问题，根据企业的顾客（Customer）及其愿意接受的价格（Cost），在客户方便购买的地方经营（Convenience），并且通过加强沟通（Communication）进一步了解并满足顾客需求。

 知识点 45：企业选址部分的常见问题。

（五）营销方式

本部分的典型问题有：定价过低，市场推广策略简单化、平面化，营销策略急于求成等。

创业者一定要了解"一分价钱一分货"的道理，太低的定价也许给消费者带来"产品质量一般"的印象，而不一定能够增加产品销售量。大学生创业者可以通过增加售后服务等措施增强企业的竞争力。尽可能采用富有创意的营销策略，采用不同的营销措施，吸引消费者的注意力，提高产品的销售量；一步一个脚印地将营销工作做好，而不是异想天开地急于求成。

 知识点46：营销方式部分的常见问题。

（六）法律形式

本部分的典型问题有：对各种法律形式的特点不甚了解，做选择时比较盲目、想当然；对一人有限责任公司较陌生。

建议读者认真学习本书第六章的内容，充分了解不同法律形式的特点及利弊，进行合理选择。

（七）股权构成

本部分的典型问题表现为两个极端：股东一股独大，或者股东过于分散。

如同本书第二章团队组建原则相关内容中所说，企业应该建立合理的利益分配机制，通过设置恰当的股权结构，既有利于经营过程中决策的及时性，又保证投资者在企业中利益的均衡。一股独大不利于调动其他投资者的积极性，股权过于分散可能会使决策周期过长，丧失投资良机。

（八）组织架构和创业团队

本部分的典型问题有：团队成员背景单一，团队成员分工不合理等。

团队成员背景单一则缺乏学科跨度、经验跨度、资源跨度等，在组建创业团队时应尽可能选择不同专业、特长、性格、资源的人进行合作。高校学生参加创业计划竞赛时，高科技产品的创业团队最好有研究生参与。

（九）成本预测

本部分的典型问题也表现为两个极端：成本估测过高，或者成本估测过低。

成本估测过高，可能会影响创业的信心和决心，使原本不错的项目被放弃执行；成本估测过低，则会使项目运作开始后发生亏本现象，甚至导致企业倒闭。因此，创业团队应该在制订生产计划时，对创业项目的成本进行深入细致的调查思考、精确周密的计算分析，使创业项目的成本预测接近于实际。

创业团队可以请教行内专家或专职教师帮忙分析。

（十）现金流管理

本部分的典型问题有：现金支出估计不足，未留有一定的风险资金。
这部分内容在第四章第二节有详述，此处不再赘述。

（十一）盈利情况

本部分的典型问题表现为过于乐观。

很多创业计划书在盈利能力描述部分给出的预测数据过于乐观，给人以外行的感觉。比如，动辄 40%～50% 的毛利，1 年左右的投资回收期，20% 左右的净利率等。建议创业团队在成本预测较为准确的情况下，正确估计盈利情况。

（十二）资产负债表

本部分的典型问题为资产负债表的数据两边不平衡，以及利润表和现金流量表的钩稽关系不正确等。

资产负债表的编制原理是"资产=负债+所有者权益"，可是这一最基本的公式并不为大部分创业者所熟悉，编出的预计报表漏洞百出，或者资产负债表的数据两边不平衡（等式左右两边不相等），或者缺乏报表之间应有的对应关系等。建议创业团队向专业教师进行咨询。

 本章小结

重要术语

创业计划　信息搜集　市场调查　创业构想　执行概要　利润表　资产负债表
现金流量表

自学自测　　扫描此码

第六章

新企业的开办

本章提要

通过本章的学习，使学生了解注册成立新企业的原因、新企业注册的程序与步骤、新企业选址的影响因素等；了解创办新企业后可能遇到的风险类型及其应对策略，针对新企业的管理重点与行为策略；认识新企业获得社会认同的必要性和基本方式；掌握新企业管理的独特性。

学习重点和难点

重点：新企业注册的程序、步骤与新企业管理的独特性。

难点：针对新企业的管理重点和行为策略。

第一节　成立新企业

学习目的与要求

通过本节的学习，学生应达到如下要求：

1. 了解注册成立新企业的原因。

2. 新企业注册的程序与步骤和新企业选址的影响因素。

3. 认识新企业获得社会认同的必要性和基本方式。

学习要点

1. 一家新创企业可以选择的法律组织形式有多种，主要有个人独资企业、合伙企业、有限责任公司（包括一人有限责任公司）和股份有限公司。

2. 创业者在创建和经营企业的过程中，必须了解和遵守有关法律法规，防止自身和他人的利益受到非法侵害。与创业有关的法律主要包括专利法、商标法、著作权法、反不正当竞争法、合同法、产品质量法、劳动法等。

3. 创建新企业时应注意伦理问题，包括创业者与原雇主之间、创业团队成员之间、创业者和其他利益相关者之间的伦理问题等。

4. 新企业选址需要综合考虑政治、经济、技术、社会和自然等影响因素。其中经济因素和技术因素对选址决策起基础作用。

5. 企业注册成立后，除遵纪守法外，还需要主动承担社会责任，才能获得社会认同。

**创业语录**

创建活动不仅是导致新企业形成的条件，而且是新企业生成过程中的功能性要素。借助创建活动，创业者一方面创造出新企业实体，另一方面也在形成并塑造着新企业的竞争优势。

——斯科特·纽伯特

要在既有制度的约束下实现创新的成功，需要稳健地进行战略设计，即保留一些熟悉的特征，展示一些元素，并且隐藏一些创新元素。

——哈加登与道格拉斯

一、企业法律形式选择

新企业创立之前，创业者应该首先确定拟创办企业的法律组织形式。新创企业可采用不同的组织形式。例如，创业者以自然人的身份创办的个人独资企业和以自然人或法人的身份创办的一人有限责任公司，或由 2 人及 2 人以上的合伙人创办的合伙企业，或者成立以法人为主体的有限责任公司和股份有限公司。对创业者而言，各种法律组织形式没有绝对的好坏之分，各有利弊。但无论选择怎样的形式，都必须根据国家的法律法规要求和新创企业的实际情况，科学衡量各种组织形式的利弊，决定合适的组织形式。

自 1999 年 8 月 30 日中华人民共和国第九届全国人民代表大会常务委员会第十一次会议通过《中华人民共和国个人独资企业法》之后，2005 年 10 月 27 日第十届全国人民代表大会第十八次会议和 2006 年 8 月 27 日第十届全国人民代表大会第二十三次会议分别通过了新的《中华人民共和国公司法》和《中华人民共和国合伙企业法》，以及 2018 年 10 月 26 日第十三届全国人民代表大会常务委员会第六次会议修订《中华人民共和国公司法》之后，我国企业法律形式基本上与国际接轨。

（一）个人独资企业

个人独资企业是最古老也是最常见的企业法律组织形式。个人独资企业又称个人业主制企业，是指依法设立，由一个自然人投资并承担无限连带责任，财产为投资者个人所有的经营实体。当个人独资企业财产不足以清偿债务时，选择这种企业形式的创业者需依法以其个人其他财产予以清偿。在各类企业当中，个人独资企业的创设条件最简单。根据《中华人民共和国个人独资企业法》，只要满足以下五种条件，就可以申请设立个人独资企业。

（1）投资人为一个自然人。

（2）有合法的企业名称。

（3）有投资人申报的出资，国家对其注册资金实行申报制，没有最低限额。

（4）有固定的生产经营场所和必要的生产经营条件。

（5）有必要的从业人员。

个人独资企业成功与否依赖于所有者个人的技能和能力。当然，所有者也可以雇用有其他技能和能力的员工。

个人独资企业投资人在申请企业设立登记时明确以其家庭共有财产作为个人出资的，应当依法以家庭共有财产对企业债务承担无限责任。个人独资企业投资人可以自行管理企业事务，也可以委托或者聘用其他具有民事行为能力的人负责企业的事务管理。企业成立后无正当理由超过六个月未开业的，或者开业后自行停业连续六个月以上的，吊销营业执照。

（二）一人有限责任公司

一人有限责任公司，是指只有一个自然人股东或者一个法人股东的有限责任公司。一个自然人只能投资设立一个一人有限责任公司，该一人有限责任公司不能投资设立新的一人有限责任公司，并且需要在公司登记中注明自然人独资或者法人独资。需要注意的是一人有限责任公司应当在每一会计年度终了时编制财务会计报告，并经会计师事务所审计。当一人有限责任公司的股东不能证明公司财产独立于股东自己的财产的，应当对公司债务承担连带责任。

（三）合伙企业

合伙企业，是指自然人、法人和其他组织依照法律在中国境内设立的普通合伙企业（包括特殊的普通合伙企业）和有限合伙企业。其中，特殊的普通合伙企业是指以专业知识和专门技能为客户提供有偿服务的专业服务机构。

普通合伙企业由普通合伙人组成，合伙人对合伙企业债务承担无限连带责任。有限合伙企业由普通合伙人和有限合伙人组成，普通合伙人对合伙企业债务承担无限连带责任，有限合伙人以其认缴的出资额为限对合伙企业债务承担责任。

普通合伙人可以用货币、实物、知识产权、土地使用权或者其他财产权利出资，也可以用劳务出资。合伙人以实物、知识产权、土地使用权或者其他财产权利出资，需要评估作价的，可以由全体合伙人协商确定，也可以由全体合伙人委托法定评估机构评估。合伙人以劳务出资的，其评估办法由全体合伙人协商确定，并在合伙协议中载明。有限合伙人可以用货币、实物、知识产权、土地使用权或者其他财产权利作价出资。有限合伙人不得以劳务出资。

除合伙协议另有约定外，普通合伙人转变为有限合伙人，或者有限合伙人转变为普通合伙人，应当经全体合伙人一致同意。有限合伙人转变为普通合伙人的，对其作为有限合伙人期间有限合伙企业发生的债务承担无限连带责任。

（四）有限责任公司和股份有限公司

公司是现代社会中最主要的企业形式。它是以营利为目的，由股东出资形成，拥有独立的财产，享有法人财产权，独立从事生产经营活动，依法享有民事权利，承担民事责任，并以其全部财产对公司的债务承担责任的企业法人。所有权与经营权分离，是公司制的重要产权基础。与传统"两权合一"的业主制、合伙制相比，创业者选择公司制作为企业组织形式的一个最大特点就是仅以其所持股份或出资额为限对公司承担有限责任；另一个特点是存在双重纳税问题，即公司盈利要上缴公司所得税，创业者作为股东还要上缴企业投资所得税或个人所得税。根据《中华人民共和国公司法》（以下简称《公司法》），我国的公司分有限责任公司（包括一人有限责任公司）和股份有限公司两种类型。

设立有限责任公司，应当具备下列条件：

（1）股东符合法定人数。根据我国《公司法》第二十四条规定：有限责任公司由五十个以下股东出资设立。

（2）有符合公司章程规定的全体股东认缴的出资额。有限责任公司的注册资本为在公司登记机关登记的全体股东认缴的出资额。法律、行政法规以及国务院决定对有限责任公司注册资本实缴、注册资本最低限额另有规定的，从其规定。股东可以用货币出资，也可以用实物、知识产权、土地使用权等可以用货币估价并可以依法转让的非货币财产作价出资；但是，法律、行政法规规定不得作为出资的财产除外。对作为出资的非货币财产应当评估作价，核实财产，不得高估或者低估作价。法律、行政法规对评估作价有规定的，从其规定。

（3）股东共同制定公司章程。有限责任公司章程应当载明下列事项：公司名称和住所；公司经营范围；公司注册资本；股东的姓名或者名称；股东的出资方式、出资额和出资时间；公司的机构及其产生办法、职权、议事规则；公司法定代表人；股东会会议认为需要规定的其他事项。股东应当在公司章程上签名、盖章。

（4）有公司名称，建立符合有限责任公司要求的组织机构。

（5）有公司住所。

股份有限公司的设立，可以采取发起设立或者募集设立的方式。其中，发起设立是指由发起人认购公司应发行的全部股份而设立公司。募集设立是指由发起人认购公司应发行股份的一部分，其余股份向社会公开募集或者向特定对象募集而设立公司。

设立股份有限公司，应当有两人以上两百人以下为发起人，其中需有半数以上的发起人在中国境内有住所。采取发起设立方式设立的，注册资本为在公司登记机关登记的全体发起人认购的股本总额。在发起人认购的股份缴足前，不得向他人募集股份；采取募集方式设立的，注册资本为在公司登记机关登记的实收股本总额。

课堂活动1：头脑风暴

运用头脑风暴的方法和学生一起讨论、分析各种企业组织形式对于创业者的优劣应包括哪些？将头脑风暴中形成的观点进行梳理，总结为如表6-1所示内容。

表6-1　各种企业组织形式对于创业者的优劣比较

项目	优势	劣势
个人独资企业	手续非常简便，费用低；所有者拥有企业控制权；可以迅速对市场变化作出反应；只需缴纳个人所得税，无须双重课税；在技术和经营方面易于保密	承担无限责任；企业成功过多依赖创业者个人能力；筹资困难；企业随着创业者退出而消亡，寿命有限；投资流动性低

续表

项目	优势	劣势
合伙企业	手续比较简单、费用低；经营上比较灵活；企业拥有更多人的技能和能力；资金来源较广，信用度较高	承担无限责任；企业绩效依赖合伙人的能力，企业规模受限；企业往往因关键合伙人死亡或退出而解散；投资流动性低，产权转让困难
有限责任公司	创业股东只承担有限责任，风险小；公司具有独立寿命，易于存续；可以吸纳多个投资人，促进资本集中；多元化产权结构有利于决策科学化	创立的程序比较复杂，创立费用较高；存在双重纳税问题，税收负担较重；不能公开发行股票，筹集资金的规模受限；产权不能充分流动，资产运作受限
股份有限公司	创业股东只承担有限责任，风险小；筹资能力强；公司具有独立寿命，易于存续；职业经理人进行管理，管理水平较高；产权可以股票形式充分流动	创立的程序复杂，创立费用高；存在双重纳税问题，税收负担较重；股份有限公司要定期报告公司的财务状况、公开自己的财物数据，不便严格保密；政府限制较多，法规的要求比较严格

根据以上分析，不同企业组织形式对于创业者而言各有其优势与劣势。在实际创业过程中创业者应根据自身资源与能力条件及市场状况作出适当选择。

 知识点1：可供创业者选择的企业组织形式。

 知识点2：不同企业组织形式的优劣势比较。

《公司法》《个人独资法》
《合伙企业法》

二、企业注册流程及相关法律文件

按照现行法律法规，创业者注册新公司需要遵循一定的流程，并需要到相应的政府部门登记审批。相关审批登记项目包括：公司核名、经营项目审批、公司公章备案、申领营业执照、银行开户、购买发票等。

（一）公司核名

注册公司第一步就是公司名称审核，即查名。创业者需要通过市工商行政管理局进行公司名称注册申请，由工商行政管理局工商查名科注册官进行综合审定，给予注册核准，并发放盖有工商行政管理局名称登记专用章的"企业名称预先核准通知书"。

此过程中申办人需提供法人和股东的身份证复印件，并提供2~10个公司名称，写明经营范围、出资比例。公司名称要符合规范，例如，北京（地区名）+某某（企业名）+贸易（行业名）+有限公司（类型）。

（二）经营项目审批

如新创企业的经营范围中涉及特种行业许可经营项目，则需报送相关部门报审盖章。特种许可项目涉及旅馆、印铸刻字、旧货、典当、拍卖、信托寄卖等行业，需要消防、治安、环保、科委等行政部门审批。特种行业许可证办理，根据行业情况及相应部门规定不同，分为前置审批和后置审批。

（三）公司公章备案

企业办理工商注册登记过程中，需要使用图章，由公安部门刻出。公司用章包括：公章、财务章、法人章、全体股东章、公司名称章等。

（四）申领营业执照

设立股份有限公司，应当具备下列条件：

（1）发起人符合法定人数。设立股份有限公司，应当有两人以上两百人以下为发起人，其中需有半数以上的发起人在中国境内有住所。发起人承担公司筹办事务，应当签订发起人协议，明确各自在公司设立过程中的权利和义务。

（2）有符合公司章程规定的全体发起人认购的股本总额或者募集的实收股本总额。股份有限公司采取发起设立方式设立的，注册资本为在公司登记机关登记的全体发起人认购的股本总额。在发起人认购的股份缴足前，不得向他人募集股份；股份有限公司采取募集方式设立的，注册资本为在公司登记机关登记的实收股本总额。法律、行政法规以及国务院决定对股份有限公司注册资本实缴、注册资本最低限额另有规定的，从其规定。

（3）股份发行、筹办事项符合法律规定。

（4）发起人制订公司章程，采用募集方式设立的经创立大会通过。公司章程应当载明下列事项：公司名称和住所；公司经营范围；公司设立方式；公司股份总数、每股金额和注册资本；发起人的姓名或者名称、认购的股份数、出资方式和出资时间；董事会的组成、职权和议事规则；公司法定代表人；监事会的组成、职权和议事规则；公司利润分配办法；公司的解散事由与清算办法；公司的通知和公告办法；股东大会会议认为需要规定的其他事项。

（5）有公司名称，建立符合股份有限公司要求的组织机构。

（6）有公司住所。

相关材料包括：公司章程、名称预先核准通知书、法人和全体股东的身份证、公司住所证明复印件（房产证及租赁合同）、前置审批文件或证件、生产性企业的环境评估报告等。

从2015年10月1日起，全国范围内开始全面实行"三证合一"的登记制度。"三证合一"的登记制度是指将企业登记时依次申请的、分别由工商部门核发的营业执照、质监部门核发的组织机构代码证、税务部门核发的税务登记证，改为一次申请，由工商部门核发一个加载统一社会信用代码的营业执照，即"一照一码"营业执照。

（五）银行开户

新创办企业需设立基本账户，企业可根据自己的具体情况选择开户银行。银行开户应提供的材料包括：营业执照正本、组织机构代码证正本、公司公章/法人章/财务专用章、法人身份证、国地税务登记证正本等。

企业注册流程图见图6-1。

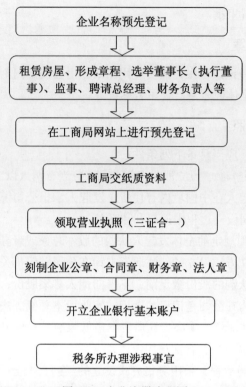

图 6-1　企业注册流程图

◎ 知识点 3：新企业注册的程序与步骤。

◎ 知识点 4：企业注册相关法律文件。

三、创办企业必须考虑的法律问题

一个社会的法律规定为其公民能做什么或不能做什么建立了一个框架。这个法律框架同样在一定程度上允许或禁止创业者所做的某些决策和采取的部分行动。显然，创建新企业会受当地法律的影响，创业者必须了解并处理好一些重要的法律和伦理问题。创业涉及的法律和伦理问题相当复杂。创业者需要认识到这些问题，以免由于早期的法律和伦理失误而给新企业带来沉重代价，甚至使其夭折。创业者一般不会有意触犯法律，但往往高估他们所掌握的与创建和经营新企业相关的法律知识，或者缺乏伦理意识。

在企业的创建阶段，创业者面临的法律问题包括：确定企业的形式，设立适当的税收记录，协调租赁和融资问题，起草合同，以及申请专利、商标或版权的保护。在每一个创建活动中，都有特定的法律和规定决定创业者能做什么和不能做什么。一名创业者必须熟悉相关法律法规，或者形成咨询专业人士的习惯。但是法律环境对创业的影响并没有到此为止。当新企业创建起来并开始运营后，仍然有与经营相关的法律问题。例如，人力资源或劳动法规可能会影响员工的雇用、报酬以及工作评定的确定；安全法规可能会影响产品的设计和包装、工作场所和机器设备的设计和使用，环境污染的控制，以及物种的保护。

尽管许多法规可能在某一企业达到一定规模时才适用，但事实是新企业都追求发展，这意味着创业者很快就会面临这些法律问题。表 6-2 指出了影响创业企业的一些基本法律问题。

表 6-2　创业企业不同阶段面临的法律问题

创建阶段的法律问题	经营现行业务中的法律问题
• 确定企业的法律形式； • 设立税收记录； • 进行租赁和融资谈判； • 起草合同； • 申请专利、商标和版权保护	• 人力资源管理（劳动）法规； • 安全法规； • 质量法规； • 财务和会计法规； • 市场竞争法规

　　知识产权是人们对自己通过智力活动创造的成果所依法享有的权利。知识产权包括专利、商标、版权等，是企业的重要资产。知识产权可通过许可证经营或出售，带来许可经营收入。实际上，几乎所有的企业（包括新企业）都拥有一些对其成功起关键作用的知识、信息和创意（表 6-3）。传统观念将物质资产如土地、房屋和设备等看作企业最重要的资产，而现在知识资产已逐渐成为企业中最具价值的资产。对于创业者来说，为了有效保护自己的知识产权，也为了避免无意中违法侵犯他人的知识产权，了解相关法律非常重要。

表 6-3　企业各部门中典型的知识产权

部门	典型的知识产权形式	常用保护方法
营销部门	名称、标语、标识、广告语、广告、手册、非正式出版物、未完成的广告副本、顾客名单、潜在顾客名单及类似信息	商标、版权和商业秘密
管理部门	招聘手册、员工手册、招聘人员在选择和聘用候选人时使用的表格和清单、书面的培训材料和企业的时事通讯	版权和商业秘密
财务部门	各类描述企业财务绩效的合同、幻灯片，解释企业如何管理财务的书面材料，员工薪酬记录	版权和商业秘密
管理信息系统部门	网站设计、互联网域名、公司特有的计算机设备和软件的培训手册、计算机源代码、电子邮件名单	版权、商业秘密和注册互联网域名
研究开发部门	新的和有用的发明和商业流程、现有发明和流程的改进、记录发明日期和不同项目进展计划的实验室备忘录	专利和商业秘密

　　资料来源：〔美〕布鲁斯·R. 巴林格，R. 杜安·爱尔兰. 创业：成功创建新企业[M]. 薛红志，张帆，等译. 北京：机械工业出版社，2017.

（一）专利与专利法

　　专利是指政府机构根据申请颁发的文件。它被用来记述一项发明，并且创造一种法律状况，在这种情况下，专利发明通常只有经过专利权所有人的许可才可以被利用。专利制度主要是为了解决发明创造的权利归属与发明创造的利用问题。专利法可以有效地保护专利拥有者的合法权益。创业者对其个人或企业的发明创造应及时申请专利，以寻求法律保护，使自己的利益不受侵犯，或者在受到侵犯时，有法律依据提出诉讼，要求侵害方予以赔偿。

我国于1984年3月12日颁布了《中华人民共和国专利法》，并于1992年9月4日进行了修订。2001年6月15日国务院颁布《中华人民共和国专利法实施细则》，自2001年7月1日起施行。2008年12月27日第十一届全国人民代表大会常务委员会第六次会议通过《关于修改〈中华人民共和国专利法〉的决定》，第三次修订《专利法》。2010年1月9日通过了《国务院关于修改〈中华人民共和国专利法实施细则〉的决定》。

（二）商标与商标法

商标是指在商品或者服务项目上所使用的由文字、图形、字母、数字、三维标志和颜色组合以及上述要素的组合构成的显著标志。它用以识别不同经营者所生产、制造、加工、拣选、经销的商品或者提供的服务。商标是企业的一种无形资产，具有很高的价值。这种价值体现在独特性和所产生的经济利益上。保护和提高商标的价值，可以为企业带来巨大的收益。商标包括注册商标和未注册商标，目前我国只对医用药品和烟草制品实行强制注册，通常所讲商标均指注册商标。注册商标包括商品商标、服务商标、集体商标、证明商标。注册商标的有效期为十年，可以申请续展，每次续展注册的有效期也为十年。商标注册申请人必须是依法成立的企业、事业单位、社会团体、个体工商户、个人合伙以及符合《中华人民共和国商标法》第九条规定的外国人或者外国企业。

我国于1982年8月23日颁布了《中华人民共和国商标法》，并于1993年2月22日进行了第一次修正，2001年10月27日进行了第二次修正。2013年8月30日第十二届全国人民代表大会常务委员会第四次会议通过《关于修改〈中华人民共和国商标法〉的决定》，第三次修正《商标法》。

（三）著作权与著作权法

著作权也称版权，是指作者对其创作的文学艺术和科学作品依法享有的权利。著作权包括发表权、署名权、修改权、保护作品完整权、复制权、发行权、出租权、展览权、表演权、放映权、广播权、信息网络传播权、摄制权、改编权、翻译权、汇编权以及应当由著作权人享有的其他权利等17项权利。对著作权的保护是对作者原始工作的保护。著作权的保护期限为作者有生之年加上去世后50年。我国实行作品自动保护原则和自愿登记原则，即作品一旦产生，作者便享有版权，登记与否都受法律保护；自愿登记后可以起证据作用。国家版权局认定中国版权保护中心为软件登记机构，其他作品的登记机构为所在省级版权局。

公司设立和注销需提交
的申请材料

我国于1990年9月7日颁布了《中华人民共和国著作权法》（以下简称《著作权法》），2001年10月27日进行了第一次修正，2010年2月26日进行了第二次修正。计算机软件属于版权保护的作品范畴。我国根据《著作权法》制定了《计算机软件保护条例》，并于1991年6月4日发布。在该条例中计算机软件是指计算机程序及其有关文档。2011年、2013年，国家对《计算机软件保护条例》进行了两次修订。

除了与知识产权相关的法律法规外，还有《反不正当竞争法》《民典法》《产品质量法》《劳动法》等法律法规也是创业者及其新创企业所应当了解和关注的。

 知识点5：与新企业注册相关的法律问题。

四、创办企业应注意的伦理问题

创业伦理是创业者在开拓市场、资本积累、互惠互利、协同合作、个人品德、后天修养等方面的一些行为准则。创业者组建一个新企业后，势必要进入市场竞争的商界，相应地也要遵守商界所共同维护的行为规范。当一个创业者成长为一个企业家时，他会越来越重视自己在社会中的形象，并开始重视自身的伦理和企业的伦理建设。毕竟，没有哪个企业愿意和一个臭名远扬、不讲诚信的公司合作。

（一）创业者与原雇主之间的伦理问题

不少新企业是人们辞职创建的。在辞职进行创业后，一些创业者出乎意料地发现，自己已置身于受前雇主公司敌对的境地。以下是辞职时必须遵循的两个重要原则。

1. 职业化行事

首先，雇员恰当地表露离职意图十分重要，同时，在离职前，雇员应处理完先前分配的所有工作。急不可耐的离职会让雇主十分恼火，而且雇员不应该在最后几天的工作中忙于安排创办企业事宜，这些并非职业化的行事风格，也是对当前雇主的时间与资源的不恰当使用。如果雇员打算离职后在同一产业内创业，至关重要的是，他不能带走属于当前雇主的资料信息。雇主有权利防止商业机密失窃（如客户清单、营销计划、产品原型和并购战略等），或阻止商业机密从办公室向雇员家里的非正当转移。根据所谓公司机会原则，关键雇员（如高级职员、董事和经理）和技术型雇员（如软件工程师、会计和营销专家）负有对雇主忠诚的特殊责任。当雇员把属于雇主的机会转为己有时，公司机会原则经常会直接出面干预。在职期间，雇员可以利用下班时间策划如何与雇主竞争，但绝不允许窃取雇主机会；只有当雇佣关系终止后，雇员才能说服其他同事到新企业工作，或真正开创一家与雇主竞争的企业。

2. 尊重所有雇佣协议

对准备创业的雇员来说，充分知晓并尊重自己曾签署的雇佣协议至关重要。在一般情况下，关键雇员都签署了保密协议和非竞争协议。保密协议是雇员或其他当事人（如供应商）所做的不泄露企业商业秘密的承诺，这要求雇员在职期间甚至离开公司之后，都必须严格遵守该协议。非竞争协议则规定了在特定时段内，个人禁止与前雇主相竞争。如果签署了非竞争协议，要合理地离开公司，雇员就必须遵守相关协议。

（二）创业团队成员之间的伦理问题

创建者之间就新企业的利益分配以及对新企业未来的信心达成一致非常重要。对创业者团队来说，易犯的错误是因沉迷于开办企业的兴奋之中而忘记订立有关企业所有权分配的最初协议。创建者协议（或称股东协议）是处理企业创建者间相对的权益分割、创建者个人如何因投入企业"血汗股权"或现金而获得补偿、创建者必须持有企业股份多长时间才能被完全授予等事务的书面文件。以下列出了创建者协议所包含的主要内容①。

- 未来业务的实质。
- 简要的商业计划。
- 创建者的身份和职位头衔。
- 企业所有权的法律形式。
- 股份分配（或所有权分割）方案。
- 各创建者持有股份或所有权的支付方式（现金或血汗股权）。
- 明确创建者签署确认归企业所有的任何知识产权。
- 初始运营资本描述。
- 回购条款，明确当某位创建者因逝世、退出出售股份时的处理方案。

通常，创建者协议的重要议题涉及某位创建者逝世或决定退出带来的权益处理问题。大多数创建者协议都包含一个回购条款，该条款规定，在其余创建人对企业感兴趣的前提下，法律规定打算退出的创建人有责任将自己的股份出售给那些感兴趣的创建人。在大多数情况下，协议还明确规定了股份转让价值的计算方法。回购条款的存在至关重要，这是因为：第一，如果某位创建者离开，其余创建者需要用他或她的股份来寻求接替者；第二，如果某位创建者因为不满而退出，回购条款就给其余创建者提供了一种机制，它能保证新企业股份掌握在那些对新企业前途充分执着的人手中。

（三）创业者和其他利益相关者之间的伦理问题

创业者和其他利益相关者之间的伦理问题涉及：

（1）人事伦理问题。这些问题与公正公平对待现有员工和未来员工有关。不符合伦理的行为范围非常广泛，从招聘面试中询问不恰当问题到不公平对待员工的方方面面，其根源可能是因为他们在性别、肤色、道德背景、宗教等方面有所不同。

（2）利益冲突。这些问题与那些挑战雇员忠诚的情景相关。例如，如果公司员工出于私人关系以非正当商业理由将合同交给其朋友或家庭成员，这就是不恰当的行动。

（3）顾客欺诈。这个领域的问题通常出现在公司忽视尊重顾客或公众安全的时候，例如做误导性广告、销售明知不安全的产品等。

🎯 知识点6：与新企业注册相关的伦理问题。

1. 新企业创建阶段通常会面临哪些法律问题？
2. 离职创业需注意哪些技巧？

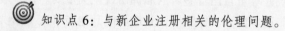

① 〔美〕布鲁斯·R. 巴林格，R. 杜安·爱尔兰. 创业：成功创建新企业[M]. 薛红志，张帆，等译. 北京：机械工业出版社，2017.

3. 开办新企业需要考虑什么样的营商环境？

五、新企业选址策略与技巧

创业者选择新企业的注册与经营地点包括两方面：一是选择地区，包括不同国家地区、一个国家内的不同地理区域或城市；二是选择具体地址，包括商业中心、住宅区、路段、市郊等。前者主要考虑国家、地区、城市的经济、技术、文化、政治等总体发展状况；后者重点是考察交通、资源、消费群体、社区环境、商业环境等。例如肯德基当年进入我国市场时，面临的一大难题就是选择哪个城市作为投资目标地。通过分析人口状况，商业、文化与政治及城市影响力，比较了北京、上海、广州、天津的整体环境，最后选择北京作为开拓我国市场的基地。

课堂活动2：案例讨论——肯德基的选址①

通过对肯德基选址的案例讨论，让学生了解企业选址的影响因素以及企业选址的策略技巧，引导学生归纳总结肯德基的选址策略。

1986年9月，美国著名特许连锁企业——肯德基家乡鸡公司开始考虑打入我国这个世界上人口最多的大市场，时任肯德基东南亚地区副总经理的托尼·王承担了启动我国新市场的重任，选址成为实施肯德基中国战略时所面临的第一大难题。分析天津、上海、广州、北京四大城市的优劣，虽然从经济角度看，在广州创建第一家"肯德基"连锁店，更容易为当地人所接受，而且成本低、收效快，选址广州应该是最佳选择，但由于广州不是直辖市，也不是中国的政治文化中心，其影响程度和辐射面相对较小，考虑北京政治经济地位、大量流动人口和在全国的形象，有助于向其他城市的拓展，因此，决定将北京作为一个起点。

 知识点7：企业选址的策略与技巧。

（一）选址的重要性及其影响因素

从世界各地新创企业成功和失败的经验来看，选址的重要性不言而喻。据香港工业总会和香港总商会的统计，在众多开业不到两年就关门的企业中，由于选址不当所导致的企业失败数量占据了总量的50%以上。这是因为，企业竞争力的内容具有复杂性和多层次性，一家新创企业的持续竞争力必然受到该地区商业环境质量的强烈影响。可以想象，倘若没有高质量的交通运输基础设施，新创企业就无法高效地运用先进的物流技术；假如没有高素质的员工，新创企业就无法在质量和服务方面进行有效竞争；假如机构烦琐的官僚习气使得办事效率极差，或者当地的司法系统不能公平迅速地解决争端，新创企业就难以有效和正常地运作。另外，社会治安、企业税率优惠、社区文化等商务环境因素也都深刻地影响着新创企业。

从深层次上看，选址对于创业成功的重要性还在于区域的竞争优势的独特性和集聚等

---

① http://www.kfccn.com/kfccn/article_list.asp?action=more&c_id=25.

效应。迈克尔·波特认为，各个地域中能存在的"知识"（Knowledge）、"关系"（Relationship）以及"动机"（Motivation）通常具有难以被其他地域竞争对手所模仿和取代的特性。在一个发达的经济区域中，比地理位置优劣对商务环境更具影响力的因素是，该地区的企业是否集聚在一起并形成了具有竞争力的"团簇"（或称集群），这种团簇"构成了企业竞争中最为重要的微观经济基础"[①]。

新企业选址是一个较复杂的决策过程，涉及的因素比较多。归纳起来，影响选址的因素主要有五个方面，即政治因素、经济因素、技术因素、社会因素和自然因素。

1. 经济因素

在关联企业和关联机构相对集中地区的新企业容易成功。波特在研究了全球产业竞争力的"钻石模型"后指出，某一领域内相互关联的企业和机构在选址上进行集中后可以形成所谓"团簇"（Clustering），这是一个地区经济竞争力的标志。若一家企业有幸建在一个好的企业聚集区，区内的各家企业间就会产生一种竞争与合作的关系。一方面，竞争对手之间展开激烈的竞争以求在竞争中胜出并保住市场；另一方面，在相关行业间的企业及地方机构间还存在着广泛的合作关系，一群具有竞争力的企业和一系列高效运转的机构共同实现该地区的繁荣。因此新企业在选址时都应考虑将自己建在一个好的产业"团簇"中。具体说来选择接近原料供应或能源动力供应充足地区的新企业具有相对成本优势；选择接近产品消费市场的地区具有客户优势；选择劳动力充足且费用低、劳动生产率高的地区具有人力优势；选择有利于员工生活的地区。

2. 技术因素

新技术因素对高科技创业企业的影响是显然的，但技术本身的进步更加难以预测，从某种意义上说技术市场的变化是最为剧烈和最具不确定性的因素。因此，为了能够了解和把握技术变化的趋势，许多企业在创业选址时，常常考虑将企业建在技术研发中心附近，或建在新技术信息传递比较迅速、频繁的地区。例如，美国加州的硅谷在 20 世纪 50 年代以后逐渐成为美国电子工业的基地。不仅是高科技创业企业的"摇篮"，而且以电子工业为基础所形成的"高科技风险企业团簇"被认为是"20 世纪产业集群的典范"。其成功的经验和运行范式广为世界各国所模仿。

具有较强社会资本的产业团簇内的企业要比没有这种资本的孤立的竞争者更加了解市场。因为，这些企业与其他关联实体间不断发展的、建立在信任基础上的并且是面对面的客户关系能够帮助企业尽早了解技术进步、市场上的零部件及其他资源的供求状况，融洽的关系能够使新创企业通过不断的学习和创新及时改善产品服务和营销观念以进一步增强企业的存活力，当然，以技术为依托的社会资本积累过程往往是一个渐进过程。

3. 其他重要因素

（1）政治因素。政府对市场的规制也是值得创业者重视的一个方面，创业者要评价现在已经存在的及将来有可能出现的影响产品或服务、分销渠道、价格以及促销策略等的法律和法规问题，将企业建在政府支持该产业的地区。当投资者到国外去设厂时，更应该考

---

① Porter M E. On Competition[M]. New York: Free Press, 1998: 33.

虑不同国家的政治环境，如国家政策是否稳定、有无歧视政策等。

（2）社会、文化因素。由于人们生活态度的不同，人们对安全、健康、营养及对环境关心程度的不同，也都会影响创业者所生产产品的市场需求，特别当创业者准备生产的产品与健康或环境质量等有密切关系时更是如此，此时应优先考虑将企业建在其企业文化与所生产产品得到较大认同的地区。

（3）自然因素。选址也需要考虑地质状况、水资源的可利用性、气候的变化等自然因素。有不良地质结构的地区，会对企业安全生产产生影响。水资源缺乏的地区对于用水量大的企业来说，会对正常生产产生不利影响。

上述各种因素对不同的行业企业来说有不同的考虑侧重点，比如制造业的选址和服务业的选址的侧重点就不同。制造业侧重考虑生产成本因素，如原料与劳动力；而服务业侧重于考虑市场因素，比如顾客消费水平、产品与目标市场的匹配关系、市场竞争状况等。

总之，无论影响企业选址的因素有多少，无论不同企业给予不同因素的权重有怎样的变化，一般企业的厂址都要在都市、郊区、乡间、工业区四者中进行选择，这四者中除郊区是都市与乡间的折中状况无须比较外，其余之优缺点分别比较见表 6-4。

由表 6-4 可见，将企业的地址简单描述为都市、郊区、乡间、工业区四大类型，其实是对影响选址的经济、技术、政治、文化因素的初级分类。因此创业者可以先根据这四大类型地区的固有优势和劣势作出初步比较，再考虑那些对其企业类型有重要影响的细分因素之后进行决策。

随着"大众创业、万众创新"国家战略的推动实施，服务于创新创业的场所和形式越来越多，给大学生创业提供了方便。最为典型的是众创空间，目前多数高校在校园内就有众创空间。

表 6-4　企业所在地之优缺点差异比较

比较	都市	乡间	工业区
优点	1. 接近市场，产销联系紧密；2. 劳动力来源充足；3. 交通运输系统健全；4. 各类用品购置容易；5. 公共设施良好，员工的教育、娱乐、住宿、交通、医疗等设备可由市区供应；6. 消防保安服务到位；7. 与银行保持良好关系；8. 容易寻找卫星工厂及提供劳务机构；9. 高级人才及顾问易聘任	1. 地价低廉，土地容易取得；2. 劳动力成本较低；3. 厂房易于扩充；4. 建筑成本较低；5. 污染噪声管制较少；6. 人员流动率低；7. 交通不致拥挤	1. 公共设施完备；2. 建地开发完整，建筑成本低；3. 工业区内厂商易于合作；4. 员工的教育、娱乐、住宿、交通、医疗等设备可由社区供应；5. 容易寻找卫星工厂及提供劳务机构
缺点	1. 劳动力成本高；2. 人员流动率大；3. 场地不容易获得；4. 厂房扩充受很大的限制；5. 建筑成本高；6. 交通拥挤，噪声污染管制严格	1. 交通不便；2. 员工教育、娱乐、住宿、交通、医疗等设备需由企业自行供应；3. 保安消防需由企业自行负责；4. 高级人才顾问不易聘任；5. 零星物品不易就近购买；6. 不易就近寻觅卫星工厂及提供劳务机构	1. 人员流动率高；2. 雇员工资高；3. 厂房不易扩充；4. 交通拥挤；5. 与消费者距离较远，不易建立知名度
适合产业	1. 各种服务业；2. 加工销售业	1. 大型企业；2. 制造或初级加工业；3. 噪声污染不易控制的工业；4. 占地较多的工厂	视工业区专业规则状况而定

高校的众创空间不仅面向在校学生开放，有的还吸引校友及社会创业导师参与，为大学生跨学科跨专业交流、组建团队提供了便利，通过"聚合"产生"聚变"的效应。高校的众创空间经常和外部的创业服务机构建立联系，提供创业服务，很多服务还是免费的，进而为创业者提供相对较低成本的成长环境。利用众创空间，不仅可以解决创业者所需场地的困难，众创空间还经常会开辟公共空间，为大学生提供举办活动、产品展示、项目路演的场所，行使了校园内创业孵化器的功能。随着创业教育的普及及其与专业教育的融合，越来越多的高校探索各种形式的创新创业服务项目，并与外部密切互动，打造创新创业生态系统。这些都值得大学生关注和参与。了解和参与这些活动，即使不创业，对提升自身的创新能力，跨学科交流合作，都有好处。

（二）选址的步骤

行之有效的选址过程一般遵循市场信息的收集和研究、多个选点的评价、最终厂址的确定等步骤。

1. 市场信息的收集和研究

在创业的早期阶段，不只是选址阶段，信息对创业者来说都非常重要。有研究表明市场信息的使用会影响企业的绩效，而市场信息与选址决策衔尾相随的关系更是显而易见。因此根据前面列出的影响选址的五项因素，创业者自己或借助专业的中介机构收集市场信息是出色地完成选址决策的第一步。

首先，创业者应考虑从二手资料中收集信息，因为对创业者而言，最明显的信息来源就是已有数据或第二手资料。这些信息可以来自商贸杂志、图书馆、政府机构、大学或专门的咨询机构。在图书馆可以查到已经发表的关于行业、竞争者、顾客偏好的去向、产品创新等信息，甚至也可以获得有关竞争者在市场上所采取的战略方面的信息；互联网也可以提供有关竞争者和行业的深层信息，甚至可以通过直接接触潜在消费者而获得必要的客户信息。

其次，创业者还应亲自收集新的信息，获取第一手资料。获得第一手资料的过程其实就是一个数据收集过程，可使用多种方法，包括观察、上网、访谈、焦点小组、试验及问卷调查等。其中，焦点小组是一种收集深层信息的非正规化的方法。一个焦点小组由10～12名潜在顾客组成，他们被邀请来参加有关创业者研究目标的讨论。焦点小组的讨论以一种非正规的、公开的模式进行，这样可以保证创业者获得某些信息。

最后，就要对收集的各方面信息进行汇总、整理。一般地，单纯对问题答案的总结可以得到一些初步的印象，接着对这些数据进行交叉制表分析可以获得更加有意义的结果。

2. 多个选点的评价

通过对市场上各种信息的收集、汇总、整理以及初步的、简单的定性分析后，创业者可以得出若干新企业厂址的候选地，这时便可以借助科学的定量方法进行评价。目前最常用的有关选址的评价方法有：量本利分析法、综合评价法、运输模型法、重心法和引力模型法等。

量本利分析法只是从经济角度进行选址的评价。

实际上影响选址的因素是多方面的,同时各种因素也不一定完全能用经济利益来衡量,因此采用综合评价法是选址评价中一个常用的方法。综合评价法就是先给不同的因素以不同的权重,再依次给不同选择下的各个因素打分,最后求出每个方案的加权平均值,哪个方案的加权平均值最高,哪个就是最佳方案。

当选址对象的输入与输出成本是决策的主要变量时,运输模型法是一个很好的决策方法。运输模型法的基本思想是:通过建立一个物流运输系统,选择一个能够使整个物流运输系统的运输成本最小的生产或服务地址。此模型尤其适合于输入与输出成本对企业利润影响巨大的情况。

重心法:在服务业选址中,市场因素是主要的选址决策变量。对顾客的吸引力,是服务业区位优势的体现。

引力模型法:Laulajainen 与 Stafford 曾总结过服务业创业区位选择中应该坚持的两大原则[1]。第一,占有总顾客 60%的顾客高度集中区,组成主要贸易区;而与此相连的另 20%顾客集中区,组成次级贸易区,另外的 20%则为外围区。服务企业选址应优先考虑将自己建在主要贸易区。第二,大商店比小商店具有较大的吸引力,即大商店有大的贸易区;大商店在给定的贸易区内具有较高的销售穿透性,而这种市场穿透性随着距离的增加而减弱。因此,创业者可考虑要么将自己的企业建大,要么将自己建在大商店附近。

3. 确定最终地点

创业者依据已经汇总整理的市场信息,以及其所要进入的行业特点和自己企业的特征,借助以上一种或几种方法进行评估,最终完成选址决策,从而迈出自己创业至关重要的第一步。

 知识点 8:新企业选址的策略与技巧。

六、新企业的社会认同

新企业在发展的最初阶段往往面临如何建立包括消费者、供应商和投资者在内的利益相关者对其产品、服务或商业模式乃至组织自身的理解和认识。在漫长的经营、成长过程中,企业要想做大、做强、做久,最终成为百年名店,仅仅做到提供顾客所需要的产品和服务、遵纪守法是不够的,还要进一步符合道德标准,主动承担社会责任,通过良好的行为表现获得社会各界的广泛认同。

(一)社会责任与社会道德

一个企业应该承担多少社会责任,以及应该承担什么样的社会责任,近年来一直是一个热门的讨论话题。新企业能否取得成功不仅取决于创业者是否能够把握和实现新的创业机会,而且取决于由这种创业活动所引发的新的经济活动在多大程度上符合现有制度规范的要求或是建立新的制度规范,从而能够为利益相关者(如供应商、消费者和员工等)、一般公众和社会整体制度所认可和接受。因此,创业活动不仅受到市场环境的影响,而且受

① Laulajainen, Stafford. Corporate Geography: Business Location Principles and Cases[J]. *Long Range Planning*, 1996(29): 3, 434.

到社会规范和价值体系的约束，道德就是其中之一。

在我们的生活中，肯定遇到过许多道德上的两难问题。例如，为一位没有钱的朋友复制一份价格不菲的计算机软件是道德的吗？或者，假设你是一位健身器材销售代表，只是为了得到奖金，你勉强本不需要或者无力支付的顾客购买产品是道德的吗？道德是判定决策和行为是对还是错的惯例和原则。考虑一下对正确和错误的各种不同的解释，就能明白道德是多么复杂的一个问题。但是，创业者在对其创业企业做出决策和采取行动时，道德因素确实在起作用。创业者需要了解这些决策和行动的道德后果。研究显示，与经理人相比，企业家通常具有更严格的道德标准，而且也能更好地按自己的理念生活。

（二）道德与道德管理

从广义上讲，道德就是以一种可接受的方式进行任何活动时，所需遵守的原则或参考标准。具体来说，道德就是判断好与坏、对与错的一套行为准则；另外，道德还包含道义责任。道德与法律不同，但二者之间既有区别也有联系。第一，法律要求有时会与道德标准重叠，但是并不是社会道德标准的复制。一些法律不具备道德内容（如靠右行驶），有的法律从道德上讲是不公正的（如美国 20 世纪 60 年代的种族隔离制度），同时，一些道德准则也不具备法律基础（如说谎）。第二，法律要求常常是消极的（禁止行为），而道德往往是积极的（鼓励行为）。第三，法律要求通常滞后于社会道德准则。

创业者面临着特殊的道德困境，包括利益冲突、个性特点、利益相关者的社会责任、开放程度等。利益冲突主要与前面关于道德和经济平衡的问题有关。它包括企图将个人从经营决策中分离出来的紧张状态。个性特点主要与人际关系和个人问题有关。在许多情况下，个人问题或个性人格往往会引发困境。利益相关者的社会责任涵盖了管理合理化的压力，强调了行为准则的重要性。开放程度表明创业者对于价值与期望的要求更加公开。在这些困境中，创业者面临着每天都要作出经营决策的挑战。许多决策是复杂的，并且需要道德上的考虑。

在新企业发展过程中，充满着无数的冲突，创业者需要对企业战略负道德责任。在强调道德问题的时候，创业者应该分析不同的组织特点。有关研究调查了道德标准、动机、目标、法律和战略定位，并运用这些特点来定义不同类型的管理方法：不道德的管理、非道德管理和道德管理。表 6-5 描述了不同道德准则类型的特点。在创业者提出任何战略之前，需要分析对于这些特点的反映以及他们自身的类型。

表 6-5　管理道德方法

组织特征	不道德管理	非道德管理	道德管理
道德规范	管理决策和管理行为与道德相左。决策与可接受的道德准则不协调。这表现出对道德的消极否定	管理与道德无关，决策不属于道德判断应用的范畴。管理活动超出道德规范的具体内容。反映出缺少道德认知与道德意识	管理活动与标准的道德正确行为相一致。管理者遵循可接受的职业标准。道德领导在管理中被大量运用
激励	自私：管理者只在意他自己或公司的收益	目的好但仍然自私：不考虑对其他人的影响	好的行为：管理在可行的道德标准的框架下取得成功（公正、公平以及正当的程序）

组织特征	不道德管理	非道德管理	道德管理
目标	以任何代价获得利润或组织成功	利润目标,没有考虑其他目标	在遵守法律与道德准则的前提下获得利润
法律倾向	为了实现期望必须扫除法律障碍	法律是道德的指导,更适合法律条文。主要问题是管理者的行为如何合法	遵守法律的要求和精髓。法律是道德行为的最低要求。管理者愿意在法律要求的基础上做得更好
策略	为公司的利益发现机会,走捷径	给管理者自由的管理权限。只有管理者愿意的时候才能应用个人道德。如果被发现或被要求,就按照法律的要求去做	有很好的道德标准。当道德困境出现时,采取领导行动。调动个人积极性普遍采用

资料来源: Archie B Carroll. In Search of the Moral Manager[J]. Business Horizons, 1987(3/4): 12.

为了使新企业健康发展,创业者应该制定专门的原则,以便帮助他们在企业成长过程中采取正确的步骤。下面是 4 条管理者的道德法则。

法则一:雇用最合适的人员。具有道德意识的员工是最好的保障。

法则二:建立标准,而不是规定。

法则三:不要孤立自己。管理者如果置身象牙塔,就可能失去市场竞争力。

法则四:要作出榜样,在任何时候都不犯道德错误。

尽管道德给创业者带来了复杂的挑战,但创业者的价值观对于建立一个道德化的组织非常关键。创业者在作出关键决策的时候都有机会展示诚实、正直和道德。创业者的行为对于所有其他员工来说都是一个榜样。

(三)企业社会责任及其承担

企业社会责任问题日益受到各国政府和民众的广泛关注。《中华人民共和国公司法》第五条明确要求,公司从事经营活动必须"承担社会责任",公司理应对其劳动者、债权人、供货商、消费者、公司所在地的居民、自然环境和资源、国家安全和社会的全面发展承担一定责任。《公司法》不仅将强化公司社会责任理念列入总则条款,而且在分则中设计了一套充分强化公司社会责任的具体制度。可见,企业社会责任在我国具有了法律地位。

企业社会责任(Corporate Social Responsibility,CSR)的概念已经广为接受,它是指企业在创造利润、对股东利益负责的同时,还要承担起对企业利益相关者的责任,保护其权益,以获得在经济、社会、环境等多个领域的可持续发展能力。利益相关者是指企业的员工、消费者、供应商、社区和政府等。企业得以可持续经营,仅仅考虑经济因素对股东负责是远远不够的,必须同时考虑到环境和社会因素,承担起相应的环境责任和社会责任。企业为什么要承担社会责任?缘于经济学、法理学和社会学三个方面。

在欧美发达国家,企业承担社会责任已经从当初以处理劳工冲突和环保问题为主要追求,上升到实施企业社会责任战略以提升企业国际竞争力的阶段。在实践上,随着企业社会责任运动的发展,越来越多的公司通过设立企业社会责任委员会或类似机构来专门处理企业社会责任事项,越来越多的企业公开发表社会责任报告。对于西方国家的创业者及其企业来说，承担企业社会责任就是要积极参与企业社会责任运动，贯彻执行由此衍生的 SA 8000 等各种企业社会责任国际标准。

在我国，强化企业的社会责任是一个紧迫的现实问题，是"入世"后中国企业提高国际竞争力面临的一项新的挑战。我国新企业在创建伊始就应清楚地认识到推行企业社会责任是人类文明进步的标志，劳工权益保护不仅是西方国家的要求，也是现代企业的历史使命，符合《中华人民共和国劳动法》等许多现行法规的要求。创业者应该在积极参与和关注企业社会责任运动和企业社会责任国际标准出台的同时，从以下几个方面着手提高承担企业社会责任的意识和能力：第一，制定实施体现企业社会责任的竞争战略。突破传统的企业竞争战略，在勇于承担企业社会责任的同时，打造企业新的竞争优势是我国新一代创业者的必然选择。第二，把企业社会责任建设融入企业文化建设中。企业文化建设其实是企业发展战略的一部分，企业文化建设既可以提高企业竞争能力，也可以使人在工作中体会生命的价值。把企业社会责任作为新时期企业文化整合和再造的重要内容，已成为国际企业文化发展的大趋势。第三，把社会责任的理念付诸于实实在在的行动。在企业的日常经营管理过程中，不仅要对股东负责，对员工负责，还要对客户、供应商负责，对自然环境负责，对社会经济的可持续发展负责。

构建新企业的合法性

 知识点 9：新企业获得社会认同的必要性和基本方式。

 知识点 10：新企业获得社会认同的基本方式。

 小测试

1. 新企业选址通常需要考虑哪些因素？
2. 如何提高企业承担社会责任的意识和能力？

第二节　新企业生存管理

 学习目的与要求

通过本节的学习，学生应达到如下要求：

1. 掌握新企业管理的独特性。
2. 了解针对新企业的管理重点与行为策略。
3. 了解创办新企业后可能遇到的风险类型及其应对策略。

学习要点

1. 新企业成立初期应以生存为首要目标；其特征是主要依靠自有资金创造自由现

金流，实行充分调动"所有的人做所有的事"的群体管理，以及"创业者亲自深入运作细节"。

2. 新企业成立初期易遭遇资金不足、制度不完善、因人设岗等问题。

3. 企业成长的推动力量可概括为创业者/团队、市场和组织资源三方面。

4. 新企业成长的管理需要：注重整合外部资源追求外部成长；管理好保持企业持续成长的人力资本；及时实现从创造资源到管好用好资源的转变；形成比较固定的企业价值观和文化氛围；注重用成长的方式解决成长过程中出现的问题；从过分追求速度转到突出企业的价值增加。

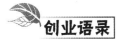

创业语录

成长是企业生存所必需的。

——彼得·德鲁克

大企业里的变化是小变化，小企业里的变化是大变化。

——威尔斯·怀特

一、新企业管理的特殊性

新企业成长和现有企业成长具有明显的不同。激烈的市场竞争使得已经建立一定竞争优势的强大的竞争者有利，它们已经树立了自己的优势，包括品牌、服务、渠道等。作为新入行的企业，只有打破原有竞争格局才能够扭转不利局面。在核心竞争能力尚未形成的时候，应该采用怎样的方式与对手周旋，争取生存机会，然后不断积累实力，加强自身的地位？

课堂活动3：案例讨论——迅雷公司起步

和学生一起讨论迅雷公司创业案例，从中分析、归纳新企业管理面临哪些特殊性问题。

2002 年迅雷的创始人程浩和邹胜龙开始共同创业时，选择的项目是电子邮件的分布式存储系统。当时电子邮箱开始收费，邮箱容量也越来越大。不过电子邮箱的存储市场并没有他们当初设想得那么大，两三个月后公司陷入困境，两人商量转型。程浩发现，门户、邮箱、搜索、即时通信、下载，其他的都有主流提供商，唯独下载没有，但对于大容量文件，例如电影、网络游戏有下载需求。于是程浩和邹胜龙决定研发迅雷软件。迅雷软件采用基于

新进入缺陷

网格原理的多资源超线程技术，下载速度奇快，但漏洞百出。为了产品能以最快的速度发布，程浩在研发过程中放弃了对产品各种细节的考究，只关注目标消费者最关心的特性。

为了让用户使用该软件，迅雷公司聘请专业营销人员每月花费两三万元进行市场推广，但使用者寥寥无几。2004 年年中，程浩通过朋友找到了金山软件公司的总裁雷军。此时迅雷公司没有名气，雷军只是给了他一次测试的机会。测试显示，迅雷软件的下载速度是其他下载工具的 20 倍。于是金山软件公司同意推荐其游戏用户使用迅雷软件免费下载其热门

游戏的客户端软件。在获得了金山软件公司的认同后，迅雷公司迅速和其他网络游戏厂商达成协议，新增用户量由每天不到 300 名用户增加到 1 万多户。半年多时间，迅雷公司拥有了 300 万名用户，95%由网游合作伙伴带来。有了可观的用户群后，迅雷公司很快通过广告、软件捆绑、无线、按效果付费的竞价排名广告等渠道获得了收支平衡。随即，迅雷公司也不断推出升级版本修正软件漏洞。

将讨论中形成的观点进行梳理，总结为以下内容。

与成熟公司不同，新创企业在创业初期的首要任务是在市场中生存下来，让消费者认识和接受自己的产品。

（一）以生存为首要目标

在创业期，企业的首要任务是从无到有，把产品或服务卖出去，掘到第一桶金，在市场上找到立足点，使自己生存下来。在创业阶段，生存是第一位的，一切围绕生存运作，一切危及生存的做法都应避免。

"别再跟我谈对新产品的构想，告诉我们你能推销出去多少现有的产品。"是这一时期的典型独白。重要的不在于想什么，而在于做什么，一切以结果为导向。企业里的大多数人，包括创业者在内，都要出去销售产品，这就是所谓"行动起来"。正因如此，企业往往缺乏明确的方针和制度，也没有严格的程序或预算，企业的决策高度集中，不存在授权，是创业者的独角戏。此时企业不清楚自己的能力和弱点，只是开足马力全速前进。

在创业期，企业是机会导向的，有机会就作出反应，而不是有计划、有组织、定位明确地开发利用自己所创造的机会。这使企业不是去左右环境而是被环境所左右，不是创造和驾驭机会而是被机会所驱使，这导致企业不可避免地犯很多错误，促使企业制定一套规章制度以明确该做什么而不该做什么。

从迅雷公司的例子中我们可以看到，迅雷公司为了能快速把握住转瞬即逝的商机，在下载技术漏洞百出的情况下仍然将其发布上市，利用其速度奇快的优势抓住先机；在没有名气无法打开市场的情况下，迅雷公司不再靠高额的经费推广产品，而是借助金山软件公司的名气找到更多用户。创业初期，迅雷公司创始人不得不采取各种拼凑行为挣扎求存。然而，如果程浩和邹胜龙继续推广漏洞百出的下载软件，顾客会逐渐认识到下载软件的弊端，不但难以拓展更广泛的市场，而且会形成"迅雷软件属于次品""迅雷公司属于低端企业"等印象。但是迅雷公司没有这样做，而是不断推出升级版本修正软件漏洞，让质量低的拼凑资源逐渐成为达到质量水平的标准资源，不断减少拼凑直到最终放弃拼凑行为，从而树立迅雷公司良好的企业形象，促进企业发展。

（二）依靠自有资金创造自由现金流

现金对企业来说就像是人的血液，企业可以承受暂时的亏损，但不能承受现金流的中断。所谓企业的自由现金流，就是不包括融资、不包括资本支出以及纳税和利息支出的经营活动的净现金流。自由现金流一旦出现赤字，企业将发生偿债危机，可能导致破产。自由现金流的大小直接反映企业的赚钱能力。它不仅是创业初期，也是成长阶段管理的重点，区别在于对创业初期的管理来说，由于融资条件苛刻，只能依靠自有资金运作来创造自由现金流，从而管理难度更大。创业初期的管理要求经理人必须千方百计增收节支、加速周转、控制发展节奏，像花自己的钱那样花企业的钱。

（三）所有的人做所有的事

新企业在初创时，尽管建立了正式的部门结构，但很少能按正式组织方式运作。通常是虽然有名义上的分工，但运作起来是哪里需要，就往哪里去。这种看似的"混乱"，实际是一种高度"有序"的状态。创业初期的企业很有人情味。相互之间都直呼其名，没有高低之分。每个人都清楚组织的目标和自己应当如何为组织目标作贡献，没有人计较得失，没有人计较越权或越级，相互之间只有角色的划分，没有职位的区别。这种在初创时期锻炼出来的团队领导能力，是经理人将来领导大企业高层管理班子的基础。

（四）创业者亲自深入运作细节

经历过创业初期的创业者大多有过这样的体验：曾经直接向顾客推销产品，亲自与供应商谈判折扣，亲自到车间里追踪顾客急需的订单，在库房里卸货、装车，跑银行、催账，策划新产品方案，制订工资计划，曾被经销商欺骗，遭受顾客当面训斥等。由于创业者对经营全过程的细节了如指掌，才使得生意越做越精。

随着企业的逐渐发展，创业者不可能再深入到企业的各个角落，去亲自贯彻自己的领导风格和哲学。授权和分权则成为必然，由于企业缺乏相应的控制制度，授权不可避免地转向分权，导致创业者对企业的失控，从而重新走向集权之路，这样反反复复，最终创业者必须由直觉型的感性管理转变为职业化的专业管理。

 知识点 11：新企业管理的特殊性。

二、企业生命周期及新企业成长的驱动因素

成长和发展是生命的永恒主题。就像任何一个生命一样，企业从诞生之初就有追求成长和发展的内在冲动。企业生命周期理论构成了经济学和管理学对企业成长问题最基本的假设之一。企业在成长过程中会经历若干发展阶段，每个阶段具有相应的特点和驱动因素，这要求企业在各个方面不断变革，与其发展阶段相适应。

（一）企业生命周期

生命周期是一种非常有用的工具，大多数生命周期理论认为企业一般要经历培育期、成长期、成熟期、衰退期几个阶段。然而，真实的情况要微妙得多，给那些真正理解这一过程的企业提供了更多的机会，同时也更好地对未来可能发生的危机进行规避。

（1）培育期。初创企业处于培育期。这个阶段企业生存能力弱，抵抗力很低，风险性高，很容易受到产业中原有企业的威胁。此时新创企业处于学习阶段。市场份额低，管理水平低，固定成本大，管理费用高，产品方向尚不稳定，企业波动较大，失败率也很高。这是一个由产品创意转变为实际的、有效的产品和服务的时期。新创企业具有创新精神，一般情况下产品具有特色和竞争力。初创企业成功与否，在很大程度上取决于创建初期的可行性分析，与市场预测和投资决策的关系很大。培育期重点需要解决企业的生存问题。

（2）成长期。在培育期生存下来的企业很快进入成长期，处于这一时期的企业称为成长企业。一般把成长期分为两个时期：迅速成长期和稳步成长期。在这一阶段，企业年龄和规模都在增长，企业全面成长，经济实力增强，市场份额逐步提高，竞争能力增大，已能在产业中立住脚跟，企业素质得到全面提高，创新能力也很强，企业已经形成了自己的配套产品。此阶段的主要特点在于，该企业在产业中已经成为"骨干企业"，是中型企业的延伸，但尚未发展为大企业。并不是所有中小企业都能进入稳定成长阶段。只有那些由优秀创业者领导、积极承担风险、开展创造性新事业活动的企业才有可能进入成长的快车道。

（3）成熟期。考察企业的演变史，能够发现进入成长期的企业本来为数不多，而能够成长为成熟企业并得以留存更是凤毛麟角，许多企业在成长过程中已经被淘汰。这一时期分为两个阶段，第一个阶段称为成熟前期，即骨干企业向大型或较大型企业的演变和发展时期，企业内部大多还是单一单位，但已建立起庞大的采购和销售组织，此时的企业前后延伸取得了原料采购和产品销售的控制权，企业经济效益很高，具有较强的生存能力；第二阶段称为成熟后期或蜕变期，是大企业向现代巨型公司或超级大企业演变的重要时期，此时已经走向内部单位的多元化和集团化，能够更有效地进行日常的产品流程的协调和未来资源的分配，从而促进了企业的低速持续成长，并造成了管理工作的职业化。此时企业会出现各种各样的问题，例如增长缓慢，效益下降，成本上升，士气受到影响，官僚主义加剧。

（4）衰退期。成熟期的企业如果未实现后期成熟化或蜕变演变，则进入衰退期。存在两种情况的衰退，一方面是受到产业寿命周期的影响，如果该产业已到了衰退期，自然影响到企业，使企业跟着衰退；另一方面可能是该企业患了衰退症。处于衰退期的企业大多是大企业，很容易患"大企业病"，主要表现在官职增多、官僚主义横行、本位主义、企业家精神泯灭、部门之间推诿责任、士气低落、满足现状、应变能力下降等。

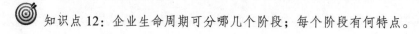 知识点 12：企业生命周期可分哪几个阶段；每个阶段有何特点。

（二）艾迪思企业生命周期模型

在众多企业生命周期模型中，美国学者艾迪思提出的阶段划分最为细致，在理论界和实践界有着广泛影响。如图 6-2 所示，他把企业生命周期划分为 12 个阶段，分别是孕育期、婴儿期、学步期、青春期、盛年期（盛年前期、盛年中期、盛年后期）、稳定期、贵族期、官僚化早期、官僚期、死亡期。盛年期之前是成长阶段，盛年期之后是老化阶段。

（1）孕育期：孕育期是先于企业出现的一个阶段，即梦想阶段。没有梦想，就不会有后来的企业。此阶段的本质，就是创业者确立自己的责任，并且一直伴随着创业者经历企业的全部生命周期。这种责任的形成标志，不是公司在形式上的成立，而是创业者的创意通过了利益相关人的检验，创业者和加盟人都树立起承担风险的责任心，风险越高，责任越大。同时，这种责任能够得到经理人、雇员、客户、供应商等利益相关者的支持。成功的企业不仅要有好的创意、市场和资金的支持，更需要那种把自己的全部热情和精力都能投入事业的人。创业者的责任心和凝聚力，决定着资源能否被积聚和充分利用。

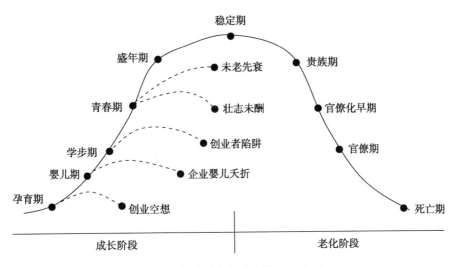

图 6-2　艾迪思企业生命周期示意图

如果创业者的动机仅是为了赚钱，这种急功近利的狭隘不能支撑建立真正的企业。真正的企业，在创业阶段必须要带一点超凡脱俗的动机，如满足市场需求、创造附加价值、增添生活意义等。创业的责任承诺在后来的兑现过程中，可能产生一些不正常的问题。创业者在激动状态下，会被迫或者自愿地作出一些不现实的承诺，常见的问题例如慷慨地给加盟者分配股份。在梦想阶段这种股份是不确定的，后来公司有了真正价值使这种股份权益变为现实时，创业者将会备受折磨。

（2）婴儿期：婴儿期不再有浪漫和梦想，而是实实在在的生存问题。这一阶段能否健康成长，取决于营运资金和创业者承诺的兑现，增加销售量成为头等大事。此时的正常问题是化解产品与扩大销售的矛盾，这将会使企业筋疲力尽。羽翼未丰的企业处处都需要资金，空想清谈不再有用，需要的是行动和销售。这时候必须稳定产品，核定价格，支持销售。但此时企业管理不到位，创业者忙得只能解决最紧急的事，没有明确的制度，缺乏必要的程序，预算相当有限，不足以建立庞大的团队。创业者只能高度集权，过度承诺，安排日程过满，加班加点工作，从领导到员工都在忙，没有等级之分，没有考核。家庭式的小本经营企业都很脆弱，一不留神小问题就会变成危机，所以，全部人员都全神贯注，决策权高度集中，领导者事必躬亲，只有那种每天工作十几个小时以上而且星期天可以加班的人才能胜任。

导致婴儿期企业夭折的第一个因素就是现金流断裂。婴儿期的企业总是投资不足，为了避免耗尽企业的流动资金，必须要有现实的商业计划。一旦出现把短期贷款用于长线投资、不恰当的价格打折、将股份转让给不能同舟共济的风险投资家等失误，就会严重到足以毁灭公司。导致企业夭折的第二个因素是创业者失去控制权或者丧失责任心。缺乏规章制度，为了获取现金而采取权宜之计的坏习惯，尤其是为了保证资金链而引进了只求快速收回投资的控股者，会让创业者渐渐丧失企业的控制权；当追求事业的热情变成了不堪重负的压力之后，特别是在外来投资者不当干预下企业背离了创业者的初衷时，创业者可能会放弃自己的责任。在婴儿期企业中，独断专行的领导风格几乎是不可避免的，这样才能适时处理危机。但这种风格如果不适当地长期持续，就会在下一个阶段阻碍企业发展。

（3）学步期：当公司运转起来，产品和服务得到市场认可的时候，企业就进入了学步期。这一阶段现金流增加，销售提高，就会出现"初生牛犊不怕虎"的自大，最常见的问题就是摊子铺得过大，任何机会都要考虑，任何好处都舍不得丢弃，卷入太多相干和不相干的生意，精力不能集中，多元化遍地开花。公司就像是一个微型的企业集团，一个小部门甚至一两个人就想要撑起一个"事业部"。创业者独断专行，虽然造就了婴儿期的成功，却隐含着学步期的管理危机。老板们沉醉于眼前的成功，相信自己的天赋，充满不成熟的疯狂想法、那些促销的折扣与奖励，使销售额直线上升却没有利润，甚至销得越多赔得越多。

尽管快速增长表面上是好的，然而让销售额直线上涨是危险的，把资金流寄托于未知的市场份额更危险。此时企业应该夯实基础，稳扎稳打，关注预算、组织结构、分工、职责、激励机制等基本制度建设，学会自律，学会放弃。但是，经营现实中这种企业常常经历一连串的决策失误，碰了钉子才会有些许清醒。所以，学步期实际上是频繁的试错阶段。

（4）青春期：这是摆脱创业者的影响进入经理人治理的阶段，也称为再生阶段，即脱离父母监护的独立阶段，这是一个痛苦的过程。即使创业者本人转变为职业经理人，其中的冲突、摩擦也在所难免。规章制度的建立和授权是青春期企业的必经之路。婴儿期大权独揽不存在问题，到青春期则必须授权，就像父母对长大的孩子必须放手一样。一旦引入职业经理人，就会发生管理风格的变革和企业文化的转化。对于创业者来说，婴儿期需要冒险，学步期需要远见，而青春期需要的是规范经营。职业化、减少直觉决策、驾驭机会而不是被机会驱使、创建制度、形成责任体系、改变薪酬规定等，都会成为冲突之源。创业者、创业元老与新经理矛盾冲突不断。青春期的麻烦，实质上是经营目标的转变，由盲目扩大市场份额转向明确追求利润。如果经理人与董事会结成同盟，挤走富有开拓精神却在不断破坏制度的创业者，病态的结果是企业未老先衰，有了"数字化管理"却失去了前瞻眼光，有了组织纪律性却失去了朝气活力，最终会丧失盛年期的收获而直接进入贵族期。完成青春期转变的要害，是创业者与经理人之间的理解、信任与合作。

（5）盛年期：这是灵活性和控制力达到平衡状态的阶段，这是企业蒸蒸日上的时期。此时企业经过了青春期的痛苦，实现了领导机制的转变，建立了有效的管理制度体系，梦想和价值观得以实现，合适的权力结构平衡了创造力和控制力的关系。企业明白它要什么不要什么，关注点可以兼顾顾客和雇员，销售和利润能够同时增长，它能预测到即将取得的成效。这时的企业已经成为能够共享某些功能的利润中心组合体，规模经济和显著效益可以让公司多产起来，能够分化和衍生出新的婴儿期企业，也能够扩展到新的事业领域，有了相互尊重和信任的企业文化，可以促进企业的内部整合和团结。

当然，盛年期的企业也有问题。虽然婴儿期、学步期、青春期出现过的问题，有可能在盛年期还会出现，但鼎盛状态下要想持续发展，解决管理人员的培训不足、训练有素的员工不够等问题会上升到首要位置。此时已经进入公司发展有预见、可控制并具有资金基础的阶段，所以关键的难题是如何以高素质人员来保持兴盛状态。

（6）稳定期：稳定期是企业的转折点，虽然一切欣欣向荣，但是越来越循规蹈矩安于现状，保守处事。决策的隐含准则是保护自己的利益而非公司利益。高管层虽然也能倾听建议，却不会探索新的领域。琐碎的事实、大量的数据和精密的公式在决策中满天飞。稳定期的表象是企业遇到了增长瓶颈，实际上是发展曲线到了顶点。公司有时也会出现新的构想，但没有了当年的那种兴奋和刺激。典型的表现就是对财务部门的重视超过了对营销部门和研发部门的重视，对改善人际关系的兴趣超过了对冒险创新的兴趣，对昔日辉煌的津津乐道超过了对发展愿景和新战略定位的探索，在用人上更乐意用唯唯诺诺者而不愿再见到桀骜不驯者。表面上，这一阶段没有大毛病，高管层更多地会误以为这就是盛年期，但衰败的种子正在悄悄发芽。

（7）贵族期、官僚化早期和官僚期：代表着公司越来越走下坡路。这个阶段的企业不再有真正的长期目标和事业追求，只是为了维持面子而热衷于短期获利和低风险目标。人们为了维护自己的利益而争斗，强调别人造成了灾难，总要有人为错误承担责任，内讧和中伤不断，大家都在争夺企业内部地盘，无人理睬客户需求，那些平时看着不顺眼的员工（正是这些人往往保存着一些创造力）就变成了牺牲品。有创造力的人，在官僚化内讧中往往不是那些擅长权位者的对手；试图推行变革、扭转官僚化趋势的人，其努力不但无济于事，而且还往往会搭上自己的职业前程，最后不得不走人。官僚化的结局是企业濒临破产，靠企业自身的努力已经无力回天，到处充斥着制度、表格、程序、规章，就是看不到真正的经营活动。企业最终的命运就是走向死亡。

艾迪思对企业生命周期的概括，为研究管理打开了一个新的视窗。必须注意的是，企业所处的生命阶段，不以时间长短来确定，也不以规模大小为前提。就时间来说，有不少百年老店依然"年轻"，也有不少刚刚建立的企业已经"老态龙钟"；就规模来说，有些世界排名领先的巨型企业依然生机盎然，而有些小型企业已经被送进了重症监护室。判断企业年龄的尺度，是灵活性和控制力的消长情况。

 知识点 13：艾迪思的企业生命周期模型。

（三）新企业成长驱动因素

企业度过创业期后，随着产品和服务逐步被市场和消费者所认可，销售收入不断增加，规模不断扩张，出现了非常强烈的成长冲动。从内部看，这一方面因为企业追求更多的利润；另一方面创业者渴望权力，都促进了企业成长。从外部看，市场对产品产生需求，技术要求扩大规模，或者某项新发明创造出新市场也都可能促进企业成长。因此，企业成长的推动力量可概括为企业家、产业与市场以及组织资源三方面。

1. 企业家的成长欲望和能力

企业家具有强烈的成长欲望和对工作充满激情、勇于向环境挑战的能力以及识别和把握机会的能力。正是这些能力使得企业家能够把经济资源从生产率较低、产量较小的领域转到生产率较高、产量更大的领域。这些能力是企业实现快速成长最关键和最基本的因素。

在《经济发展理论》一书中，约瑟夫·熊彼特（Joseph Schumpeter）用近乎一章的篇幅来阐述创业者的特征："创造私人王国的梦想和意愿……征服欲望：战斗的渴望、证明自己更强的渴望、成功的追求，并非局限于胜利果实，而在于成功本身……享受创造某事务或仅仅是释放自身精力和天分的乐趣。"

企业家具有高的成长欲望，所以在产品投入市场赢得了一定的利润后，企业家一般不以达到个人满意的生活水平和享受利润所带来的好处为目标，而是利用利润进行再投资以期成为向所在行业的大企业挑战的高速发展企业。企业通过向主要顾客销售大量产品而与顾客一道成长，通过改变顾客和产品进一步扩大销售额，及时地通过建立分支机构实现成长。在企业开拓市场过程中，需要大量的资金，企业家为了实现快速成长，愿意通过出售股份融资，这为进一步扩张奠定了基础。企业家的工作激情使企业家在实现企业目标时更加坚决、乐观和持之以恒，这不仅深深激发了员工的工作热情，而且使其他企业认为不能实现的事情在企业家型中小企业得以实现。

企业家勇于向环境挑战而不是被动地适应环境，他们面对激烈动荡的环境，更加关注的是机遇而不是威胁。企业家有做事情的责任和主动权，企业家有责任感，不是让情况决定他们的行动，而是更多地为改变他们的情况而行动。企业家擅长识别和追求机会的能力使企业具有创新的优势，创新使企业能够赢得快速成长的机会。企业家能非常快地将识别到的机会付诸实践，企业家对其将要进入的领域非常了解，他们能够找到发展的模式，他们也有信心找到实现模式所缺的资源。从观察来看，创新的成功与资源的投入规模没有关系。通常，企业家利用最低或最有限的资源追求机会。斯迪文森（Howard H. Stevenson）认为企业家所追求到的机会超过他们所控制的有限资源的这种能力是企业家能力之一。

2. 产业与市场因素

进入威胁、替代威胁、买方竞价力、供方竞价力和行业内企业间的竞争这五种作用力共同决定产业竞争的强度以及产业利润率。企业在快速成长的最初阶段，其产品往往处于产品生命周期的导入期和成长期，进入威胁和替代威胁较小，行业中的其他小企业由于缺乏创新精神、一味地被动适应环境，信息相对闭塞，资源相对匮乏，往往对新的业务视而不见。此时，行业内部大企业总是因为市场"太小"而拒绝开发新涌现业务的产品和服务，所以，新的企业可赢得稳固的市场地位。当然，这也是中小企业之所以存在的基础之一。无疑，竞争对手较少，良好的市场情况为企业实现销售额快速增加创造了机会。新产品具有良好的吸引顾客的潜力，虽然最初顾客对新产品不了解，但企业对于区域市场比较熟悉，往往易于打开局面。在巨大的市场需求的牵引下，企业的主要任务是进行批量生产，不必投入过多的市场开发费用，产品的价格相对较高，能够获取高利润，企业自身的规模相对较小，易于实现超速成长。

3. 组织资源

在一定程度上，成长欲望的实现取决于企业所控制和能够利用的资源。在这里，组织资源被广义定义为员工、财务资源、无形资产、厂房设备、技术能力、组织结构。组织资源决定支持组织成长的能力，如果组织不拥有支持成长战略所需的资源，即使企业家的成长欲望很高，实现的销售额也可能很低。员工、集权的组织结构、财务资源和技术资源对企业的快速成长起着积极的促进作用。例如，在财务资源方面，企业产品的销售价格相对较高，利润较高，在一定程度上能够支持成长所需的资金。此外，银行看好企业的发展前景，愿意提供贷款，具有高成长欲望的企业家愿意通过出售股份融资，赢得更多的资金，适应企业的扩张。这些资金来源能够支持企业成长所需的资金高投入。

 知识点 14：新企业成长的驱动因素。

1. 新企业成立初期的首要目标是什么？
2. 新企业成立初期有哪些管理特征？
3. 专精特新是否应该成为新企业的发展方向？为什么？

三、新创企业容易遇到的管理问题

课堂活动4：新创企业的正常和不正常现象

《企业生命周期》的作者爱迪思总结了新创企业初期成长过程中的一些正常和不正常的现象，以下选取了孕育期、婴儿期、青春期三个阶段，讨论分析这三个阶段正常与不正常现象产生的原因，以便进一步了解新创企业的特点。

孕育期：

正常现象	不正常现象
兴奋，创业构想经现实模拟测试	未经现实模拟测试
创办人的承诺坚定务实	创办人的承诺不够坚定务实
承诺与风险相当	承诺与风险不相适应
产品导向，坚信应有的附加价值	利润导向，只考虑投资报酬
创办人维持对企业的控制	创办人对企业的控制力受到威胁

婴儿期：

正常现象	不正常现象
承诺不会在碰到困难时消失	承诺在遭遇困难时消失
现金支出短期大于收入	现金支出长期大于收入
辛勤工作进而激发工作意愿	丧失努力的目标与意愿
缺乏管理深度	过早授权
缺乏制度	过早制定规划、制度和流程
缺乏授权	创业者丧失控制权
"独角戏"，但愿意听取不同意见	刚愎自用，不听取意见
出差错	不容忍出差错
家庭支持	缺乏家庭支持
外部支持	由于外部干预而使创业者产生疏远感

青春期:

正常现象	不正常现象
合伙人或决策者间冲突、管理型与创业型经理人之间冲突	回到学步期，或落入创办人陷阱
暂时性丧失远景	创业型经理人离开，管理型经理人掌权
创办人肯配合公司需求	创办人被排挤出去
奖惩制度不够完美	公司亏损，员工却领奖金
权力时放时收	例行事务在权力转移中瘫痪
决策无法落实	失去互信与互重
董事会权力增加	董事会排挤创业型经理

在企业初创阶段，由于往往是瞄准某一市场空白点，如果推销工作做得好，企业的成长性往往很好，投资回报率相对于其他阶段要高出许多，企业销售收入能够获得快速增长。由于已有资源不多，企业觉得承担风险的代价不大，勇于冒险，创业者充满了探索精神；创业者充满对未来的期望，往往能够容忍暂时的失误，因此这一时期的创业者对未来的期望值大于已有成就，内部结构简单，办事效率较高等，都是创业初期的典型优势。但也正因为以上优势，当企业由小到大快速成长之后，随着人员的膨胀、市场的扩展等，一些管理问题随之而来。

（一）资金不足

低估对现金和经营资金的需要是较普遍的现象，这源于创业初期创业者典型的热情心态。对于确定所要承担的义务而言，热情起到一定作用，不可或缺，而对资金需要的客观看法与这种富于幻想的热情不相容。这种倾向实际上就是把成功的目标定得很高，而低估了对资金的需求。并且，企业的产品销量越大，出现资金不足问题的可能性就越大。一个企业的平均年销售增长若超过 35%，企业的自有资金一般就不足以支撑这种增长，此时就难免遇到资金周转的困难。

为获得资金，企业常常犯一些基本的错误，如把短期贷款用于较长时间才能产生效益的投资项目；开始用折扣刺激现金流的产生，有时折扣太大以至于不足以弥补变动成本，结果是卖得越多、亏得越大；把股份转让给对"事业"毫无怜悯心的风险资本家等。

创业者应该逐渐重视企业的现金流量、贷款结构和融资成本等，必须要有符合实际的经营计划，而且要以"周"为单位来监控现金流量。记账的重点是现金流量，权责发生制会计虽有利于纳税和盈利分析，但对于及时监控企业生存不见得有利。严格监控应收账目周转率和存贷周转率也是防止经营资金不必要增加的基本手段。

（二）制度不完善

创业初期，企业要不断面对意外出现的各种问题，如顾客投诉、供货商令人不满、银行不愿贷款、工人"磨洋工"等。由于没有先例、规章、政策或经验可资借鉴，这就产生了企业的行动导向和机会驱动，这也意味着给规章制度和企业政策所留的空间很小。此时的企业正在试验、探寻成功的含义。一旦把成功的内涵搞清楚了，就会通过制定规章制度和政策来保证今后能取得同样的成功。这一阶段制定规章制度和政策有可能扼杀满足顾客需求的机会。但缺乏规章和政策，为了获取现金而过于灵活、采取权宜之计，又会使企业养成"坏习惯"。习惯成自然，而且这种习惯会持续到未来，对将来造成影响。

对于初创期的企业而言，这类坏习惯的代价不高、收益不小。随着企业员工和客户的增加，坏习惯的价值下降了，代价却直线上升。这样的例子比比皆是。例如，为争取到订单，企业会千方百计去满足客户的需要，但随后可能造成创业者对企业失控。在这种情况下，签订风险很高的大宗合同之后，结果可能是巨大的损失。

没有规章和政策，企业的管理就会混乱。虽然这对初创期的企业而言是正常的，却使企业非常脆弱、易受挫折，问题常常演变成危机，这种状况把管理人员变成了"消防队员"。公司的管理也就只能是由危机到危机的"救火"管理。

（三）因人设岗

初创期的企业，人们所承担的责任和义务是重叠交叉的。例如，总经理可能既管采购，又管销售，还兼管设计；销售人员可能要承担一部分采买工作；会计人员有时又是办公室主任。这时的企业是围绕人来组织，而不是围绕工作本身进行组织。企业是按照缺乏规划的方式在成长，它只是对各种机会作出反应，而不是有计划、有组织、定位明确地去开发利用自己所创造的未来机会。

增长的"痛苦"

对于初创期的企业而言，事事优先是正常问题，当企业不断成长，不可避免地犯了一些错误之后，就逐渐学会了哪些事不能去做。这是一个不断试错的学习过程，当初创期的企业出现了大的失误，如损失了市场份额、失去了大的客户或赔了一大笔钱时，企业就被推入了下一个生命阶段。

艾迪思认为，企业初创期成就越大，自满程度越高，所出现的危机就越大，推动企业变革的作用力也就相应的越大。此时企业终会认识到，自己需要一整套规章制度来明确该做与不该做的事情。规章制度的完善表明企业强调管理子系统的急迫性，这时企业过渡到下一个发展阶段。如果没有出现这种强调管理制度的情况，企业就会陷入被称为"创业者陷阱"或是"家族陷阱"的病态发展之中。

 知识点 15：新创企业的管理重点。

四、新企业成长管理的技巧与策略

新创企业成立之初往往都是白手起家。尽管从规模、资金、员工人数等数量指标能够区分小企业和大企业，但这些指标并不能够从本质上揭示两者之间的区别，关键差异在于计划性、创新能力、控制系统和竞争优势来源。

新创企业通常缺乏制订计划的能力，也不存在大量数据资料作为决策参考。因此，小企业往往没有像大公司一样的长远计划。但小企业经营者为了提高企业生命力，可能更加关注市场变化，更加贴近顾客，更加注重短期的快速反应能力和适应外部动荡不定的商业环境。

一般意义上往往认为，大企业具备创新所需的资金和人才，因此创新能力较强。但实践及相关数据表明，由于时滞等问题的困扰，大企业的创新能力往往落后于小企业。相反，小企业的创新效果较好，它们最新科研成果实现产业化的周期明显比大公司要短。

小企业把绩效作为工作的唯一标准，产品出现偏差时及时纠正，员工安排出现漏洞时适时调整，无论对外部市场还是内部管理，都能够拥有较强的控制能力。大企业由于组织机构复杂、等级层次多，从而影响到信息传递速度和决策效率，经常会出现控制能力的削弱。

大企业竞争优势主要体现在两个方面：一是大批量生产领域，此时竞争优势与规模经济有关；二是多种大批量生产业务的联合，此时竞争优势与范围经济有关。而小企业一般会拥有大公司无可比拟的灵活性和专业化优势，灵活性保证了小企业决策迅速，船小好掉头；而专业化程度表现为小企业的经营领域往往是某些利基市场，如规模较小的服饰配件或小家电，或某种专用设备、零部件、添加剂等专业化产品。

由此看来，小企业并不是规模小的大企业，简单地把大企业成功的管理经验应用于小企业，未必就能保证小企业经营获得成功。

（一）创业初期的职能管理

1. 创业初期的营销管理

有别于成熟企业，创业初期新企业拥有的资源极其有限，往往市场份额很小，地理分布也十分狭小，难以形成规模经济。新企业急切需要将企业创造的产品或服务出售，获得收入，如此才能体现企业的价值，同时也对企业进一步的成长奠定基础。卖出产品，换回收入，即销售是此时最重要的任务。创业初期的销售有时甚至是不赚钱的，为了吸引顾客从消费其他公司的产品和服务转移到自己的产品和服务上，即使不赚钱甚至赔钱也卖。所以创业初期的销售收入增长很快，但由于成本增加更快，加上价格往往在成本附近，所以出现销量很大却没有利润的困境。随着企业逐渐成熟，对已有的销售行为进行规范，对客户进行筛选和细化管理，对产品售前、售中、售后整个过程进行监控，整合所有销售相关的资源，把销售工作当成经营来做，逐步使销售收入与利润实现同步增长。

从创业的第一天开始，创业者必须不停地思考以下问题：谁是我们的顾客？我们通过什么方式吸引顾客？顾客为什么选择我们的产品而不是竞争对手的产品？考虑到有限的资源，创业者必须寻找到一个足够有吸引力和差异化的市场，发挥自己独特的优势，拓展足够的成长空间，从而在激烈的竞争中站稳脚跟。

在目标市场中找到独特的价值定位非常关键。市场定位并不是仅仅从产品出发寻找差异，而是在目标顾客心中建立自己和竞争对手的区别，使得本企业和其他企业严格区别开来。价值曲线是一种非常有效的市场定位工具，其核心在于为顾客和企业创造价值飞跃，由此开创无人竞争的价值蓝海。使用价值曲线进行市场定位，必须回答以下几个问题：哪些是目标顾客最关心的因素？哪些是行业公认的想当然的因素，但目标顾客其实并不关心？哪些因素并不是顾客关心的重点？哪些因素是目标顾客关心但目前该行业并未能提供的？

拓展阅读

中星微电子公司的创业定位

1999 年，邓中翰决定回国组建中国本土的芯片设计公司。从创立伊始，中星微电子公司的决策层就清醒地意识到，产品研发并不是单纯地填补技术空白，而是要填补市场空白；研发定位不是纯粹的科学研究，而是旨在适应市场需求实现大规模产业化，这是当前中国芯片设计产业的迫切需求。中星微电子公司的产品定位成功避开了 CPU 和存储芯片等主流市场的激烈竞争，面向未来广阔的多媒体应用领域。在选定了市场方向之后，中星微电子公司展开技术攻关，在一年多的时间内成功推出国内首枚具备自主知识产权、百万门超大规模数字多媒体芯片"星光一号"，并迅速占领了数码影像市场。目前"星光"系列数字多媒体芯片销售已经覆盖了欧、美、日、韩等 16 个国家和地区，产品客户囊括了三星、惠普、飞利浦、富士通、罗技、联想等大批国内外知名企业，在 PC 图像输入芯片领域占据了全球 60%的市场份额，牢牢占据着市场领导者的地位。

2. 创业初期的人力资源管理

创业初期人力资源管理的主要特点体现在，由于企业规模小，组织结构层次简单，决策权在主要创业者手中，决策过程简单，只要经营班子制订出可行性方案，就可迅速执行；决策与执行环节少，使得决策集中高效，执行快速有力，对于市场变化能够迅速作出反应；创业初期的企业人财物、产供销、机构设置、生产方式、经营形式、利益分配、规章制度以及人员使用都由企业自主决定，机构精简、决策自主、反应灵敏、工作效率高，尤其是在用人机制上，创业企业有充分的用人自主权，能够吸引大批的人才加盟。

创业型人才和创业型企业有勇气和信心，有冲劲，但缺乏经验。往往是创业前什么事都好办，创业时什么事都难办，创业后什么事都怕不好。创业型人才一般年轻人居多，处事不够稳重，欠考虑，在创业初期热情高涨，情绪很能影响合伙人。他们考虑最多的是如何多拉业务、如何扩大业务圈、如何尽快提升销量、如何多进账。于是他们把更多的精力放在跑业务上，放在"利"上，忽视了企业内部管理，如销售管理、生产管理、技术管理、采购管理、财务管理、后勤管理等，特别忽视了人员管理的重要性。

初创企业一般都是中小企业，人员配置少、身兼数职，所以不能忽视每一个人对企业的影响力。创业者不能把做企业想象得过于简单，更不能忽视人员管理。每个企业都离不开员工在其中发挥的作用，企业管理人员与基层人员决定了企业的方方面面。人安定，则企业安定；人复杂，则企业复杂。管理好人是企业第一要素，而人又是最复杂的动物，如果不加以管理，往往容易失控，甚至会波及身边人或更多人。一个小企业中，一个员工的情绪常常会不同程度地影响集体情绪甚至整个公司的情绪，不良情绪的出现往往会妨碍工作、扰乱管理，在一定程度上加速了不成熟公司的瓦解。

3. 创业初期其他职能管理

创业初期的系统相对集权，有可能使子系统之间严重失衡，缺乏计划和控制系统下高度的灵活性，没有实施专业化管理的土壤，如果各个部门之间的协调不好会降低工作效率。在计划方面，创业初期的企业应更多注重对市场机会的开发、把握，以现有可以利用的市场机会确定经营方向，包括远景目标（3～20年）和实现远景目标的战略（1～3年）；在领导方面，可通过与所有能互相合作和提供帮助的人们进行有效的沟通交流，并提供有力的激励和鼓舞，率领大众朝着某个共同方向前进；在控制方面，初创期企业应尽量减少计划执行中的偏差，确保主要绩效指标的实现。

总之，对创业初期的职能管理而言，没有规范化的管理方式，只有经过大量的实践后，才能结合企业实际情况，形成符合自身特点的管理风格。用人来定制度，然后再用制度来管理人，企业秩序的实现主要靠人员的主动性和自觉性，即以"人治"为主。

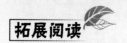

联邦快递的创业愿景

联邦快递成立于1971年，创始人史密斯当时27岁。创业的前五年诸事不顺，公司累计亏损3 000万美元，史密斯被银行控告诈欺背信，被家人控告侵占，他的CEO职位被投资机构派代表取代。但史密斯坚持创业愿景，以极大的热忱凝聚员工同甘共苦的共识，以诚恳态度与极大耐性与投资人沟通，化解一波又一波的危机，终于成就伟大的事业，并实现快递业"隔夜送到"的典范经营模式。

许多探讨联邦快递的个案，大多指出转运中心式（Hub-and-Spokes System）的创新经营模式以及史密斯的领导风格，是联邦快递创业成功的关键因素。史密斯在耶鲁大学二年级时的一份期末报告中，就提出了这种将货物集中于转运中心后再出货的经营构想。不过他的教授却告诉他"这个构想虽然很具创意，但因为不可行，所以只能给C级以下的成绩"。他的教授在评语中还指出，一份好的创业构想的先决条件是"必须可行"。当时所有的快递业者都认为运转中心的构想是不可行的，因为不符合经济效益，同时顾客也无"隔夜送到"的强烈需求。史密斯相信顾客会欢迎这样的服务产品，并且未来快递市场竞争的关键必然在于速度。采用转运中心营运模式的一个主要困难，就是需要相当的经济规模，这意味着巨大的投资。而且初期市场需求并不明显，当时法令限制航空货运的载货量规模，也意味着史密斯所要面对的创业投资风险将非常高。

史密斯的成功之处在于他勇于利用理性分析与坚强的毅力，来降低创业风险。他委托研究机构替他验证转运中心营运模式的可行性，并且用这些事实数据以及他个人极大的热情，说服投资者提供资金，最后筹措到5 200万美元的创业资金。

刚开始创业的第一个月就产生440万美元亏损，但这丝毫不影响史密斯对于创业愿景的信心。他还将自己家族企业的股票全部抵押借贷，这种坚持信念是转运中心营运模式得以实现的关键因素。由于史密斯的坚持，以及转运中心模式改变航空货运业的营运方式，最后导致美国政府配合业界需求，修订《航空法》，解除对于空运业的限制。

创业不是一个人的行为，塑造愿景，沟通与宣扬愿景，说服他人共同追随愿景，是创业领导人的重要职责。联邦快递的成功故事带给创业者最重要的启示是，伟大的创业构想并不难产生，但实现创业构想需要一位能够塑造愿景、坚持信念，并且具有领导团队魄力的伟大领导者。

 知识点 16：新创企业的管理重点。

（二）为企业快速成长做好准备

企业成长是一个动态过程，是通过创新、变革和强化管理等手段积蓄、整合并促使资源增值进而追求企业持续发展的过程。企业成长包括"质"和"量"两个方面。企业成长的量，主要表现为企业经营资源的增加，即销售额、资产规模、利润等；企业成长的质，主要表现为变革与创新能力，是指经营资源的性质变化、结构的重组等，如企业创新能力、环境适应能力等方面。

Inc.500 企业描述

所谓成长型企业，是指在较长时期（如 5 年以上）内，具有持续挖掘未利用资源的能力，不同程度地表现出整体扩张的态势，未来发展预期良好的企业。一般情况下，人们将销售收入增长速度超过行业增长速度同时职工人数相对于创业初期有大幅度增加的企业界定为快速成长企业。

在一家公司的成长过程中，很难预料，快速成长的机会什么时候到来，但需要在企业内部做好成长准备。

1. 确定目标

在通用电气公司的战略规划中，首要的问题不是："什么市场有着最大的成长潜力？"而是："每一市场的最低成长限度是什么？我们能够赶得上它吗？哪个市场部分（即使在缓慢成长的市场中）为我们提供了最好的机会？"

企业的成长目标必须适当。企业需要把握能在风险和各种资源回报之间取得平衡的各种活动、产品和业务的组合。超过了平衡点，利润率的提高就会使风险大大增加；但低于平衡点，减小风险将会使生产率和利润率急剧下降，从而危及企业的市场地位。

2. 营造氛围

正因为 IBM 公司为成长做了多年的准备，它才能够在障碍一经消除以后立即开始成长。IBM 公司发展的事例表明，一家公司为了能够获得成长能力，就必须在它内部营造一种继续学习的气氛。它必须使得所有成员都愿意准备承担新的、不同的、更重大的责任，并把这看成理所当然的事。

3. 准备人才

创业者也可以从企业外部引进各类专家或专门人才。但是，从根本上说，成长必须是来自企业内部的，即使是通过兼并收购获得的成长也一样。而且，成长必须建立在公司的核心优势之上。

4. 做好财务规划

必须为建立一个更大的企业做好财务上的规划。否则，当公司开始成长时，公司会发现自己处于财务危机之中，并可能因此使成长遭到挫折。对于中小型企业，即使是规模不大的成长，也会很快就超过企业的财务基础，在人们一般很少注意的领域中提出财务上的要求，使得现有的资本结构安排不起作用。财务战略对成长至关重要，其重要性不亚于产品战略、技术战略和市场战略。

 知识点 17：新创企业管理行为策略。

1. 新企业成立初期易遭遇哪些管理问题？
2. 新企业成长的推动力有哪些？
3. 针对新企业有哪些管理行为策略？
4. 高质量发展是全面建设社会主义现代化国家的首要任务。高质量发展的内涵是什么？对新企业成长有什么指导意义？

五、新企业的风险控制与化解

创业过程需要承担一定的风险，包括负债、资源投入、新产品和新市场的引入以及关于新技术的投资。承担风险代表着把握机会。从财务角度看，可能的风险和预期报酬总是对应的，高报酬往往意味着高风险，当企业采用财务杠杆或投入资产以期获取高回报时，必须对项目的潜在风险保持高度警惕。德鲁克在《创新与企业家精神》一书中指出，成功的创业者不是盲目的风险承担者，他们采用各种方法降低风险。比如，通过调查、评估等降低不确定性，或者运用在其他领域内经过验证的方法和技术有效降低风险，加强竞争地位。

（一）新企业成长所面临的风险

企业成长面临的风险，源于环境的不确定性增加和复杂性增强。新创企业缺乏必要的资源、声誉、组织结构、管理和控制系统、企业文化等关键要素，随时挣扎在死亡边缘；同时新兴市场尚未形成明确的需求、稳定的供给、清晰的市场架构和制度（例如渠道、产品标准、行业组织、企业边界等）；新兴市场的创业活动面对双重不确定性，不仅需要考虑外部不完备的市场，还需要在高度资源约束下创建新企业并确保成长。

1. 不确定性对新企业的挑战

成熟企业采取市场细分—目标市场—市场定位（Segmentation-Targeting-Positioning）模式把握机会。管理者首先需要判断潜在市场，根据目标消费者特征区分成几个独立的细分市场并确定可能的购买力，再根据自身资源情况和预期回报率判断需要进入的市场，然后设计营销战略以占领该市场中尽可能大的份额。

然而，当创业者面临来自外部难以预测环境和内部目标模糊情境时，其创业过程是行动导向和互动成长的。创业者以三个初始条件为出发点：我是谁，拥有哪些特质、品位和独特能力；我了解什么，拥有哪些教育、训练、专长、经验和先前知识；我认识谁，拥有怎样的社会网络和专业网络。在此基础上，创业者判断自己能做什么，积极与熟人或偶然遇到的人互动,争取获得伙伴承诺并使资源不断扩张。最初市场是未知的,无法从市场调查开始,而是基于自己的人际网络,研究表明大部分创业者的第一个顾客是同事或亲戚朋友;通过最初的顾客向外扩展,可能有更多顾客加入,这样逐渐显现一个局部市场。在此基础上市场逐渐扩大,可以通过战略合作,也可以通过其他手段局部累积最终创造出一个新市场。

台湾政治大学科技管理研究所网站上的一篇文章指出,传统产业针对的产品市场生命周期是一个漂亮的钟形曲线(图 6-3),传统的企业管理追求纵向功能性管理,事事讲求如何增加效率与效益、降低成本。然而,在知识经济时代,产品市场的生命周期缩短,重点讲求如何快速进入和退出市场,迅速推出升级产品,竞争的关键转向产品生命周期的前端,新事业、新产品策略包括研发管理、创新管理、知识产权管理等应该成为企业管理的重点①。

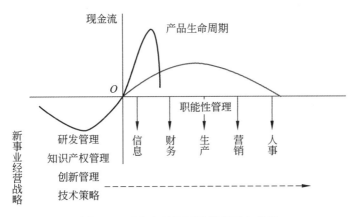

图 6-3　不确定环境下的管理重心前移

传统的企业管理理论强调要开展周密的市场调查和预测,要制订合乎逻辑的、严谨的经营计划等,从某种意义上说这只适用于那些拥有确定产品和市场的大公司。80%以上的创业者没有能力也不可能这样做,他们一旦有创业想法,往往在短期内开展创业活动,他们要迅速把握机会。如果一切都论证清楚后,把资源都整合齐备了,机会也就没有了。现实世界中,风险和不确定性时时存在并且不可避免,创业初期的企业必须重视这种挑战。

奏效逻辑

爱文·杜迪克(Evan Dudik)认为在相对稳定的经营环境中,可持续竞争优势是可能获取的,但在动态复杂的不确定环境下,可持续竞争优势只是一种建议的理想状态,是企业非常渴望达到却极少能够实现的状态。他建议以"机会创造与利用"(Opportunity Creation and Exploitation)的概念替代可持续竞争优势的概念,这是一种组织上和心理上的应对状态,是追求成功战略假设的心理框架,是资源分配的试金石②。机会创造与利用包括四个连续不断的阶段:机会创造与发现;机会识别、突破和利用;机会整合;机会分解与循环。

---

① http://tim.nccu.edu.tw/new91/different.htm.
② 爱文·杜迪克. 战略创新——形成创造性战略的革新思想和工具[M]. 王德忠,译. 北京:机械工业出版社,2003.

如果把杜迪克的机会创造与利用概念和约翰·萨瑟兰（John Sutherland）的经营环境分类结合起来，就会看到在不确定的环境中，四个阶段都有很大的变化，对企业的新事业发展以及新创企业的管理都有很好的借鉴作用（表 6-6）。

表 6-6　不同经营环境下的机会创造与利用

项目	确定性环境	低可变性环境	高可变性环境	不确定性环境
机会创造与发现	有唯一正确选择，采用持续竞争优势概念	战略假设具有少数几种变化	需要非常多样化的多种假设	大量的假设，检验与产品推出阶段几乎不可区分
机会识别、突破与利用	对唯一正确选择进行大量投资	以若干方法进行适度投资	巩固明显成功	迅速放弃失败的方法
机会整合	设立障碍，利用类似垄断的条件	巩固成功，但不进行长期资源投入	通过检验尽力转向低可变性，保持资产的可移动性	此阶段被精减，在利用阶段已获得收益
机会分解与循环	逐渐、系统地撤出资源，转移到相关或类似业务	当检验发现投资收益率可能下降时开始进行分解	随时迅速组织，重新部署资产	在利用阶段的顶峰开始进行分解

资料来源：爱文·杜迪克. 战略创新——形成创造性战略的革新思想和工具[M]. 王德忠，译. 北京：机械工业出版社，2003.

可见，在不确定性经营环境中，在初始条件和可能结果之间存在许多可能，也就是存在着无数的战略假设，因此初创企业成功的关键在于迅速放弃失败的方法，有效缩减产品开发的传统阶段，如产品的市场检验和产品推出同时进行，以有效地利用机会。在旧的机会的利用顶端就开始进行另一次机会的发掘工作，而不是等到已有机会的完全发掘。

2. 企业快速成长导致复杂性

初期的企业快速成长往往给企业家在工作和家庭等多方面带来变化。对 Inc.500 的企业家调查发现，近 90%的企业家感受到快速成长所带来的变化。当问到"出现快速成长后企业最需要什么？"33%的企业家回答需要更多的员工，27%回答需要更多的钱，21%回答需要更好的经营组织和内部程序，10%回答需要有经验的管理人员，7%回答需要更大的场地，3%回答需要寻求建议[1]。总之，伴随着企业快速成长，企业家首先面对的是内外部环境的复杂性。

企业快速成长显然会使顾客和竞争对手数量增加，会吸引各种组织（包括管制机构）的注意力，同时也需要获取更多的资源，企业内部的管理工作似乎"突然间"变得多而且杂乱，起初创业者（往往也是经营者）会加大时间投入以"救火"，但终会因为精力和能力的限制而不得不在组织内部设立各种职能部门和机构。但是，企业的规模急剧扩大，短时间内无法在内部培养和选拔出职能部门所需的全部称职人员，企业不得不招聘新的员工和有经验的管理人员。部门设立了，人员到位了，却没有相应的职责分工和计划控制系统，部门间的协调和配合与"救火式"的管理方式融合在一起，增加了企业整体管理的复杂性。

---

① Mamis R A.. Growth Happens[J]. Inc., March 1, 1997.

企业的快速成长吸引了众多的竞争对手，改变了行业内的竞争状况。行业内的大企业可以凭借资金、技术优势，并依靠其固有的销售网络等条件向成长中的中小企业发起挑战。行业内众多的小企业则会"搭便车"，对产品既不进行创新也不进行广告投入，只是一味地模仿，利用低成本和地域性销售优势抢占市场。众多竞争对手的加入使顾客及供应商有了更多的选择，提高了顾客及供应商的竞价能力，这迫使成长中的中小企业不得不调整市场战略以赢得新顾客和维持已有顾客，快速进行地域市场扩张，而地域扩张必然会受到各地文化、法律和市场环境的影响。这些情况都增加了企业活动所面临的不确定性，进而使企业面临的经营环境变得更加复杂。

环境的复杂性加大了企业的经营风险，同时对企业的经营管理工作提出一系列新的要求。首先是决策能力的提升。企业家的一项经营决策失误往往会导致整个企业经营的失败，例如爱多电器的主要股东纠纷引发爱多公司业务全面危机，巨人集团的巨人大厦决策导致巨人走向衰败。其次是组织运作的规范性与灵活性的兼容。企业要强化基础和规范化管理，但绝不能以丧失灵活性和对环境的适应能力为代价。最后是迅速整合资源。这些都是处于成长过程的新企业所要面临的挑战。所以，对不确定性引起的复杂性进行管理，是新企业成长过程中面临的主要管理问题。

 知识点 18：新企业成长面临的风险。

（二）新企业成长的限制和障碍

从数量上看，创业企业的数量可能很多，但能够实现成长的企业不多，其中实现快速成长的企业则更少。一个企业不可能无限制地扩张，新企业的快速成长往往会受到内部的管理能力、市场及资金等多方面的制约。

1. 管理能力制约

彭罗斯把企业视为一种有意识地利用各种资源获利的组织过程。认为生产性资源（包括物质资源和人）是任何企业必不可少的，但对企业至关重要的并不是这些要素本身，而是对它们的利用，亦即生产性服务。作为一种"功能"或"行动"，"服务"而非"资源"才是每个企业独特性的根源。生产性服务又有"企业家服务"（Entrepreneurial Services）和"管理服务"（Managerial Services）两个相对照的部分。前者用来发现和利用生产机会，后者用来完善和实施扩张计划。它们都是企业成长不可或缺的。不过在某种意义上，企业家服务对成长的动机和方向影响更深远，企业家管理是企业持续成长的必要条件。管理能力不足是企业成长的最大障碍，这种观点被称为"彭罗斯效应"（Penrose Effect）。

企业在某个时点拥有的管理服务数量是固定的，这些管理服务，一部分要用于目前企业的日常运作（不扩大规模）；另一部分用于扩张性活动，比如开发新产品、开发市场。假定企业的管理队伍不变，在这种条件下，企业成长所需的新增管理服务来自两个途径：第一，随着组织结构的调整，工作程序化的增强，管理服务出现盈余，从而给企业带来持续的增长；第二，所谓"学习效应"由于管理者越来越熟悉企业的经营活动，使其可以在不降低现有工作质量的前提下，以管理服务来支持企业成长。因此，如果管理企业当前事务所需的管理服务与企业规模成一定比例，而且企业扩张所需新增管理服务与扩张规模也成一定比例，则企业只能按照这一固定比率成长，否则就会出现管理危机，影响效率。

2. 市场容量的限制

市场是企业得以生存与发展的土壤。企业家创业往往基于创新，包括向消费者推出全新的产品和服务，或对现有的产品服务进行明显的改进。一旦企业实现了初期的快速成长，很快就会有其他企业跟进，它们或者进行简单的模仿，或者向前面创业的企业家一样予以改进和创新，可以说，先进入的企业成长速度越快，跟进的企业就越多，企业家就会在更短的时间内面临激烈的竞争，信息社会和市场开放使这种规律更加明显。

众多竞争对手的加入，使顾客有更大的选择空间。随着新产品在市场经营时间的延长，顾客对产品的成本、价格及众多企业间竞争的情况将了解得越来越充分，竞价能力自然就会变得越来越强，此时的顾客往往要求较高的产品质量或索取更多的服务项目、期待更低的价格。无疑，顾客竞价力增强使成长中的企业不得不调整市场战略以赢得新顾客和维持已有的顾客。

在企业自身方面，新创建企业普遍是在行业内的细分市场创业与经营，随着企业规模的扩大，初期的目标市场容量将无法支撑企业快速发展，企业家必须寻求扩张。企业家一般通过地域扩张或产业延伸等途径实现扩张。企业在地域方面的扩张，往往受各地文化、法律和市场环境的影响；产业延伸则会面临多元化经营等相关的障碍。这些情况都会改变成长中的企业运作环境，环境变得复杂而且很少能够被预测，可预见性减少进一步导致了管理的复杂性。如果企业家不能很好地解决这些问题，市场的局限性就会变得明显，最终像一堵墙一样阻碍着企业继续扩张与成长。

3. 资金的约束

企业的快速成长需要企业具备相应的资产，资产的来源主要有两种：负债和所有者权益。因为企业存在最优的负债结构，所以负债的多少取决于所有者权益的多少，进一步说，企业的增长取决于所有者权益的增长。成长的主要表现是销售额的增加，而销售额的增加又要求资产的增加，这就意味着需要更多的资金来增加资产。这样，尽管销售额的增加会为公司带来利润，但总体来看，现金流是负的资金问题也就随之产生。虽然公司可以通过提高财务杠杆来满足资金的需求，但一旦负债容量达到饱和，不能得到新的资金时，就会严重制约企业的成长。

4. 持续创新和战略规划能力的不足

富于创新是推动企业成长的主要动力。企业创立之后，创业者关注的核心问题是销售和生存，他们将大部分的精力和资源都投入到市场的拓展上，初期创新的推动力量会随消费者熟悉程度的增强和竞争对手模仿行为的增多而减弱，在缺乏资金、技术、人力资源和组织保证的情况下，中小企业的创新业绩会减弱，与竞争对手的模仿行为相比，由组织机制带来的改善随着企业的快速成长而显得力不从心，企业的创新机制需要从企业家个人行为转变为组织行为。

生存的压力迫使新创建企业更加注重行动而非战略思考，甚至许多人认为新创企业和中小企业没有也不需要战略。事实上，缺乏战略是制约企业成长的关键因素。

5. 创业者角色转变及管理团队建设的滞后

在企业规模很小、经营业务比较简单的情况下，仅仅依靠经营者个人的努力就可以支撑起企业的运转。但是，当企业规模扩大、经营活动范围扩展、组织层次增多之后，仅仅依靠经营者个人的力量绝对不够，必须依靠企业全体员工的共同努力。因此，随着小企业的发展，适当弱化经营者在小企业经营中的决定性作用，更好地发挥集体的力量，是十分必要的。

适当弱化经营者在小企业经营中的决定性作用，并不是要降低经营者在小企业中的作用，也不是单纯要把企业经营决策权从经营者手中分散给其下属，而是要把经营者个人的贡献转化成集体的成绩，将经营者成功的经营思想转化成企业文化的一部分，将企业融入社会整体之中，使企业的发展与社会的发展同步。这样的企业才真正会具有持久的竞争力量，才会具有长期生存与发展的根基，才能摆脱小企业因规模小而产生的种种困扰。

创业元老是在企业创建初期与创业者一道打天下的群体。为了突出创业者的贡献，在报道中经常介绍和强调创业个人的作用，使人产生创业成功往往是创业者个人功劳的错觉。事实上，大多数创业活动都是群体贡献的结果，多数创业伙伴与创业者一同创业，有时一些合作者可能并没有直接参与企业的创建与运营，他们在企业外部提供了很多的支持。

创业元老的处置问题成为我国企业家必须要面对的一道关卡。原因是多方面的，既有创业元老的观念和技能无法适应企业发展的要求，但因为占据决策岗位制约了企业人力资源建设与管理问题；也有因为在创业初期没有明确的书面合作协议，对企业成长缺乏规划，进而在扩张过程中出现了利益冲突等方面的问题；还有由创业元老组成的创业团队成员在企业发展方向及重大经营决策等方面存在严重分歧而引发的创业团队裂变问题等。

 知识点 19：新企业成长的限制和障碍。

（三）成长型新企业管理重心的变化

所谓成长型企业，是指那些在一定时期具有持续挖掘未利用资源能力，不同程度地呈现整体扩张态势，未来发展预期良好的企业。在企业生命周期模型中，这些企业已经度过了为生存而战的婴儿期，处在学步期到盛年期之间。成长型企业往往拥有优质的产品或比较成熟的项目，具备较快的发展速度和很大的发展空间，对未来增量发展有着积极的预测，同时也有着宏伟的目标。但成长型企业管理系统比较薄弱，更多依靠的是老板和个人的执行力，主要靠领导者的权威推动企业的运作，而不是靠机制去运作。

成长期的新企业与创业初期的新企业相比，在管理上的重点相应发生变化，表现为：

1. 注重整合外部资源，追求外部成长

中小企业的人、财、物资源相对匮乏，注重借助其他（既包括竞争对手也包括合作者）力量发展壮大自身，便显得更加重要。这也是快速成长企业特别擅长的策略。而通过上市获得短缺资源并迅速扩大规模是其实现成长的捷径之一。

首次公开发行公司股票（Initial Public Offerings，IPO），是指企业通过证券交易所首次

公开向投资者发行股票，以期募集用于企业发展资金的过程。IPO通常是企业家的梦想，标志着成功、财富和市场的认可。IPO不仅获得了公司发展所需要的大量资本，它还为企业家创造了大量财富。在资本市场发达的今天，创业者通过在国内国外证券交易所上市，一夜之间创造了许多财富神话。如陈天桥创建的盛大网络公司在美国的纳斯达克交易所上市，黄光裕创立的国美集团在香港证券交易所上市，百度公司创始人李彦宏将百度公司成功在纳斯达克挂牌交易，都使得这些创业者在短期内实现了数百亿元财富的聚集。

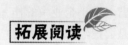

拓展阅读

苹果公司上市

　　1976 年，两个二十多岁的青年设计出了一种新型微机（"苹果一号"），受到社会欢迎。后来，风险投资家马克首先入股 9.1 万美元，创办了苹果公司。从 1977 年到 1980 年 3 年时间，苹果公司的营业额就突破了 1 亿美元。1980 年，公司公开上市，市值达到 12 亿美元，1982 年便迈入《财富》杂志"世界 500 强"大企业行列，成为新公司 5 年之内就进入 500 家大公司排行榜的首家企业。苹果公司的上市犹如核爆炸的成功一样震撼着世界。早先在苹果公司下赌注的风险投资家更是丰收而归，1 美元的投资可获得 243 美元的回报。

2. 管理好保持企业持续成长的人力资本

　　快速成长企业的一个共同成功要素是其强有力的人力资源管理。快速成长企业的经营者并不一定要受过高等教育，但他们要雇用一大批有能力的下属，他们通过构建规模较大的管理团队以便让更多的人参与决策。

　　（1）良好的工作环境。包括有竞争力的工资收入、利润、良好的工作条件以及健康保险等，因为小企业的员工需要承担企业破产的风险，企业有义务为员工解除后顾之忧。良好的工作环境还包括一些不十分明显的特征，如为员工提供明确、持续的指导，并为他们提供开展工作所必需的各种资源。

　　（2）成长的机会。成长的机会使员工感到安全，它的表现形式多种多样，对于不同的员工，成长机会代表着不同的事情，或者是晋升，或者是工作丰富化，但人们需要改变一个错误观念，即为员工提供稳定的工作和适度的退休金，员工就会感到安全。员工的安全感来自他们在学校或工作中掌握的各种技术与能力，公司为员工提供的学习技术和能力的机会越多，就越能鼓励员工去学习，同时公司为员工提供的保证未来安全的帮助也就越大。

　　（3）员工有机会分享公司的成功。小企业所能提供的工资水平总是比不上大企业，更为不利的是，小企业有失败、兼并和被收购的倾向。事实上，小企业的员工总是承担公司的一部分经营风险，一旦企业倒闭，他们的生活也就没了保证。所以，只有让员工分享企业的成功才是公平的办法。一些优秀的小企业采用利润分享计划，即让员工持股，并且可以根据需要随时兑换成现金，就是一种很好地让员工参与利润分享的办法。

3. 从创造资源到管好用好资源

　　新企业的成长是靠资源的积累实现的。但是，如果企业积累的资源未被企业占有，而是被企业中的个人（不管是创业者、高层管理者还是一般的员工）占有，都必将威胁企业的成长。例如，东方数据公司在某石油物理勘探公司，主要从事海上及陆地勘探资料的数据处理和地质解释。由于多年的积累和抢先投资购入先进设备，目前的东方数据公司无论在设备的领先程度还是人员的素质和经验方面都走在国内的前列。特别是大型 SUN 计算机的引进，不仅使公司获得巨大订单，一年内收回投入，也使东方数据公司拥有了自己技术设备方面的核心竞争力，提高了服务的质量和效率水平。因此公司的利润水平始终保持在稳定的较高水平，每年平均都在 500 万元以上。东方数据公司在地质数据处理及解释行业已经得到较为广泛的认可，并逐步积累了充足的技术经验与优势。但是由于公司资源被个人占用的情况较为明显，客户管理工作不够周密，以至于造成公司业务和人才的流失，公司自己"培养"了一大批竞争对手。

因此，需要从注重创造资源转向管理好已经创造出来的资源，从资源"开创"到资源的"开发利用"。需要采取必要的措施，管理好客户资源，管理好有形、无形资产，通过现有资源创造最大价值。

4. 形成比较固定的企业价值观和文化氛围

企业价值观是支持企业发展的灵魂，虽然是无形的，却渗透在企业发展的方方面面。大多数快速成长企业都有比较固定的企业价值观，用以支持企业的健康发展。对小企业而言，企业价值观一般是企业创建者自身价值取向的体现，这种取向直接影响着企业的发展。对成功企业的研究表明，在企业发展过程中，只有很少一部分企业根本改变了原有的价值取向，大部分企业的价值观变化甚微。企业价值观的固定性保证了企业发展的稳定性，也便于企业管理者与员工掌握企业发展过程中的关键点。

快速成长企业的创建者非常热爱他们自己所从事的事业，他们审时度势，制定符合社会发展的价值观念，并倾注全部心血使企业的价值观延续下去。

5. 注重用成长的方式解决成长过程中出现的问题

每个企业在成长过程中都会遇到各种各样的障碍，有的企业在障碍面前止步不前，甚至衰败了；有的企业则将阻碍变成动力，适时变革，积极应对，实现了新的发展。通过对企业实际做法的考察发现，差别在于经营者应对障碍的方式方法不同：一般中小企业经营者采取的是被动的方式，用"救火式"的方法应对发生的各种问题，结果是"按下葫芦起了瓢"，问题反而更多、更复杂；企业家则采取了另外的方法，他们注重变革和创新，用成长的方式解决成长过程中出现的问题[①]。

用成长的方式解决成长过程中出现的问题，其本质是推动并领导变革。从快速成长企业的实际经验看，企业家在以下几方面往往表现得更为突出。

第一，注重在成长阶段主动变革。创新和变革是推动企业乃至社会发展的主要力量，但需要付出成本。企业在创业初期特别是成长阶段实施变革的成本小，因为成长性强可以为企业提供变革所需要的资源，可以吸引优秀的员工，进而减轻来自内部的变革阻力。

第二，善于把握变革的切入点。企业变革不可能一下全面展开，需要科学地把握切入点，由点到面，层层深入。太太药业公司从改变销售政策入手推进变革，海尔集团从砸冰

---

① 张玉利. 企业家型企业的创业与快速成长[M]. 天津：南开大学出版社，2003.

箱树立质量意识入手等都是这种策略的成功典范。这种策略有许多好处，首先是变革的成本比较小，能够发挥探测性研究的功效。其次是见效快。变革的阻力主要是人们对未来发展的顾虑，对变革能成功的可能性持有疑虑。把握好切入点，从局部推进变革，往往可以在短期内取得效果，进而增强人们对变革的信心。最后是这种方式的变革容易被控制，不至于造成失控。

第三，重视人力资源的开发。计划变革但找不到合适的人才实施变革，是企业家在成长过程中经常面临的最大困境。注重人才积蓄，采取更为积极的人力资源政策，注重从内外部广泛挖掘人才，这对变革的成功乃至企业发展来说，是最重要的。

第四，注重系统建设。构建经营系统是企业开展日常经营管理工作的"平台"，建立一个成功企业的重要任务之一是建立辅助这些日常经营活动的体系——经营系统。弗莱姆兹这样描述经营系统：建立经营系统是为了有效地工作，一个公司不仅要从事生产或服务，而且要合理地管理基本的日常经营活动。这包括会计、制表、采购、做广告、招聘人员、培训、销售、生产、运输和相关系统。企业在创建初期容易忽略经营系统的建立和发展，但随着一个企业在规模上扩大，特别是当规模超过了其组织管道的运作能力，这些系统就会承受到越来越大的压力和紧张。

6. 从过分追求速度转到突出企业的价值增加

前面已经提到，当企业过分追求速度时，往往带来的问题是，销售收入增加很快，而利润没有增加，企业的价值没有得到增值，因此，当企业成长到一定程度时，企业需要管理好价值链。因此，当企业发展到一定程度时，就需要向价值增加快的方面转移和延展，以获得最大的价值增加。正如"蓝海战略"的核心精髓价值创新，就是对所在行业所提供的传统顾客价值的一种"颠覆式"创新，通过重点打造顾客在意的价值要素，而在其他要素上提供适当价值，剔除不必要的要素，不仅能够为顾客提供卓越的价值感受，还能够使企业以低成本的方式实现获取所谓差异化和低成本的双重好处。

邱展宗卖牛肉[①]

邱展宗，一个中央财经大学毕业的年轻人，通过在内蒙古一家旅行社工作积累的资金和经历，回到广西老家，带领农民养牛致富。因为学习了先进的饲养方法，包括优质牧草和良种牛的选择，他养的牛成长快，产肉率高，而且肉质鲜美。当将辛苦养的牛卖掉后，发现自己少卖了很多钱，于是开始从卖肉牛转到卖牛肉，利润增加了；进而发现，如果直接卖到最终消费者手中，还可减少中间环节，增加更大的利润，于是带着新鲜的牛肉直接到饭店推销。在如何打开已经被分割的市场的问题上，他采取提高价格而不是相反的策略，通过试吃的方法，改变酒店老板和最终消费者的看法和消费习惯，最终获得了成功。而当他们村养的牛无法满足市场需求的时候，他便寻找新的养殖基地，将养殖模式推广到其他农村，扩大国民经济的同时，帮助了其他人致富。

---

① http://www.cctv.com/video/zhifujing/2006/12/zhifujing_300_20061228_1.shtml.

总之，重视创新、合作、质量、速度、服务和管理规范化等是促使企业持续快速成长的主要动力。

 知识点 20：新创企业的风险应对策略。

 小测试

1. 新企业成长面临哪些限制和障碍？
2. 针对新创企业遇到的风险及障碍有哪些应对策略？
3. 怎样做能使绿色发展成为推动新企业成长的动力而不是阻力？

 **本章小结**

重要术语

公司制企业　创业伦理　创业选址　企业社会责任　创业期　成长期　成长型企业
环境的不确定性和复杂性　风险控制

 **即测即练**

自
学
自
测

扫
描
此
码

参 考 文 献

[1] 李家华. 创业基础[M]. 北京：北京师范大学出版社，2013.

[2] 王艳茹. 创业基础课堂操作示范[M]. 北京：北京师范大学出版社，2014 .

[3] 徐俊祥. 大学生创业基础知能训练教程[M]. 北京：现代教育出版社，2014.

[4] 董青春，董志霞. 大学生创业基础[M]. 北京：经济管理出版社，2012.

[5] [美]布鲁斯·R. 巴林杰. 创业计划[M]. 陈忠实，等，译. 北京：机械工业出版社，2010.

[6] [澳]邵原，等. 最后一堂执行课[M]. 史小龙，译. 上海：上海远东出版社，2008.

[7] 董青春，曾晓敏. 创业行动手册[M]. 北京：清华大学出版社，2018.

[8] [美]斯图尔腾·瑞德，萨阿斯·萨阿斯瓦斯，等. 卓有成效的创业[M]. 赵向阳，等，译，北京：
     北京师范大学出版社，2015.

教师服务

　　感谢您选用清华大学出版社的教材！为了更好地服务教学，我们为授课教师提供本书的教学辅助资源，以及本学科重点教材信息。请您扫码获取。

≫ 教辅获取

本书教辅资源，授课教师扫码获取

≫ 样书赠送

创业与创新类重点教材，教师扫码获取样书

 清华大学出版社

E-mail: tupfuwu@163.com
电话：010-83470332 / 83470142
地址：北京市海淀区双清路学研大厦 B 座 509

网址：http://www.tup.com.cn/
传真：8610-83470107
邮编：100084